Franz Pfeiffer

Briefwechsel zwischen

Joseph Freiherrn von Laßberg und Ludwig Uhland

Franz Pfeiffer

Briefwechsel zwischen
Joseph Freiherrn von Laßberg und Ludwig Uhland

ISBN/EAN: 9783744719025

Hergestellt in Europa, USA, Kanada, Australien, Japan

Cover: Foto ©ninafisch / pixelio.de

Weitere Bücher finden Sie auf **www.hansebooks.com**

Briefwechsel

zwischen

Joseph Freiherrn von Laßberg

und

Ludwig Uhland.

Herausgegeben

von

Franz Pfeiffer.

Mit einer Biographie Franz Pfeiffers von Karl Bartsch
und den Bildnissen von
Pfeiffer, v. Lassberg und Uhland.

Wien, 1870.
Wilhelm Braumüller
k. k. Hof- und Universitätsbuchhändler.

Vorrede.

Mit dem vorliegenden Buche tritt das letzte litterarische Unternehmen Franz Pfeiffers in die Oeffentlichkeit, ein Unternehmen, das ihm manche Stunde seiner trüben Leidensnacht freundlich erhellt hat, das zusammen mit seiner „Germania“ vielleicht der letzte Gegenstand seiner Sorgen gewesen ist. Mir war es vergönnt dem verehrten Manne hilfreichen Beistand zu leisten, als er mit schon sinkenden Kräften an die Veröffentlichung dieser Briefe schritt, und so erwuchs es mir als eine theuere Pflicht, welche die Bedeutung der Sache mir noch dringender ans Herz legte, das verwaiste Unternehmen nach seinem Hinscheiden völlig zu Ende zu führen.

Freilich, was Pfeiffer dem fertigen Buche voraufzuschicken gedachte: eine Schilderung der unvergänglichen Verdienste, welche die beiden Männer, deren Briefwechsel hier vorliegt, jeder in seiner Weise um die Wissenschaft sich erworben, sowie eine Darlegung seiner eigenen fruchtbaren Beziehungen zu ihnen beiden, das bin ich zu geben nicht im Stande und auch ein anderer würde an dieser Stelle es nicht geben können und wollen. Von dieser Einleitung hat Pfeiffer leider! auch nicht einmal einen flüchtigen Entwurf hinterlassen und wir haben das zu bedauern als einen unersetzlichen Verlust. Ich muß mich darauf beschränken, hier mitzutheilen was ich von der Entstehung des Unternehmens weiß und von dem, was sich für den unvergeßlichen dahingeschiedenen daran knüpfte.

Als Pfeiffer im Jahre 1862 zwei alte deutsche Arzneibücher wieder ans Licht förderte, fand er sich bewogen mit nachfolgenden Worten der Einleitung auf den Werth hinzuweisen, welchen diese frühesten Versuche die Arzneimittellehre in deutscher Sprache zu behandeln auch für den gelehrten Arzt haben müßten: „Wer immer Sinn und Empfänglichkeit hat für das Werden und Entstehen im Geistesleben der Menschheit, für die historische Entwickelung der Wissenschaften, wird die frühesten Spuren und Anfänge derselben mit einem geheimnißvollen Reize betrachten, er wird die Vergangenheit, ihre Anschauungen und Meinungen nicht mit dem Maßstab der heutigen Bildung und Gelehrsamkeit messen, sondern sie vom Standpuncte ihrer Zeit und im Zusammenhange mit anderen Erscheinungen auf geistigem Gebiete als nothwendige Durchgangspuncte aufzufassen suchen." Von einem Manne, der solche Anschauungen hegte, läßt sich erwarten, daß er auch in der Geschichte der eigenen Wissenschaft fruchtbaren Umblick gehalten. Und in der That war Pfeiffer früh zu der Erkenntniß gelangt, daß um die Wissenschaft, in der man selbst lebt und strebt, ihre Gegenwart, ihre Zukunft und Ziele richtig zu erfassen, man vor allem mit ihrer Vergangenheit sich vertraut machen muß. Das Werden und Wachsen der Wissenschaft, der Er seine Kräfte geweiht, war ihm ein Gegenstand von großer Anziehung gewesen, seine Betrachtung ein nimmer versiegender Quell der Lust und der Lehre. Mit liebevollem Interesse spürte er der Pflege der deutschen Alterthumskunde nach in ihren ersten Anfängen und ihrem allmäligen Emporblühen und es gewährte ihm, um mit Roscher zu sprechen, fast ebenso große Freude die unscheinbare Quelle einer Wahrheit höher zurückzuverfolgen als den vollen Strom derselben weiter und schiffbarer zu machen.

Schon in den vierziger Jahren hatte Pfeiffer manches und mancherlei gesammelt zur Geschichte der deutschen Philologie. Ja er trug sich nach späterer Mittheilung damals sogar mit dem

Plane eine solche vollständig auszuarbeiten. Der Plan blieb unausgeführt wie mancher andere. Der eigene unmittelbare Antheil, den Pfeiffer bald an der Weiterförderung der Wissenschaft nahm, erforderte seinen Mann so ganz und gar, daß ihm keine Muße mehr übrig blieb für so etwas. Dennoch setzte sich nie Rost an die alte Liebe und nach fast dreißigjährigem Wirken in anderer Richtung sollte sie fast wie zum Abschlusse dieser reichen Thätigkeit sogar auch noch einmal zu litterarischem Ausdrucke gelangen.

Im Jahre 1866 begann Pfeiffer seine Veröffentlichungen von Briefen berühmter Germanisten, welche sein Beitrag sein sollten zu einer Geschichte der deutschen Philologie.

Diese Mittheilungen waren, sind und bleiben etwas sehr dankenswerthes. Umkleidet mit dem fesselnden Reize, den die Briefe hervorragender Männer überhaupt auf uns ausüben, gewährten sie dem deutschen Philologen noch ein ganz besonderes Interesse. Man konnte das Entstehen und Reifen vieler wichtiger Unternehmungen auf dem Gebiete der deutschsprachlichen Forschung nun besser verfolgen als die dürftigen Nachrichten in Vorreden, Litteraturzeitungen u. s. w. dies früher oft möglich machten. Die äußeren und inneren Bedingungen, die mancherlei Sorgen, Mühen und Hindernisse, unter denen so manches unvergängliche Meisterwerk der vorzugsweise deutschen Wissenschaft geschaffen wurde, erschlossen sich uns hier und machten eine vertieftere Würdigung derselben möglich. Daneben finden wir manche wissenschaftliche Ansicht da niedergelegt, die nie ihren Weg in die Oeffentlichkeit gefunden, Unternehmungen werden besprochen, die nie zur Ausführung gelangten, die Vorzüge und Schwächen eigener und fremder Leistungen mitunter rückhaltloser erörtert als dies in der gedruckten Litteratur geschehen konnte, und so hebt sich aus dem bunten Gewebe vertraulicher Mittheilungen ein Bild empor von den neben- und durcheinander laufenden, sich kreuzenden und ergänzenden Bestrebungen auf dem Gebiete der deutschen Alterthumswissenschaft in den letzten funfzig Jahren, wie es auf ein über gewöhnliche Neugier weit hinausgehobenes Interesse

Anspruch erheben darf. Ueberdies aber macht, wie schon Pfeiffer hervorgehoben hat*), die Fülle treffender Bemerkungen über die alten Autoren, ihre Werke und ihre Ausgaben, welche in diesen Briefen enthalten sind, dieselben zugleich zu einer werthvollen Fundgrube für die Geschichte unserer alten Litteratur selbst und die Methode ihrer Behandlung. Aber auch selbst da, wo dies sachliche Interesse nicht vorhanden ist, wo es sich um rein persönliches, Eindrücke und Stimmungen, Familienverhältnisse u. dgl. handelt, sind uns diese Briefe von erheblichem Werth. Was dem gleichgiltigen unbedeutend scheinen möchte hat auf den vollen herzlichen Antheil desjenigen ein Anrecht, der nicht nur dank- und fühllos eines gebotenen sich zu bedienen, sondern auch des Gebers zu gedenken versteht. Aus hunderterlei kleinen Zügen, die rühren und erfreuen, wird uns das Denken, Fühlen und Empfinden, das ganze sittliche Sein der Meister offenbar, und liebevolles Bemühen weiß daraus ein Bild zu schaffen, dem Farbe und Leben kaum weniger gebricht als einem aus persönlichem Umgange gewonnenen.

Wie Pfeiffer das erfaßt spricht er schön aus in einem Briefe an Uhlands Wittwe (6. Dec. 1865): „Aus ihren Briefen treten sie (die betreffenden Männer) uns, dem nachgebornen Geschlecht, menschlich näher, und es ist gut, daß wir Einblick gewinnen in die stille aber rastlose Thätigkeit dieser großen Männer, die unsere Wissenschaft geschaffen haben und auf deren Schultern wir stehen. Wir werden in Hinkunft mit noch größerer Pietät zu ihnen aufblicken lernen.“

Die werthvolle Sammlung von Urkunden zur Geschichte der deutschen Philologie ward eröffnet mit den Briefen, welche Jacob Grimm während eines nahe zwei Jahrzehnte andauernden Freundschaftsverhältnisses an Franz Pfeiffer gerichtet.**) In bunter

*) Germania XI, S. 114.

**) Jacob Grimms Briefe an Franz Pfeiffer (1844—1863) in der Germania XI. (1866) S. 111—128 u. 239—256, und daraus sowie die übrigen Briefe auch in besonderen Abdrücken wiederholt.

Reihe folgte, was die Mappen der lebenden Freunde und die Nachlässe einiger heimgegangenen an alten Briefschätzen gewährten: Briefe von Jacob und Wilhelm Grimm, Lachmann und J. A. Schmeller an Hoffmann von Fallersleben, G. K. Frommann, Th. Vernaleken, L. Uhland, K. A. Hahn, A. Schott und einige andere.*)

Als die reichste Fundgrube aber erwies sich der Nachlaß weil. Josephs Freiherrn von Laßberg auf der alten Meersburg am Bodensee.

Dieser edele, für das deutsche Alterthum hoch begeisterte Mann, in dem selbst ein Stück Mittelalter im besten Sinne des Wortes in unsere Zeit hereinragte, hatte durch ein halbes Jahrhundert zu den ausgezeichnetesten Vertretern der deutschen Philologie in Beziehung gestanden. Besitzer einer Reihe der kostbarsten Ueberbleibsel altdeutscher Dichtung theilte er den Besitz dieser Schätze neidlos mit jedem, der zu ihrer Benutzung berufen war. Durch lange Jahre war des alten Jägermeisters Haus so recht eigentlich der Mittelpunkt für die meisten Bestrebungen auf dem Gebiete der deutschen Litteraturforschung, namentlich soweit sie sich mit der Glanzepoche der ritterlichen Dichtung befaßte. Ein gutes Theil davon beruht auf den Grundlagen, wofür er mit seltener Hingabe, kein Opfer scheuend an Mühe und an Geld die Materialien herbeigeschafft. Dadurch und durch seine eigene nicht gering anzuschlagende litterarische Thätigkeit entstand ein reger brieflicher und persönlicher Verkehr: Benecke, die Grimms, Lachmann, Schmeller u. a. fanden in Laßberg den bereitwilligen Förderer

---

*) Im XI. Jahrgange der Germania erschienen noch: S. 375—388. 498—511 Jacob Grimms Briefe an Hoffmann v. F. (1818—1852) nebst einem Nachtrag im XII. Jahrgange S. 383. 384. Im Jahrgange XII (1867) S. 115—128 Briefe von Jacob Grimm an L. Uhland, K. A. Hahn, K. Frommann, Th. Vernaleken u. s. w.; S. 241—248 Briefe von Carl Lachmann an L. Uhland und K. A. Hahn; S. 248—256 Briefe von Schmeller an Hoffmann von F., L. Uhland, G. K. Frommann und Franz Pfeiffer; S. 370—383 Briefe von Wilhelm Grimm an G. K. Frommann, K. A. Hahn, L. Uhland, A. Schott und Franz Pfeiffer.

ihrer großartigen Leistungen und Bestrebungen. Am innigsten und dauerhaftesten aber gestalteten sich des Freiherrn von Laßberg Beziehungen zu einem Manne, der ihm von allen wohl geistig am nächsten stand und — worauf Laßberg nicht kleine Stücke hielt — obendrein auch ein Schwabe war. Diese Beziehungen, auf das gleiche vaterländische Streben, auf die gleiche Begeisterung für alles gute, schöne und edele und eine seltene Uebereinstimmung in allen wichtigeren Puncten der Lebensanschauung gegründet, wurden auch dann nicht abgebrochen, als das Bedürfniß gelehrter Mittheilung längst schon mehr in den Hintergrund getreten war. Sie dauerten bis an Laßbergs Ende.

Im Herbste 1865 erhielt Pfeiffer durch die Güte von Uhlands Wittwe wie in andere an ihren Gatten gerichtete Briefe auch in die des Freiherrn von Laßberg Einsicht. Es war ein sehr natürlicher Wunsch, der sofort in ihm erwachte, diese prächtigen Aeußerungen einer durchaus liebenswürdigen und hochsinnigen Natur auch weiteren Kreisen vorzuführen. Alte Erinnerungen traten ihm wieder heller und lebhafter vor die Seele. War er doch selbst einst gastfrei aufgenommen gewesen in die Hallen der alten Meersburg und hatte das Glück genossen an ihrem Bewohner einen liebevollen Freund und wohlwollenden Förderer seiner ersten Schritte auf dem Gebiete der gelehrten Litteratur zu finden! Da er nun schon früher beschlossen hatte einer alten Pflicht der Pietät zu genügen und die an ihn gerichteten Briefe Laßbergs der Oeffentlichkeit zu übergeben, so war es ihm sehr willkommen seinen Plan nun noch erweitern zu können. Wie eifrig Pfeiffer die Angelegenheit dieser Briefveröffentlichungen betrieb, erhellt aus einem an Frau Professor Uhland gerichteten Briefe vom 3. Nov. 1865:

„Ihren eben erhaltenen freundlichen Brief vom 31. October beantworte ich, einen freien Augenblick erhaschend, sofort, um Ihnen für die gütige Mittheilung der Briefe der beiden Grimm und Schmellers herzlich zu danken. Daß von den ersteren so wenig vorhanden ist, fällt auf, da sie doch mit Uhland so lange in freundlichem

Verkehr standen *). Die Nachricht von der Existenz einer größeren Anzahl Lachmannischer Briefe ist mir sehr erfreulich, denn gerade von ihm besitze ich die wenigsten und doch gehören sie für die Geschichte der deutschen Philologie zu den wichtigsten Quellen. Bitte, schicken Sie mir dieselben doch recht bald, Sie erhalten sie und alle die Sie mir anvertrauen nach gemachtem Gebrauch pünktlich wieder zurück.

Von Laßberg besitze ich selbst eine ansehnliche Reihe.

Es ist nichts darunter, dessen Veröffentlichung seinen beiden Töchtern unangenehm sein könnte; im Gegentheil lassen sie den trefflichen Mann im schönsten Lichte erscheinen. Daß seine Töchter selbst etwas damit vorhaben, glaube ich nicht. Ich würde indessen gern an sie, die ich vor 25 Jahren als Kinder von 4 Jahren auf den Armen im Schloßhofe der alten Meersburg herumgetragen, schreiben und sie um Erlaubniß bitten, allein ich kenne ihren gegenwärtigen Aufenthalt nicht."

Die erbetene Erlaubniß ward mit der Bereitwilligkeit ertheilt, welche das schöne Vorhaben verdiente. Schon den 3. März 1866 konnte Franz Pfeiffer an Fräulein Hildegund von Laßberg schreiben:

„Für die mir durch Vermittelung der Frau Dr. Uhland in Tübingen zugekommene gütige Erlaubniß, die Briefe Ihres sel. Vaters an Uhland in meiner Zeitschrift „Germania" veröffentlichen zu dürfen, empfangen Sie nachträglich meinen herzlichsten Dank. Ich habe dieselben mit Rührung gelesen und nicht ohne reiche Belehrung aus der Hand gelegt und ich bin überzeugt, daß sie auf alle Fachgenossen und Freunde des deutschen Alterthums denselben Eindruck machen werden, spricht doch aus jeder Zeile, möcht' ich sagen, der edle Character des trefflichen Mannes, seine warme Liebe zur Heimat, seine Begeisterung für die deutsche Wissenschaft.

---

*) Es sind nur 3 Briefe von Jacob und 2 von Wilhelm Grimm vorhanden, abgedruckt a. a. O.

Freilich würde dieser Eindruck wesentlich erhöht, er würde ein vollständiger sein, wenn es mir vergönnt wäre, zugleich auch Uhlands Briefe an Ihren sel. Vater, also den ganzen Briefwechsel geben zu können. Durch Mittheilung der Uhlandischen Briefe würden Sie mich glücklich machen und die Freundschaft, womit mich der verehrte Mann im Leben ausgezeichnet hat, gibt mir den Muth, darum zu bitten. Der Zustimmung der Frau Dr. Uhland bin ich jetzt schon gewiß.

Die schönen Tage und Wochen, die ich zum ersten Mal vor nun 26 Jahren in der Dagobertsburg zubringen durfte, und die Gastfreundschaft, die ich dort genossen, leben noch heute frisch in meiner Erinnerung und das Bild des verehrten Freundes trage ich stets in dankbarem Herzen. Das Andenken an ihn auch in dem Kreise der Fachgenossen lebendig zu erhalten, ist der Zweck der mich bei der Veröffentlichung der Briefe leitet. Daß ich mit aller Discretion dabei verfahren werde, ist etwas, das sich von selbst versteht."

Durch die Liebenswürdigkeit der Fräulein von Laßberg erhielt Pfeiffer nun nicht nur die von Uhland, sondern auch viele andere von namhaften Germanisten an den Freiherrn von Laßberg gerichtete Briefe zur litterarischen Benutzung. Es ward ihm bald klar, daß der Briefwechsel zwischen Laßberg und Uhland, dieses schöne Denkmal eines ächtdeutschen Freundschaftsbundes, eine gesonderte Herausgabe verdiene. Da er nun über seine eigenen Beziehungen zu den beiden Männern gar manches zu sagen hatte und namentlich dem Freiherrn von Laßberg eine sorgsamere biographische Schilderung widmen wollte als ihm bisher zu Theil geworden war*), so konnte sich das Unternehmen für die gelehrten und wohl auch für weitere Kreise anziehend genug gestalten.

*) Das ausführlichste, was über den Freiherrn von Laßberg bisher gedruckt wurde, die „Erinnerung an Joseph Freiherrn von Laßberg auf der alten Meersburg" in den Histor.-politischen Blättern für das katholische Deutschland Bd. 53 (1864) S. 424—441 u. 505—522, die wohl einer geistlichen St. Galler Feder entstammt, enthält sehr viele größere und

Leider mußte die Ausführung des schönen Planes vorerst noch hinausgeschoben werden. Immer mehr häufte sich die Arbeit um Pfeiffer, während die Körperkraft abnahm und zu seiner unsäglichen Qual nimmer Schritt halten konnte mit dem rastlosen Geiste. Um sich zu erholen und zu kräftigen hatte Pfeiffer bereits den Entschluß gefaßt, für das Wintersemester 1867/1868 Urlaub zu nehmen, als er noch nicht ahnen konnte, daß dies ein ganz unabweisliches Gebot der Nothwendigkeit werden sollte. Während dieser Zeit aber ganz auszuruhen war ihm undenkbar, und so wollte er zunächst diese Lieblingsarbeit, den Briefwechsel, vornehmen. Ein günstiger Zufall fügte es, daß Pfeiffer im Sommer 1867 mit Frau Uhland und Fräulein von Laßberg zusammentraf und nun mit den beiden Damen manches noch persönlich besprechen konnte. Noch einmal betrat er die Räume der alten Dagobertsburg, wo er einst so heitere Tage und Stunden genossen hatte, und es gehörte diese Erinnerung zu den liebsten

---

geringere Unrichtigkeiten. Einiges fand sich auf einem Zettel in Pfeiffers Nachlasse verzeichnet. Danach ist es z. B. falsch, daß Laßberg aus dem elterlichen Hause entwich, um in Frankreich Dienste zu nehmen. Er wurde vielmehr von seinem Oheim dorthin gesandt um die französische Sprache und allerlei ritterliche Uebung zu lernen. Der Oheim veranlaßte ihn dann allerdings in sein Regiment einzutreten, es dauerte aber nur bis zum nächsten Jahre, in welchem er die academischen Studien in Straßburg und dann in Freiburg begann. So fallen denn diese Studien auch nicht in die Jahre 1788—1789, sondern schon 1786—1787. Seine erste Frau starb auch nicht 1813 in Sigmaringen, sondern 1814 in Donaueschingen. Daß der Schluß keineswegs befriedigt und der ganze zweite Theil überhaupt sehr abfällt, darin wird Pfeiffern auch jeder andere aufmerksame Leser beistimmen. So ist es auch unrichtig, daß Uhland in der letzten Zeit „immer mehr, endlich ganz ausgeblieben sei", das zeigen die Briefe besser, und nach einer Notiz Pfeiffers war Uhland noch im Herbste 1853 auf der Meersburg gewesen, gerade am 18. October, Laßbergs Hochzeitstage, dessen er denn auch bei Tisch auf die heiterste liebenswürdigste Weise gedachte. Auch ein jüngst in der „Gartenlaube" Nr. 43 vom Jahre 1868 erschienener Aufsatz: „Ein Bauernhaus der rothen Erde und ein Schloß am Schwabenmeer" nimmt es mit der Wahrheit wenig genau und kann höchstens Zeugniß ablegen für die lebhafte Phantasie seiner Verfasserin.

seiner an freundlichen Eindrücken sonst nicht reichen letzten Ferienreise.

Zu Anfangs October langte Pfeiffer krank in Wien an. In der trüben Leidenszeit, die nun folgte, gewährte ihm die Beschäftigung mit dem Briefwechsel eine wahre Erquickung. Er spricht sich darüber ausführlich aus in einem Briefe an Frau Professor Uhland vom 8. Nov. 1867:

„Mein Leiden hat bis jetzt aller ärztlichen Kunst gespottet und von einer wesentlichen Besserung ist noch keine Rede. Da sitze ich denn still in meinem Zimmer, mitten unter meinen Büchern, ohne etwas ernstliches arbeiten zu dürfen, noch, wenn ich auch dürfte, es zu können. So habe ich mich denn zu einiger Zerstreuung und Aufheiterung an die Zusammenstellung der Briefe Uhlands und Laßbergs gemacht; und finde darin wirklich auch Trost und Erquickung. Mich in die Briefe dieser beiden Männer, die ich so sehr verehrte und liebte, zu versenken, gewährt mir in der That hohen Genuß. Bis Ende nächster Woche wird, hoff' ich, die Abschrift vollendet sein. Es gibt ein ganz stattliches Bändchen, und ich zweifle nicht, daß dasselbe nicht nur den Fachgenossen, die vieles und neues daraus lernen können, sondern auch weiteren Kreisen Freude machen wird."

Den 21. Nov. 1867 berichtet er in einem Briefe an Fräulein von Laßberg:

„Seit mehr denn 3 Wochen bin ich, eben meiner Neigung zum Schwindel wegen nicht aus dem Hause gekommen, aber ich füge mich mit Geduld und Ergebung in das unvermeidliche. Zwar ist mir alle geistige Anstrengung streng verboten, aber ganz unthätig bin ich dennoch nicht und kann es nicht sein. Und so ist mir denn Ihre Sendung mit dem Dichterbuch und den Briefen an Ihren sel. Vater eine wahre Wohlthat, indem mich die Beschäftigung damit nicht nur nicht anstrengt oder ermüdet, sondern, und dies gilt namentlich von den Briefen, mir die angenehmste Erholung und hohen Genuß gewährt.

Mit der Zusammenstellung der Briefe Ihres sel. Vaters und Uhlands bin ich, zum Theil mit Hilfe meiner Frau, nahezu fertig und gehe demnächst an das Niederschreiben der kleinen erklärenden Noten, deren Beifügung ich für nothwendig erachte. Nur die Einleitung werde ich auf etwas spätere Zeit verschieben müssen."

Den ganzen Winter hindurch widmete er dem Briefwechsel jeden erträglichen Augenblick. Mit wahrer Freudigkeit las er mir bei meinen Besuchen einzelne der schönsten Briefe und Stellen vor oder ließ sie von mir sich vorlesen, z. B. wiederholt den in der Anmerkung S. 282 mitgetheilten Brief an den Obersten v. Hövel. Den 3. Jan. 1868 äußert er sich brieflich gegen Fräulein von Laßberg:

„Indem ich die Briefe und Papiere durchlese und ordne, bin ich in Gedanken oft in der „weitausschauenden" Meersburg, wie Uhland sie nannte, die, wie ich mir vorstelle, auch jetzt unter brausenden Winterstürmen ihre eigenthümlichen Reize haben muß."

Endlich waren die Vorarbeiten so weit gediehen, daß zu Anfang Februars an den Druck geschritten werden konnte. Gleichzeitig begann auch der Abdruck der Briefe von Benecke u. s. w. an den Freiherrn von Laßberg in der „Germania" *).

---

*) Zur Aufnahme in die „Germania" waren bestimmt die Briefe von Benecke, Jacob und Wilhelm Grimm, Lachmann und Schmeller an Freiherrn von Laßberg, denen sich später Briefe „anderer Gelehrten anfügen sollten, die, ohne gerade vom Fache zu sein, doch vielfach ihre lebendige Theilnahme dafür bethätigten, indem sie, von Laßberg angespornt, dessen regem Forschungstriebe hilfreiche Hand leisteten und dadurch manches zu Tage fördern halfen, was sonst leicht verborgen geblieben wäre." Pfeiffer meinte damit die Briefe von Meusebach, Emil Braun, Albert Schott, Zeune, Usteri, J. C. Orelli, Follen, v. Mülinen, Wyß, Kirchhofer, Conz und v. Arx, welche ihm die freundschaftliche Güte der Fräulein von Laßberg gleichfalls zur uneingeschränkten Verfügung gestellt hatte. Nur die Briefe Beneckes konnte noch Pfeiffer veröffentlichen in dem Ende März erschienenen 1. Hefte des 1. Jahrganges der neuen Reihe seiner „Germania". Ich ließ dann in den von mir besorgten Heften noch die werthvollsten der übrigen folgen und, wie dies Pfeiffers Wunsch und Wille gewesen, zugleich einen besonderen Abzug veranstalten:

Trotz seines bedenklichen Gesundheitszustandes wollte Pfeiffer es sich doch nicht nehmen lassen jeden Bogen zweimal selbst zu corrigieren und ich sollte dann die Revision besorgen. Sein Leiden verschlimmerte sich jedoch bald so, daß er sich dieser Mühe nicht weiter unterziehen konnte. Da er nun die Weiterführung des Unternehmens in fremde Hände durchaus nicht legen wollte und immer noch auf Genesung hoffte, so wurde der Druck mit dem fünften Bogen vorläufig eingestellt. Er sollte zu Pfeiffers Lebzeiten nicht wieder aufgenommen werden.

Das in Pfeiffers Nachlaß vorgefundene Druckmanuscript, bestehend in einer vollständigen Abschrift der Briefe, war insoferne durchgearbeitet, als die nöthigen Streichungen darin bereits angedeutet und auch die erläuternden Anmerkungen meist schon beigefügt waren. Nur die im Anhange mitgetheilten Briefe Laßbergs und Uhlands an Pfeiffer entbehrten noch der erläuternden Bemerkungen, welche darum wo mir solche nöthig schienen von mir hinzugethan wurden.

Daß sich von der Einleitung mit Ausnahme einiger dafür bestimmten biographischen Daten gar nichts vorfand, wurde schon oben erwähnt.

Ich habe vorhin der Streichungen gedacht und muß auf diesen Punct noch etwas näher eingehen.

Die Briefe sind im ganzen genau nach den Originalen gedruckt. Nur wenige Stellen sind fortgelassen. Dahin gehören vor allen solche, welche sich auf eigene oder fremde reine Privat- und Familien-Angelegenheiten beziehen, wie in Brief Nr. 105;

Briefe von Geo. Fr. Benecke, Jacob und Wilhelm Grimm, Carl Lachmann, Johann A. Schmeller und H. G. von Meusebach an Joseph Freiherrn von Laßberg 1818—1849. Nach Franz Pfeiffers Anordnung herausgegeben von J. M. Wagner. Wien 1868. 56 SS. 8°.

Das Büchlein wurde nur als Geschenk für Freunde in 100 Exemplaren gedruckt, von denen noch einige vorräthig sind, welche denen die sich dafür interessieren gern zu Gebote stehen. Es gewährt in vielfacher Beziehung eine willkommene Ergänzung zu dem vorliegenden Briefwechsel.

ferner Aeußerungen, wodurch sich noch lebende oder die Angehörigen und Nachkommen bereits verstorbener gekränkt und verletzt fühlen konnten, endlich (wie in Brief Nr. 1. 51 und 66) umfangreichere litterarische Mittheilungen, Handschriftenauszüge u. dgl., wenn es Dinge waren, die heutzutage allgemein gekannt sind. Selten einmal wurde eine etwas derbere Aeußerung unterdrückt, wie z. B. in Brief Nr. 65 eine über die Clara Hätzlerin, von deren Schreiberei Laßberg gar nicht erbaut war (vgl. S. 150 und 155). Wie Pfeiffer über diese Auslassungen und Nichtauslassungen dachte, lernen wir aus einem Briefe an Fräulein Hildegund von Laßberg vom 21. Nov. 1867 kennen, und jedermann wird den dort geäußerten Anschauungen gerne beistimmen:

„Wenn es sich immer machen läßt, wäre es mir sehr lieb, daß Sie mit Ihrer Fräulein Schwester und Frau Uhland, welche mir erst dieser Tage noch mehrere Briefe Ihres Herrn Vaters nachträglich geschickt hat, eine Correctur lesen würden, damit alles aus dem Buche wegbleibt, was Ihnen oder andern unangenehm sein könnte. Zwar habe ich vieles auf noch lebende Persönlichkeiten bezügliches gestrichen, aber Frauen besitzen eben doch feineren Tact als die derber organisierten Männer. Der Zweck des Buches ist ja nicht nur den Fachgenossen, sondern auch einem größeren Leserkreis Genuß und Freude zu bereiten, und dies wird uns, wie ich lebhaft überzeugt bin, gewiß gelingen. Auf der anderen Seite wird man auch nicht gar zu ängstlich und streng verfahren dürfen. Das schöne Bild des frischen prächtigen alten Jägermeisters würde gewiß nicht gewinnen, sondern weit eher abgeschwächt oder gar entstellt werden, wenn man alle die kräftigen oder selbst derben Aeußerungen über Personen und Dinge, wozu ihn theils gerechter Zorn und Unmuth, theils sein stets lebendiger köstlicher Humor veranlaßt haben, tilgen wollte."

So wird denn auch die Aeußerung über Jacob Grimm S. 276 dem würdigen Meister Sepp niemand allzuhoch anrechnen. Die Befangenheit politischer Anschauung war eben damals im südlichen Deutschland noch ungleich weiter verbreitet und tiefer eingewurzelt als sie es leider! jetzt noch ist.

Noch habe ich einer von Pfeiffer an den Laßberg'schen Briefen vorgenommenen Aenderung zu gedenken, die aber rein äußerlicher Natur ist. Seit 1824 bediente sich nämlich Laßberg, offenbar dem Einflusse Jacob Grimms gehorchend, in seinen Briefen und Schriften der lateinischen Schrift und auch durchgehends der kleinen Buchstaben im Anlaute der Worte. Da dies nun nach Pfeiffers Ansicht sich nicht vereinigen wollte mit der für das Buch gewählten deutschen Druckschrift, so ward auch für die Laßberg'schen Briefe wenigstens in diesem Stücke die gewöhnliche Schreibung angenommen.

Kein günstiger Stern hat über der Entstehung dieses Buches geleuchtet. Möge es nun in der Oeffentlichkeit ein glücklicheres Geschick erfahren und sich in und außer den Kreisen der Fachgenossen so viele Freunde erwerben, als der Mann, der ihm seine letzten Kräfte gewidmet, gewünscht und gehofft. Den Fräulein von Laßberg aber und Frau Uhland, denen das Hauptverdienst gebührt an seinem Erscheinen, sei für ihre edle Opferwilligkeit und ihre vielfachen Bemühungen unser herzlicher Dank dargebracht.

J. M. Wagner.

Franz Pfeiffer.

Eine Biographie

von

Karl Bartsch.

Franz Pfeiffer wurde am 27. Februar *) 1815 zu Bettlach, einem Dörfchen dicht bei Solothurn, geboren **). Sein Vater, der früher in einem französischen Schweizerregimente gedient hatte, lebte dort in kümmerlichen Verhältnissen als Musicus und Militärinstructor ***). Mutter und Schwester mußten durch ihrer Hände Arbeit zum Unterhalte der Familie wesentlich beitragen. So trat ihm der Ernst, ja die Noth des Lebens in frühester Jugend entgegen, und er mußte bei Zeiten lernen sich gegen den Kampf mit demselben zu waffnen.

Franz, das jüngste von drei Kindern †), wird uns als ein stiller zurückgezogener Knabe geschildert, der sich wenig in die lärmenden Spiele der übrigen Altersgenossen mischte, dennoch aber seines eigenthümlichen Wesens wegen bei allen beliebt war. Er besuchte die Primarschulen in Solothurn und trat im Herbste 1826 in die unterste Klasse des damaligen Collegiums, dessen sechs Gymnasial- und zwei Lycealklassen er sämmtlich absolvierte.

---

*) Nicht Jannar, wie Schlatter, Andenken an Franz Pfeiffer S. 3, und H. Lambel in seinem Nachrufe, Allgem. Zeitung 1868, Nr. 189 Beilage, angeben.

**) Nicht in Solothurn selbst; die mir vorliegenden Schulzeugnisse haben Franz Pfiffer ex Bettlach Solod. Ebenso in einem amtlichen Zeugniß, welches ihm bei der Rückkehr nach München, nach einem Ferienbesuch bei den Eltern, ausgestellt wurde: Hr. Franz Pfyffer von Bettlach.

***) Schlatter S. 3, dem auch die nächstfolgenden Angaben meist entnommen sind.

†) Seine Schwester lebt in Solothurn, sein viel älterer Bruder starb bereits vor einigen Jahren in Frankreich.

Das Collegium hatte damals noch sehr alterthümliche Einrichtung; die Zeugnisse von 1828—33, lateinisch abgefaßt und mit einem „Lectori benevolo salutem“ beginnend, bekunden unter Anerkennung des vorzüglichsten Fleißes und Betragens seinen regelmäßigen Fortschritt von den rudimentis linguae latinae durch die grammatica, syntaxis, rhetorica prima und secunda, bis zur philosophia. Im Jahre 1833/34 trat das Collegium mit einer den Bedürfnissen der Zeit mehr entsprechenden Organisation als „höhere Lehranstalt des Kantons“ ins Leben. Jetzt erhielt er auch den ersten Einblick ins Altdeutsche: in einem Freicurs ertheilte der aus München berufene Professor Weishaupt nach Ziemanns Grundriß zur Buchstaben- und Flexionslehre Unterricht in der älteren Sprache.

Im Herbste 1834 war er reif, die Universität zu beziehen. Er dachte anfänglich sich dem Studium der katholischen Theologie zu widmen; bald jedoch entschloß er sich zur Medicin, freilich auch hier weniger der Neigung folgend als in dem Bestreben möglichst bald seinen Eltern eine Stütze zu werden. So gieng er, mit geringen Hilfsmitteln ausgerüstet, im Herbste 1834 nach München. Seine Quellen waren bald erschöpft und er mußte darauf denken, sich solche selbst zu schaffen. Der in ihm wohnende Sinn für Poesie, der sich schon früher in poetischen Versuchen kundgegeben hatte, führte ihn auf belletristische Thätigkeit. Er schrieb für eine damals in München erscheinende Zeitschrift Erzählungen und Novellen, wollte aber in späterer Zeit von dieser durch die Noth ihm aufgedrungenen Thätigkeit nicht gern etwas wissen, weil er sich selbst darin nicht genügte. Da diese Sachen vermuthlich ohne seinen Namen veröffentlicht sind, so wird es schwer sein, sie zu ermitteln; der nachher genannte „Eilbote“ ist mir nicht zugänglich. Die Thatsache selbst aber steht fest; 1854 schreibt Maßmann: „Am Ende kommt er noch wie L. Diefenbach in Frankfurt zu seiner Jugendsünde, dem Romanschreiben, zurück, da er doch immer sagt, das sei seine schönste Zeit gewesen.“ Einzelne poetische Sachen von ihm fanden sich unter seinem

Nachlaß. Ein Gedicht, datiert vom 16. Februar 1835, wenige Tage bevor er das 20. Jahr vollendete, gibt Zeugniß von dem Heimweh, das der Sohn der Schweiz nach seinen Bergen empfand; es möge als einziger Beleg seiner „Poetischen Versuche" *) hier einen Platz finden.

Sehnsucht nach dem Vaterlande.

O theures Land, o Schweizerland,
Wie sehn' ich mich nach dir!
„Zieh' heim, zieh heim' ins Vaterland"
Tönt's mächtig fort in mir.

Den Bergen zu, den Fluren zu,
Ruft meines Herzens Sprach',
Den Bergen, Wäldern, Fluren zu,
Hallt jeder Seufzer nach.

Zu dir, du schönes Paradies,
Zu dir, du Blumenreich,
Zu euch, ihr Thäler mild und süß,
Ihr Wälder, hin zu euch.

O könnt' ich euch, ihr Gletscherreih'n,
Und euch, ihr Alpenseen,
Dich, Aare, Rhone, Limat, Rhein,
Euch alle wiederseh'n.

Wär' ich bei euch, o wär' ich dort,
Ich zög' von Thal zu Thal,
Und über Berg und Hügel fort
Bis spät zum Abendstrahl.

*) So ist ein zwei Bogen in Octav umfassendes Heft überschrieben, auf dessen achter Seite das angezogene Gedicht steht.

Umsonst streck' ich nach dir die Hand
Und wein' vergebens hier —
O Heimatland, o Schweizerland,
Wie theuer bist du mir!

Auch in späterer Zeit war er stets bereit, kleine Gelegenheitsgedichte, meist scherzhafter Natur, zu machen. „Auch las er wohl einmal etwas in früherer Zeit entstandenes vor, jedoch nur selten" *). Die Concepte von mehreren solchen Gelegenheitsgedichten fanden sich unter seinen Papieren **). Auch ein paar prosaische Kleinigkeiten belletristischen Inhalts von seiner Hand haben sich vorgefunden. Ein Aufsatz „Ein Besuch in Wien" mit dem Schiller'schen Motto „Immer ist's Sonntag, es dreht immer am Herd sich der Spieß," ist vielleicht während seines Wiener Aufenthaltes (1840—41) entstanden.

Die unangenehme Erfahrung junger Schriftsteller, ihre Sachen nicht an den Mann zu bringen, mußte Pfeiffer inzwischen auch machen: am 13. Februar 1836 wird ihm von dem Redacteur eines Journales eine demselben übersendete „gut geschriebene Erzählung" zurückgeschickt, weil er mit ähnlichem Vorrath bereits für lange Zeit versehen ist. Ein andermal bietet er der Fleischmann'schen Buchhandlung ein vermuthlich belletristisches Manuscript an, aber auch hier erklärt sich der Verleger nicht in der Lage es anzunehmen, da er von Verlagslust verleitet, schon allzuviel übernommen habe. „Das für den Eilboten mitgetheilte wird nächstens eingerückt. Wenn Sie mir bisweilen ächt komisches, aber dabei kurzes, mitzutheilen die Güte haben wollen, so

*) Briefliche Mittheilung der Wittwe.

**) Von einem vermuthlich gedruckten Scherze lautet der Titel: „Kieserische Hauschronica (roth) das ist: warhafftige Erzehlung der fürnehmbsten Geschichten vnd Begebenheiten so sich in der Familie derer Kieser (roth) aus Steinheimb im Albuech in Schimpff und Ernst zuegetragen. Den Nachkommen zue Lust vnd Lieb gestifftet durch M. Franz Pfeiffer (roth) der Weltweisheit Doctor, dermalen Buechwart zue Stuetgarten. Im Jahre nach Christi Geburt M. DCCC. LIII.

wird es mir angenehm seyn," heißt es am Schlusse des Briefes (4. Februar 1837).

Seinen medicinischen Studien lag er pflichtgetreu, aber ohne Liebe ob. Neben medicinischen Vorlesungen hörte er bei Maßmann, an welchen er durch den 1834 als Professor der Philosophie von Solothurn nach München berufenen Dollmayr eine Empfehlung erhalten hatte *), Vorlesungen über Litteraturgeschichte, Nibelungenlied, Gothisch, Handschriftenkunde und Geschichte der Hohen Schulen. Die schon auf der Schule geweckte Liebe für die ältere deutsche Sprache fand hier neue Nahrung und gewann in seiner Seele die Oberhand, so daß er in einen harten Kampf zwischen der Pflicht, die ihn bei dem erwählten Brotstudium bleiben hieß, und der Neigung, die ihn einer ungewissen Laufbahn entgegenführte, gerieth. Noch im Sommer 1837 hört er bei Professor Willhelm Klinik und gleichzeitig bei Maßmann deutsche Litteraturgeschichte. Es läßt sich denken, daß dieses Schwanken ihn in seinem Berufe, der eine ungetheilte Kraft erfordert, nicht vorwärts brachte. Maßmann, der von jeher seinen Zuhörern unmittelbar nahe trat, ihnen Freund, Rather und Helfer war, merkte bald den Kampf, der in der Seele des jungen Mediciners vorgieng; er half ihm darüber hinweg, indem er ihm eines Tages erklärte, daß, bis er sich entschieden, er seine Vorlesungen wie sein Haus, das ihm wie allen seinen Zuhörern stets offen stand, meiden müsse. Etwa nach Verlauf eines Monats erschien Pfeiffer wieder bei Maßmann mit der festen Erklärung, daß er die Medicin an den Nagel gehängt habe. Zugleich legte er ihm ein offenes Geständniß seiner Lage ab, und daß er außer Stande sei, das Honorar für die Vorlesungen zu entrichten. Nun gestattete ihm Maßmann nicht nur den unentgeltlichen Besuch derselben, sondern Pfeiffer wurde fortan Maßmanns täglicher Haus- und Tischgenosse und nahm Theil an den Freuden und Leiden der Familie. Es entwickelte sich

*) Schlatter a. a. O. S. 4.

zwischen beiden ein Freundschaftsverhältniß, welches das Leben hindurch gedauert hat. Pfeiffer blieb dem alten Freunde immer dankbar für das, was er an ihm gethan; als Antwort auf einen feurigen Dankbrief schreibt ihm Maßmann (27. Juli 1840):

Was du gethan hast, wirf es ins Meer,
Weiß es der Fisch nicht, weiß es der Herr.

An den kleinen Ausflügen, den sogenannten Turnfahrten, betheiligte er sich öfter und gern, war aber nie zu bewegen, an den von Maßmann geleiteten Turnübungen Theil zu nehmen, so daß ihn Maßmann scherzweise den Solo-Turner zu nennen pflegte. Als Pfeiffer 1839 an der Grippe erkrankt ist, hält ihm Maßmann vor, daß er seiner Mahnung wegen des Turnens nicht gefolgt sei und räth ihm, künftig haushälterischer mit seinem Capital umzugehen. In der That ist wohl diese Vernachlässigung körperlicher Anstrengung bei so reichlicher geistiger mit eine Ursache seines frühen Lebensendes gewesen.

Maßmann verschaffte ihm nun auch andern Erwerb, der seiner Neigung mehr zusagte und mit dem gewählten Berufe in innerlichster Verbindung stand. Der Buchhändler Basse in Quedlinburg hatte wenige Jahre vorher (1835) seine „Bibliothek der gesammten deutschen Nationalliteratur“ unternommen, in welcher er Ausgaben fast aller mittelhochdeutschen Schriftsteller zu veröffentlichen beabsichtigte. Für dieses Unternehmen wurde Pfeiffer zunächst durch Copien von Handschriften beschäftigt; die Münchener Bibliothek bot deren einen großen Reichthum und auch von auswärts, z. B. von Heidelberg, ließ Maßmann zu diesem Zwecke Handschriften kommen. Im Jahre 1838 schrieb er die (einzige) Handschrift von Rudolfs Alexander ab, welchen der frühverstorbene Hermann Leyser in Leipzig für die Nationalbibliothek herausgeben sollte*); Rudolfs Wilhelm hatte er für eigene Bearbeitung sich abgeschrieben und bot Leyser seine Abschrift zur

*) Nach Leysers Tode übernahm Emil Sommer die Aufgabe, und als auch dieser früh starb (1846), fiel dieselbe Zacher zu.

Förderung der Kritik des Alexander auf einige Zeit an. Ebenso machte er Abschriften des Daniel von Blumenthal, von Strickers Beispielen, von Rosenplüts Fastnachtspielen, die Dr. Schletter herauszugeben beabsichtigte; von der großen Heidelberger Handschrift 341 mit Erzählungen und Beispielen, an der er volle vier Monate zu arbeiten hatte, von Volksliedern u. s. w. Für Endlicher in Wien fertigte er eine prachtvolle Abschrift der Handschrift der Carmina Burana *); andere Copien machte er für W. Grimm und Andere.

Allerdings wurden die, namentlich für Buchhändler, gemachten Abschriften nur sehr mäßig honoriert, und zuweilen geschah es auch, daß an dem wohlverdienten Honorare noch etwas abgezogen wurde; aber den Gewinn, den er für seine Ausbildung daraus schöpfte, schlug er mit Recht höher an als den materiellen. Er schrieb mir (es war der erste Brief, den ich von ihm erhielt), als ich, ebenfalls ein armer Student, in Berlin ihm eine Handschriftencopie **) besorgt hatte: „Maßmann kann Ihnen erzählen, daß ich einst viele tausend Verse um noch geringeres Honorar abgeschrieben habe. Der pecuniäre Gewinn war das wenigste, aber ich häbe viel dabei gelernt, das ich nicht missen möchte." (18. November 1852.)

Diese frühe und umfangreiche Beschäftigung mit Handschriften war von großem Einflusse auf Pfeiffers ganze Entwickelung; er lernte die Sprache unmittelbar aus den Quellen kennen, die Vergleichung von Gedichten in verschiedenen Handschriften, das Copieren von Werken, die in den verschiedensten Gegenden Deutschlands entstanden waren, machte ihn auf die verschiedenen älteren Dialekte aufmerksam, und er legte hier den Grund zu jenen Dialektforschungen, die so bedeutsam für unsere Wissenschaft geworden sind. Zugleich hängt damit seine Beschrän

*) Endlicher schenkte sie Ferdinand Wolf, und durch des Letzteren Güte kam sie wieder in Pfeiffers Besitz; sie befindet sich in seinem Nachlaß.

**) Von der Schweriner Handschrift des Evangelium Nicodemi.

kung auf das Mittelhochdeutsche zusammen: es waren fast ausschließlich Werke der mhd. Litteratur, mit denen er sich zu beschäftigen hatte; er sah bald ein, daß in der Beschränkung eine Weisheit liege, und suchte um so vollständiger das erwählte Gebiet zu beherrschen und zu durchdringen.

Wenn ihm später diese Zeit als die schönste seines Lebens erschien, so begreift sich das vollkommen. Er fühlte hier zum ersten Male, daß er seiner Neigung sich hingeben dürfe, während bisher der Zwang eines unlieben Brotstudiums auf ihm gelastet hatte. Die reichen Schätze der Wissenschaft thaten sich ihm auf und seine junge Seele konnte in ihnen schwelgen. Und blickt doch jeder Mensch in späteren Jahren gern auf die Zeit zurück, in der er mit dem Leben ringen mußte. Das Bewußtsein, daß ein solcher Kampf für den Menschen heilsam ist, hatte er mit Recht. „Wir haben doch wenigstens," schreibt er 1841 an Zacher, „vor denen, die im Sonnenschein des Glückes und Reichthums groß geworden, das voraus, daß wir vor dem frühen Philister werden geschützt sind. Wie Ihnen nach dem Sturme, so war mir Prof. Maßmann in demselben Sonne und Leitstern. Wie ein Vater hat er sich meiner treu und liebevoll angenommen und als kundiger Lootse an mancher Klippe, die mir Untergang drohte, glücklich mich vorbeigeführt. Darum hänge ich auch mit dankbarer Liebe und Innigkeit an ihm. Er hat mir die Pforten des Heiligthums erschlossen, in welchem ich Priester zu werden mich bestrebe." Und mir schrieb er am 20. März 1860: „Wir haben den Vortheil, daß wir uns früh schon placken und plagen und durchs Leben schlagen mußten: darin liegt eine stärkende, reinigende Kraft, die ihre Wirkung noch bis in ältere Jahre äußert."

Ueber der begeisterten Hingabe an das nun erwählte Studium ließ er jedoch keineswegs die Rücksicht auf eine sichere Stellung in der Zukunft außer Acht. Ein Brief an Basse, mit dem er damals in einem sehr freundlichen Verhältniß stand, gibt über seine Zukunftspläne Auskunft; er schreibt am 21. November 1839:

„Es scheint, daß Sie meine Aeußerung, mich für die Zukunft ausschließlich dem Studium der ältern deutschen Litteratur zu widmen, mißverstanden haben, indem ich keineswegs der Meinung **war** und **bin**, in den Arbeiten auf diesem Felde die Quelle meiner künftigen Lebensexistenz zu erblicken oder zu suchen. Vielmehr gieng schon beim Entstehen dieses in mir festgewordenen Entschlusses mein Streben dahin, bei einer der höheren Lehranstalten meines Vaterlandes, wo dieses Studium zu immer größeren Ehren kommt, eine Stelle als Lehrer zu erhalten, was mir hoffentlich ohne allzugroße Mühe gelingen wird und wozu ich schon mehr als eine gegründete Aussicht habe. Um mich aber zu diesem Berufe ganz zu befähigen, ist es nöthig, daß ich mich noch einige Jahre unter den Augen und der Leitung meines Lehrers und Freundes, des Prof. Maßmann, fort- und so weit ausbilde, daß ich mich selbst einem solchen Amte gewachsen fühle. Zur schnellern und sichern Erreichung meines Zweckes ist es aber nothwendig, daß ich vorher etwas gediegenes in diesem Fache leiste, und dazu bedarf ich vor allem Ihrer Hilfe ... Mein höchstes Streben geht dahin, etwas tüchtiges zu leisten, und ich bin überzeugt, daß das Wirken nicht hinter dem Willen zurückbleiben wird."

Diesen Grundsätzen gemäß dachte er schon damals an verschiedene litterarische Arbeiten. 1839 sehen wir ihn bereits mit dem Plane beschäftigt, Bruder **Bertholds** Predigten herauszugeben; er schrieb darüber an Basse, dieser aber stand schon mit H. Leyser, der 1838 eine Sammlung altdeutscher Predigten für die Nationalbibliothek herausgegeben hatte, in Unterhandlung, und so lieferte Pfeiffer Abschriften und Collationen von Münchener und Heidelberger Handschriften, welche letztere Maßmann nach München kommen ließ. Auch das Wörterbuch sollte Pfeiffer liefern; Leysers Ausgabe kam aber so wenig wie die des Alexander zur Ausführung und Pfeiffer nahm später den Plan selbständig auf. Die in einer Münchener Handschrift (cod. germ. 39) enthaltenen Predigten, die viel später (1858) Kelle unter dem

Titel Speculum ecclesiæ herausgab, hatte Pfeiffer ebenfalls zum Zwecke einer Ausgabe abgeschrieben; sie schienen ihm „durch Sprache und Inhalt mehr als irgend andere Bekanntmachung zu verdienen," und er machte Basse das Anerbieten, sie als dritten Theil der in der Nationalbibliothek erschienenen Predigten zu übernehmen; ein Glossar könne er ohne allzugroße Mühe dazu geben, da sich eine obgleich unvollkommene, doch brauchbare Vorarbeit eines Geistlichen aus Benedictbeuern, wohin die Handschrift gehörte, auf der Münchener Bibliothek befand. Die Ausgabe unterblieb; nur die Deutung der Meßgebräuche in Versen wurde von Pfeiffer aus diesem Codex 1841 in der Zeitschrift für deutsches Alterthum (1, 270—284) veröffentlicht.

Die in der Heidelberger Handschrift 341 enthaltenen Marienlegenden hatten schon damals, bei der Abschrift dieser Handschrift für Basse, die Aufmerksamkeit Pfeiffers auf sich gezogen; er beabsichtigte, diese Legenden, deren Zahl sich auf 27 belief, und welche „größtentheils recht hübsch und für die Litteratur und Sprache nicht unwichtig sind," kritisch zu bearbeiten. Ein in München lebender junger Theologe wollte eine Einleitung über Marienverehrung und Marienlegenden dazu schreiben. Der Plan kam vorläufig so wenig zur Ausführung, als die Ausgabe des Boner, mit welcher er sich 1839 trug. Es standen ihm damals außer der Ausgabe Beneckes, „die für jene Zeit, wo die Grammatik noch nicht gegründet war, mit andern Ausgaben verglichen, wider Erwarten gut ausfiel," vier von Benecke nicht benutzte Handschriften (zwei Münchener, die St. Gallische und Wallersteiner) zu Gebote, ein Material, welches freilich gegenüber dem später benützten unbedeutend erscheint.

Auch 1840 sehen wir ihn mit litterarischen Plänen mehrfach beschäftigt. Im Frühjahr hat er nach vier Münchener Handschriften eine „asketische Abhandlung von Bruder David von Augsburg, die zu dem schönsten gehört, was wir von mittelhochdeutscher Prosa besitzen," bearbeitet, und bietet dieselbe Basse zum Verlage an. Die Vorrede sollte „in gedrängter Kürze bisher unbekannte Nachrichten über das Leben Davids und sein Verhältniß zum Bruder Berhtolt, seinem Schüler, enthalten." Schon damals also hat er neben der Poesie seine Aufmerksamkeit der Prosa zugewendet. Mit einer auf mehrere Bändchen berechneten Sammlung altdeutscher Dichter beschäftigte er sich damals auch. „Das erste Bändchen," schreibt er am 13. Mai 1840, „soll den König Orendel enthalten, ein äußerst interessantes, dem deutschen Sagenkreise angehöriges Gedicht, dessen Unzugänglichkeit schon so oft, z. B. von Gervinus, bedauert wurde, und dessen Bekanntmachung gewiß mit großem Beifalle aufgenommen würde." Von Rudolfs Wilhelm von Orlens hatte er die Münchener Handschrift und zwei andere abgeschrieben, beziehungsweise collationiert. Eine Ausgabe zu veranstalten, gedachte er schon damals; er schickte eine Probe des Textes bearbeitet an Basse, indem er zugleich gegen denselben den Wunsch aussprach, zur Benutzung weiterer Manuscripte des Gedichtes nach Stuttgart und Heidelberg zu reisen und sich erbot, bei einem zwei- bis dreimonatlichen Aufenthalte auch andere für die Nationalbibliothek in Aussicht genommene Werke abzuschreiben. Allein Basse lehnte auch das ab und die Ausgabe unterblieb daher vorläufig; den lange gehegten Plan konnte er nur theilweise zur Ausführung bringen, und erst aus seinem Nachlasse wird diese Dichtung ans Licht treten.

Diese vielseitige Beschäftigung läßt einen Einblick thun in die ungeheure Arbeitsfähigkeit, welche Pfeiffer schon damals besaß. Die hier mitgetheilten Pläne sind zum großen Theile später ausgeführt worden; damals (1840) erschien von ihm noch kein selbständiges Werk im Druck, wohl aber knüpften die ersten litterarischen Beziehungen nach außen sich an. Am 5. März 1840 schickt er an M. Haupt für dessen „Altdeutsche Blätter" die ersten Beiträge, und schon am 15. März beantwortet der Herausgeber seine Zusendung in der freundlichsten Weise. Als er ihm das letzte Heft der Altdeutschen Blätter übersandte, durfte er mit Recht hinzufügen, daß „dessen bester Inhalt" von Pfeiffer herrühre (17. Sept. 1840). Zugleich lud ihn Haupt zur Theilnahme an der damals von ihm vorbereiteten Zeitschrift für deutsches Alterthum ein, deren fleißiger Mitarbeiter Pfeiffer durch eine Reihe von Jahrgängen blieb.

Zur Vervollständigung des Materials, welches er für Basses Nationalbibliothek hatte herbeischaffen helfen, machte er diesem den Vorschlag, er wolle eine Reise nach Wien unternehmen, deren Hauptzweck sein sollte, die von Pfeiffer „gefertigten Copien von Berhtoldes Predigten, Strickers Beispielen und den kleinen Erzählungen und Schwänken dort völlig zu beendigen." Die Reise sollte bis zum Herbst 1840 sich ausdehnen. Der Plan, auf welchen Basse nicht eingieng, wurde bald darauf in einer viel umfassenderen und fruchtbareren Weise verwirklicht.

Der Geschäftsführer der Cotta'schen und Mitbesitzer der Göschen'schen Verlagshandlung, L. Roth in Stuttgart, wandte sich an Maßmann mit der Mittheilung, er beabsichtige eine größere Sammlung von Ausgaben mittelhochdeutscher Dichtungen zu veranstalten. Maßmann machte geltend, daß dazu die Herbeischaffung von handschriftlichem, noch unbenütztem Material nothwendig sei, und schlug für diese Arbeit Pfeiffer vor. Es wurde nun von Maßmann und Pfeiffer ein „Verzeichniß derjenigen altdeutschen Werke, die entweder noch ungedruckt sind, oder wovon wir nur ungenügende Ausgaben besitzen," entworfen. Dies Verzeichniß umfaßte

I. Gedichte, wovon noch unbenutzte Handschriften vorliegen: Boner, Wigalois, Barlaam, Gottfried von Straßburg, Renner, Oswald.

II. Gedichte, deren den vorhandenen Ausgaben zu Grunde gelegte Hss. nochmals verglichen werden müssen: Otfrid, Ruolandesliet, Kutrun, Minnesänger (in kritischer Auswahl).

III. Ungedruckte Gedichte: Frauendienst, Mai und Beaflor, Gauriel von Muntavel, Heinzelin von Costenz.

IV. Prosa: Berhtolt, Tauler, Suso.

Dieser ursprüngliche Plan, dem die Handschriftenangabe gleich beigefügt war, erhielt allerdings manigfache Modificationen. Schon im April 1840 schrieb Roth, er habe für das projectierte Unternehmen eine ganz besondere Vorliebe und trage sich schon Jahre lang damit. Er erklärte sich mit dem Plane ganz einverstanden, vermißte aber namentlich Wolfram von Eschenbach, Heinrich von Veldeke und das Heldenbuch, während auf der andern Seite Tauler und Suso nicht in das Unternehmen zu passen schienen. Statt der Minnesänger in Auswahl wünschte er eine vollständige Ausgabe der Weingartner Handschrift. Pfeiffer erklärte in einem ostensiblen Briefe an Maßmann (28. April 1840) seine Bereitwilligkeit, dem Unternehmen seine Kraft zu widmen, und um die Zeit auf der Reise möglichst zu verwerthen, erbot er sich, in solchen Städten, wo er nur einen Theil des Tages an Handschriften arbeiten könne, die übrige Zeit auf das Wörterbuch zu verwenden, welches als Schluß der ganzen Sammlung gegeben werden sollte. Er machte nun einen Plan, wie viel Zeit er in jeder der zu berührenden Städte brauchen werde, nebst Angabe der daselbst zu benutzenden Handschriften, und so konnte er Anfang Juli die für ihn so wichtige und erfolgreiche Reise antreten.

Zunächst suchte er die reiche Büchersammlung Laßbergs in Meersburg auf, bei dem er, von Maßmann empfohlen, die gastfreieste Aufnahme fand, und weil er mehr als er erwartet traf, länger als seine Absicht war verweilte. Sein nächstes Ziel war Zürich, wo er mit Ettmüller viel verkehrte und Wilhelm Wackernagel kennen lernte. In einem Briefe aus Wien an Ettmüller spricht er sich dankend für dessen „so überaus freundliche Aufnahme“ aus, und an Maßmann schreibt er, ebenfalls aus Wien: „Diese ungekünstelte Herzlichkeit, womit er mich, den unbekannten, unempfohlenen aufnahm, habe ich außer bei Ihnen, der Sie die seltene Gabe, die Jugend anzuziehen und zu fesseln in so hohem Maße besitzen, nirgends gefunden. Die wenigsten Menschen verstehen es, fremde Eigenthümlichkeiten neben sich gelten zu lassen oder gar richtig aufzufassen, und bei den meisten ist es Eitelkeit oder gewisse Achtung vor Empfehlungen, oder

Verbindlichkeiten, die ein einigermaßen freundliches Benehmen dictiert, nicht aber von innen strömende Herzensgüte, Gemüth." Wir glauben, diese Worte hier anführen zu müssen, weil sie Pfeiffers eigenes Wesen trefflich kennzeichnen und auch auf ihn vollkommen passen.

Nach einem kurzen Besuche bei den seinigen, die ihn zum ersten Male in der vollen Freude eines lieb gewordenen Berufes erblickten, kam er Anfang August nach Basel, wo der freundschaftliche Verkehr mit Wackernagel ihm den Aufenthalt lieb machte. Im September finden wir ihn in Straßburg; auch hier fand er, durch Maßmann an die Bibliothekare Jung und Strobel empfohlen, die freundlichste Aufnahme und reichliche Arbeit. Der Aufenthalt in Karlsruhe, wo ihn Maßmann auf zwei, freilich nicht besonders werthvolle Handschriften des Boner aufmerksam gemacht hatte, währte nicht lange; länger fesselte ihn Heidelberg, wo er mit K. A. Hahn in freundschaftlichen Verkehr trat; auch bei Gervinus fand er „überaus freundliche Aufnahme"; „sie gehört", schreibt er am 20. März 1841, „zu den wohlthuendsten Erinnerungen, die ich von meiner Reise nach Hause brachte." Hier schrieb er, ein neuer Beweis für sein Interesse an der Prosa, Hermanns von Fritslar Heiligenleben ab, das ihn, wie er am 25. Sept. 1840 schreibt, „in hohem Grade anzieht und nächst Berhtolt wohl zu dem vorzüglichsten gehört, was unsere ältere Litteratur derartiges besitzt." Er bietet auch dieses Werk, das später den ersten Band der Mystiker eröffnete, Basse für die Nationalbibliothek an, und hofft, Hermann von Fritslar werde Anziehungskraft genug besitzen, sich Leser, d. i. Käufer zu verschaffen. Von Heidelberg aus machte er im October einen Ausflug in die Pfalz, wo Maßmann einen Theil der Ferien bei seinen Verwandten zubrachte. Nach Beendigung seiner Arbeiten in Heidelberg gieng er über Stuttgart, wo er ebenfalls mancherlei zu thun hatte, und über Ulm, wo man ihm als Schweizer bei der damaligen Stimmung gegen die Schweiz Schwierigkeiten wegen des Aufenthaltes machte, nach München, wo er Ende November eintraf. Nicht lange jedoch verweilte er hier, sondern begab sich nach Wien, dessen reiche handschriftliche Schätze ihn den ganzen Winter hindurch fesselten. Schon vor den Weihnachtsferien vollendete er die Collation der Wiener Tristanhandschrift, aus welcher „nicht unwichtige Ausbeute gewonnen wurde". Die vierzehntägigen Ferien (vom 25. December bis 7. Januar) benutzte er, um den eben erschienenen ersten Theil der Grimm'schen Grammatik in dritter Bearbeitung gründlich zu studieren; „mit wahrem Heißhunger" stürzte er sich auf denselben. Er fand darin manche Ansicht, die er aus eigenem Studium geschöpft hatte, zu seiner Freude bestätigt; so die Schreibung Lachmanns frowe, riwe ꝛc. im Verse, während er im Reime frouwe, riuwe schreibt, von Grimm mit Recht getadelt. Auch verwandte er die Ferien zu einem zehntägigen Ausfluge nach Klosterneuburg, wo er „vom Prälaten und den übrigen Herren auf das gastfreundlichste aufgenommen wurde". In sechs Tagen schrieb er die ganze Handschrift von Bruder Eckhart (132 Blätter in kl. 4) vollständig ab. Wir sehen, daß seine litterarischen Pläne nicht auf die von Cotta beabsichtigten Ausgaben sich beschränkten. Bis zum 16. März 1841 verweilte er noch in Wien; der heil. Georg Reinbots von Turn und der Stricker, so wie Berthold beschäftigten ihn hauptsächlich. Wegen der Stricker'schen Gedichte besuchte er auch die Stiftsbibliothek in Melk, wo eine der am wenigsten mit unechten Gedichten untermischte Sammlung derselben sich befindet. Manche persönliche Bekanntschaft hatte der Aufenthalt in Wien zur Folge: mit F. Wolf, v. Karajan, Bergmann, Endlicher, den er schon von einem Besuche in München her kannte und bei dem er besonders herzlich aufgenommen wurde. Gleiches Streben führte ihn mit seinem Altersgenossen Frommann zusammen, der damals in gleicher Absicht wie Pfeiffer die Wiener Bibliothek benutzte und mit dem ihn von da an eine bis ans Lebensende dauernde Freundschaft eng verband.

Das Ziel seiner Reise war erreicht; er kehrte mit der gewonnenen Ausbeute im März 1841 nach München zurück. Er wohnte und arbeitete mit A. Vollmer zusammen, der an dem Cotta'schen Unternehmen gleichfalls beschäftigt werden sollte. Die Oberleitung des Ganzen war Maßmanns Händen anvertraut. Für Haupts Zeitschrift, deren erster Band 1841 erschien, bereitete Pfeiffer manches vor, das aber nur zum Theil wirklich darin veröffentlicht wurde und das uns einen Einblick in die reiche Ausbeute der Reise gewährt. So „die sieben Stapheln des Gebetes", ein Gedicht von etwa 2000 Versen, nebst einer alten schönen Prosa des 13. Jahrhunderts über denselben Gegenstand; S. Oswalds Leben, „das ebenfalls Ueberarbeitung eines älteren Gedichtes ist" *); ferner „Nachträge zum Reinhart Fuchs, bestehend in mehreren dahin gehörigen Fabeln, die Grimm entweder nicht kannte oder von ihm nicht erreicht werden konnten"; „eine Zusammenstellung einiger Lügenmärchen, worunter ein recht hübsches, obwohl unvollständiges"; endlich „Gesicht in der h. Kristnacht des Jahres 1356 von Ruolman Merswin, einem Straßburger Laien, von dem auch die neun Felsen herrühren sollen, das in Bezug auf Sittengeschichte nicht ohne Interesse ist."

Alles bisherige waren nur Textabdrücke; die erste Arbeit, welche wirkliche Ergebnisse umfassender Forschung darlegt, ist die Recension von Hoffmanns von Fallersleben „Verzeichniß der altdeutschen Handschriften der k. k. Hofbibliothek zu Wien" **), welche in der Neuen Jenaischen Litteratur-Zeitung 1842 Nr. 242—244 erschien. Sie ist in dem mir vorliegenden Manuscript vom 9. Juli 1841 datiert und älter als die Recension über den Guten Gerhard. Hier hatte Pfeiffer Gelegenheit, da er selbst in Wien lange gearbeitet und viele der von Hoffmann beschriebenen Handschriften benutzt hatte, genau zu controlieren, inwiefern das Buch zuverläßig war. Seine Vertrautheit mit der gedruckten und handschriftlichen Litteratur tritt uns hier gleich entgegen. Manches hatte auch Maßmann beigesteuert, dem Pfeiffer

*) Gedruckt in Haupts Zeitschrift 2, 92—130.

**) Leipzig 1841. Weidmann'sche Buchhandlung.

vor dem Drucke das Manuscript vorgelegt hatte. Die Recension fand wegen ihres reichen Inhaltes allgemeine Anerkennung, wenn man auch „an einigen übereifrigen Worten", die ihm entschlüpft waren, Anstoß nehmen konnte *).

Gleichfalls noch der Münchener Zeit gehört die Recension von Haupts Ausgabe des Guten Gerhard von Rudolf v. Ems, in den Gelehrten Anzeigen der Münchener Akademie 1842, Nr. 70—72, an. Mit Rudolf hatte sich Pfeiffer, der seit Jahren eine Ausgabe des Wilhelm beabsichtigte, genau beschäftigt, und davon nicht allein, sondern von seinem kritischen Talente legt die Recension vollgültiges Zeugniß ab. Die beste Anerkennung ihres Werthes war, daß der Herausgeber des Gerhard, der ihm schrieb: „Ihre Conjecturen sind allermeistens richtig und einige sind sehr schön, Ihre Bemerkungen belehren, Ihr Ton freundlich" (19. Oct. 1842), seine „wohl überlegten Verbesserungen des Textes" wegen der schwachen Verbreitung der Gelehrten Anzeigen unter den Fachgenossen in seiner Zeitschrift (3, 275—278) abdrucken und daselbst auch „mit geringer Ausnahme" Vermuthungen, die Pfeiffer fragweise ausgesprochen, Raum finden ließ.

Schon im Jahre 1841 ist er mit der Ausgabe von Rudolfs Barlaam beschäftigt und hofft, daß dieselbe bis Ende des Jahres in Druck erscheinen werde. Er hatte das Vertrauen, mit dem gesammelten „bedeutenden Apparate etwas tüchtiges, gediegenes geben zu können."

Ein umfassenderer Plan, der in dieselbe Zeit fällt, leider aber nicht zur Ausführung kam, war „eine Umarbeitung, wenn man es so nennen will, obschon es etwas ganz anderes neues werden soll, des Hagen'schen Grundrisses. Es soll dieses Werk die gesammte altdeutsche Litteratur von Ulfila bis Luther vollständig enthalten, mithin auch die Prosa, wodurch es sich von

*) Wie Pfeiffer mir noch in den letzten Jahren mittheilte, hat es ihm leid gethan, von der gegen Hoffmann eingeleiteten Maßregelung erst erfahren zu haben, als jene Recension bereits gedruckt war. „Manches wäre sonst gemildert worden." B.

dem Hagen'schen Grundrisse wesentlich unterscheiden wird. Natürlich wird es in mehrere und zwar stoffliche Abtheilungen zerfallen, deren jeder eine geschichtliche, ästhetische Darstellung vorausgehen soll: drei Hauptabschnitte nach den drei Hauptepochen unserer alten Litteratur, Gothisch, Althochdeutsch, Mittelhochdeutsch; innerhalb dieser ergeben sich eine Menge Unterabtheilungen: einheimische und ausländische Heldensage, didactische Poesie, geistliche Dichtungen, Minnesang, Erzählungen und Schwänke u. s. w. Innerhalb dieser Abtheilungen folgen dann, und zwar der Zeitfolge nach, die Verfasser und deren Werke, mit kurzem Abriß ihres Lebens, so weit wir dies kennen, und zugleich Proben aus ihren Schriften, diese womöglich in kritischer Bearbeitung; darauf genaue Angabe aller bekannten Handschriften und endlich das Verzeichniß der davon vorhandenen Drucke und Ausgaben bis in die neueste Zeit." Er gedachte also in seinem Buche „eine Litteraturgeschichte, ein Lesebuch und bibliographisches Handbuch zu vereinigen." Einen ähnlichen Plan im Auge, hatte sich zu derselben Zeit ein Buchhändler damit an Maßmann gewendet; den vorgelegten Plan beurtheilte Pfeiffer auf Maßmanns Veranlassung, indem er obiges Anerbieten machte, sehr freimüthig und bemerkt dabei zur Entschuldigung: „Es ist mein Erbtheil, als Schweizer offen zu reden"; ein Charakterzug, der ihm durchs Leben geblieben ist. Zu einem ausführlichen Berichte über sein bibliographisches Handbuch aufgefordert, schreibt er: „Um ein Werk wie das in Rede stehende, das durch Vollständigkeit, Genauigkeit u. s. w. jeder, auch der strengsten Anforderung genügen soll, herzustellen, ist es unumgänglich nöthig, die an Handschriften und alten Drucken der altdeutschen Litteratur reichsten und wichtigsten Bibliotheken Deutschlands einer genauen Untersuchung zu unterwerfen, und es sind und bleiben deshalb dahin vorzunehmende Reisen das erste und Hauptérforderniß zur Abfassung einer Quellenkunde der altdeutschen Litteratur . . . Schmeller, der von meinem Vorhaben schon länger unterrichtet ist, und sehr viel Theilnahme dafür an den Tag legt, äußerte sich einmal, wie mir scheint sehr richtig, gegen mich darüber: „Eine solche Arbeit kann eigentlich nur ein Mann unternehmen, dem nach allen Richtungen hin frei und ungebunden sich zu bewegen vergönnt ist; sitzt man einmal im Amte und zwischen seinen vier Pfählen eingepfercht, was bei den meisten von uns der Fall ist, so hält es unendlich schwer oft selbst nur auf kürzere Zeit loszukommen, und selbst wenn dies gelingt, so verfolgt man statt solcher Arbeiten, die eigentlich immer sehr trocken und mühsam sind, und wo der Geist leer ausgeht, lieber lang gehegte Lieblingspläne, bei denen der Geist freien Spielraum hat und eigentliches eigenes Schaffen möglich ist." Zum Glück (ein anderer würde vielleicht sagen zum Unglück, doch ich möchte mir die Freiheit so lange wie möglich bewahren) bin ich in der Lage ungebunden und zur Zeit noch ohne Amt zu sein, und steht mir daher in dieser Hinsicht kein Hemmniß entgegen." Es ist sicherlich zu bedauern, daß aus dem Plane nichts wurde, da zu dessen Ausführung Pfeiffer wie wenige befähigt war. In seinem Nachlasse fanden sich allerdings einige Materialien, aber die hier vorgeschlagene Reise durch die Hauptbibliotheken Deutschlands konnte er nicht ausführen. Wer etwa jetzt mit Benutzung des von ihm hinterlassenen das Werk in Angriff nimmt, hat den großen Vortheil, daß inzwischen die Schätze der Bibliotheken viel mehr bekannt sind, als damals, freilich ist dadurch auch die Bedeutung einer solchen Arbeit wesentlich verringert.

Im Verkehr mit Maßmann und mit dessen Familie hatte Pfeiffer wenn auch arbeitsvolle, doch beglückende Tage in München. An kleinen Ausflügen fehlte es auch jetzt nicht, auf denen Pfeiffer ein froher und geselliger Genosse war; heller Gesang entquoll dann seiner Brust. Als es einst, Pfingsten 1841, nach dem Peißenberge im baierischen Gebirge gieng, war er der erste von allen auf und sang am Rande des Berges Uhlands Lied „Ich bin vom Berg der Hirtenknab" der aufgehenden Sonne entgegen*).

*) Briefliche Mittheilung Maßmanns.

In München verkehrte er außerdem mit Vollmer, mit dem ihn gleiche Beschäftigung zusammenführte, mit Dr. Trettenbacher und Dr. Mager, mit denen er sich oft über Baaders Philosophie unterhielt. Auch mit Maßmanns späterem Schwager, Maler Engelbach, wurde er befreundet und setzte diesen Verkehr in Stuttgart noch lebhafter fort. Der kleine Kreis von Freunden nannte sich scherzend die „Tafelrunder."

Die Cotta'sche Unternehmung der „Dichtungen des deutschen Mittelalters" veranlaßte Pfeiffer im Anfang des Jahres 1842 nach Stuttgart überzusiedeln, um dort dieser Arbeit sich mit ganzer Kraft widmen zu können. Es kam jetzt darauf an, die einzelnen Arbeiten in die rechten Hände zu legen. Pfeiffer selbst hatte von Anfang an den Barlaam, Boner und Wigalois übernommen; Maßmann den Tristan, und derselbe auch eine Sammlung der Stricker'schen kleineren Gedichte, Erzählungen und Beispiele auf Grund des von Pfeiffer herbeigeschafften Materials vorbereitet; die Ausgabe des Nibelungenliedes war Vollmer zugewiesen, auch die Eneit dachte man ihm zu überlassen; wem die Kudrun zufallen sollte, war noch zweifelhaft, für den Parzival dachte man an Rudolf von Raumer, mit welchem Pfeiffer seit 1836 in München zusammen studiert hatte; das Rolandslied wollte Maßmann herausgeben; das zu der Sammlung gehörende Wörterbuch sollte ursprünglich Vollmer übernehmen — Pfeiffer hatte auf seiner Reise viel dafür gearbeitet — aber es zerschlug sich durch Vollmers Mangel an Ausdauer, so daß Maßmann einzutreten versprach, der aber durch seine Uebersiedelung nach Berlin (1843) an der Ausführung verhindert wurde. Auch seine Ausgabe der Kaiserchronik dachte Maßmann in der Cotta'schen Sammlung zu veröffentlichen; da jedoch Basse ältere Anrechte darauf hatte, so verblieb sie dessen Nationalbibliothek. Schon als es sich um den Entwurf eines auszugebenden Prospectes handelte, sehen wir Pfeiffer gegen die vornehme Abschließung älterer Denkmäler, für die Verminderung des gelehrten Apparates in die Schranken treten, der nur so weit gegeben werden sollte, daß „der Gelehrte Genüge habe für seine nähere Untersuchung“ (Brief Maßmanns vom 11. März 1842). Ende 1842 wurde der Prospect ausgegeben und 1843 erschienen als erste Lieferung das Nibelungenlied von A. Vollmer, Tristan von Maßmann, und Barlaam und Josaphat von Franz Pfeiffer.

Durch langes Studium des Dichters war Pfeiffer zur Ausgabe des Barlaam trefflich vorbereitet. Das von ihm benutzte Material befähigte ihn außerdem etwas ganz anderes zu geben als die Köpke’sche Ausgabe von 1818, die im wesentlichen nur ein Abdruck einer guten Handschrift sein sollte. Zwischen 1818 und 1843 lagen die gewaltigen grammatischen Forschungen J. Grimms, lag die stattliche Reihe von Lachmanns Ausgaben, die zum ersten Male gezeigt hatten, wie man mittelalterliche Dichter kritisch behandeln müsse. Gleich diese erste kritische Ausgabe Pfeiffers zeigt uns die Sauberkeit und Gewissenhaftigkeit, den kritischen Scharfsinn, der doch immer in maßvollen Schranken sich hält, das Eingehen auf des Schriftstellers Sprache und Eigenthümlichkeiten, kurz alle die Eigenschaften, die auch seine späteren Ausgaben auszeichnen. Haupt, der genaueste Kenner von Rudolfs Werken, der eine Recension des Buches beabsichtigte, hatte doch nur weniges daran zu tadeln, was sich meist auf metrisches bezog; die Handschriften waren hier und da nicht ganz richtig gewürdigt: „Im ganzen sind es Kleinigkeiten, und Sie dürfen glauben, daß meine Recension volle Anerkennung Ihrer Arbeit enthalten haben würde“ (15. Dec. 1845).

Die Ausgabe des Barlaam war „dem Freiherren Joseph von Laßberg auf der alten Meersburg am Bodensee in treuer Verehrung gewidmet“, dessen vorzügliche Handschrift er hauptsächlich zu Grunde gelegt hatte. Als vierter Band der „Dichtungen“ erschien 1844, dem „lieben Freunde Georg Krutter in Solothurn“ zugeeignet, Ulrich Boners Edelstein. Auch davon lag, von älteren Drucken abgesehen, schon eine Ausgabe vor, von G. F. Benecke, aus dem Jahre 1816, der Pfeiffer (Einleitung S. IX) volle Gerechtigkeit widerfahren ließ, wenn er auch die aus dem damaligen Standpunkte der deutschen Philologie erklärlichen Mängel nicht verschwieg. Eine genauere Scheidung der Handschriftenfamilien bezeichnet den kritischen Fortschritt im Vergleich mit Barlaam; noch merklicher aber ist der Fortschritt in sprachlicher Hinsicht. Während Rudolfs Gedicht dem reinen Mittelhochdeutsch angehört, war hier „die Behandlung nicht ohne eigenthümliche Schwierigkeiten". Es war die schweizerische Mundart des 14. Jahrhunderts, „ungehemmt durch überlieferte Gebräuche und Gesetze, in ihrer naturwüchsigen Gestalt." Zum ersten Male betritt hier Pfeiffer das Gebiet dialektischer Forschung, für welche er später durch seine Arbeiten so viel geleistet hat.

Neben dieser Thätigkeit als Herausgeber in höherem Sinne geht in jenen Jahren Pfeiffers Theilnahme an den Publicationen des litterarischen Vereins in Stuttgart, der im Jahre 1842 gegründet wurde. Für ihn lieferte Pfeiffer eine Reihe genauer und sorgfältiger Textabdrücke, wie von Georgs von Ehingen Reisen, von Ott Rulands Handlungsbuch (zusammen mit K. D. Haßler), von der Weingartner und von der Heidelberger Liederhandschrift, deren so erleichterte Benutzung allen Fachgenossen hoch willkommen war. Eine kritische Textbearbeitung war die Ausgabe der Livländischen Reimchronik (1844), die ihn auf die Deutschordenslitteratur und auf Nicolaus von Jeroschin führte. Eine durch die Vorstudien bedeutend schwierigere Arbeit war die Herausgabe des habsburgisch österreichischen Urbars (1850), über welche Pfeiffer schreibt: „Ich hatte mich hier auf ein mir ganz fremdes Gebiet begeben und mit Aufopferung von Zeit, Mühe und Geld des Gegenstandes gewaltig zu werden versucht"; es war dies die letzte Arbeit, welche er für den litterarischen Verein lieferte.

An Thätigkeit fehlte es ihm, wie man sieht, gleich in den ersten Jahren seines Stuttgarter Aufenthaltes nicht, und die Anerkennung von Seiten der Fachgenossen blieb nicht aus, so daß ihm Maßmann schon Ende 1842 schreiben konnte: „Ihr Name gewinnt guten Klang, so wird auch bald eine feste Stellung daraus erwachsen." Damit dauerte es allerdings noch mehrere Jahre; eine bescheidene Stellung fand er zwar schon 1843 als Secretär des litterarischen Vereins; Ende des Jahres 1844 bot sich ihm die Aussicht, an der Stiftsbibliothek zu St. Gallen angestellt zu werden, indeß die Sache zerschlug sich. So war seine Lage eine durchaus nicht sorgenfreie, da er fast ganz auf litterarischen Erwerb angewiesen war. Im Uebrigen wurde er in Stuttgart mehr und mehr heimisch; in herzlichen Verkehr trat er gleich zu Anfang mit Albert Schott, der sich „an Pfeiffers Bekanntschaft aufrichtig freute“; auch mit W. Menzel, Keller, Stälin, Fellner, der die Bilder zur Ausgabe der Weingartner Liederhandschrift lieferte, wurde er bald bekannt und befreundet. Litterarische Beziehungen nach außen knüpften sich ungesucht an: hoch beglückte ihn 1844 die erste Berührung mit Jacob Grimm. „Ich hatte“, sagt Pfeiffer *), „bei meinem Auftreten in der Litteratur eine unüberwindliche Scheu, fremd wie ich ihm war, an ihn zu schreiben oder ihm von meinen Arbeiten etwas zu schicken, denn ich wollte nicht die Schaar der jungen Germanisten mehren helfen, die sich damals um ihn, mehr noch freilich um Lachmann drängten. Meine Meinung war, es sollte Jeder, der etwas gelernt hat, auf eigenen Füßen zu stehen versuchen, und ich dachte mir, daß meinen Arbeiten, falls wirklich etwas darin geleistet wäre, früher oder später, auch ohne mein äußeres Zuthun, die verdiente Beachtung und Anerkennung nicht entgehen würde.“ Mit W. Grimm war er durch Abschriften und Collationen schon 1840 in Verbindung getreten; eine gelegentlich an ihn gerichtete Frage nach Jacobs Abhandlung über „die Gedichte des Mittelalters auf Friedrich den Staufer“, veranlaßte Jacob, dieselbe an Pfeiffer zu senden, wobei er u. a. schrieb: „Ihre Thätigkeit hat mich schon lange gefreut und ich folge ihr mit aufrichtiger Theilnahme.“ „Man muß jung gewesen sein“, bemerkt Pfeiffer, „und muß wissen, wie einem aufstrebenden jungen Manne in bedrängter

*) In der Vorbemerkung zu J. Grimms Briefen an Pfeiffer, Germania XI, 111.

äußerer Lage zu Muthe ist, um den Eindruck zu ermessen, den die wenigen einfachen, aber herzlichen Zeilen auf mich machten. Nun waren alle Bedenken verscheucht, und von da an schrieb ich und schickte ihm alle meine Sachen."

Der dritte Brief Jacob Grimms dankt für den ersten Band der „Deutschen Mystiker", der 1845 erschien. Den Mystikern hatte Pfeiffer schon als Student, vielleicht im Zusammenhange mit den Gesprächen über Baaders Philosophie, seine Aufmerksamkeit zugewendet. Ausgaben einer Abhandlung Davids von Augsburg und des Heiligenlebens Hermanns v. Fritslar hatte er schon früher beabsichtigt und Basse angeboten: 1842 war in Cotta ein Verleger gefunden. Der erste Band „seinem verehrten Lehrer und Freunde H. F. Maßmann in treuer Liebe und Verehrung gewidmet", umfaßt, außer Hermann von Fritslar, Nicolaus von Straßburg und David von Augsburg, den Lehrer Bruder Bertholds. In mehrfacher Beziehung kann das Buch epochemachend genannt werden: es wandte sich liebevoll der bis dahin sehr vernachlässigten Prosa zu, es vertiefte die Dialektforschung und gab durch seinen Inhalt einen wichtigen Beitrag zur Geschichte der Philosophie im Mittelalter. Die Mystik, ein vielfach falsch gedeuteter und mißverstandener Begriff, kam hier zum ersten Male zu lebendiger Anschauung, indem ihre Quellen erschlossen wurden: erschlossen nicht nur dem Sprachforscher, sondern auch demjenigen, der, ohne Germanist zu sein, mit dem Inhalt sich vertraut machen wollte; für diesen hatte Pfeiffer durch Hinzufügung von erklärenden Anmerkungen gesorgt. Das liebevolle und humane Streben, den Kreis derer zu erweitern, die an den Quellen schöpfen wollen, finden wir also schon hier. Gegen die Vernachläßigung der Prosa hatte sich Pfeiffer öffentlich bereits in seiner Recension von Hoffmanns Handschriftenverzeichniß ausgesprochen, und dabei auf die reichen Schätze hingewiesen, die in ihr begraben lagen. Am folgenreichsten für den philologischen Standpunkt war aber die Ausgabe der Mystiker von Seite der Dialektforschung. Hier sprach zuerst Pfeiffer seine Entdeckung von einem den

Landschaften Mitteldeutschlands eigenthümlichen Vocalismus aus. Zwar auf dem Wege zu dieser Entdeckung waren schon Frommann bei seiner Ausgabe des Herbort, und W. Grimm, als er die Bruchstücke von Athis und Profilias bearbeitete, man erkannte Abweichungen, aber man wußte sie nicht recht in die Scheidung J. Grimms zwischen Hoch- und Niederdeutsch unterzubringen. Die Hinneigung des mitteldeutschen Vocalismus zum Niederdeutschen, während die Consonanten mit wenigen Ausnahmen dem Hochdeutschen sich anschließen, bildet das besondere Merkmal jener „mitteldeutschen" Mundarten, welche die wesentliche Grundlage der neuhochdeutschen Schriftsprache werden sollten, und der in ihnen geschriebenen Denkmäler. Im Anhange zum ersten Bande gab Pfeiffer eine Uebersicht der Laute bei Hermann von Fritslar und zeichnete darin die Grundzüge, die er später weiter ausführte. Die Entdeckung war um so mehr zu bewundern, als sie an einem Prosaiker, nicht an Dichtern gemacht war; denn bei diesen hatte man seit Lachmann die Reime als sichere Stützen bei sprachlichen Eigenthümlichkeiten betrachten gelernt. Die Aufnahme der Mystiker war eine sehr günstige; „Sie haben sich", schreibt J. Grimm (19. Dec. 1845), „eines wichtigen und nicht leichten Geschäftes gründlich und willkommen erledigt. Ich kannte diese Predigten entweder gar nicht oder nur durch Auszüge und gewahre nun, wie viel daraus zu lernen sein wird."

Auf eine sprachlich verwandte Quelle hatten die Mystiker schon damals Pfeiffer geführt: auf die Deutschordenschronik des Nicolaus von Jeroschin, von der eine Handschrift in der königlichen Privatbibliothek zu Stuttgart sich befand. Schon 1845 mahnt J. Grimm an eine Ausgabe derselben für den litterarischen Verein, und freut sich (19. Dec. 1845) daß sein Vorschlag „auf so guten Boden gefallen ist."

Eine andere ebenfalls dem mitteldeutschen Sprachgebiete angehörige Arbeit veröffentlichte er 1846 in den „Marienlegenden." Sie bildeten eine Ergänzung zu dem von K. A. Hahn abgedruckten Passional (Frankfurt 1845), in welchem ein großer

Theil jener Legenden fehlte. Auch bei diesem Buche hatte Pfeiffer einen größeren Leserkreis im Auge, indem er den einzelnen Legenden Inhaltsangaben und erklärende Anmerkungen beifügte; auch war nicht die übliche lateinische, sondern deutsche Schrift gewählt*). Aber auch dem Forscher that die Ausgabe Genüge, nicht nur durch die beigefügten Varianten der Handschriften, sondern besonders auch durch die Einleitung, in welcher er das nachholte, was der Herausgeber des Passionals unterlassen hatte, d. h. über Anlage und Umfang des Werkes, über die Handschriften, über den Dichter 2c. handelte und demselben ein anderes Werk, das Leben der Altväter, scharfsinnig zuerkannte. Er konnte es nicht unterlassen, mit der ihm eigenen Wahrheitsliebe seinen Tadel über diese bloßen Textabdrücke, wie sie Hahn im Passional und Titurel gegeben, auszusprechen. Da er mit Hahn befreundet war, so ist diese Wahrheitsliebe um so höher anzuschlagen. Pfeiffer fühlte sich verpflichtet, Hahn darüber zu schreiben und sich ihm als Herausgeber (denn das Buch erschien anonym) zu nennen. „Im Vorwort", schreibt er am 15. Januar 1846, „mußte ich nothwendig auf das Passional und Ihre lückenhafte Ausgabe desselben zu reden kommen, und da konnte ich nicht umhin, meine Mißbilligung Ihres Verfahrens offen auszusprechen. Sollte ich Sie dadurch verletzt haben, so würde es mir leid thun. Aber ich konnte nicht anders und bin mir bewußt, nichts gesagt zu haben, was nicht in der Wahrheit begründet ist. Es ist mir in der That unbegreiflich, wie Sie einem durch Inhalt und Sprache gleich wichtigen Werke so wenig Aufmerksamkeit schenken mochten. Mit nur etwas Fleiß und Umsicht hätten Sie leicht ein Buch herstellen können, das für lange Zeit dem Bedürfnisse würde genügt haben. Ihr Verfahren war freilich bequemer für Sie, hat aber doch seine bedenkliche Seite, indem es der Sache Schaden bringt. Die altdeutsche Litteratur zählt bekanntlich noch

*) Darüber spricht sich Schmeller in einem Briefe an Pfeiffer besonders befriedigt aus (Germania XII, 256).

immer ein sehr kleines Publicum, weßhalb es schwer hält, ihre Denkmäler in der Fülle, wie es zu wünschen wäre, zum Drucke zu bringen. Durch Ausgaben, wie die des Passionals und des Titurel, werden aber die wenigen Theilnehmer noch vor den Kopf gestoßen, indem ihnen nicht zugemuthet werden kann, daß sie Bücher, die sie nicht genießen können, kaufen sollen. Demzufolge leidet auch der Verleger Schaden, und seine Lust zu ähnlichen Unternehmungen dürfte kaum zum Wachsthum gedeihen. Sie werden sich dies alles nicht so überlegt haben, mir aber doch gestehen müssen, daß ich recht habe. Verschiedene Gründe haben mich bestimmt, meinen Namen nicht auf den Titel zu setzen. Daher hielt ich es für nöthig, mich Ihnen zu nennen; denn Ihr Tadler durfte Ihnen keinen Augenblick unbekannt bleiben. Sie erhalten dadurch natürlich volle Freiheit, sich über meine Arbeit und deren Mängel eben so rücksichtslos zu äußern; ja ich ersuche Sie sogar darum; denn eine Recension, die mich freuen soll, muß mir zur Belehrung dienen, und für allgemeines, unmotiviertes Lob bin ich ganz unempfänglich. Uebrigens wünsche ich lebhaft, daß durch den vorliegenden Fall unser freundliches Verhältniß keinen Stoß erleiden möchte. Persönliche Freundschaft kann nach meiner Ansicht sehr wohl neben wissenschaftlichem Kampfe bestehen." Der Brief zeigt Pfeiffers Unabhängigkeitssinn; die Wahrheit zu sagen und zu verfechten, gieng ihm über jede persönliche Rücksicht. Hahn nahm die Sache nicht so auf, wie Pfeiffer gewünscht hatte: es ist eben nicht jedem gegeben, die Wahrheit hören zu können.

Im Jahre 1846 gelang es Pfeiffer endlich, eine feste Stellung in Stuttgart zu gewinnen; er wurde als zweiter Bibliothekar an der königlichen öffentlichen Bibliothek angestellt, freilich vor der Hand nur provisorisch, und so war seine Stellung noch 1849. J. Grimm hatte auf seinen Wunsch ihm ein Empfehlungsschreiben gegeben, das seine Bewerbung kräftig unterstützte. Im Herbste 1846 lernte er den von ihm so hoch verehrten Mann persönlich kennen; es waren genußreiche, geistig belebte Tage, die er bei der ersten Germanistenversammlung in Frankfurt a. M. (September 1846) verlebte. Auch Maßmann, der seit 1843 in Berlin wirkte, sah er dort wieder. Einen sehr innigen Freundschaftsbund schloß er mit Grieshaber in Rastatt, von dem er gewöhnlich in seinen Briefen als von „Papa Grieshaber" spricht.

Durch seine Anstellung war ihm die Möglichkeit gegeben, an Gründung eines eigenen Herdes zu denken. Er verlobte sich Anfang des Jahres 1847 mit Louise Kieser, der Tochter des pensionierten großherzoglich Oldenburg'schen Hofrathes v. Kieser († 1838) in Stuttgart. Leider aber war seine Stellung noch nicht der Art, daß er sogleich die Braut hätte heimführen können. Erst nach beinahe dreijährigem Verlobtsein war ihm das möglich. Um so mehr mußte er darauf bedacht sein, durch litterarischen Fleiß seine Einnahmen zu mehren. Die Bekanntschaft mit J. Grimm ward Anlaß, zum Berthold zurückzukehren, der zu seinen ältesten Neigungen gehörte. Er ersuchte J. Grimm, seinen früheren Aufsatz über Berthold in den Wiener Jahrbüchern umzuarbeiten und als Einleitung der beabsichtigten Ausgabe vorauszuschicken; J. Grimm war gerne dazu bereit, erklärte aber 1849, es sei ihm, da Arbeit auf Arbeit sich thürme, und seine Gesundheit ab-, nicht zunehme, unmöglich sein Versprechen zu halten: „Nehmen Sie also den Berthold ganz auf Ihre Schultern und schalten mit dem, was mein vor langen Jahren verfaßter Aufsatz noch brauchbares darbietet, nach Belieben" (13. März 1850).

Das Jahr 1847 brachte als sechsten Band der „Dichtungen des Mittelalters" Pfeiffers Ausgabe des „Wigalois." Auch hier war Benecke sein Vorgänger, und das Buch ward daher „Dem Andenken G. F. Beneckes" gewidmet; denn es schien billig, „daß die neue Ausgabe dieser Dichtung den Namen des Mannes an der Stirne trage, dem wir deren erste Kenntniß zu danken haben. Durch dieses kleine Denkmal aufrichtiger Verehrung und Pietät, das ich seinem Andenken setze, möchte ich zugleich dem hie und da ausgesprochenen Tadel von vornherein den Stachel nehmen": gewiß ein Zeugniß, daß es Pfeiffer an Pietät gegen verdiente Männer nicht fehlte. Auch hier standen ihm reichere Quellen zu Gebote, auch hier förderte ihn im Vergleich zu Benecke die durch Lachmanns Leistungen gewonnene kritische Sicherheit. „Ihre Arbeit am Wigalois," schreibt ihm Haupt (9. Aug. 1847), „ist sehr sauber und nett, nur wünschte ich das Versmaß sorgfältiger behandelt." Allerdings überließ Pfeiffer manches der Aussprache, was in Lachmanns und Haupts Ausgaben schon für das Auge strenge, manchmal vielleicht zu strenge, geregelt war. Im folgenden Jahre erschien, aber ohne Pfeiffers Namen, als siebenter Band der „Dichtungen," „Mai und Beaflor. Eine Erzählung aus dem 13. Jahrhundert. Erster Druck." Es waren persönliche Verhältnisse, die ihn bewogen, sich nicht zu nennen, und auf die wir nicht näher einzugehen brauchen. Die nicht fehlerfreie Ueberlieferung in den beiden einzigen Handschriften hätten der Kritik einen freien Spielraum eröffnet. „Aber die besonderen Umstände in Bezug auf das Alter und den sonst unbekannten Verfasser des Gedichtes nöthigten zu einem vorsichtigen Verfahren. Namentlich ist in Betreff der Metrik von einer allzu gewaltsamen Aenderung der Kritik Umgang genommen worden: die Verse hätten sonst leicht eine regelrechtere, zierlichere Gestalt erhalten, als sie der Kunst und Fertigkeit des Dichters gemäß wäre."

An der Fortsetzung der Mystiker arbeitete er gleichzeitig fleißig weiter. Der zweite Band sollte ursprünglich Seuse und Ruolman Merswin enthalten, aber bald wurde er dem älteren Eckhart, dem großartigsten der Mystiker, eingeräumt und jene beiden auf später verschoben. 1848 war der zweite Band fast druckfertig, aber die damaligen Zeitverhältnisse waren zu wenig günstig, um den Druck in Angriff zu nehmen.

1849 wurde Pfeiffer die ehrenvolle Auszeichnung zu Theil, daß die Universität Basel ihm die philosophische Doctorwürde honoris causa verlieh, eine wohlverdiente Anerkennung seines litterarischen Wirkens, die er Wackernagels Freundschaft verdankte. Nicht ohne freudigen Stolz unterzeichnet er einen Brief an Frommann vom 4/11. Juli 1849 mit Franz Pfeiffer, philos. Dr.

Aus diesem Briefe ersehen wir, daß er seit anderthalb Jahren würtembergischer Staats- und Gemeindebürger war; als solcher hatte er auch „die zeitraubenden Wehrpflichten zu erfüllen", denen er sich gerne unterzog, wenngleich seine „stillen Arbeiten dabei nicht gedeihen und vorwärts kommen wollen".

Sein Leben gewann einen andern Charakter, als er am 5. November 1849 seine Braut heimführte. Man kann sich denken, daß das Glück der Ehe den fleißigen nur noch arbeitsfreudiger machte; noch waren ja so viele Pläne, die er sich vorgesetzt hatte, auszuführen. Für die Cotta'sche Sammlung hatte er auch die Ausgabe des Parzival übernommen, und Ende 1849 mahnt Roth, nach dem „honey-moon" werde doch wohl der Parzival an die Tagesordnung kommen. Es kam leider nicht dazu; aber er war nichts weniger als unthätig. 1850 schrieb er in den Münchener Gelehrten Anzeigen (1851, II, Nr. 84—92) eine ausführliche Recension von Hagens Gesammtabenteuer, worin er zwar dem Fleiße des Herausgebers in Bezug auf die Sammlung der Quellennachweise Lob zollte, aber seine kritiklose Weise, altdeutsche Dichtwerke herauszugeben, unumwunden und scharf tadelt. Ein darauf bezüglicher Brief vom 2. December 1850 ist für Pfeiffers Stellung zu bezeichnend, als daß er nicht theilweise hier eingefügt werden sollte. „Mit Ausnahme der Geschichte der einzelnen Stücke, der ich alle Gerechtigkeit widerfahren lasse, ist die Gesammtabenteuer eine über allen Begriff liederliche Arbeit, die in keiner Weise auch nur die gemäßigtsten Anforderungen zu befriedigen geeignet oder im Stande ist. Ich habe keinen Grund, Lachmanns Wesen und Charakter mit freundlichen Augen anzusehen. Aber von ihm und von Jacob Grimm müssen alle lernen, die auf diesem Gebiete etwas zu leisten im Sinne haben. V. d. Hagen hat das nicht gethan, wie man fast aus jeder Seite seines Buches ersehen kann, das ein wahrer Hohn auf die Wissenschaft, die an seinem Aufenthalte die würdigsten Vertreter zählt, genannt werden darf. Ich bin mir zwar wohl bewußt, daß meine eigenen Arbeiten, namentlich die ersten, an vielen und wesentlichen Mängeln leiden; das Zeugniß aber kann ich mir dennoch geben, daß ich mit Ernst und Eifer vorwärts gestrebt und mir Mühe gegeben habe, die Forschungen der Meister der altdeutschen Philologie zu studieren, und so weit meine Fähigkeiten, aber auch meine Ueberzeugung es erlaubte, zu folgen... 71 Jahre können doch unmöglich als Freibrief betrachtet werden, unter dessen Schutze man alle die Forschungen, Fortschritte, Entdeckungen und Aufschlüsse, die seit 20—25 Jahren in unserer Wissenschaft gemacht sind, aus Absicht oder Trägheit ungeahndet ignorieren darf."

Wenn wir sehen, wie gleichzeitig das habsburgisch-österreichische Urbar erscheint, das ihn auf das historische Gebiet führt, wie er bald darauf (1851) die „Theologia deutsch", die mit seinen Mystikern zusammenhängt, herausgibt, und eine Menge kleinerer und größerer Veröffentlichungen in der Zeitschrift für deutsches Alterthum neben hergeht, so werden wir gestehen müssen, daß es ihm mit seinem Streben nach allseitiger Durchdringung des einmal gewählten Gebietes Ernst war. „Für das willkommene Geschenk der deutschen Theologie" dankend, schreibt ihm J. Grimm (14. Juli 1851) darüber: „Sie verrichten alles so reinlich, daß man wenig oder nichts auszusetzen hat; mögen Sie nur nicht allzu fest an diesen geistlichen Sachen hängen, sondern sich auch wieder einmal weltliche Gegenstände aus unserem Alterthum suchen. Denn die geistliche Dichtung, davon überzeuge ich mich immer mehr, hat eigentlich alle weltliche verderbt und zu Grunde gerichtet." Dagegen hatte nun Pfeiffer freilich, wie man aus J. Grimms Antwort vom 10. September sieht, mancherlei Einwände; die Furcht, daß er sich zu sehr der geistlichen Richtung hingeben werde, war übrigens ungegründet; im folgenden Jahre erschien die Ausgabe des Heinzelin von Konstanz, dessen „Minnelehre" gerade einen ganz weltlichen Charakter trägt, wenn auch der Streit der beiden Johannes wieder ins geistliche Gebiet hinüberführt. Ja er fand in jener Zeit Anlaß, selbst ein weltliches Gedicht in mittelhochdeutscher Sprache zu verfassen. Dasselbe entstand auf Wunsch einer hohen Frau in Berlin, welche die mittelhochdeutschen Verse als Legende zu einer Reihe von Handzeichnungen, in denen die Stretlinger Haussage dargestellt war, verwenden wollte. Die Aufforderung gelangte durch Maßmann an Pfeiffer, der sie Anfangs mit derben Worten zurückwies, später aber die Aufgabe sehr glücklich nach einer ihm gegebenen Aufzeichnung löste. Auf Wackernagels Anregung, dem Pfeiffer das Gedicht mittheilte, wurde es Neujahr 1854 gedruckt: „Heinrich von Stretelingen. Ein altdeutsches Gedicht. Den Freunden älterer deutscher Dichtung dargebracht." Das Ganze war natürlich nur als Scherz gemeint und wurde von der Kritik auch so aufgefaßt. „Hat man keine Vermuthung, wer der Herausgeber oder Verfasser ist?" fragt er schelmisch Frommann am 21. Januar 1854, und bald darauf: „Ich denke, es sollte doch wol noch gelingen, den Verfasser ausfindig zu machen" *).

Die frohe Zeit seiner Ehe währte leider nicht lange; ihr entsproß 1850 ein Knabe, der aber in den ersten Lebenswochen starb. Die Frau, eine poetische Natur, war wohl geeignet, ihm das Leben zu erheitern und zu verschönern; leider war sie viel kränklich, sie mußte im Sommer 1851 ins Bad, und schon am 22. Mai 1852 wurde sie ihm durch den Tod entrissen. An ihrem Todtenbette schrieb er die Trauerbotschaft seinem väterlichen Freunde Maßmann, der ihm unmittelbar (24. Mai) antwortete: „Du schreibst mir sogleich neben der entschlafenen: Du wendest Dich sogleich, nachdem Gott Dich heimgesucht, an Den, der das gleiche Leid in so hohem Maße, in so entsetzlichem Umfange erfahren hat, und hoffst von Dem Trost? Ich kann Dir nur den geben, daß Du, was Dir Gott zur nächsten Seelenmahnung gegeben, den Schmerz, das tiefste Seelenleid, voll austrinkest; der Schmerz will sein Recht, nur darin liegt auch Rettung, Beruhigung, Heilung. Die Zeit, das Leben, die Arbeit werden auch ihr Recht üben; sie sind alle Diener Gottes, wie der Liebe

*) Vergl. Germania XIII, 253, wo Pfeiffers eigene Mittheilung über das Sachverhältniß.

Lebensglück seine Gnadengabe ist." Um seinen Schmerz zu besänftigen, „trug er ihn heim" zu seiner Mutter nach Solothurn; doch erst die Arbeit konnte ihn wieder aufrichten und trösten. In wieder einsamem Leben strengte er sich aber allzusehr durch Arbeit an, im Frühjahr 1853 finden wir ihn verstimmt und leidend, so daß Freund Maßmann sich veranlaßt sieht, ihm zu schreiben (22. April 1853): „Man soll, wenn Jemand leidend ist, nicht tadeln und schelten; aber wie oft hab' ich in München Dich gemahnt zum Turnen! Thu es nun als Bußübung! Nimm die Hanteln und schüttre Dich recht durch! Nun in der Einsamkeit, nachdem Du es nicht in der Genossenschaft gethan hast!" Aber mehr als der wohl erfolglos gebliebene gute Rath half ihm sich aufrichten, daß er in demselben Sommer wieder ein Herz fand, welches seine Einsamkeit theilen wollte. Er verlobte sich mit der Tochter des Oberamtrichters Müller in Stuttgart, Emilie, und führte sie am 5. September 1853 als seine Frau heim. Auf der Hochzeitsreise kam er nach Nürnberg, wo im September die Versammlung der Alterthumsvereine stattfand. Hier traf er mit Maßmann, Frommann und manchem andern Freunde zusammen, und kehrte körperlich und geistig erfrischt nach Stuttgart zurück. Es wurde nun wieder fleißig geschanzt, und Maßmann sieht sich daher genöthigt, „dem lieben Schwabenweibchen zu rathen, doch ja nicht stundenlang stumm neben ihm zu sitzen, sondern ihn durch herzliches Abküssen zu unterbrechen." Auch bei mancher Aeußerlichkeit der Arbeit half sie ihm und ließ sich willig zum Copieren verwenden.

Das nächste Werk, das in Druck erschien, waren die „Beiträge zur Geschichte der mitteldeutschen Sprache und Litteratur," die Deutschordenschronik des Nicolaus von Jeroschin enthaltend (1854), mit einer umfassenden Einleitung über die litterarischen Bestrebungen des Deutschordens für die deutsche Sprache, einer gründlichen Darstellung von Jeroschins Mundart und Verskunst, und einem den Wortvorrath erschöpfenden Wörterbuche. Es war ursprünglich Pfeiffers Absicht, die Auszüge in Haupts

Zeitschrift erscheinen zu lassen (1852), aber wegen des allzugroßen Umfanges stieß das auf Schwierigkeiten. Das Buch ward den „Brüdern Jacob und Wilhelm Grimm gewidmet,“ recht zum Beweise anhänglicher Gesinnung an den erstern, wiewohl es seinen Aufstellungen bezüglich des mitteldeutschen Vocalismus scharf entgegentrat. So faßte es auch J. Grimm auf, der ihm am 19. Januar 1854 herzlich dafür dankte, die reinliche und saubere Arbeit lobte und das Glossar „von bleibendem Werthe“ nannte, wenngleich er auch jetzt nicht von der Richtigkeit der Pfeiffer'schen Ansicht überzeugt war. Anders W. Grimm, der schon im Athis (1846) seine Beistimmung erklärt hatte und nun ebenfalls in seinem Dankbriefe (17. Januar 1854) gegen seinen Bruder sich aussprach. Müllenhoff schreibt am 5. März 1854, nachdem er über ein ihm widerwärtiges Buch geklagt: „Ein Buch wie der Jeroschin muß dann wieder mal kommen, daß wir wieder Glauben fassen.“ Sehr willkommen war Pfeiffer die sorgsame Art, in welcher Frommann zumal das Wörterbuch durcharbeitete und ihm eine Menge Nachträge und Berichtigungen schickte. Als ihm Pfeiffer (24. Mai 1854) dafür dankt, und sie genau durchzugehen, das richtige in sein Handexemplar einzutragen verspricht, äußert er: „Es geht mir eigen mit meinen Büchern; ich habe einen unüberwindlichen Widerwillen sie später wieder genau durchzuarbeiten, und nach einigen Jahren sind sie mir so fremd, als hätte ich sie nie geschrieben“; eine Thatsache, deren Richtigkeit vielleicht auch schon Andere empfunden haben mögen.

Durch Frommann war Pfeiffers Theilnahme für das germanische Museum geweckt, welchem jener seit 1854 angehörte. Thatkräftig und praktisch wirkte er dafür, indem er durch ein Rundschreiben die Buchhändler Stuttgarts aufforderte, Freiexemplare ihres Verlags, soweit er deutsche Geschichte, Litteratur und Alterthumskunde betraf, an die Bibliothek des Museums zu schenken. Er wurde bald in den Verwaltungsausschuß gewählt und hat bis an sein Lebensende für das Museum gewirkt. Auch zu dem wieder ins Leben gerufenen Anzeiger für Kunde der deutschen

Vorzeit steuerte er fleißig Beiträge und suchte so in jeder Art das verdienstliche Unternehmen zu fördern.

Der zweite Band der Mystiker, dessen Text er am 6. Januar 1853 dem Verleger druckfertig übersandte, wurde im folgenden Jahre rasch im Druck gefördert, so daß er von den Correcturen beinahe sich erdrückt fühlte. „Wie der heurige Frühling eigentlich war," schreibt er am 24. Mai 1854 an Frommann, „weiß ich bloß vom Hörensagen: sehen konnte ich es nicht. Nun, mir ist alles recht, wenn ich nur das Buch, das seit Jahren wie ein Alp auf mir liegt, einmal los werde."

Seine Arbeitszeit war sehr eingeschränkt; außer dem Sonntage konnte er „keine drei Stunden zusammenhängend schaffen" (Brief an Frommann vom 22. October 1854): „Ich kann Dich versichern, daß ich mich noch aufreibe, wenn mir nicht bald auf irgend eine Weise mehr Muße wird."

Dazu bot sich ihm in demselben Jahre eine Gelegenheit dar: es wurde bei ihm angefragt, ob er nicht Lust hätte, die durch Hahns Berufung nach Wien erledigte Professur in Prag anzunehmen. Er sehnte sich allerdings nach einer academischen Thätigkeit; aber weder Prag noch der gebotene Gehalt waren nach seinem Sinne, und er schrieb ablehnend.

Es läßt sich begreifen, daß bei so anstrengender Arbeit seine Gesundheit leiden mußte; er war 1854 viel unwohl, fühlte sich aber besser, seit er täglich zum Baden morgens nach Cannstatt gieng. Auch ein Ausflug nach Heidelberg (im September), wo er fünf Tage mit Maßmann zusammen war, und nach Rastatt, zu „Papa" Grieshaber, erfrischte ihn wieder. Seine häuslichen Verhältnisse gestalteten sich sehr angenehm. Am 24. Juni 1854 wurde ihm ein Sohn, Berthold, geboren, nach Bruder Berthold so genannt. „Der Pfiferlinc," schreibt er vergnügt an Frommann (6. August 1854), „gedeiht bis jetzt Gottlob zusehends und macht uns schon viel Freude." Dazu kam im folgenden Jahre (28. August 1855) ein Mädchen, Marie, welches aber schon nach wenigen Wochen starb.

Trotz körperlichen Unwohlseins sehen wir ihn rastlos thätig. Für die Kieler Monatsschrift hatte schon 1851 Müllenhoff ihn zu gewinnen gesucht; er forderte 1852 Pfeiffer von Seiten der Redaction auf, einen Aufsatz über Ausgaben altdeutscher Gedichte zu schreiben, worin gesagt und gezeigt werden sollte, „wie die Ausgaben altdeutscher Gedichte gemacht werden und was wir von einer guten seit Lachmann verlangen, und welch eigentümliche Aufgaben ein Herausgeber deutscher Gedichte zu überwinden und zu lösen hat... Uns würde ein solcher Aufsatz von Ihnen, denn Sie sind doch der einzige, der ihn ordentlich machen kann, im Laufe dieses Winters sehr willkommen sein.“ Pfeiffer gelangte nicht dazu, den Wunsch zu erfüllen; wohl aber lieferte er für das Juniheft 1854 eine ausführliche Besprechung von Benecke-Müllers mittelhochdeutschem Wörterbuche. Auch dazu war er von Müllenhoff (6. März 1854) aufgefordert worden, der erklärte, daß er die Zeit nicht habe, den Wunsch des Verlegers zu erfüllen, und das was er etwa vernünftiges darüber sagen könnte, „von andern, d. h. von Ihnen viel besser gesagt werden kann.“

Auch an Frommanns Zeitschrift für deutsche Mundarten betheiligte er sich durch eine werthvolle Arbeit. Da er, seit früher Zeit von der eigenen Heimat fern, wenig auf dem Gebiete der neueren Mundarten gearbeitet hatte, so gab er einen Beitrag zur Kenntniß der kölnischen Mundart im 15. Jahrhundert, Mittheilungen aus „einer Sammlung von Erzählungen, Novellen und Legenden,“ der Seelen Trost genannt, wovon er eine Handschrift in Stuttgart fand. „Diese Erzählungen sind durch Inhalt und Sprache gleich anziehend und lehrreich.“ Dazu gab er ein Wörterbuch, welches bereits im Januar 1855 im wesentlichen entworfen war; da er jedoch auch auf andere kölnische Sprachdenkmäler Bezug nehmen wollte, so schob sich die Vollendung hinaus; doch sehen wir ihn im April 1855 mit der Ausarbeitung des Glossars beschäftigt. Auch die Lautlehre war im Entwurfe fertig, indeß kamen andere Arbeiten dazwischen und verhinderten die Vollendung; das Material dazu findet sich in seinem Nachlasse.

Aber noch weitere mundartliche Beiträge hatte er vorbereitet: so „eine Darstellung der alemannischen Mundart im 12—14. Jahrhundert, und eine Untersuchung über den westfälischen Dialect im 15. Jahrhundert, alles aus Handschriften mit Auszügen der betreffenden Sprachdenkmäler, die zum Theil auch durch den Inhalt von Interesse sind. Auf diese beiden letzteren Arbeiten freue ich mich sehr, denn hierin ist noch gar nichts geleistet: aus der mittelhochdeutschen Zeit kennen wir im Grunde blos die höfische Sprache, von den daneben bestehenden Mundarten aber so gut wie nichts, hier ist noch alles zu thun" *).

Ende des Jahres 1854 erschienen als „anziehende Weihnachtsgabe" die drei Untersuchungen „Zur deutschen Litteraturgeschichte" (Stuttgart 1855), deren erste „nicht nur wahrscheinlich machte, sondern bewies, daß uns noch ein Bruchstück des leider verlornen Umhanges gerettet ist" **). Der zweite handelte von Konrad Flecke, dessen Zeit abweichend von den bisherigen Aufstellungen näher bestimmt wurde; die dritte und wichtigste widerlegte in glänzender Weise die von W. Grimm aufgestellte Hypothese, daß Walther der Verfasser von Freidanks Bescheidenheit sei. Die beiden letzteren, namentlich die letztere, waren wesentlich polemisch. „Daß ich mit der Widerlegung der Freidank-Walther-Hypothese eine große Ketzerei begehe, um derentwillen man mich anfeinden und schlecht machen wird (von gewissen Seiten wenigstens), das habe ich mir keinen Augenblick verhehlt. Doch wird es wohl noch erlaubt sein, einen erkannten Irrthum, auch wenn sein Urheber ein berühmter Mann ist, zu bekämpfen; wäre das nicht der Fall, so würde ich lieber heute als morgen meine altdeutschen Arbeiten an den Nagel hängen und das Feld denen räumen, die besser dazu angethan sind unter solcher Tyrannei zu leben als ich." Die ruhig gehaltene Polemik, die Klarheit der Beweisführung konnte ihren Eindruck nicht verfehlen; J. Grimm,

*) Brief an Frommann vom 22. October 1854.

**) Brief von J. Grimm, 5. Januar 1855.

nachdem er sich über Bligger geäußert, schreibt weiter: „Auch über Flecke stimme ich Ihnen bei, und daß ich an die Einheit von Walther und Freidank nie geglaubt habe, ist Ihnen längst bekannt." W. Grimm freilich ward nicht überzeugt und versuchte eine Widerlegung, welche ein durch mehrere Jahre sich hinziehendes Kreuzfeuer veranlaßte: Pfeiffer kam in einer Abhandlung über Bernhard Freidank (Germania II, 129) nochmals darauf zurück und fügte den früheren Gründen neue hinzu.

Schon 1855 beschäftigte ihn sehr Konrads von Megenberg „Buch der Natur"; im Januar kamen die Münchener Handschriften (cod. germ. 38 und 589) in Stuttgart an und wurden von ihm bis Ende Februar abgeschrieben, resp. collationiert. Der Druck begann auch bald, und im September 1856, hoffte er, sollte das Buch ausgegeben werden; allein der Druck blieb liegen und erst von Wien aus wurde er wieder aufgenommen.

Eine neue umfangreiche Thätigkeit erwuchs Pfeiffer, als er im Sommer 1855 den Plan zu einer neuen germanistischen Zeitschrift faßte. Der Gedanke an eine solche war schon älter; bereits 1846, als Haupt wegen zu geringen Absatzes seine Zeitschrift aufgeben wollte, gieng Pfeiffer mit einem derartigen Plane um. Nun kam ein äußerer Anlaß dazu: im Jahre 1854 waren Holtzmanns „Untersuchungen über das Nibelungenlied" erschienen, in welchen zum ersten Male ein Angriff auf eine bis dahin als unumstößlich geltende Lehre Lachmanns gemacht wurde. Pfeiffer, welchem Holtzmann das Manuscript zur Einsicht mitgetheilt hatte, war anfangs „nicht ohne Vorurtheil" an die Prüfung gegangen; als er aber die Schrift durchgelesen hatte, war sein Unglaube besiegt, obwohl er „für die schwachen Parthien des Buches nicht blind" war. Die Ansichten waren von Anfang an getheilt; von den Anhängern Lachmanns wurden viele überzeugt, unter ihnen Zarncke, der gleichzeitig durch selbständige Forschungen zu verwandten Ergebnissen gelangt war, andere aber blieben dem Meister getreu. Im Decemberhefte 1854 der Kieler Monatsschrift erschien eine Widerlegung Müllenhoffs in einem die Grenzen objectiver Polemik allzusehr überschreitenden Tone. Pfeiffer, dem er seine Absicht, das Buch zu recensieren, schon im März 1854 mitgetheilt, hatte ihm dringende Vorstellungen gemacht, sich „innerhalb wissenschaftlicher Gränzen" zu halten, und die Hoffnung ausgesprochen, daß der Kampf „nicht in persönliches Gezänke ausarten" werde: „letzteres wäre in jeder Beziehung höchlich zu beklagen." Der Ton der Müllenhoff'schen Schrift mußte daher Pfeiffer aufs empfindlichste berühren; er sah ein, daß von dieser Seite eine ruhige Verständigung nicht zu erwarten sei und beschloß gänzlich abzubrechen. Im April 1855 ersuchte er Haupt, mit dem er durch die Zeitschrift bis dahin in unausgesetzter freundlicher Verbindung gestanden hatte, ihm alle Beiträge, die er von ihm noch in Händen habe, zurückzusenden, und führt als Grund dieses Ersuchens ausdrücklich Müllenhoffs Schrift an, der „die Polemik gegen Holtzmann in einer Weise geführt, die ich selbst nach seinen früheren Aeußerungen nicht für möglich gehalten hätte. Wohin ich höre, ist das Urtheil über die Form seiner Widerlegung fast einstimmig, und es lautet nicht zu seinen Gunsten. Um der freundschaftlichen Beziehungen willen, in denen ich bisher zu ihm stand, thut es mir für ihn persönlich leid, daß er sich durch sein Temperament zu solchen leidenschaftlichen Ausbrüchen hat hinreißen lassen. Aber die Sache leidet Noth darunter, und jeder, dem unsere Studien und ihr Gedeihen am Herzen liegen, wird nicht anders als diese Wendung des Streites aufs tiefste beklagen können. Der Riß, der dadurch in der kleinen Schar der altdeutschen Philologen entstanden ist, wird, fürchte ich, kaum zu heilen sein. Ich für meinen Theil bin nicht im Zweifel, welche Parthei ich ergreifen soll: ich stehe auf der Seite derjenigen, welche nicht nur die Freiheit des Urtheils, sondern auch die Freiheit gestatten, dasselbe ohne Rücksicht der Person und ohne deßhalb persönliche Verunglimpfung befürchten zu müssen, offen aussprechen zu dürfen. Wenn man uns, die wir in der Nibelungenfrage Holtzmann zustimmen, deßhalb blödsinnige und Dummköpfe schilt, so können wir uns das, wenn wir wollen, in Ruhe gefallen lassen; aber daß wir mit denen, die uns mit diesen Titeln beehren, im friedlichen Vereine an einer und derselben Zeitschrift mitarbeiten, das ist fast mehr als man uns billigerweise zumuthen kann. Dies ist auch der Grund, der mich von der ferneren Betheiligung bei der Zeitschrift abhält, unter deren Mitarbeiter zu zählen mir früher eine Lust und Freude war."

Der Plan der neuen Zeitschrift wurde mit nahestehenden Freunden mündlich und schriftlich besprochen: sie waren einig darin, daß die altdeutschen Philologen „eines neuen unabhängigen Organs" bedürfen, das keiner Schule und Clique, sondern einzig und allein, ohne Rücksicht der Personen, der Wissenschaft dient, und durch welches sie ohne Furcht vor Schmähungen und Beleidigungen ihre kleineren Arbeiten, Funde und Entdeckungen bekannt machen können." Pfeiffer wünschte die, wie er seit Jahren mit Bedauern sah, erkaltete Theilnahme an den germanistischen Studien neu zu beleben; darauf waren schon seine früheren Arbeiten gerichtet, diesem Zwecke sollte auch seine „Germania" dienen. „Wenn die Begeisterung," heißt es im Programm, „womit diese Studien aufgenommen und betrieben wurden, bei vielen nachgelassen hat, so ist nicht der Gegenstand an dieser Erkältung schuld, sondern gewiß nichts anderes als Geist und Ton der Behandlung, der nicht nur die Theilnahme auf die kleine Zahl der Mitforschenden beschränken mußte, sondern auch geeignet war, den Kreis der Mitforschenden selbst eher zu verengern, als zu erweitern." „Wir bilden keine Schule," heißt es weiter; Pfeiffer war ein abgesagter Feind alles Schulzwanges, den er der freien Entwicklung der Wissenschaft gefährlich hielt. Auch einen Gegensatz zwischen Nord- und Süddeutschland in der Wissenschaft sollte die „Germania" nicht bezwecken, und es berührte ihn schmerzlich, als J. Grimm bemerkte, seine Zeitschrift scheine einen süddeutschen Ton anzuschlagen, und einen Gegensatz zum norddeutschen Betriebe auszudrücken (7. Mai 1856). In seiner Antwort verwahrt er sich ausdrücklich dagegen: er bekennt sich „laut und freudig" als J. Grimms und selbst als Lachmanns Schüler „und lasse mich darin nicht beirren, auch wenn ich nicht allem beistimmen kann, was Sie und Lachmann lehren und gelehrt haben. Der Gegensatz, den die Germania bildet, ist nicht gegen Norddeutschland und norddeutsche Wissenschaft überhaupt, er ist gegen den undeutschen und verderblichen Geist und Ton gerichtet, der unter den blinden Anhängern Lachmanns herrscht, die ihren Meister in seinen Fehlern wo möglich noch zu überbieten suchen" (10. Mai 1856).

Von allen Seiten folgte dem Programm zustimmende Erklärung, und schon das erste Heft brachte die besten Namen: Ludwig Uhland, der bis dahin jeder Betheiligung an einer germanistischen Zeitschrift sich fern gehalten, eröffnete es mit einer inhaltsreichen Abhandlung über „Die Pfalzgrafen von Tübingen;" es folgten Beiträge von Jacob Grimm, K. L. Roth, Fr. Zarncke, W. Menzel, Alb. Höfer, A. Holtzmann, J. V. Zingerle, W. L. Holland u. a. Die Voraussagung der Gegner, daß nur Dilettanten an ihr sich betheiligen würden, war glänzend widerlegt. Von Jahr zu Jahr mehrte sich die Zahl der Mitarbeiter, und zu den längst bewährten Kräften kam eine jüngere Generation von Arbeitern, die hier zum Theil die ersten Früchte ihrer Forschung niederlegten. Pfeiffer selbst steuerte gleich einen schönen Beitrag „Der Gunzenle" bei, eine sprachlich-historische Untersuchung; auch das zweite Heft brachte eine Abhandlung von ihm „Wernher vom Niederrhein und der Wilde Mann," polemisierend gegen W. Grimm, aber wieder in der objectivsten Form. Neben den Abhandlungen gab die Germania auch Recensionen, und unterschied sich schon dadurch von der Haupt'schen Zeitschrift; auch hier lieferte Pfeiffer treffliches: so die inhaltsreiche Besprechung von Karajans Heinrich dem Teichner, und, einem andern Gebiete angehörend, von Simrocks neuester Auflage seiner Nibelungenübersetzung.

Eine interessante Entdeckung, die er gemacht hatte, sollte ebenfalls Stoff einer Abhandlung für die Germania geben: die romanische Quelle von Heinrichs von Veldeke Eneit. „Ich habe," schreibt er an Frommann (11. Nov. 1855), „inzwischen auch eine der Quellen Veldekes (er hat nach mehreren gearbeitet, und sagt darum stets diu, nie daz buoch) entdeckt in einer Pariser Handschrift, die vorn den Trojerkrieg von Benoît und darauf die Eneit enthält, die ohne Eingang gerade so beginnt wie das deutsche Gedicht. Ich vermuthe, daß auch dieser Roman den Benoît zum Verfasser hat. Leider konnte ich mir nur zu wenige Verse des französischen Textes bis jetzt verschaffen, doch reichen diese hin." Noch ehe er zur Ausführung gelangte, kam A. Pey mit seinem Schriftchen über den „Roman d'Eneas" (1856) zuvor: Pfeiffer hatte die Absicht, dasselbe in der Germania zu besprechen, aber auch das unterblieb über andern Arbeiten.

Dagegen trat er mit einer verwandten Entdeckung rascher hervor: daß in dem Bruchstücke eines altromanischen Alexandergedichtes, welches Paul Heyse in seinen „Romanische Inedita" 1856 veröffentlichte, die Quelle des Pfaffen Lamprecht, das Gedicht des Alberich von Besançon vorliege (Menzels Literaturblatt 1856, Nr. 18).

Bei der durch die Redaction der Germania vermehrten Arbeitslast litt seine Gesundheit: am 15. Juni 1856 schreibt er an Frommann: „Drittens — das schlimmste kommt zuletzt — bin ich seit Wochen so leidend, daß ich nur mit der größten Anstrengung arbeiten kann. Abgesehen von häufigen und heftigen Kopfschmerzen plagt mich ein Fußleiden, ich weiß nicht, ist es Gicht oder bloß Rheumatismus, das mich nicht nur am Gehen, sondern auch am Schreiben hindert und mir viele Schmerzen macht." Neue Freude brachte die Geburt eines zweiten Sohnes (am 13. September), den er nach dem von Fritslar Hermann benannte: „er hätte eigentlich," schreibt er, „seinem älteren Bruder zu Lieb Bruder David getauft werden sollen." Bei Gelegenheit der in Stuttgart Ende September tagenden Philologenversammlung sah er manchen Freund und Fachgenossen. „Mit Uhland, Holtzmann, Grieshaber, Zingerle war es ein recht gemüthlicher Kreis altdeutscher Philologen mitten unter — Heiden" (24. November 1856 an Frommann).

Sein schon damals leidender Zustand, der das spätere größere Leiden bereits andeutet, hinderte ihn aber nicht, rüstig weiter zu arbeiten: es erschien, lange vorbereitet, der zweite Band der Mystiker (1857), Eckhart umfassend, durch seinen Inhalt wohl die bedeutungsvollste Arbeit Pfeiffers. Welchen Impuls das Buch der philosophischen Forschung gegeben, bezeugen die sich daran anschließenden Arbeiten von Bach, Preger, Lasson u. a. „Es ist ein mühsames, großes, bleibendes Werk," schreibt ihm J. Grimm am 10. December 1857. „Leicht stimme ich Ihnen darin bei, daß er ein ausgezeichneter feiner Denker war, dessen Bedeutung in anderer Zeit tief durch die Welt hätte dringen können. Er widerlegt auch das Vorurtheil, daß deutsche Sprache im 14. Jahrhundert gesunken und zu Grund gegangen sei, denn wie gelenkig weiß er sie zu handhaben und wie viel schöne Wörter und Ausdrücke treffen sich bei ihm. Seine freie und herrliche Denkkraft scheiterte aber daran, woran auch edle und höchstbegabte Philosophen unserer Zeit sich geschwächt haben, daß sie streben, die Dogmen der Religion mit dem Ergebniß ihres Denkens in Einklang zu setzen, woraus die verwirrendsten Hemmnisse entsprangen. Das hindert nicht, daß auch Eckhart oft Gedanken von überraschender Wahrheit und feinster Wahrnehmung vorträgt, aber in der Hauptsache bleibt er unklar und ermüdet aufs peinlichste. Wissen Sie, wo er mir am meisten zusagt? Wenn Sie's nicht übel nehmen, will ich's bekennen, da wo er aus der Enge der Religion in Ketzereien übergeht. Der zu Rom aufgefundene Widerruf thut mir leid, es ist leicht einzusehen, wie die Macht der Kirche den Mann dazu drängte, und es beweist weder für noch gegen ihn. Ich stelle mir vor, wenn er von seiner Kanzel herabstieg, mag ihn oft das Gefühl befallen haben, daß weder die Gemeinde noch die Geistlichkeit seinem Denkvermögen zu folgen im Stande war."

Eckhart war die letzte Arbeit, die Pfeiffer in Stuttgart abschloß: die Vorrede ist vom 5. Juli 1857 datiert. Damals war er schon im Begriff, eine Stellung anzutreten, nach welcher er sich lange gesehnt hatte. In Wien war 1856 Hahn gestorben und Pfeiffer wurde zu seinem Nachfolger vorgeschlagen. Nach längerer Verhandlung erfolgte im April 1857 das Ernennungsdecret, und freudig, mit den besten Erwartungen, folgte er dem Rufe. Seine Stellung in Stuttgart hatte ihm nie eine sorgenfreie Existenz, wohl aber reichliche Arbeit verschafft; doch blickt er dankbar auf sie zurück. „Meine hiesige Stellung," schreibt er an Frommann (24. April 1857), „war, abgesehen von dem in gegenwärtiger Zeit unzureichenden Gehalt, der es mir je länger je schwerer machte mit Ehren auszukommen, keine unangenehme, und mein Amt inmitten einer großen Bibliothek ein vielfach lohnendes und anziehendes, wenn schon es an einer Masse von geistlosen, widerwärtigen, abspannenden Geschäften nicht fehlte. Die neue Stellung, die mir in so unerwarteter Weise zu Theil wurde, sagt indeß meiner Neigung ungleich mehr zu, und ich freue mich des Wirkungskreises, der sich mir in Wien eröffnet... Ich gehe fröhlichen Muthes nach Wien, und nur darüber will es mich hie und da mit Bangigkeit überkommen, ob es mir auch gelingen werde, die nicht geringen Erwartungen, die man dort von mir hegt, zu erfüllen. Indeß aller Anfang ist schwer, und dem Ernste und Eifer, womit ich dem neuen Berufe mich hingebe, wird am Ende der Erfolg nicht entgehen." Sein Leben in Stuttgart war übrigens kein unangenehmes gewesen; er hatte dort „eine zweite Heimat" gefunden, und so fiel ihm der Abschied nicht leicht. Sein Verkehr hatte sich keineswegs auf gelehrte Kreise beschränkt; sein allen menschlichen Interessen offenes Herz bethätigte sich auch hier und bei aller Arbeit fand er doch noch Muße, für andere zu sorgen. Im Allgemeinen führte er ein stilles zurückgezogenes Leben. Bis gegen Abend lag er seinem Beruf als Bibliothekar ob; dann gieng er gewöhnlich nach kurzer Rast an seine Privatarbeiten, die er nicht selten bis in die späte Nacht fortsetzte und oft früh morgens wieder begann. Dabei schloß er sich jedoch nicht in seine Studierstube ein, sondern sah es nicht ungern, wenn seine Frau ab- und zugieng oder sich mit einer Arbeit gleichfalls in seinem Heiligthum niederließ, und nahm oft, mitten in der ernsten Arbeit, Veranlassung zu einem heitern Gespräch oder Scherz. Er hatte aus der keineswegs rosigen ungetrübten Jugend noch in das Mannesalter eine bewunderungswürdige Jugendfrische und Empfänglichkeit für die kleinen bescheidenen Freuden des Lebens mitgebracht, die er mit der Harmlosigkeit eines Kindes zu genießen verstand *).

In der zweiten Hälfte des Juli reiste er nach Wien, um die nothwendigen Einrichtungen in Bezug auf Wohnung u. s. w. zu treffen. „Obwohl mir das Leben in Wien," schreibt er an Frommann (3/16. August 1857), „von früherher noch in guter Erinnerung war, so hat doch die ungeheure Bewegung, das Geräusch und Gewühl der großen Stadt anfänglich wieder überwältigend, ja fast betäubend auf mich gewirkt, und das Antichambrieren beim Minister und andern hohen Herren, so wie das Rennen und Jagen nach einer Wohnung **), die in gelegener Nähe fast gar nicht zu bekommen ist, hat mich in den zehn Tagen meines Hierseins in beständiger Aufregung erhalten."

Die neue Thätigkeit machte ihm auch reichlich zu schaffen. „Das war," schreibt er rückblickend am 4. September 1858 an Frommann, „ein schweres hartes Jahr für mich, ein Jahr voll Arbeit, und doch wieder trotz alledem voll ungekannter neuer Freuden: das erste Jahr meiner academischen Thätigkeit. Noch bin ich lange nicht über den Berg, aber leichter wird's, so hoff' ich, im nächsten Jahre doch gehen. Mein neuer Beruf wird mir, ich kann es wohl sagen, täglich lieber, und nur eins bedaure ich wieder und wieder, nicht schon in jüngeren Jahren, als ich noch in voller körperlicher Kraft war, ein solches Feld der Wirksamkeit gefunden zu haben, denn ich spüre meine 40 und mehr Jahre doch mehr und öfter als mir lieb ist ***). Ich glaube zwar

---

*) Nach brieflichen Mittheilungen der Wittwe.

**) Er fand eine solche, ziemlich entfernt, in der Vorstadt Landstraße.

***) Ebenso schreibt er an mich, 24. August 1858: „Ich habe überhaupt oft zu bedauern, nicht schon in jüngeren Jahren, vor 10—15 Jahren, zum Lehramt gelangt zu sein. Doch auch jetzt ist's, hoff' ich, noch nicht zu spät für mich, und kein Tag vergeht, daß ich nicht lerne und den Kreis

nicht an geistiger Regsamkeit und Frische verloren zu haben, um so mehr an zäher, ausdauernder Arbeitskraft. Zudem übte das Wiener Klima bis jetzt keinen günstigen Einfluß auf meine Gesundheit, ich war im Laufe des Jahres öfter unwohl, und kaum war der Sommersemester zu Ende, so gieng ich — es war die höchste Zeit — mit Diemer in die steirischen Berge, wo ich mich trotz schlechten Wetters doch etwas erholt zu haben glaube. Also: mit dem Erfolge meiner Vorlesungen habe ich, sofern (sich) nämlich dieses nach dem Besuche ermessen läßt, alle Ursache zufrieden zu sein. Die Nibelungen las ich vor 37, die Geschichte der neuern Litteratur vor 43, die deutsche Grammatik vor 46, Walther (wo indessen Collisionen mit anderen Collegien störend einwirkten) vor 15 Zuhörern. Im nächsten Semester lese ich über ältere Litteraturgeschichte und Tristan. Unter einer größeren Anzahl von Studenten, die meine Vorlesungen besuchen, herrscht ein erfreulicher und reger Eifer für die altdeutschen Studien, dem ich auch im Verkehr, den ich mit ihnen zu wecken und zu unterhalten suche, Vorschub zu leisten bestrebt bin. Sie sind ordentlich froh, einmal etwas anderes als Grammatik und nur Grammatik zu hören, und gestehen mir, daß ihnen nun auch über diese (ich suche besonders auch die Erkenntniß des mundartlichen zu schärfen) und über vieles andere ein neues Licht aufgehe. Auch in mir tagt es über vieles erst recht . . . Wenn mir Gott Leben und Gesundheit schenkt, so hoffe ich eine Anzahl junger, talentvoller Leute so-zu bilden, daß für unsere Studien etwas tüchtiges von ihnen zu hoffen und zu erwarten ist."

Bei den Pflichten des neuen Amtes wurde es ihm der Arbeit fast zu viel, und er dachte schon damals daran, die Germania aufzugeben, umsomehr als auch die Entfernung von dem Verlagsorte die Redaction erschwerte. Doch er besann sich „eines bessern" *); in der Tendler'schen, später in der Gerold'schen Ver-

---

meiner Kenntnisse erweitere, aber auch sehe, wieviel auf dem Gebiete der altd. Litteratur noch zu geschehen hat."

*) Vergl. J. Grimms Brief vom 31. October 1858.

lagshandlung, wurde ein in Wien selbst wohnender Verleger gewonnen und damit die Redactionsgeschäfte wesentlich erleichtert. Für den dritten Jahrgang schrieb er die werthvolle Abhandlung über Gottfried von Straßburg (III, 59—80), in welcher er nachwies, daß der dem Dichter beigelegte Lobgesang auf Christus und Maria das Werk eines alemannischen Dichters vom Ende des 13. Jahrhunderts sei, wiederum ein Zeugniß seiner eindringenden Kritik und klaren objectiven Art der Beweisführung, so daß ihm J. Grimm (26. Nov. 1859) schrieb: „Ihr Aufsatz über Titurel wie der frühere über Gottfried sind der ganzen Zeitschrift Glanz!" Der hier erwähnte kleine Aufsatz über Titurel (IV, 298—308), ein Jahr später geschrieben (Februar 1859), wies nach, daß Wolframs Bruchstücke nicht nach, sondern vor dem Parzival entstanden seien, und daß verschiedene Gründe es waren, die Wolfram bewogen, die Fortsetzung und Vollendung aufzugeben und sich einem andern Theile der Sage, sowie einer andern poetischen Form zuzuwenden.

Gleichfalls noch dem Jahre 1858 gehört die wichtige Recension über des Minnesangs Frühling von K. Lachmann und M. Haupt (Germania III, 484—508) an, worin er nicht nur einzelne Mängel der im übrigen so bedeutenden kritischen Leistung hervorhob, sondern manche weiter und tiefer greifende Fragen litterarischer und sprachlicher Art erörterte, namentlich das höhere Alter der Lyrik betonte und auf die Vernachlässigung der Behandlung des mundartlichen hinwies. Die Beschäftigung mit den Vorlesungen über Walther von der Vogelweide führte ihn zum genaueren Studium dieses Dichters; er kam zwar nicht sehr weit mit der Lectüre, hatte aber „das wenige um so einläßlicher behandelt," und glaubte „eine ganze Reihe von Verbesserungen und Emendationen beibringen zu können" *), die er später veröffentlichte. „Für das historische in Walthers Gedichten," schreibt er weiter, „ist sehr viel, für das sprachliche sehr wenig bis jetzt ge-

*) Brief an mich vom 24. August 1858.

than. Davon habe ich mich zu meinem eigenen Erstaunen überzeugt. Seit Jahren wird auf den meisten Universitäten über Walther gelesen und noch ist für die Textkritik und die Exegese kein Vortheil daraus erwachsen." Auch nach der Veröffentlichung seiner Abhandlung (Germania V, 1) hatte er noch manches neue bei Wiederholung der Vorlesung, die ihm eine der liebsten war, im Sommer 1861 beizubringen. Mit dem Iwein beschäftigte er sich im Sommer 1858 ebenfalls und hoffte dazu Bemerkungen zu liefern, über die man staunen werde. Einzelnes brachte er bei Gelegenheit des Abdruckes von Bruchstücken des Iwein und der sehr werthvollen Florianer Fragmente des armen Heinrich zur Sprache (Germania III, 338—350).

So angenehm in vieler Beziehung seine Wiener Stellung war, so hatte sie doch auch viele Last im Gefolge, wenn auch anderer Art als in Stuttgart. Die Arbeit wie der Verkehr mit Fremden steigerte sich von Jahr zu Jahr. Die liebste und fast einzige Erholung nach des Tages Last und Hitze fand er in später Abendstunde in der Mitte einiger Freunde oder Schüler, und stets war er die Seele dieser kleinen Gesellschaften. Trotz Ueberbürdung und Zeitmangel, unter welchem er so oft seufzte, gestattete ihm sein wohlwollendes Gemüth nicht, die von Freunden und Fremden massenhaft an ihn gerichteten Fragen und Bitten je unbeantwortet zu lassen. Er scheute weder Mühe noch Opfer, wenn es galt zu helfen, zu rathen, zu erfreuen. Alle die in nähere Beziehung mit ihm kamen, werden den Worten in Emil Kuhs Nachrufe beistimmen: „Nie habe ich einen wohlwollenderen Menschen kennen gelernt." Selbst seine Heftigkeit verletzte diejenigen nicht, die sein Wohlwollen, seine Herzensgüte und Offenheit kannten *).

„Ich seufze schwer," klagt er am 2. Februar 1859 gegen mich, „unter der Last meiner Vorlesungen und sonstigen Arbeiten. Ich habe in meinem Leben noch nie so angestrengt gearbeitet, komme nirgends hin, als um 3 Uhr in die Stadt zur Vorlesung

*) Briefliche Mittheilung der Wittwe.

und um 5 Uhr wieder nach Haus, vor 12—1 Uhr komme ich selten zu Bett und um 8 Uhr in der Früh sitze ich schon wieder fest. Gottlob hält sich meine Gesundheit diesen Winter besser als im vorigen." Dazu kam häuslicher Kummer, indem ein im November 1858 geborner Knabe, Rudolf, an den Folgen der Zahnentwickelung im Frühjahr 1859 starb.

Doch fand er neben der Arbeit Muße, die erwähnte Abhandlung über den Titurel und die umfangreichere über Hartmanns Erek (Germania IV, 185—237) zu schreiben, worin er zum ersten Male seit Jahren das Auge der Kritik wieder auf das Gedicht richtete und eine Reihe schöner Emendationen gab; im Nachwort nahm er Gelegenheit, die Angriffe Haupts gegen seine Recension des Minnesangsfrühlings zurückzuschlagen. Zum Schluß des Jahres 1858 gab er als Silvesterspende des Strickers Märe von den Gänhühnern heraus, das später in der Germania (VI, 457) wieder abgedruckt wurde. J. Grimm, indem er ihm für die Gabe dankt, schreibt (8. Februar 1859): „Wenn ich bedenke, daß Sie dazu*) noch treffende und wichtige Aufsätze in der Germania gegeben haben, so weiß ich wohl, wem ich das Lob der fruchtbarsten Thätigkeit in der jüngsten Zeit zuerkenne.

Die Herbstferien 1859 gieng er, um sich zu erholen, „mit Kind und Kegel" wieder in die steirischen Berge, diesmal nach Krieglach im Mürzthal am Semmering. Neue Arbeit wartete seiner nach der Rückkehr: bei der von Seiten der Universität veranstalteten Schillerfeier (November 1859) fiel ihm die Festrede zu, die wohl werth wäre, aus dem Nachlaß herausgegeben zu werden. Sie ist eben so warm empfunden und geschrieben, wie der Nachruf an W. Grimm, den er in der Wiener Zeitung 1860, Nr. 1 und 2, veröffentlichte. Da er mit dem Verstorbenen in Folge der Freidank-Walther-Frage in den letzten Jahren auf gespanntem Fuß gelebt hatte, so war es um so mehr ein Zeichen eines liebevollen Gemüthes, daß er wenige Wochen nach dem

*) Zum Megenberg und Eckhart.

Tode ihm diesen „schönen und edelmüthigen" Nachruf widmete, der J. Grimm „rührte und bewegte" (19. Februar 1860). Er kann als Beweis dienen, wie neidlos Pfeiffer fremdem Verdienst gerecht zu werden verstand.

Eine verdiente Anerkennung war es, als er 1860 zum wirklichen Mitgliede der Wiener Academie der Wissenschaften ernannt wurde: freilich wurden dadurch die Ansprüche an ihn noch erhöht, denn die Academie „forderte Beweise wissenschaftlicher Thätigkeit." Dazu kam, daß er für das Jahr 1860 zum Decan der philosophischen Facultät erwählt ward und einen bedeutenden Zuwachs an amtlichen Arbeiten dadurch erhielt. Trotzdem fühlte er sich gesünder, als in den beiden ersten Jahren.

Mancherlei Redactionsverdrießlichkeiten hatten ihm den Gedanken, die Germania aufzugeben, wiederum nahe gerückt; zwar der Absatz war zufriedenstellend, und auch an Beiträgen fehlte es nicht. Aber manches andere kam hinzu, ihm „die Sache gründlich zu verleiden." „Die Hoffnung," schreibt er am 30. Januar 1860 an Frommann, „der altdeutschen Wissenschaft einigen Schwung zu geben und etwas neues frisches Leben einzuhauchen, habe ich längst aufgegeben ... Ich weiß meine Zeit in der That besser zu verwerthen und sehne mich, ach wie lange, nach den mancherlei angefangenen Büchern, die alle über der Germania seit Jahren elend vernachlässigt und liegen geblieben sind. Ich empfinde eine wahrhaft kindische Freude, wenn ich daran denke, bald der Last überhoben und frei und mein eigener Herr zu sein." Doch gab er der unmuthigen Stimmung nicht Raum; der neue Jahrgang wurde mit einer im December 1859 verfaßten Abhandlung Pfeiffers über Walther von der Vogelweide eröffnet, und mit frischem Muthe war er bei der Fortsetzung. Aber der öfter wiederkehrende Unmuth bezeugt die leidenschaftliche Reizbarkeit, die eine Folge der überanstrengenden Thätigkeit war.

Der Herbst war auch diesmal einer längeren Erholungsreise gewidmet: zum erstenmale von Wien aus besuchte er mit der Familie seine „zweite Heimat" Stuttgart, und machte von da aus Ausflüge nach Basel, Heidelberg und Nürnberg. Nach Basel gieng er als Deputierter der Universität Wien zum 400-jährigen Jubiläum der Universität Basel. Hier war es mir vergönnt, den lieben Freund zum erstenmale persönlich zu sehen. Nach einer Viertelstunde waren wir im traulichsten Gespräche, das herzliche Du brachte uns einander noch näher. In anregendem Verkehre mit ihm, Wackernagel, Keller u. a. verflossen mir die Festtage, die mir eine theure Erinnerung bleiben werden.

Nach Wien zurückgekehrt, wandte er sich erfrischt seinen Arbeiten zu: über seine zahlreichen litterarischen Pläne spricht sich ein Brief an mich (vom 7. Juli 1860) aus. „Ich habe nun Gottlob das erste Triennium glücklich hinter mir und damit das schwerste, den Anfang und die Grundsteinlegung, überwunden, darf also nun wieder an eigene Arbeit denken. Schon im Laufe des Winters hoffe ich den Megenberg und im folgenden Jahre die zweite Abtheilung des Eckhart fertig zu bringen. Für den Berthold habe ich längst alles beisammen und freue mich auf die Ausarbeitung wie ein Schneekönig. Auch der Wilhelm von Orlens und Reinbots heil. Georg ist unvergessen, ebenso das Evangelium Nicodemi und der zweite Theil der mitteldeutschen Beiträge und der Lautlehre. Zwischen hinein wird aber die Herausgabe des Eberhard von Windecke fallen, für die kaiserliche Academie, wofür ich demnächst das gesammte Material beisammen habe. Sie sehen, an Arbeit, alter und neuer, fehlt es nicht, ebensowenig an Lust und Freudigkeit zur Ausarbeitung." Auch mit der niederdeutschen Chronik des Hermann Korner war er, wie man aus J. Grimms Briefe vom 11. October 1860 sieht, damals schon beschäftigt. Konrad von Megenberg, von dem schon 1856 der Text, 31 Bogen, gedruckt war, wurde im November 1860 wieder aufgenommen; bis zum Sommeranfang sollte er „um jeden Preis" fertig werden. „Das mit Recht immer ungestümere Drängen des Verlegers und das Bewußtsein, meiner Pflicht nicht so nachgekommen zu sein, wie ich wohl gesollt, ist mir zur drückenden Last geworden, und ich habe keine Ruhe mehr, bevor ich sie durch Vollendung der Arbeit von mir gewälzt habe. Es ist aber eine Heidenarbeit. Mit den Anmerkungen und Lesarten bin ich so ziemlich fertig, auch mit der Einleitung dürfte es rasch gehen, aber das Glossar, wofür ich gegen 15.000 Zetelchen da liegen habe, macht mich, nur bis alles in ein Alphabet geordnet und in Reih' und Glied steht, halb krank" *). Das Buch erschien 1861 (die Einleitung ist vom September 1861 datiert), Joseph Diemer und Anton Ruland gewidmet. Pfeiffer trat damit auf einem neuen Gebiete, dem der mittelalterlichen Naturforschung, auf, indem er „die erste Naturgeschichte in deutscher Sprache" (geschrieben 1349—50), die in Handschriften und alten Drucken sehr verbreitet war, dem heutigen gelehrten Publicum wieder allgemein zugänglich machte. Die sorgfältige Behandlung der baierischen Mundart, die von dem gewöhnlichen Mittelhochdeutschen stark abweicht, legte einen Grund zu einer wissenschaftlichen Darstellung derselben, das Wörterbuch bereicherte unsere Kenntniß der mittelhochdeutschen Sprache höchst bedeutend.

Die anstrengende Arbeit blieb nicht ohne nachtheiligen Einfluß auf seinen Körper. „Ich fühle," schrieb er mir in melancholischer Stimmung am 13. April 1861, „täglich mehr, daß ich raschen Schrittes alt werde; daran mahnt mich die wankende Gesundheit und die Bemerkung, daß mir die Arbeit bei weitem nicht mehr so rasch und leicht von der Hand geht wie noch vor wenigen Jahren. Wenn es mir nur noch vergönnt ist, wenigstens einen Theil des ungeheuren aufgespeicherten, täglich mehr anwachsenden Materials zu verarbeiten, so will ich zufrieden sein. Für das übrige werde ich Dich und Bech testamentarisch zu Erben einsetzen, schon der Allitteration wegen, und wenn an die Stelle des harten, noch dazu auf ff lautenden P zwei milde weiche B treten, so wird gegen diese Lautverschiebung ohnehin niemand etwas einzuwenden haben und alle Welt mit dem Tausche zufrieden sein."

*) Brief an Frommann vom 27. December 1860.

Eine Ferienreise mußte ihm daher doppeltes Bedürfniß sein. Norddeutschland kannte er noch gar nicht; längst hatte er versprochen, seinen alten Freund und Lehrer Maßmann in Berlin aufzusuchen, die inniger gewordene Verbindung mit J. Grimm ließ ihm diese Reise doppelt lieb werden. Er reiste also im August 1861 nach Berlin, „um den verehrten Freund und Meister vor dem Ende noch einmal zu sehen. Er empfieng mich überaus liebreich, mit, ich möchte fast sagen, väterlicher Güte. Er forderte mich auf, so oft zu ihm zu kommen, als es mich freue; er lud mich zu Spaziergängen in den Thiergarten ein, auf denen ich mit dem unter lebhaftem Gespräch und in jugendlicher Rüstigkeit dahinschreitenden oft Mühe hatte gleichen Schritt zu halten; er nahm mich zur Academie mit und überhäufte mich mit Büchergeschenken. Als ich einst die Frage, ich werde doch alle seine Abhandlungen besitzen, verneinend beantwortete, meinte er, der Fehler werde sich gut machen lassen, er selbst habe zwar keine Exemplare, aber die Bibliothek seines Bruders könne aushelfen: Der brauche sie ja doch nicht mehr; und wenn auch etwa Bemerkungen von dessen Hand auf den Rändern sich eingeschrieben fänden, so würde, fügte er lächelnd hinzu, mich das wohl nicht stören. Nicht ohne einen gewissen Stolz zeigte er mir seine an seltenen und kostbar eingebundenen Büchern (meist Dedicationsexemplare) reiche Bibliothek und deren Aufstellung, und auch in seine Arbeit am Wörterbuch gewährte er mir bereitwillig Einblick. Natürlich fehlte es nicht an mancherlei bedeutenden Gesprächen über gelehrte Dinge und die Zustände in unserer Wissenschaft. Beim Abschied konnte ich meine tiefe Bewegung nicht verbergen; auch er war sichtlich ergriffen und entließ mich mit Kuß und Umarmung" *). Von Berlin aus ging Pfeiffer über Weimar, Gotha, Eisenach und Nürnberg wieder nach Wien zurück. Schon auf der Heimreise faßte er den Entschluß, J. Grimm die Ausgabe des Berthold zu widmen.

---

*) Germania XI, 112.

Dem Drucke und der Vollendung des lange vorbereiteten Werkes war die nächste Zeit bestimmt. 1862 im Sommer war es beendet: J. Grimm hatte über die Zueignung außerordentliche Freude. „Die letzte Sendung," schreibt er am 5. August 1862, „verdunkelt aber alle früheren und ich kann ihnen nicht ausdrücken, wie sie mich überrascht hat und welch dauernde Freude sie mir macht. Eine angenehmere Zueignung hätten Sie nicht erdenken können als die eines Werkes, das mir längst am Herzen lag und mich beschäftigte. Ich lese es nun in reinerem Gewande und mit voller Zufriedenheit. Sie haben nichts daran versäumt und der folgende Band wird nicht nur die mir noch unbekannten Predigen, sondern auch ein Wörterbuch gleich dem zu Megenberg bringen, und allen meinen Arbeiten Vorschub leisten. Ich bin begierig, was Sie über den Verhalt der lateinischen Texte und die wahrscheinlichste Art und Weise der Aufzeichnung festgestellt haben. Sicher war Berthold ein klarer und begabter Kopf, der freilich nach den Einflüssen seines Zeitalters zu beurtheilen ist, und dessen Sprache noch ruhiger und reiner fließt als die des späteren Keisersberg, der ihm sonst an Gesinnung und Anlage oft ähnlich steht. Die Mystiker Eckhart und Tauler sind tiefsinniger, aber auch verworrener und ärmer an Aufschluß über Sitte und Geschichte." Leider kam er nicht dazu, den zweiten Theil auszuarbeiten, der diese erste kritische Ausgabe des größten deutschen Predigers im Mittelalter abgeschlossen hätte; das reiche Material, das sich in seinem Nachlasse findet, wird hoffentlich nicht unbenutzt liegen bleiben. Ebenso wenig gelangte er dazu, den zweiten Band des Eckhart zur Ausführung zu bringen, „vor dem mir eigentlich graust," schreibt er mir am 5. November 1860. „Es gehört der Leichtsinn der jungen Jahre dazu, um so weitschichtige Arbeiten anzufangen; jetzt käme ich nicht mehr dazu."

Daneben war er für seine Zeitschrift unausgesetzt thätig, die er zwar 1861 wiederum aufzugeben beabsichtigte, weil er im Unmuthe an der Zukunft der deutschen Philologie verzagen wollte, indem er beim Publicum die Theilnahme für unsere Forschungen erkaltet sah, die er aber, „wegen der Fortsetzung von allen Seiten bestürmt," doch noch weiterzuführen beschloß. Seine Beiträge um diese Zeit sind allerdings alle nur von geringerem Umfang; eigentliche Abhandlungen so gut wie gar nicht. Dagegen veröffentlichte er in den Sitzungsberichten der Academie eine Abhandlung „Ueber Wesen und Bildung der höfischen Sprache" (1861), worin er der geläufigen Ansicht, daß dieselbe sich vorzugsweise aus der schwäbisch-alemannischen Mundart entwickelt, entgegentrat und nachzuweisen versuchte, daß vielmehr die Dialekte des mittleren Deutschlands zu ihrer Bildung beigetragen, während im Alemannischen sich die alterthümlichen ans Althochdeutsche streifenden Formen und Flexionen durchs Mittelhochdeutsche hindurch erhielten.

Noch weitgreifender war der in feierlicher Sitzung der Academie am 30. Mai 1862 gehaltene Vortrag „Der Dichter des Nibelungenliedes." Von der Thatsache ausgehend, daß im 12. Jahrhundert und in den ersten Jahrzehenden des 13. kein Dichter den „Ton," die Strophenform eines andern sich aneignete und aneignen durfte, folgerte er, daß die lyrischen Strophen in der Form der Nibelungenstrophe, die einen vor der Mitte des 12. Jahrhunderts lebenden österreichischen Ritter aus dem Geschlechte der Kürenberger zum Verfasser haben, und das Nibelungenlied Werke eines und desselben Dichters sein müssen. Zugleich ergab sich daraus, worauf schon die Betrachtung der Reime führte, daß das Nibelungenlied uns nicht in seiner ursprünglichen Gestalt, sondern nur in Ueberarbeitung aufbewahrt ist. „Alles ist," schreibt ihm J. Grimm (8. August 1862), „von Ihnen fein und sorgfältig angelegt, mit unleugbarem Scharfsinn ausgeführt." „Daß die Autorschaft eines solchen Dichters und bei solch einem Werke im ganzen 13. Jahrhundert verschollen und unberührt geblieben sein sollte," trat ihm allerdings als ein Bedenken entgegen; doch „weil uns so viel verloren ist, gestehe ich, darf auch dem argumentum a silentio nicht zu viel getraut werden." Der von Pfeiffer angeregte Gedanke fand in meinen „Untersuchungen über das Nibelungenlied" (Wien 1865), die ihm zugeeignet waren, weitere Ausführung, indem das Verhältniß der beiden erhaltenen Bearbeitungen zu dem verlornen Original schärfer und anders bestimmt wurde, als Pfeiffer gethan, der in seinem Vortrage noch C als den dem Original zunächst stehenden Text betrachtet hatte, aus welchem die anderen geflossen seien. Ich fand in seinem Nachlaß den Anfang einer Besprechung meines Buches, wie es scheint, für die Allgemeine Zeitung, unter dem Titel: „Neue Forschungen über das Nibelungenlied," ein dreifaches Manuscript, wie überhaupt Pfeiffer, ehe er sich genügte, immer und immer wieder umschrieb.

Das Jahr 1862 brachte Pfeiffer noch einen herben Verlust: am 13. November starb Ludwig Uhland, dessen Freundschaft Jahre hindurch Pfeiffer beglückt hatte und der bis zuletzt ein treuer Mitarbeiter der Germania gewesen war. „Obwohl durch Deine" *), schrieb er mir am 15. November, „und durch Stuttgarter und Tübinger directe Nachrichten längst darauf vorbereitet, hat mich dennoch der Heimgang eines so lieben und treuen Freundes, wie Uhland mir war, tief ergriffen. So geht eben einer nach dem andern: wie bald wird es heißen, daß auch J. Grimm nicht mehr ist. Mit Deiner Widmung **) bist Du also zu spät gekommen; doch bleibt es Dir ja unverwehrt, das Buch seinem Andenken zu widmen, ***) und dieses wollen wir in Ehren halten, denn er war ein ganzer Mann, und treuer und wärmer hat niemals ein Herz für Deutschland, für das Volk und die Freiheit geschlagen." Pfeiffer widmete ihm einen warm empfundenen Nachruf (20. Nov. 1862), der zum Besten des projectierten Uhlanddenkmals erschien. „Der Nachruf hinter Uhland," schreibt ihm J. Grimm (23. Dec. 1862), „hat mich gerührt

*) Ich hatte Uhland am 21. und 22. September in Tübingen besucht, und meine Besorgniß, daß es rasch mit ihm zu Ende gehe, Pfeiffer nicht verhehlt.

**) Mein Herzog Ernst sollte ihm gewidmet werden, und er schien, als ich ihm davon sprach, freudig bewegt zu sein.

***) Dieß ist jetzt (1869) auch geschehen.

und es fuhr mir durch die Seele, daß Sie auch nach meinem Tode ein paar Blätter ausgeben werden." Eine theure Pflicht erwuchs ihm durch die Herausgabe von Uhlands Nachlasse, die er zusammen mit Holland und Keller besorgte. Um den Nachlaß durchzusehen, reiste er auf Wunsch der Wittwe, Ostern 1863, nach Tübingen und blieb acht Tage dort. „Es waren," schrieb er mir am 11. Mai, „arbeitsvolle, aber auch genußreiche Tage. Der Fleiß und die Thätigkeit, aber auch der Geist und die Gelehrsamkeit dieses Mannes hat mich mit Staunen und Ehrfurcht erfüllt. Die Zahl der vorhandenen druckfertigen und druckwürdigen Arbeiten ist eine weit größere als ich mir gedacht; das gedruckte und ungedruckte dürfte zusammen leicht 5—6 große Octavbände füllen." Pfeiffers Antheil war die längst erwartete Abhandlung über das Volkslied, welche als „Alte hoch- und niederdeutsche Volkslieder, mit Abhandlung und Anmerkungen herausgegeben von L. Uhland, 2. Band: Abhandlung, Stuttgart 1866" erschien. Das Vorwort dazu schrieb Pfeiffer in Salzburg, 4. August 1866. Außerdem beabsichtigte er noch die Schrift über Walther von der Vogelweide, und den Wiederabdruck der in der Germania erschienenen Abhandlungen zu übernehmen.

Das folgende Jahr (1863) verfloß nicht ohne gewinnbringende Thätigkeit für die Wissenschaft. Im 42. Bande der Sitzungsberichte der Academie erschien die Ausgabe der „Zwei deutschen Arzneibücher aus dem 12. und 13. Jahrhundert mit einem Wörterbuche"; leider, da die Correctur in den letzten Wochen vor den Ferien „über Hals und Kopf" gemacht werden mußte, blieben viele ärgerliche Fehler stehen, zu deren Berichtigung das im Nachlaß vorhandene Manuscript dienen kann. Bedeutsamer war das erste Heft von „Forschung und Kritik auf dem Gebiete des deutschen Alterthums" (Wien 1863), aus dem 41. Bande der Sitzungsberichte. Er beabsichtigte unter diesem Titel in unbestimmten Zeiträumen eine Reihe von Aufsätzen und Mittheilungen vorzulegen, die einerseits der ältern deutschen Sprache und Litteratur theils neue Quellen zuführen, theils schon vorhandene erweitern und vervollständigen, andererseits über einzelne wenig bekannte oder dunkle Punkte der deutschen Alterthumskunde Licht verbreiten oder auch der verkannten Wahrheit zu ihrem Recht verhelfen sollten. Das erste Heft wurde durch eine Untersuchung über Meier Helmbrecht eröffnet, die von zahlreichen Textverbesserungen begleitet war: freilich sind seitdem die Resultate jener Untersuchung durch die merkwürdigen Entdeckungen von Keinz manigfach modificiert worden. Der zweite Aufsatz beschäftigt sich mit der nachrudolfischen Bearbeitung der Geschichte von Barlaam und Josaphat, der dritte Theil gab Bruchstücke eines unbekannten Lobgedichts auf Ludwig den Baier. An letztere knüpfte Pfeiffer später, durch eine Recension des Liter. Centralblattes veranlaßt, eine Erörterung über „die Kanzleisprache K. Ludwigs des Baiern“ (Germania IX, 159).

Zur Stärkung seiner angegriffenen Gesundheit gieng er Ende Juli 1863 nach Rorschach am Bodensee, um die Bäder zu gebrauchen. Wenngleich die Klagen über seinen Gesundheitszustand sich von Jahr zu Jahr häufen, so sehen wir ihn doch unermüdet fortarbeiten und schaffen. Ein neues Unternehmen umfassender Art beschäftigte ihn damals fast ausschließlich. Schon im November 1862 war Brockhaus nach Wien gekommen, um Pfeiffer für ein litterarisches Unternehmen zu gewinnen und ihn zu ersuchen, die Leitung desselben zu übernehmen. Es handelte sich um eine Sammlung der bedeutendsten mittelhochdeutschen Dichtungen in neuen, schön ausgestatteten Ausgaben, mit Hinweglassung alles gelehrten Apparates, dagegen mit sprachlichen und sachlichen Erläuterungen und Anmerkungen unter dem Texte, die Texte selbst nach dem neuesten Standpunkt der Forschung kritisch bearbeitet. „Obwohl nicht ohne allerlei Zweifel und Bedenken,“ gab er doch „nach reiflicher Ueberlegung“ seine Zusage; „und zwar namentlich deßhalb, weil ich die Sache für sehr wichtig und folgenreich für unsere ganze Wissenschaft hielt, wenn es uns gelingt, durch wohlfeile, hübsche, mit allem zum Verständniß erforderlichen ausgerüstete Ausgaben den gebildeten Theil der deutschen Lesewelt für die mittelhochdeutsche Poesie zu interessieren und zu erwärmen.

Wir würden die wohlthätige Rückwirkung auf unsere gelehrten Arbeiten bald verspüren und der ganze Betrieb des Altdeutschen käme in ein anderes Geleise" *). Natürlich machte er seine Zusage von der Mitwirkung geeigneter Fachgenossen abhängig. Diese wurden denn auch für die Sache gewonnen. Es sollte vorläufig eine erste Serie von zwölf Bänden, Nibelungen, Kudrun, Wolframs Parzival, Gottfried, Hartmann, Walther u. a. umfassend, erscheinen, und wenn diese den gewünschten Beifall fände, eine zweite nachfolgen. Wenn man bedenkt, daß schon frühere Arbeiten Pfeiffers darauf gerichtet waren, den Kreis der an der altdeutschen Litteratur Theilnehmenden zu erweitern, daß er seine Ausgaben (Mystiker, Marienlegenden) mit erklärenden Anmerkungen versah, so begreift man, daß ein Plan, wie der eben erwähnte, für ihn viel anziehendes hatte. Ihm war die Trennung der Wissenschaft vom Leben immer unnatürlich erschienen, zumal auf einem Gebiete, das eine nationale Bedeutung mehr und mehr gewann. Zunächst hatte Pfeiffer Walther von der Vogelweide übernommen; dieser eröffnete die Sammlung, welche unter dem Titel „Deutsche Classiker des Mittelalters" **) im Sommer 1864 ins Leben trat.

Der Beifall, den das Unternehmen fand, war von Anfang an allgemein und fast ungetheilt: ein Zeichen, wie sehr es einem Bedürfnisse der Gebildeten entgegenkam. Die bedeutende Auflage war binnen Jahr und Tag vergriffen, und es mußte 1866 eine zweite noch stärkere erscheinen. In ähnlichem Maße war der Erfolg der nächsten Bände, die Kudrun und Nibelungenlied, von mir bearbeitet, brachten: von jener, die 1865 erschien, wurde 1867 eine zweite Auflage nöthig, und von dem letzteren (1866) ist ein neuer Druck in Vorbereitung. Es steht zu erwarten, daß die Ausgabe von Hartmanns Werken durch Bech, wenngleich der

*) Brief an mich, vom 18. März 1863.

**) Diesen Titel hatte ich, von Pfeiffer zu Vorschlägen aufgefordert, am 3. Februar 1864 vorgeschlagen.

Name des Dichters nicht in demselben Maße wie Walther und das Nibelungenlied populär ist, nicht weniger gut aufgenommen werden wird. Die Mängel in der Ausführung des Unternehmens kann man zugeben, und ich kenne zumal die meiner eigenen Ausgaben recht wohl; trotzdem wird die Bedeutsamkeit der Sammlung von niemand verkannt und unterschätzt werden, ja das beste Zeugniß für sie ist, daß die hauptsächlichsten Gegner sich zu einem Unternehmen verbunden haben, welches dem befehdeten in jeder Beziehung sehr ähnlich ist.

Die Ausarbeitung des Walther wurde rasch gefördert, trotz ungünstiger Verhältnisse, denn Pfeiffers Arbeitszeit wurde durch amtliche Thätigkeit mehr und mehr beschränkt. Im Frühjahr 1864 wurde er in den neu geschaffenen Unterrichtsrath, in die Section für Gymnasien berufen, eine Commission, die ihm viel zu schaffen machte durch Referate, Gutachten über Schulbücher u. s. w. Er befand sich am Schlusse des Sommersemesters so leidend, daß er unmittelbar (Anfang August) nach Marienbad gehen mußte. Die Cur hatte jedoch keinen sonderlichen Erfolg; die Migräne, an der er schon seit Jahren, und von Jahr zu Jahr heftiger, litt, wollte nicht weichen. Nach Beendigung der Cur machte er noch eine weitere Rundreise durch Mitteldeutschland und besuchte, zum erstenmal seit die Germanisten eine vollständige Section bildeten (in Augsburg, 1862), die Philologenversammlung, die vom 26. bis 30. September in Hannover tagte. Pfeiffer hatte, wie er sagte, nicht mit leeren Händen kommen wollen, und, da die Versammlung auf niederdeutschem Boden stattfand, sinnig eine niederdeutsche Gabe gebracht: niederdeutsche Erzählungen, die der Chronik H. Korners entnommen waren (Abdruck aus der Germania IX, 257—288), einem Denkmale, an dem die Vorzüge der niederdeutschen Sprache ganz besonders zu Tage treten, und einer Sprachquelle ersten Ranges. Das seien, setzte er hinzu, die Gründe gewesen, die seine Aufmerksamkeit schon vor Jahren auf das Werk gelenkt und ihn bewogen, sich des Wortvorrathes in möglichster Vollständigkeit zu bemächtigen: die Ausarbeitung werde in nicht ferner Zeit erfolgen und sie solle sein Beitrag zu einer Geschichte der niederdeutschen Sprache sein. Hieran anknüpfend gab Pfeiffer die Anregung zur Wiederaufnahme des nur bis auf wenige Lieferungen gediehenen niederdeutschen Wörterbuches von Kosegarten oder vielmehr zu einer vollständigen Umarbeitung desselben, indem er mit Recht die höchst unpraktische Anlage tadelte. Es wurde auf Pfeiffers Vorschlag eine Commission, bestehend aus den Professoren W. Müller, Höfer und Bartsch, erwählt, die die Sache in die Hand nehmen sollte. Wenn auch der Gedanke nicht in der Form, wie ursprünglich beabsichtigt war, zur Ausführung kam, so hat er doch die gute Folge gehabt, daß zwei auf dem niederdeutschen Gebiete bewährte Männer, Lübben in Oldenburg und Schiller in Schwerin, zur Bearbeitung eines niederdeutschen Wörterbuches, unabhängig von Kosegarten, geschritten sind.

Zeigt sich Pfeiffers auf das praktische gerichteter Blick und Sinn, dem die erforderliche Thatkraft beigegeben war, auch in dieser Anregung, so nicht minder in dem Schritte, den er veranlaßte, um einem verdienten Gelehrten die für seine wissenschaftlichen Arbeiten erforderliche Muße zu verschaffen. Im September 1864 hatte Pfeiffer bei seinem Besuche in Leipzig Hildebrand, den Fortsetzer des Grimm'schen Wörterbuches, kennen gelernt und sich überzeugt, wie der verdiente Mann zum Nachtheile seiner Gesundheit sich abmühen mußte, um gleichzeitig seinem Lehrberufe und den mit dem Wörterbuche übernommenen Verpflichtungen gerecht zu werden. In einem Rundschreiben vom 1. Februar 1865 an eine Reihe von Fachgenossen forderte er dieselben auf, sich mit ihm zu einer an den Leipziger Rath zu richtenden Adresse zu vereinigen, welche unter Hervorhebung von Hildebrands Verdiensten eine Erleichterung seiner Stellung nachsuchte. Die Eingabe war vom besten Erfolge begleitet, indem Hildebrand zunächst für einige Jahre des größeren Theiles seiner Lehrstunden überhoben wurde und dadurch Muße fand, sich dem Wörterbuche mit ungetheilter Kraft zu widmen. Damit im Zusammenhange steht ein Gesuch verwandter Art, welches ebenfalls unter Pfeiffers Betheiligung und mit von ihm angeregt, von den zu Heidelberg im September 1865 versammelten Germanisten an die Großherzoglich Hessische Regierung gerichtet wurde und für K. Weigand, der zugleich mit Hildebrand die Fortsetzung des deutschen Wörterbuches leitete, eine ähnliche Erleichterung nachsuchte, indem er von seiner Doppelstellung an Universität und Realschule befreit würde und lediglich, als ordentl. Professor, der academischen Wirksamkeit und seiner litterarischen Thätigkeit leben könnte. Auch dieses Gesuch war, wenn auch nicht unmittelbar, vom Erfolge gekrönt.

Den folgenden Winter (1865—66) verbrachte er oft leidend, aber auch jetzt rüstig weiter arbeitend, wenngleich er klagte, daß, was er schriebe, nicht einmal von seinen Freunden gelesen werde. Eine häufig hervortretende Verstimmung war jedenfalls Folge seines leidenden Zustandes, und dieser machte ihn sehr reizbar. Die Germania führte er zwar weiter, aber häufig verdrossen und unlustig; manche von ihm selbst früher gewünschte Einrichtung, wie die seit 1862 beigegebene jährliche bibliographische Uebersicht, erschien ihm jetzt in anderem Lichte, „bei der trostlosen Stumpfheit und Verdrossenheit, die sich, nicht erst seit gestern, an der Germanistik kund gibt, ist es sehr die Frage, ob damit wirklich jemand ein Gefallen geschieht" *). Seit 1864 hatte er eine besondere Abtheilung, Miscellen genannt, beigegeben, welche Personalnotizen enthielten, die germanistischen Vorlesungen an den deutschen Universitäten brachten u. s. w. Auch beabsichtigte er biographische und bibliographische Notizen über die Fachgenossen zu geben, gewissermaßen als Fortsetzung von Hoffmanns von Fallersleben „Deutscher Philologie," und erließ zu diesem Zwecke bereits im Februar 1865 eine Aufforderung zur Einsendung biographischer Notizen nach einem beigegebenen Schema. Endlich veröffentlichte er auch als Beitrag zur Geschichte der deutschen

*) Brief an mich, vom 26. April 1866.

Philologie in den Miscellen Briefe von J. und W. Grimm, Lachmann, Schmeller u. a., bei deren Abdrucke freilich noch sorgfältiger alles persönlich verletzende hätte getilgt werden sollen. Eine mitgetheilte Aeußerung J. Grimms über J. Zacher veranlaßte unangenehme Erörterungen mit diesem, wobei, wir müssen es leider sagen, Pfeiffer, von Leidenschaft hingerissen, die rechte Grenze überschritt. Solche Streitigkeiten trugen natürlich nicht bei, seinen leidenden Zustand zu bessern. Schon vor Schluß der Vorlesungen sah er sich genöthigt, zu seiner Erholung nach Salzburg abzureisen, wo er die Ferien mit seiner Familie verlebte. Drückend wirkte auf sein Gemüth nächst dem eigenen Leiden der Zustand des Vaterlandes, für welches sein Herz immer warm und lebendig schlug. „Die Geistes- und Gemüthsaufregung der letzten Zeit," schreibt er mir am 9. September 1866, „der Kummer um Deutschland und mein nunmehriges engeres Vaterland, die gesunkenen Hoffnungen auf eine schönere bessere Zukunft haben meiner ohnehin mehr als Du glaubst wankenden Gesundheit einen neuen Stoß versetzt, und der Aufenthalt in dem herrlichen Salzburg hat mir, wohl auch des unbeständigen, regnerischen Wetters wegen, die gehoffte Erholung und Stärkung diesmal nicht gewährt." Aber unthätig konnte er auch hier nicht sein, außer der Vorrede zum dritten Bande von Uhlands Schriften schrieb er die Erlauer Handschrift des Gregorius ab, deren er endlich habhaft geworden war.

In seiner Verstimmung hatte er große Lust, ans Ende des laufenden Jahrganges seiner Zeitschrift „Finis Germaniæ" zu setzen; „denn es ist eigentlich doch ein Hohn und Spott, in dem aus Deutschland schimpflich ausgestoßenen Oesterreich ferner noch eine Germania herauszugeben" (9. Sept. 1866). Auf mein Zureden jedoch, und als ich erklärte, daß ich eher selbst die Redaction in die Hand nehmen würde, entschloß er sich, sie weiter zu führen. Sein leidender Zustand machte ihm eine umfassende wissenschaftliche Thätigkeit unmöglich. Die beiden die Jahreszahl 1866 tragenden Schriften gehören ihrer Abfassung nach noch in das vorhergehende Jahr. 1866 erschien sein „Altdeutsches Uebungsbuch zum Gebrauch an Hochschulen," worin er, veranlaßt durch die von ihm geleitete deutsche Gesellschaft, als Arbeitsstoff eine Anzahl von noch ungedruckten Texten ganz oder theilweise veröffentlichte; das Buch war bestimmt, zu philologischen Uebungen benutzt zu werden, an welchen die jungen Germanisten die niedere und höhere Kritik lernen und bethätigen könnten. Gleichfalls noch aus dem Jahre 1865 ist das zweite Heft von „Forschung und Kritik," welches ein interessantes althochdeutsches Denkmal, einen Bienensegen, brachte, den ihm Reifferscheid aus einer Vaticanischen Handschrift mitgetheilt hatte; außerdem enthielt es, nächst dem von Anmerkungen begleiteten Abdrucke der Regensburger und Fuldaer Beichte, eine Abhandlung über das von Zappert aufgefundene und herausgegebene Schlummerlied, dessen Echtheit nachzuweisen sein Bestreben war. Wiewohl gleich beim Bekanntwerden von der gelehrten Welt fast einstimmig verurtheilt, wurde es doch von Jacob Grimm für echt gehalten, der noch wenige Wochen vor seinem Tode (am 26. Juli 1863) schrieb, er werde nächstens eine academische Abhandlung über das Schlummerlied erscheinen lassen. Dies Festhalten J. Grimms an der Echtheit ist wohl nicht ohne Einfluß auf Pfeiffers Urtheil gewesen, der, wie man aus einem Briefe Grimms (vom 11. April 1862) sieht, schon damals damit umgieng, über das Schlummerlied zu schreiben. Es ist nicht zu leugnen, daß Pfeiffer alle Gründe, die für die Echtheit und gegen die Annahme einer Fälschung sprechen können, vorgebracht hat, freilich überzeugt hat er mich nicht, wenngleich ich die Acten noch keineswegs als geschlossen betrachte.

Indeß auch das Jahr 1866 verfloß nicht ohne litterarische Thätigkeit. Im November, mitten unter den Vorlesungen, fand er noch Kraft und Muße, einen inhaltsreichen Aufsatz für die Germania zu schreiben, mit welchem der zwölfte Jahrgang eröffnet wurde: über Konrad von Würzburg. Außer dem Alexius, zu welchem er kritische Beiträge lieferte, war es namentlich der verloren geglaubte Partonopier des Dichters, von dem er eine

Handschrift entdeckt hätte, und über den er vorläufige Mittheilung machte. Es knüpfte sich daran von selbst der Gedanke an eine Ausgabe des interessanten Fundes. Er machte sich auch ungesäumt und freudig an die Arbeit, wurde aber in den letzten Tagen des Jahres, nachdem er 13.000 Verse (von 22.000) „zu Faden geschlagen," von einem heftigen schmerzhaften Rheuma am rechten Arme befallen, welches ihm den Gebrauch der Hand fast unmöglich machte und daher die Vollendung hinderte. Am Anfang des neuen Jahres hatte sich sein Befinden so weit gebessert, daß er weiter arbeiten konnte, und im Februar 1867 wurde die Abschrift, die zugleich schon eine Umschreibung ins Mittelhochdeutsche war, vollendet.

Für die Denkschriften der Academie bearbeitete er ebenfalls noch im Jahre 1866 das erste Heft „Quellenmaterial zu altdeutschen Dichtungen" (Wien, 1867), worin er neue Hilfsmittel für die Textkritik der mittelhochdeutschen Dichter zu veröffentlichen beabsichtigte; außer dem Abdruck des Erlauer Gregorius, dem wichtigsten Stücke, brachte das Heft Bruchstücke der Eneide, des Gregor, des Wigalois, Freidank, des j. Titurel und von Rudolfs Weltchronik zum Abdruck.

Im Jahre 1867 unternahm er, veranlaßt durch den von mehreren Seiten ausgesprochenen Wunsch, seine zerstreuten Aufsätze und Abhandlungen, soweit sie von allgemeinem Interesse waren, zu sammeln. Ein weiterer Antrieb lag für ihn in der Wahrnehmung, „daß Sinn und Empfänglichkeit für die altdeutschen Studien seit einiger Zeit auch außerhalb des engeren Kreises der Fachgenossen sichtbar in erfreulichem Wachsthum begriffen seien." Außer zehn Abhandlungen, von denen die eine, „Höfisch und unhöfisch" ungedruckt, eine andere, über die mittelhochdeutsche Hofsprache, mit einem Nachwort bereichert war, ließ er die beiden Nachrufe an W. Grimm und L. Uhland und zwei Recensionen, über des Minnesangs Frühling und Hugdietrichs Brautfahrt, wieder abdrucken. Die letzterwähnte Recension, über eine Neudichtung der Sage durch W. Hertz, will ich deßhalb hier hervorheben, weil sie Pfeiffers Sinn für wahre Poesie in schöner Weise bekundet. Der Name des Buches, „Freie Forschung," wenn auch manchem vielleicht ein wenig anspruchsvoll klingend, ist bezeichnend für Pfeiffers Wesen und Richtung. Für Freiheit der Forschung hatte er sein Leben lang in Wort und Schrift gekämpft, und mit unerschrockenem Muthe ist er seinem Grundsatze treu geblieben.

Im vergangenen Sommer (1867) war er körperlich tief herunter gekommen. „Mein altes Leiden, die Migräne," klagt er gegen mich am 4. Juli, „hat sich seit vorigem Herbst zu bedenklicher Höhe gesteigert. Ganz frei von Schmerz ist mein armer Kopf gegenwärtig fast nie mehr; doch das wollte ich ertragen, aber oft werde ich Tage lang nacheinander furchtbar gepeinigt und bin unfähig zu denken, geschweige zu arbeiten. An solchen Tagen bin ich manchmal der Verzweiflung nahe. Meine Aerzte haben mir für ein paar Monate Ruhe, complete Ruhe und Enthaltung von jeder Arbeit geboten und nebenbei den Gebrauch kalter Bäder angerathen. Ich muß, ich sehe es ein, ihren Befehlen Folge leisten, so sauer mir das längere Nichtsthun auch ankommt. Zwar Erlösung von meiner Pein finde ich nicht, ich will froh sein, wenn einige Linderung." Ende Juli gieng er, nach Schluß der zwei bis drei Wochen andauernden Lehramtsprüfungen, bei denen allen er anwesend und zum Theil von 4—9 Uhr Abends den Vorsitz führen mußte, nach Ueberlingen am Bodensee, um zu baden, während seine Familie diese Zeit in Salzburg zubrachte. Nach Beendigung der Cur wollte er die reine Bergluft auf Rigi-Scheideck genießen. Seinen Aufenthalt dort schildert uns Schlatter (S. 8). Ein Reiter mit ziemlich ergrauten Haaren grüßte ihn laut vom Pferde herunter. Es war Pfeiffer, den er seit 10 Jahren nicht mehr gesehen hatte. An den Gesichtszügen hätte er ihn nicht sobald erkannt, so sehr hatte er während dieser Zeit gealtert. Die starke, sonore Stimme war dieselbe geblieben; an ihr erkannte er zuerst den alten Freund wieder. Zwei genußreiche Wochen verlebte er hier mit Pfeiffer, der aus dem Schatze seines Wissens und seiner Erfahrungen eine Fülle neuer und interessanter Details mittheilte, auf den einsamen Morgenspaziergängen, auf denen er sich der frischen belebenden Gebirgsluft erfreute. Der Nachmittag war der Geselligkeit und den übrigen Curgästen gewidmet. Pfeiffer war in der frohesten Laune, war der Anführer bei kleinen Ausflügen und kochte selber für die Gesellschaft den Kaffee, der unter alten Tannen im Anblick der Alpen und des herrlichen Sees, unter Scherzen und Lachen genossen wurde. Es waren vielleicht seine letzten frohen Stunden. Von da begab er sich nach Solothurn, um seine noch lebende Schwester und das Grab seiner Mutter, vielleicht im Vorgefühl seines eigenen Todes, zu besuchen; doch bald im Thale sich nicht wohl fühlend, floh er wieder auf die Berge, dießmal auf den Weißenstein, um die Bergcur fortzusetzen.

Am 8. October traf er wieder in Wien ein. Die ihn wenigstens äußerlich kräftig scheiden gesehen, sahen ihn gebrochen wieder. Ein leichter Schlaganfall traf ihn nicht lange danach, er konnte nicht schreiben, und erschrak, als er bei einem Versuche zu lesen, die Buchstaben nicht zusammenbringen konnte. Zwar suchte er sich selbst über seinen Zustand zu täuschen, aber die ihm nahestehenden wußten nur zu gut, wie es sich verhielt, während er den entfernten Freunden, da er selbst nicht schreiben durfte, durch die Hand seiner Frau oder seiner Söhne schreiben ließ, und, wohl um sie zu schonen, seinen Zustand möglichst verhüllte. In einem Briefe vom 2. November 1867 machte er mir den Vorschlag, das von ihm gesammelte Material zu einer Ausgabe des Parzival zu übernehmen. Es klang wie ein Testament, und wiewohl vor der Schwierigkeit bangend, mochte ich mich der Aufgabe doch nicht entziehen. Daß es ihm schmerzlich war, ihn aus der Hand zu geben, nachdem er seit Jahren mit dem Gedanken der Ausgabe (dieselbe war von Hause aus für die Dichtungen des deutschen Mittelalters bestimmt) sich getragen hatte, wird man begreiflich finden. Für die Auswahl der Erzählungen und Schwänke, welche ebenfalls einen Band der „Classiker" bilden sollten, hatte er schon vieles vorgearbeitet und freute sich noch in den letzten Lebenswochen (22. April 1868) auf die Ausarbeitung.

Das alte Jahr hatte mit der Vollendung des zwölften Bandes der Germania abgeschlossen; noch im Juli 1867 dachte er daran, dann „mit frischem Muthe" an die neue Reihe zu gehen. Auch jetzt, wo er selbst zur Arbeit unfähig war, hielt er den Gedanken fest, und fand an J. M. Wagner einen sachverständigen Helfer. Er hatte noch die Freude, die Vollendung des ersten Heftes vom dreizehnten Bande zu erleben; das zweite war im Drucke beinahe fertig als er starb. Um ihm eine Freude und Anerkennung für das durch die Redaction geleistete zu bereiten, vereinigten sich die Mitarbeiter seiner Zeitschrift, ihm ein reich ausgestattetes Album mit ihren Photographien zu überreichen. „Noch sehe ich ihn vor mir," sagt Strobl *), „als ich ihn Tags darauf besuchte. Krank saß er auf seinem Lehnstuhl, das Buch vor sich und Freudenthränen im Auge. Wenn ihn etwas gesund machen könne, so sei es dies. Gesund wohl hat's ihn nimmer gemacht, aber seine letzten Stunden hat es ihm verklärt, wie schönes Abendroth."

Im Beginn des neuen Jahres hatte sich sein Zustand soweit gebessert, daß er wieder eigenhändig schreiben konnte. Doch klagt er auch jetzt. „Mein complicirtes Leiden, Kopfschmerz Schwindel," schreibt er mir am 7. Februar, „will nicht weichen, und die Aerzte wissen nicht, wo es sitzt und wie sie es anpacken sollen. Neuerdings dehnt sich der Schleier, der früher das linke Auge umflorte, auch auf das rechte aus, und wenn es so fort geht, werde ich demnächst auf oder mit beiden Augen nichts mehr sehen." Mit großer Geduld und Resignation ertrug er jedoch das lange schwere Leiden, und die für ihn so peinliche Unthätigkeit, zu der ihn dasselbe verurtheilte. Sein unverwüstlicher Humor verließ ihn selbst in den trüben Leidenstagen nie ganz **).

*) Wiener Zeitung 1868, Nr. 150.

**) Briefliche Mittheilung der Wittwe.

Die letzte Arbeit, die im Druck vollendet zu sehen ihm vergönnt war, war das zweite Heft seines „Quellenmaterials" (Wien 1868), welches ausschließlich Wolfram von Eschenbach gewidmet, eine bedeutende Anzahl zum Theil sehr werthvoller Bruchstücke des Parzival und Willehalm zum Abdruck brachte und ein Verzeichniß sämmtlicher Handschriften gab, aus welchem hervorgeht, daß keine mittelhochdeutsche Dichtung so verbreitet war, wie der Parzival.

Am 27. Februar 1868, gerade an seinem Geburtstage, erlitt er einen schweren Anfall seines Leidens, den die zu einem Consilium herbeigerufenen Aerzte nicht ohne große Bedenken ansahen. „Es hatte aber," ließ er mir am 31. März durch seinen jüngeren Sohn Hermann schreiben, „doch das gute, daß mein Leiden genauer als bisher untersucht und energischer dagegen eingeschritten wurde. Dasselbe wurde als eine Folge geistiger Ueberanstrengung erklärt und vor Allem strengste Diät, complete Ruhe und Enthaltung von jeder Arbeit, selbst von Lesen und Schreiben, dagegen verordnet. Nun ich den Ernst gesehen, füge ich mich, wie schwer es mir auch kommt, geduldig dieser Vorschrift, und ich kann nicht leugnen, daß sich in Folge dessen einige wenige, wenn auch sehr, sehr langsame Besserung in meinem Zustande zu zeigen beginnt. Größere Wirkung verspricht man sich und mir von einem Landaufenthalt, den ich, sobald das Wetter es erlaubt, antreten werde. Nun wir wollen sehen und die Hoffnung nicht aufgeben. Jedenfalls aber selbst im günstigsten Falle werde ich ein verlornes Jahr zu beklagen haben." Es gieng auch wirklich etwas besser, und er konnte sich zu einem zwei- bis dreiwöchentlichen Aufenthalte in dem benachbarten Baden rüsten, um sich dort wieder an die frische Luft und ans Gehen zu gewöhnen. Am 2. Mai gieng er mit seiner Frau dahin. „Trotz heftigen Kopf- und Magenschmerzen", berichtete er in einem mit den alten festen Zügen eigenhändig geschriebenen Briefe vom 8. Mai an J. M. Wagner, „an denen ich gerade am Reisetage litt, überstand ich doch die langweilige und ziemlich anstrengende Fahrt tapfer und bringe seitdem die größte Zeit des Tages, wenn anders das seit dem Mittwoch wieder trübe Wetter es erlaubt, sitzend oder gehend in dem hübschen, geräumigen, annoch zu unserer alleinigen Verfügung stehenden Garten zu. Zwischen hinein mache ich größere oder kleinere Entdeckungsreisen in die Stadt und die allernächste Umgebung. Noch ist zwar mein Schritt nur wenig sicher, allein wenn der Kopf nicht gar zu schwer, doch schon etwas fester und ausdauernder als in den ersten Tagen. Und so wollen wir hoffen, daß es noch besser kommt und die Vorkur hier nicht ganz umsonst und erfolglos ist", und „Gottlob," schrieb er mir am 27. Mai, unmittelbar bevor er Baden verließ, „hat der Mai dießmal seinem alten Rufe Ehre gemacht, und ich befinde mich in Folge dessen um Vieles besser, als vorher; freilich muß es noch ganz anders kommen, bevor ich mich gesund fühle und als genesen betrachten darf. Uebermorgen, 29., gehen wir wieder nach Wien zurück, um unsere Vorbereitungen zur Abreise nach Aussee in Steiermark zu treffen, wohin ich etwa am 8. Juni abzureisen gedenke. Dort, in der frischen Alpenluft, soll ich auf den Rath meiner Aerzte wo möglich bis in den October hinein zubringen. Gebe Gott, daß ihre Voraussagung und meine Erwartungen sich erfüllen, und ich mich bis zum Herbste dauernd erhole." — „In Lieb und Treue Dein Pfeiffer," schloß der mit Ausnahme der Unterschrift von seiner Frau geschriebene Brief, der letzte vielleicht, den er schrieb: als ich ihn erhielt, war Pfeiffer nicht mehr unter den Lebenden.

Wie er beabsichtigte, fuhr er am 29. Mai Nachmittags nach Wien zurück; er war heiter und guter Dinge, scherzte und lachte, aber eine gewisse Aufregung war ihm anzumerken, sein Gesicht war leicht geröthet. In Wien angekommen, fühlte er sich so kräftig, daß er beschloß, noch denselben Abend (es war um 8 Uhr) einen Spaziergang zu machen. Er begab sich in Begleitung von Emil Kuh, der von seinem Eintreffen gehört und ihn aufgesucht hatte, in den von seiner Wohnung in der Lagergasse nicht entfernten Stadtpark. Er kam auf die damals schwebende Reform der Academie der Wissenschaften zu sprechen, der man eine mehr populäre Haltung zu geben beabsichtigte, und betonte, daß er sich unbedingt der Majorität, die sich dagegen erklärte, angeschlossen hätte. „Erinnern Sie sich," fügte er hinzu, „wie J. Grimm in seiner Abhandlung über Schule, Universität und Academie die Aufgabe der letzteren präcisiert hat? Goldene Worte, die J. Grimm geschrieben!" Dieser Preis J. Grimms war das Letzte, was Pfeiffer zusammenhängend gesprochen *); wenige Minuten darauf brach er, von einem Gehirnschlage getroffen, zusammen, zwei Stunden später, $10^1/_4$ Uhr, war er eine Leiche. Am 2. Juni Nachmittags 4 Uhr, wurde in der Kirche zu St. Karl die Leiche eingesegnet; ein Freund des Verstorbenen, der Schottenpriester Mareta, verrichtete die heilige Handlung. Auf dem St. Marxer Friedhofe ward er beerdigt: ein einfaches Denkmal bezeichnet die Stelle, wo er ruht.

An dem Tage trat, von einer längern italienischen Reise zurückkehrend, in Pfeiffers Haus Maßmann, der den kranken Freund durch seinen unerwarteten Besuch zu erfreuen gedachte. Auf seine Frage, ob hier Pfeiffer wohne, erhielt er von einer fremden Frau die Antwort: „Ja, der hat hier gewohnt; in eben dieser Stunde haben wir ihn beerdigt" **).

Viel hat die Wissenschaft an Pfeiffer verloren, der er, in voller Geistesfrische arbeitend, noch manchen wichtigen Dienst hätte leisten können. Eine große Zahl theils angefangener, theils handschriftlich vorbereiteter Werke fand sich in seinem Nachlaß, und die Pflicht seiner Freunde wird es sein, sie in seinem Sinne zu vollenden und zu veröffentlichen.

Seine Bedeutung als Gelehrter, die Anerkennung, die seine Arbeiten fanden, wird sich aus vorliegender Darstellung ergeben haben. Unermüdlicher und treuester Fleiß, größte Gewissenhaftigkeit, kritischer Scharfsinn und glückliche Combinationsgabe, klare

*) Emil Kuh in der „Presse" vom 3. Juni 1868.

**) Briefliche Mittheilung Maßmanns.

Darstellung, die sich, wo der Gegenstand es mit sich brachte, zu höherem Fluge belebte, ruhige und überzeugende Beweisführung, rücksichtsloses Kämpfen für und Festhalten an dem als Wahrheit erkannten — das sind die Eigenschaften, die ihn als Gelehrten auszeichnen. Eine polemische Natur war er allerdings, aber nicht die Lust am Widerspruch und an der Negation war es, was seine aufrichtige Feder führte, sondern die Liebe zur Wahrheit, das ernste Streben, an die Stelle des bekämpften positives zu setzen und durch Nachweis und Widerlegung des Irrthums die Wissenschaft zu fördern.

Ueber seine academische Lehrthätigkeit, die ihm, wie wir aus seinen eigenen Aeußerungen ersahen, anfänglich große Schwierigkeiten machte, lassen wir seinen unmittelbaren Schüler, Dr. J. Lambel, reden *).

Verhältnißmäßig spät auf die Lehrkanzel gelangt, vermochte er nicht eigentlich durch einen schönen glänzenden Vortrag zu wirken, wie er überhaupt kein hervorragender Redner war; aber was in dieser Beziehung seinen sorgfältig ausgearbeiteten Vorträgen an unmittelbarer zündender Wirkung fehlte, das ersetzten sie durch das reiche darin niedergelegte Wissen und die Gründlichkeit der Behandlung ihrer Gegenstände. Und manchmal, wo sich Gelegenheit bot und eine Stelle in einem Gedichte zu höherem poetischen Schwunge sich erhob, hörte man durch die Worte des Lehrers wohlthuend den warmen Herzschlag des begeisterten Menschen durch, und das wirkte dann besser als der schönste Vortrag. Seit mehreren Jahren hatte er eine deutsche Gesellschaft an der Universität begründet, in welcher er solche, die mit dem Studium der deutschen Philologie sich näher beschäftigen wollten, in die Methode der Forschung, der kritischen Behandlung alter Texte einführte und zu selbständigen Arbeiten anleitete. Dafür hatte er noch vor zwei Jahren sein Altdeutsches Uebungsbuch (Wien 1866) herausgegeben. Zuletzt zog er im Hinblick auf das Bedürfniß der künftigen Lehrer auch die neu-

*) Allgemeine Zeitung 1868, Nr. 191, Beilage.

hochdeutsche Litteratur, deren vielfach verkehrtem Betrieb er so entgegen zu wirken hoffte, in den Bereich des hier verhandelten. Ganz besonders fruchtbar und anregend wirkte er aber als Lehrer im persönlichen Verkehr, in welchen er gern jeden zog, der sich ihm vertrauensvoll anschließen wollte und Begabung verrieth. Hier theilte er freudig sein reiches Wissen mit, und förderte durch belehrende Winke und Rathschläge mehr noch als in Vorlesungen. Hier gieng er aber auch gern in die persönlichen Verhältnisse der Schüler ein, liebevoll theilnehmend und helfend, wo er konnte, und mancher wird sich dankbar erinnern, wie er hier fortsetzte, was Maßmann an ihm gethan. Als echter Menschenfreund ließ er sich hier wie sonst im Wohlthun durch unangenehme Erfahrungen nicht irre machen."

Zum Gelehrten und Lehrer gehört aber, als nothwendige Ergänzung, Pfeiffer als Mensch. Bei ihm gerade sehen wir die innige Verbindung des Gelehrten mit dem Menschen. Kein einseitiges Abwenden vom Leben, sondern warme Theilnahme an allem, praktischer Sinn und Verständniß für das, was noththut, verbunden mit Energie und Thatkraft; eine im innersten wohlwollende Natur, gutmüthig und leutselig, jedem Hochmuth fern, selbstlos und aufopfernd, immer bereit zu helfen und zu rathen, aufrichtig und wahrheitsliebend — so haben ihn alle gekannt, die ihm näher getreten, und so wird er in ihrem Gedächtniß fortleben. Wie edel er Wohlthätigkeit übte, davon hat Schröer in seinem Nachrufe*) einen schönen Zug berichtet. Die Schattenseiten — und wie könnten diese fehlen? — hängen mit seinen Vorzügen aufs innigste zusammen. Sein leidenschaftliches Gemüth, das ihn lebhaft empfänglich machte für alles gute und große, konnte ihn doch auch zur Heftigkeit hinreißen, und diese Heftigkeit und Reizbarkeit nahm mit den Jahren zu, namentlich als er körperlich leidend zu werden anfieng. Pfeiffer war ein aufrichtiger treuer Freund, und verlangte dieselben Eigenschaften

*) „Neue Freie Presse" vom 27. Juni 1868.

von seinen Freunden. Wo er an einem Freunde Mangel an Lauterkeit und Aufrichtigkeit zu entdecken glaubte, da war er hart und brach schonungslos lieber alte, ihm lieb gewordene Verhältnisse ab. „Nichts kann ich," heißt es in einem Briefe an mich (15. November 1862), „von einem Freunde, dem ich von Herzen zugethan bin, weniger ertragen, nichts schmerzt mich mehr, als die Entdeckung seiner Unaufrichtigkeit," und am 8. Juli 1865: „Von einem Freunde verlange ich Lauterkeit der Gesinnung, wie ich sie habe, und alles kann ich eher vertragen als halbes Wesen. Solches hat nicht den geringsten Werth für mich, weit lieber ist mir ein offener ehrlicher Gegner, als ein lauer zweifelhafter Freund. Ich weiß recht gut, daß solche Entschiedenheit nicht nach jedes Geschmack ist, aber sie liegt in meiner Natur und hängt mit den besten Seiten in mir innig zusammen." Da er nun in Folge seiner Reizbarkeit leicht an etwas sich ärgerte, so gab es nicht selten auch Mißverständnisse selbst mit den nächsten Freunden, und manchen hat er sich dadurch in den letzten Jahren entfremdet, wenn er auch selbst am meisten darunter litt. „Meine ungestüme Art," schrieb er mir am 21. December 1860, „paßt nicht in die ruhige zahme Zeit, und am Ende entfremde ich mir dadurch die neuen Freunde zu den alten, und das thäte meinem, trotz allem Sturm und Drang, weichen und liebebedürftigen Herzen doch wehe."

Wie ein warmer Freund, so war Pfeiffer auch ein warmer Patriot; einzelne derartige Aeußerungen habe ich schon mitzutheilen Gelegenheit gehabt. „Der Krieg," schrieb er mir am 17. Mai 1866, „pocht vernehmlich an die Thore Deutschlands, zur Einigkeit und Eintracht mahnend. Aber wer hört darauf? Man möchte blutige Thränen weinen, wenn man die Verblendung betrachtet und die gränzenlose Begriffsverwirrung, die überall im lieben Vaterlande herrscht. Wir stehen an einem Abgrunde, alle Welt fühlt es und sieht es, nur die nicht, in deren Händen die Gewalt ruht," und im December desselben Jahres an Frommann: „Zu diesem und über diesem allen liegt der Zustand Oesterreichs wie ein Alp auf mir und trübt die frohe Lust des Schaffens. Gleichwohl, wie schlimm es auch mit uns steht, ist mir für Deutschland und seine Zukunft nicht bange." Während der Kriegsmonate 1866, sagt Emil Kuh, lebte er in fortwährender Fieberaufregung, weil er den Groll und Schmerz nicht verwinden konnte, den die Rechtsverletzung ihm eingeflößt hatte, durch welche der preußische Feldzug eingeleitet worden. „Ich vergesse nicht die Nacht des 3. Juli, als er mit mir gegen 11 Uhr in die Redaction der „Presse" gieng, um vielleicht dort Nachrichten von Königgrätz zu erhalten; ich sehe sein verfärbtes Gesicht, als das Telegramm anlangte, welches den Ausgang der Schlacht andeutete. Er liebte das Land, in dem er sich niedergelassen, die Stadt, in der er die letzten Jahre seines Lebens wirkte und lehrte, wie seine Heimat, und konnte in Zorn gerathen, wenn Fremde Oesterreich und Wien verunglimpften."

Die äußere Erscheinung des heimgegangenen Freundes wird allen das wohlgetroffene Bild vergegenwärtigen, welches diesem Buche beigegeben ist. Pfeiffer war von kräftiger, etwas zur Corpulenz neigender, nicht sehr hoher Gestalt, sein Haar ergraut und stark gelichtet, die hohe Stirn kündete Gedankenreichthum, der feingeschnittene Mund verrieth den Kritiker, aus dem schönen seelenvollen Auge sprach ein heller Geist und ein reiches liebevolles Gemüth. Er war ein ganzer Mann, dessen schön menschliches Bild auch seine Schwächen nicht zu trüben vermögen. Jetzt, wo der Hügel über seinem Grabe sich wölbt, werden jene kleinen Schatten schwinden, und nur die leuchtende Erinnerung an ein Herz bleiben, das im redlichen Ringen nach Wahrheit den Besten seines Volkes sich gleichstellen darf.

Anhang.

Uebersicht der litterarischen Thätigkeit Pfeiffers.

I. Selbständig erschienene Arbeiten.

1842. Des schwäbischen Ritters Georg von Ehingen Reisen nach der Ritterschaft. Herausg. von Franz Pfeiffer. Stuttgart. VII und 28 SS. 8. (Bibliothek des litterar. Vereins in Stuttgart I.)

1843. Ott Rulands Handlungsbuch. Herausg. von K. D. Haßler und F. Pf. Stuttgart. XII und 36 SS. 8. (Bibliothek u. s. w. I.)

1843. Die Weingartner Liederhandschrift. Herausg. von F. Pf. und F. Fellner. Stuttgart. XIV und 338 SS. 8. (Bibliothek u. s. w. V.)

1843. Barlaam und Josaphat von Rudolf von Ems. Herausg. von F. Pf. Leipzig. G. J. Göschen'sche Verlagshandlung. XIV und 462 SS. 8. (Dichtungen des deutschen Mittelalters. Dritter Band).

1844. Der Edelstein von Ulrich Boner. Herausg. von F. Pf. Ebendaselbst. XIII und 233 SS. 8. (Dichtungen u. s. w. Vierter Band).

1844. Livländische Reimchronik. Herausg. von F. Pf. Stuttgart. VIII und 332 SS. 8. (Bibliothek u. s. w. VII).

1844. Die alte Heidelberger Liederhandschrift. Herausgegeben von F. Pf. Mit einer Schriftprobe. Stuttgart. XII und 295 SS. 8. (Bibliothek u. s. w. IX).

1845. Deutsche Mystiker des vierzehnten Jahrhunderts. Herausg. von F. Pf. Erster Band. Hermann von Fritzlar, Nicolaus von Straßburg, David von Augsburg. Leipzig. G. J. Göschen'sche Verlagshdlg. XLVIII und 612 SS. 8.

1846. Marienlegenden. Stuttgart. A. Krabbe. XXII und 275 SS. 8.

1847. Wigalois. Eine Erzählung von Wirnt von Gravenberg. Herausg. von F. Pf. Leipzig. G. J. Göschen'sche Verlagshdlg. XX und 369 SS. 8. (Dichtungen u. s. w. Sechster Band).

1848. Mai und Beaflor. Eine Erzählung aus dem dreizehnten Jahrhundert. Erster Druck. Ebendaselbst. XVIII und 279 SS. 8. (Dichtungen u. s. w. Siebenter Band).

1850. Das habsburgisch-österreichische Urbarbuch. Herausg. von F. Pf. Stuttgart. XXVIII und 404 SS. 8. (Bibliothek u. s. w. XIX).

1851. Theologia deutsch. Neue, nach der einzigen bis jetzt bekannten Handschrift besorgte, vollständige Ausgabe von F. Pf. Stuttgart. S. G. Liesching. X und 120 SS. 8. (In 256 Exemplaren gedruckt*).

1852. Heinzelin von Konstanz. Herausg. von F. Pf. Leipzig. T. O. Weigel. XVII und 150 SS. 8.

1854. Beiträge zur Geschichte der mitteldeutschen Sprache und Litteratur von Dr. F. Pf. Die Deutsch-Ordenschronik des Nicolaus von Jeroschin. Ein Beitrag zur Geschichte der mitteldeutschen Sprache und Litteratur. Stuttgart. F. Köhler. LXXII und 315 SS. 8.

*) Danach erschien eine englische Uebersetzung: Theologia Germanica: Which setteth forth many fair Lineaments of divine Truth, and saith very lofty and lovely things touching a perfect life. Edited by Dr. Pfeiffer from the only complete Manuscript yet known. Translated from the German by Susanna Winkworth etc. London 1854. Longman, Brown, Green, and Longmans. lxxiij und 205 SS. 8.

1854. Heinrich von Stretelingen. Ein altdeutsches Gedicht. Den Freunden älterer deutscher Dichtung dargebracht auf Neujahr 1854. O. O. 16 SS. 8.

1855. Zur deutschen Litteraturgeschichte. Drei Untersuchungen von Dr. F. Pf., Professor und Bibliothekar in Stuttgart. Stuttgart. F. Köhler. 87 SS. 8.

1855. Theologia deutsch. Zweite verbesserte, und mit einer neudeutschen Uebersetzung vermehrte Auflage. Stuttgart. S. G. Liesching. XXXII und 239 SS. 8.

1856—1867. Germania. Vierteljahrsschrift für deutsche Alterthumskunde. Herausg. v. F. Pf. I.—XII. Jahrgang. 1—3 Stuttgart. J. B. Metzler'sche Buchhdl. 4—6 Wien. Tendler & Co. 7—12 Wien. C. Gerolds Sohn. 8.

1857. Deutsche Mystiker des vierzehnten Jahrhunderts. Zweiter Band: Meister Eckhart. Erste Abtheilung. Leipzig. G. J. Göschen'sche Verlagshdlg. XIV und 686 SS. 8.

1859. Das Mære von den Gäuhühnern. Ein Beispiel des Strickers. Wien. Druck von C. Gerolds Sohn. 15 SS. 8. (In den Sylvester-Spenden eines Kreises von Freunden vaterländischer Geschichtsforschung. Vorwort: 15. Dec. 1858. F. Pf.)

1860. Über Walther von der Vogelweide. Von F. Pf. Wien. Tendler & Co. 44 SS. 8. (Sonderabdruck aus Pfeiffers Germania V, 1).

1861. Das Buch der Natur von Konrad von Megenberg. Die erste Naturgeschichte in deutscher Sprache. Herausg. von Dr. F. Pf., k. k. o. ö. Professor der deutschen Sprache und Litteratur an der Universität zu Wien, der kaiserlichen Akademie der Wissenschaften wirklichem, der k. bayr. Akademie zu München auswärtigem Mitgliede. Stuttgart. K. Aue. LXXI und 807 SS. 8.

1861. Über Wesen und Bildung der höfischen Sprache in mittelhochdeutscher Zeit. Von Dr. F. Pf., wirkl. Mitgl. der k. Ak. d. W. Wien. C. Gerolds Sohn in Comm. 28 SS. 8. (Aus dem Junihefte des Jahrganges 1861 der Sitzungsberichte der phil.-hist. Cl. der k. Ak. d. W. [XXXVII. Bd. S. 263] besonders abgedruckt).

1861. Das Donauthal von Ladislaus Suntheim. Herausg. von F. Pf. Wien. Druck von C. Gerolds Sohn. 25 SS. 8. (Sonderabdruck aus dem Jahrbuch f. vaterländische Geschichte, Wien 1860.)

1862. Der Dichter des Nibelungenliedes. Ein Vortrag, gehalten in der feierlichen Sitzung der k. Akademie der Wiss. am XXX. Mai MDCCCLXII von F. Pf., wirkl. M. u. s. w. Wien. k. k. Hof- und Staatsdruckerei. 48 SS. 8.

1862. Berthold von Regensburg. Vollständige Ausgabe seiner Predigten mit Anmerkungen und Wörterbuch von Dr. F. Pf., o. ö. Prof. u. s. w. Erster Band. Wien. W. Braumüller. XXXIV und 575 SS. 8.

1862. Ludwig Uhland. Ein Nachruf von Prof. Dr. F. Pf. Zum Besten des Uhland-Denkmals. Wien. C. Gerolds Sohn. 22 S. 8. (Aus der Kais. Wiener Zeitung).

1863. Forschung und Kritik auf dem Gebiete des deutschen Alterthums v. Dr. Fr. Pf., wirkl. M. u. s. w. I. Wien. C. Gerolds Sohn in Comm. 84 SS. 8. (Februarheft des Jahrgangs 1863 der Sitzungsberichte u. s. w. XLI. Bd. S. 286).

1863. Zwei deutsche Arzneibücher aus dem XII. und XIII. Jahrhundert. Mit einem Wörterbuche von Dr. F. Pf., wirkl. M. u. s. w. Wien. C. Gerolds Sohn in Comm. 93 SS. 8. (Märzheft des Jahrg. 1863 der Sitzungsberichte XLII. Bd. S. 110).

1863. Marienlegenden. Zweite (Titel-) Ausgabe. Wien. W. Braumüller. XXII und 275 SS. 8.

1864. Walther von der Vogelweide. Herausg. von F. Pf. Leipzig. F. A. Brockhaus. LVIII und 338 SS. 8. (Deutsche Classiker des Mittelalters. Mit Wort- und Sacherklärungen. Herausg. v. F. Pf. Erster Band)*).

1866. Altdeutsches Übungsbuch. Zum Gebrauch an Hochschulen. Von F. Pf. Wien. W. Braumüller. VIII und 206 SS. 8.

1866. Forschung und Kritik auf dem Gebiete des deutschen Alter-

*) Die folgenden Bände, soweit Pf. ihre Veröffentlichung erlebte, enthalten: 2. Kudrun von K. Bartsch. 3. Nibelungen von K. Bartsch. 4—6. Hartmann von Aue von F. Bech.

thums u. s. w. II. (Mit einem Facsimile.) Wien. C. Gerolds Sohn in Comm. 87 SS. 8. (Januarheft des Jahrg. 1866 der Sitzungsberichte. LII. Bd. S. 3).

1866. Walther von der Vogelweide. Zweite Auflage. LXII und 338 SS. 8.

1866. Uhlands Schriften zur Geschichte der Dichtung und Sage. Dritter Band: Alte hoch- und niederdeutsche Volkslieder mit Abhandlung und Anmerkungen. Herausg. von L. Uhland. 2. Band: Abhandlung. Stuttgart. Cotta. XII und 549 SS. (Vorwort: 4. Aug. 1866 F. Pf.).

1867. Freie Forschung. Kleine Schriften zur Geschichte der deutschen Litteratur und Sprache von F. Pf. Wien. Tendler & Co. XIV und 463 SS. 8.

1867. Quellenmaterial zu altdeutschen Dichtungen von Dr. F. Pf., wirkl. Mitgl. u. s. w. I. Wien. C. Gerolds Sohn in Comm. 72 SS. 4. (Aus dem XVI. Bande der Denkschriften der philos.-hist. Classe der k. Akad. der Wissensch.)

1868. Quellenmaterial u. s. w. II. Ebendaselbst. 90 SS. 4. (Aus dem XVII. Bande der Denkschriften).

1868. Germania. Vierteljahrsschrift u. s. w. Herausg. von F. Pf. Neue Reihe. Erster Jahrgang.*) Wien. C. Gerolds Sohn.

II. Abhandlungen u. s. w. in Zeitschriften.

1. In Anzeiger für Kunde der deutschen Vorzeit, herausg. von Mone. VIII, 1839. Sp. 549—551. Spruchgedichte.

   Sp. 66—85, 186—197, 326—334, 468—481. Deutsche Volkslieder. (Im ganzen 20 Lieder).

2. In Altdeutsche Blätter, herausg. von M. Haupt und H. Hoffmann.

   II, 1840. S. 325—350. Die Kirchenlieder des Mönches von Salzburg.

---

*) Das zweite Heft sah Pf. fast noch im Drucke vollendet; die Redaction des 3. und 4. besorgte J. M. Wagner, der ihm schon während der ganzen Zeit der Krankheit zur Hand gegangen war.

S. 350—359. Von unsers Herren Leichnam.
S. 359—373. Geistliche Minne.
S. 373—376. Marienklage.

3. In Zeitschrift für deutsches Alterthum, herausg. von M. Haupt.
I, 1841. S. 117—126. Die Zeichen des jüngsten Tages.
S. 126—135. Bruchstück aus Barlaam und Josaphat.
S. 270—283. Deutung der Messgebräuche.
S. 285—294. Predigten aus dem XII. Jahrhundert.
II, 1842. S. 92—130. Sanct Oswalds Leben.
S. 361 fg. Laubacher Barlaam.
III, 1843. S. 275—278. Zum guten Gerhard.
V, 1845. S. 17—32. Leben Christi.
S. 250—268. Volksbüchlein vom Kaiser Friedrich.
S. 423—453. Bruchstücke mhd. Gedichte.
S. 471. Zu Seifried Helbling.
S. 471. Zum Helmbrecht.
VI, 1848. S. 413—430. Das alte Stadtrecht von Meran.
VII, 1849. S. 94—102. Statuten von Dinkelsbühl.
S. 102—105. Das Mære vom Bachen.
S. 106—108. Frauenlob.
S. 109—128. Frauentrost von Siegfried dem Dorfer.
S. 318—382. Altdeutsche Beispiele.
S. 405—409. Der Weinschlund.
S. 478—521. Frauenehre von dem Stricker.
S. 558 fg. Orendelsal.
VIII, 1851. S. 89—105. Zwei alte Schwänke.
S. 156—200. Mariæ Himmelfahrt v. Konr. v. Heimesfurt.
S. 209—258. Predigten u. Sprüche deutscher Mystiker. I.
S. 274—298. Mariengrüße.
S. 298—302. Gedicht auf Maria von einer Frau.
S. 384. Zu Pleon (7, 458).
S. 422—464. Predigten u. Tractate deutscher Mystiker. II.
IX, 1853. S. 1—67. Bruder David von Augsburg.

4. In Taschenbuch für Geschichte und Alterthum in Süddeutschland, herausg. von H. Schreiber.

   IV, 1844. S. 312—315. Des von Beringen Lieder.

5. In Serapeum. Zeitschrift für Bibliothekswissenschaft, herausg. von R. Naumann.

   VIII, 1847. Nr. 8. Über eine Handschrift von Ciceros Briefen.

   Nr. 23. Zur Geschichte der Jungfrau von Orleans.

   IX, 1848. Nr. 5. Johann Fischart.

   Nr. 7 fg. Italienische Canzonen, Terzinen, Sonette etc. aus dem XIV. und XV. Jahrhundert.

   Nr. 8. Image du Monde, Altfranzösisches Gedicht aus dem XIII. Jahrhundert.

   Nr. 17. Drei alte französische Volksbücher.

   Nr. 18. Alte deutsche Kochbücher.

   Nr. 22. Die Alexandreis des Ulrich v. Eschenbach.

   X, 1849. Nr. 7 fg. Rudolf Agricola.

   Nr. 12—14. Die Tragödien und Comödien des Herzogs Heinrich Julius von Braunschweig.

   Nr. 21. Zur Litteratur alter deutscher Kochbücher.

   XIV, 1853. Nr. 10 fg. Ein deutscher Cisiojanus aus dem XV. Jahrhundert.

   XV, 1854. Nr. 3. Lateinisches Gedicht auf K. Philipps Tod.

   XVII, 1856. Nr. 9. Notiz. (Ein Bruchstück des Passionals betreffend.)

6. In Neues Jahrbuch der Berlinischen Gesellschaft für deutsche Sprache und Alterthumskunde, herausg. durch F. H. v. d. Hagen.

   IX, 1850. S. 1—11. Minnesinger. Bruchstücke einer noch unbekannten altdeutschen Liederhandschrift.

   S. 207—212. Vom Nutzen der Messe. Von Heinrich dem Teichner. (Zu Schillers: Gang nach dem Eisenhammer.)

7. In Die deutschen Mundarten, herausg. von G. K. Frommann.
I, 1854. S. 170—226. Beiträge zur Kenntniss der Kölnischen Mundart im 15. Jahrhundert.
S. 242—250. Zur Litteratur der schwäbischen Mundart.
II, 1855. S. 289—312 und 433—457. Beiträge u. s. w.
III, 1856. S. 49—62. Beiträge u. s. w. (Schluß).

8. In Anzeiger für Kunde der deutschen Vorzeit. Neue Folge. Organ des germanischen Museums.
I[b], 1854. Sp. 25 fg. Keverlingeburg.
Sp. 30—32. Wirnt v. Grävenberg und Heinrich v. d. Türlîn.
Sp. 36. Besprechungsformeln.
Sp. 55—58 und 75—78. Verzeichniss der Handschriften, Bruchstücke und Umarbeitungen des Wilhelm von Orlens v. Rudolf von Ems.
Sp. 137—139. Lied vom Müllcresel.
Sp. 165 fg. und 190 fg. Aberglauben. I. Segensformeln. II. Liebeszauber.
V, 1858. Sp. 337. Bruchstück einer Magdalenenlegende.

9. In Zeitschrift für deutsche Mythologie, herausg. von W. Mannhardt.
III, 1855. S. 309—318. Der alten Weiber Philosophey.

10. In Germania. Vierteljahrsschrift für deutsche Alterthumskunde, herausg. von Fr. Pfeiffer.
I, 1856. S. 81—100. Der Gunzenle.
S. 207—217. Zum Nibelungenlied. 1. Bruchstücke einer neuen Handschr. 2. Mittelniederländische Umarbeitung.
S. 223—233. Wernher vom Niederrhein und der wilde Mann.
S. 346—356. Das Mære vom Feldbauer.
S. 363—366. Die Sammlung altfranzösischer Dichter.
S. 461. Herzog Ernst.
S. 483. Johannes Freund.

II, 1857. S. 81—84. Zum Parzival. 1. Rumolds Rath.

S. 129—163. Über Bernhard Freidank.

S. 470—472. Zwei Lieder Walthers von der Vogelweide.

S. 486—489. Alswa. Alweo.

III, 1858. S. 21—23. Des Teufels Netz.

S. 59—80. Über Gottfried von Straßburg.

S. 225—243. Sprüche deutscher Mystiker.

S. 338—350. Bruchstücke aus Iwein und dem Armen Heinrich.

S. 367—368. Entgegnung.

S. 407—444. Predigtmärlein.

S. 480. Uosezzel.

IV, 1859. S. 185—287. Über Hartmann von Aue. 1. Zum Erek.

S. 298—308. Zum Titurel.

V, 1860. S. 1—44. Über Walther von der Vogelweide.

S. 208 fg. Diu Wende.

VI, 1861. S. 80—106. Das Märchen vom Zaunkönig.

S. 109. Die Wanderlust der Schwaben.

S. 185 fg. Eine noch unbekannte Darstellung der Sempacher Schlacht.

S. 225—231. Der Schelch.*)

S. 350—357. Herzog Ernst. Bruchstücke des alten Gedichtes.

S. 357—365. Bruchstücke aus Iwein.

S. 365—368. Zu einem Spruche Walthers.

S. 457—466. Das Mære von den Gäuhühnern. Ein Beispiel des Strickers.

VII, 1862. S. 110—112. Heinrich von Rucke.

S. 226—230. Mitteldeutsch.

S. 330—350. Drei Predigten aus dem XIII. Jahrhundert.

---

*) Wiederholt in A. Hugos Jagdzeitung (Wien), 4. Jahrgang, Nr. 15 v. 18. Aug. 1861, S. 469—472.

VIII, 1863. S. 61 fg. Mangel.

S. 63 fg. Ein komisches Recept.

S. 187—196. Prager Bruchstücke des Nibelungenliedes.

IX, 1864. S. 159—172. Die Kanzleisprache Kaiser Ludwigs des Baiern.

S. 253—256. Übersicht der Vorlesungen über deutsche Sprache und Litteratur (1863—64).

S. 257—289. Niederdeutsche Erzählungen aus dem XV. Jahrhundert.

X, 1865. S. 94 fg. Zeugnisse zur Heldensage.

S. 126—128. Aufruf zur Einsendung biograph. Notizen.

S. 253—256. Übersicht der Vorlesungen u. s. w. (1864—65).

XI, 1866. S. 79—85. Bruchstücke. 1. Aus der Chronik des Eike von Repgow. 2. Aus Jacobs van Maerlant Reimbibel.

S. 111—128. 239—256. Zur Geschichte der deutschen Philologie. I. Briefe von Jacob Grimm. A. J. Grimms Briefe an Franz Pfeiffer.

S. 320—323. Altes Zeugniss über die Mundarten und die Schriftsprache der Deutschen.

S. 445—449. Über die Betonung viersilbiger Wörter im Mittelhochdeutschen.

XII, 1867. S. 1—48. Über Konrad von Würzburg. 1. Partonopier und Meliur. 2. Zum Alexius.

S. 49—55. Zwei ungedruckte Minnelieder.

S. 60. Akrostichon.

S. 66—75. Altdeutsche Handschriften der fürstl. Starhemberg. Bibliothek, früher zu Riedegg, jetzt zu Efferding.

S. 224—225. Dunkelstern.

S. 255 fg. Zur Geschichte der deutschen Philologie. II. Briefe von Carl Lachmann und Joh. Andr. Schmeller. VI. J. A. Schmeller an Franz Pfeiffer.

S. 377 – 383. Zur Geschichte der deutschen Philologie. III. Briefe von Wilhelm Grimm. V. W. Grimm an Franz Pfeiffer.

S. 478 fg. Ein Zeugniss für Rudolf von Ems.

XII, 1868. S. 118—127. Zur Geschichte der deutschen Philologie. Briefe an Joseph Freiherrn von Laßberg. I. Briefe von G. Fr. Benecke.

S. 385—391. Zwei althochdeutsche Beichten. (Aus Pfeiffers Nachlaß herausgegeben mit Erläuterungen von Wilhelm Scherer.)

11. In der Kaiserl. Wiener Zeitung.

1860. Nr. 1. 2. Wilhelm Grimm. Ein Nachruf.

12. Im Conversations-Lexikon, 11. Auflage. Leipzig, F. A. Brockhaus 1864—68, sind folgende Artikel von Pfeiffer theils überarbeitet und durchgesehen, theils neu abgefaßt: die letzteren sind mit * bezeichnet. Barlaam und Josaphat, Behaim (Mich.), Berchta, *Bergreien, *Berthold von Holle, *Berthold von Regensburg, Blocksberg, *Boner (Ulrich), *Brandanus, Brant (Sebast.), Brunehilde, *Büheler, Burkard Waldis, *Cato (Spruchdichter), Charade, *Chriemhild, Chronik, Deutsche Literatur (1—5. Periode), Deutsche Mundarten, *Deutsche Sprache, Deutsch, Dialekt, Dienstag, Dietrich von Bern, Ding (Thing), *Eckart (der treue), *Eckhart (Mystiker), Eginhard, *Etzel (Attila), *Eulenspiegel, Fabel, Fastnachtspiele, Faust (Dr.), Fischart, Flor und Blancflor, *Folz, Fortunatus, Franck (Seb.), Frauenlob, *Freidank, Geiler von Kaisersberg, *Gengenbach, Genoveva, Gesta Romanorum, *Gottfried v. Straßburg, *Gral, *Grimm (Gebrüder), *Grimmelshausen, Griselдis, Gudrun, Haimonskinder, Hartmann von Aue, *Heinrich von Veldeken, Heldenbuch, *Heldensage, Heliand, Hildebrandslied, Hugo von Trimberg, Kahlenberg (Pfaff vom), *Klingsor, *Königinhofer Handschrift, *Königshofen (Twinger von), Konrad von Würzburg, Kuhreihen, Lachmann, *Lamprecht der Pfaffe, *Lamprecht von Regensburg, *Lancelot vom See, Legende, Lehrgedicht, Leich, Lohengrin, *Lorelei, Ludwigslied, *Magelone, Mandeville, *Manessische Hand-

schrift, Meistersänger, Melusine, Merlin, Minne, Minnesinger, Mittwoch, Moscherosch, Murner (Thom.), Muspilli, Mysterien (Schauspiele), Neithard, *Nepomuk, Oberon, *Ofterdingen, *Oswald (d. heilige), Otfried, Ottokar von Steiermark, *Parzival, *Passionsspiele, Pfeifer, Pfeifergericht, Priamel, Räthsel, Reim, Reineke Vos, Reinmar, Ritterpoesie, Rittersagen, *Rosengarten, Rosenblüt, Roswitha, Rudolf von Ems, Sage, * Suso.

13. In der Beilage zur (Augsburger) Allgemeinen Zeitung.
 1866. Nr. 60. Germanistische Fünde in Italien.

III. Recensionen.

1. In der Neuen Jenaischen Literatur-Zeitung.
 1842. Nr. 242—244. Hoffmann v. Fallersleben, Verzeichniss der altdeutschen Handschriften der k. k. Hofbibliothek zu Wien. Leipzig 1841.
2. In den Gelehrten Anzeigen, herausgegeben von Mitgliedern der kgl. bayer. Akademie der Wissenschaften.
 1842. Nr. 70—72. Der gute Gerhard. Eine Erzählung von Rudolf von Ems. Herausg. von M. Haupt. Leipzig 1840.
 1843. Nr. 156. Das zwölfjährige Mönchlein, herausgegeben von Maurer. Schaffhausen 1842.
 1851. Nr. 16. Oberrheinische Chronik, herausgegeben von F. K. Grieshaber. Rastatt 1850.
 1851. Nr. 84—92. Gesammtabenteuer, herausg. von F. H. v. d. Hagen. 3 Bände. Stuttgart 1850.
 1853. Nr. 71—73. K. Gödeke, Deutsche Dichtung im Mittelalter. Hanover 1854.
3. In Wolfgang Menzels Literaturblatt.
 1843. Nr. 127 fg. Eraclius, herausg. von H. F. Maßmann. Quedlinburg und Leipzig 1842.
 1847. Nr. 70 fg. Die Gedichte Oswalds von Wolkenstein, herausg. von Beda Weber. Innsbruck 1847.

1853. Nr. 95. Crescentia, ein niederrhein. Gedicht aus dem 12. Jahrh., herausg. von O. Schade. Berlin 1853.

1856. Nr. 18. Romanische Inedita aus italienischen Bibliotheken, herausg. von P. Heyse. Berlin 1856.

4. Im Serapeum.

1852. Nr. 23. Notice généalogique etc. sur Jacques du Fouilloux gentilhomme Poitevin, auteur d'un célèbre traité de Vénerie. Paris 1852.

5. In der Allgemeinen Monatsschrift für Wissenschaft und Litteratur.

1854, Juni. S. 460—471. Mittelhochdeutsches Wörterbuch, mit Benutzung des Nachlasses von G. Fr. Benecke ausgearbeitet von W. Müller. 1. Band. Leipzig 1854.

6. In der Germania.

I, 1856. S. 126—128. Der arme Heinrich Herrn Hartmanns von Aue, herausg. von W. Wackernagel. Basel 1855.

S. 128. Mittelhochd. Wörterbuch u. s. w. 2. Bd., bearbeitet von Fr. Zarncke. 1. Lieferg. Leipzig 1855.

S. 375—381. Th. G. von Karajan, Über Heinrich den Teichner. Wien 1855.

S. 381—384. Friedr. Pfeiffer, Untersuchungen über die Repgowische Chronik. Breslau 1854.

S. 504—508. Das Heldenbuch von Dr. K. Simrock. 2. Bd.: Das Nibelungenlied. 10. Auflage. Stuttgart 1856.

II, 1857. S. 250—255. Uolrichs von Türheim Rennewart, herausg. von K. Roth. Regensburg 1856.

S. 491—505. K. Gödeke, Grundriss zur Geschichte der deutschen Dichtung. Hanover 1857.

III, 1858. S. 484—508. Des Minnesangs Frühling, herausg. von K. Lachmann und M. Haupt. Leipzig 1857.

VI, 1861. S. 115 fg. Fr. X. Wöber, Wort- und Sachverzeichniss zu J. Grimms deutscher Grammatik und Geschichte der deutschen Sprache. 1. Theil. Wien 1860.

S. 116 fg. Frd. Sachse, Über den Ritter Kei. Berlin 1860.

S. 235—243. San-Marte, Parcival-Studien. Erstes und zweites Heft. Halle 1861.

VIII, 1863. 127 fg. E. H. Meyer, Walther von der Vogelweide identisch mit Schenk Walther von Schipfe. Bremen 1863.

IX, 1864. S. 77. Jos. Bach, Meister Eckhart, der Vater der deutschen Speculation. Wien 1864.

S. 78. R. Heidrich, Das theologische System des Meisters Eckhart. Posen 1864.

S. 78. Friedr. Sachse, Über die Verstandescultur der Deutschen im Mittelalter. Berlin 1864.

S. 484—486. Bibliothek der angelsächsischen Poesie, herausg. von C. W. M. Grein. 4 Bde. Cassel und Göttingen 1857—64.

7. In der Zeitschrift für die österreichischen Gymnasien.

IX, 1858. S. 414—416. Ein Bruchstück des Luarin, herausg. von K. J. Schröer. Preßburg 1857.

XIII, 1862. S. 723—730. K. Weinhold, Mittelhochdeutsches Lesebuch. 2. Auflage. Wien 1862.

XIV, 1863 (Beilage zum 1. Heft). Antwort auf die vorstehenden Bemerkungen (von K. Weinhold gegen Pfeiffers Recension).

8. In der Österreichischen Wochenschrift.

I, 1863. Nr. 1. W. Hertz, Hug Dietrichs Brautfahrt. Ein episches Gedicht. Stuttgart 1863.

Briefwechsel

zwischen

Joseph Freiherrn von Laßberg

und

Ludwig Uhland.

1.

L. Uhland an Jos. Freiherrn v. Laßberg.

Stuttgart, den 8. April 1820.

Hochwohlgeborner Freiherr,
Hochzuverehrender Herr!

In der Vorrede des mir kürzlich zu Gesicht gekommenen Liedersaals haben Euer Hochwohlgeboren eine Galerie von Minnesängern des Thurgaus und der benachbarten Gegend aufgestellt, welche für mich um so anziehender war, als ich selbst mit mehreren dieser alten Dichter mich näher beschäftigt habe. Dieses Zusammentreffen in demselben Ideenkreise wird mich entschuldigen, wenn ich mir die Freiheit nehme, mich als Unbekannter mit gegenwärtiger Zuschrift an Sie zu wenden.

Es wird von mir eine Schrift im Druck erscheinen, worin ich den Meister Walther von der Vogelweide hauptsächlich aus seinen eigenen Liedern darzustellen versucht habe. Dabei mußte mir daran gelegen seyn, dem Ursprunge dieses Dichters auf die Spur zu kommen. Gewöhnlich wird angenommen, daß er aus dem Thurgau entsprossen sey. Diese Meinung erschien mir bei näherer Prüfung nicht zureichend erwiesen, wie ich solches im ersten Abschnitte | meiner Schrift, wovon ein Auszug hier anliegt,*) ausgeführt habe. Nun finde ich in der Vorrede des Liedersaals bemerkt, daß zwar nicht mehr bekannt sey, wo Herr Walther in

*) Dieser Auszug bleibt hier weg, da er mit dem in Uhlands Schrift (Walther von der Vogelweide, Stuttg. u. Tüb. 1822) Seite 5—13 Gesagten in allem Wesentlichen genau übereinstimmt.

oder bei Sankt Gallen gehaust habe, wohl aber, daß er oft und lang dort gesungen. Diese Stelle hat mir von neuem die Hoffnung belebt, über die Heimath des Dichters etwas Bestimmteres zu erfahren. Bei meiner Arbeit konnte ich, ausser der Manessischen Sammlung, die Weingartner Handschrift der Minnesänger, welche jetzt hier befindlich ist, sodann die Heidelberger Handschrift Nr. 350 benützen. Die bedeutendere Heidelb. Handschrift Nr. 357 ist mir noch zugesagt. Sollten nun Euer Hochwohlgeboren nähere Belege über den Ursprung Walthers von der Vogelweide besitzen, oder Gedichte desselben, sowie des Truchsessen von Singenberg rc. rc., welche nicht in den vorbemerkten Sammlungen vorkommen, so würde mich deren gütige Mittheilung zu dem lebhaftesten Danke verbinden. Auch verschiedene Lesarten würden für mich von vielem Interesse seyn, sowie eine Nachweisung darüber, daß mit dem im Renner vorkommenden Abte von Sankt Gallen der Abt Berthold von Falkenstein gemeint sey. Ich fürchte jedoch, beschwerlich zu seyn, und schliesse mit der Versicherung der vollkommensten Verehrung, womit ich verharre

Euer Hochwohlgeboren

unterthäniger Diener

D. Ludwig Uhland.

NS. Daß der Truchseß von Singenberg Walthern: „mein Meister“, nennt, ist mir bekannt, aber dieser damals öfters vorkommende Ausdruck scheint mehr einen Titel, als ein persönliches Verhältniß zu bezeichnen.

2.

Laßberg an Uhland.

Wolgeborner,
hochzuverehrender Herr!

Der Zeitraum zwischen Abgang und Ankunft der Post ist hier so kurz, daß ich Eu. Wolgeboren nur mit wenig

Worten den Empfang Dero Schreibens vom 8. dieses anzeigen und Ihnen sagen kann, daß die Erfüllung eines lang genährten Wunsches mit Denselben in nähere Bekanntschaft zu kommen, ein für mich sehr erfreuliches Ereigniß war. Die Notizen und Auskunft über die in Dero Schreiben enthaltenen Gegenstände werden, so weit ich im Stande bin solche genügend zu ertheilen, nachfolgen. Die Stelle in Stumpf Chronik: „Sonst ist Vogelweid ein alt Schloß gewesst im obern Thurgow“ ꝛc. ꝛc. bitte ich mir näher zu bezeichnen, ich habe sie diesen ganzen Morgen vergebens in meiner Ausgabe von Stumpf Chr. 1548. Zürch, Froschauer gesucht. In Wirtemberg ist mir zu Reutlingen ein Vogelweider zur Krone bekannt, hat dieser keine Familien-Nachrichten? Walters Wappen, | im Maneßischen Kodex, von welchem ich eine flüchtige Abschrift beilege, ist freilich von jenem in Stumpf sehr abweichend; doch könnten beide ächt sein, wenn angenommen wird, daß Walter, welcher Ritter war, von den Hohenstauffen ein neues Wappen erhielt. Auf die etymolog. Untersuchungen meines mir sonst so lieben Freundes von Arx verlasse ich mich nicht immer, er ist hierin nicht immer glücklich. Von einer Würde eines Vogelweiders bei den Äbten zu St. Gallen kommt in Urkunden eben so wenig etwas vor, als dies Prädikat irgendwo anders wird gefunden werden, denn mit dem Amte des Falkenmeisters (Falconarius) wird er es doch nicht identisiren wollen. Durch 3 ganze Jahre kriegten wir mit einander um den Abt von St. Gallen, der einen Hof voll Sänger hatte, welches er mir ganz und gar absprechen wollte, endlich mußte er mir beistimmen. Daß Ew. Wolgeboren den Codex palatinus Nr. 357 noch nicht haben, wundert mich; es sind schon über 2 Monate, daß ich ihn zurückgegeben habe. Ich habe ihn abgeschrieben, aber nicht viel Trost darinnen gefunden. Alles was ich an Handschriften, Abschriften oder Urkunden besitze, steht Ihnen mit herzlicher | Bereitwilligkeit zu Diensten. Vor wenig Tagen erhielt ich eine Handschrift des Gedichtes: Herzog Friedrich von Schwaben, welches Wolfram von Eschilbach zugeschrieben wird. Befindet sich in Wirtemberg kein Codex hievon? Ich sollte es eher für das Werk eines schwäbischen Dichters halten und würde, wenn ich einen Aparat von Handschriften dazu bekommen könnte, es in meinem Liedersaal herausgeben. Ich wollte keine Galerie der Minnesänger dieser Gegend aufstellen; sonst hätte ich mehrere genannt und mehr von ihnen gesagt: aber ich sammle an Materialien hiezu, und wäre sehr geneigt in der Folge es zu tun. Ich bitte in Ihrer Schrift, wenn Sie von Sankt Gallen sprechen, Ekehard I. von Jonswil nicht zu vergessen, von welchem wir das herrliche Gedicht: de Walthario manuforti haben, welches in den Kreis des Nibelungen-Liedes gehört, von welchem ich die älteste bekannte Handschrift besitze, die eben jezt in Zürich abgedrukt wird. Nehmen Sie das inliegende Exemplar des Liedersaals als ein Zeichen der aufrichtigsten Hochachtung an von

Euer Wolgeboren!

Eppishausen, am 12. April 1820. gehorsamen Diener

Jos. v. Laßberg, Freiherr.

3.

Laßberg an Uhland.

Wolgeborner,
hochzuverehrender Herr!

Indem ich gestern mein Paket an Euer Wolgeboren schon abgeschikt hatte, fiel mir ein, daß es Ihnen vielleicht angenehm sein dürfte, die ersten Bogen meines Abdrukes des Nibelungenliedes mit den bisherigen Ausgaben dieses Gedichtes zu vergleichen; ich bin dahero so frei Ihnen die aus der Presse gekommenen 15 Bogen, nebst einem Facsimile der Handschrift zu übermachen. Über die Form des Abdrukes, in den ursprünglichen Wechselreimen, werde ich suchen mich in der Vorrede zu rechtfertigen. Nehmen Euer Wolgeboren indessen die Gabe eines

Einsiedlers mit Nachsicht auf und genehmigen Sie den Ausdruk der vollkomnensten Hochachtung, mit welcher ich die Ehre habe zu sein

Euer Wolgeboren

Eppishausen, am 13. April 1820. gehorsamer Diener

J. v. Laßberg, Freiherr.

4.

Uhland an Laßberg.

Hochwohlgeborener Freiherr!

Hochzuverehrender Herr!

Durch die gütigen Schreiben vom 12. und 13. d. M. und deren Beilagen haben Eu. Wohlgeboren mich auf das Erfreulichste überrascht. Ich beeile mich, für diese schönen Geschenke und für die wohlwollende Bereitwilligkeit, womit Sie meinen Anfragen entgegengekommen, den aufrichtigsten Dank zu bezeigen.

Meine dermaligen Geschäfte, als Mitglied der würtemberg. Ständeversammlung, werden mich zwar noch einige Zeit lang verhindern, an meine Arbeit über Walther v. d. Vogelweide die letzte Hand anzulegen. Die Zwischenzeit suche ich aber zu Einsammlung weiterer Notizen zu benutzen, um der kleinen Schrift so viel Vollständigkeit zu geben, als in meinen Mitteln liegt. Ich sehe daher Demjenigen, was Eu. Hochwohlgeboren mich hoffen lassen, froh erwartend entgegen.

Die Stelle bei Stumpf steht im V. Buch der Chronik in dem Abschnitt: Von dem Turgow, nach der von mir gebrauchten Ausgabe, Zürich 1606. fol. 373[b]. Auf der Seite ist das Wappen der Vogelweider abgebildet.

Docen, im Museum für altdeutsche Literat. und Kunst Bd. II., Heft 1, Seite 23, verspricht, Walthers Epitaphium zu Würzburg mitzutheilen. Ich habe an ihn deßhalb geschrieben, er hat es aber unter seinen Papieren | nicht mehr auffinden können.

Von dem Gedichte: Friedrich von Schwaben, befindet sich eine Handschrift auf der hiesigen Königl. Privatbibliothek, vermuthlich aus dem Kloster Weingarten hierher gekommen. Wollen Eu. Hochwohlgeboren mir hierüber Aufträge ertheilen, so werde ich mir deren Vollziehung zur angenehmen Pflicht machen.

Sehr zu wünschen ist es, daß die von Ihnen beabsichtigte Galerie thurgauischer Sänger zur Ausführung kommen möchte. Die eigene Anschauung der Gegend ist äusserst förderlich für die Lebendigkeit einer solchen Darstellung. Mir war es bei meiner Beschäftigung mit jenen Dichtern schon Vieles werth, jene Gegend wenigstens einmal als flüchtiger Wanderer durchstrichen zu haben.

Durch die Herausgabe des Nibelungen-Liedes und des Gedichtes von Walther und Hiltegunt bereiten Eu. Hochwohlgeboren den Freunden der altdeutschen Sage und Dichtung sehr interressante Erscheinungen.

In der Anlage nehme ich mir die Freiheit, Ihnen die neue Auflage meiner Gedichte zu übersenden. Mögen Sie, mit den alten schwäbischen Meistern vielfach beschäftigt, diese neueren Klänge nicht ungeneigt aufnehmen.

Mit größter Verehrung verharre ich

Euer Hochwohlgeboren

Stuttgart, den 23. April 1820. unterthäniger Diener

L. Uhland.

NS. In dem Weingartner Codex befindet sich vor Walthers Liedern das ähnliche Bild, wie das mir nach dem Manessischen gütig mitgetheilte. Doch fehlen in ersterem Schild und Helm. Das Bild ist ohne Zweifel nach dem Liede des Dichters gezeichnet: Ich saz uf einem steine 2c. Man. I., 102.

5.
Laßberg an Uhland.

Wolgeborner,
hochverehrter Herr!

Hier sende ich Ihnen die neuesten 4 Bogen meiner Ausgabe des Nibelungen-Liedes. Ich bin noch nicht in meinem Heimwesen angelangt, sonst hätte ich schon längst aus meinen Kollektaneen für Sie das Walter von der Vogelweide betrefende herausgehoben und Ihnen gesandt: es soll mein Erstes Geschäfte sein, wenn ich wieder auf der Villa Epponis angelangt bin.

Mit dankbarem Gefüle habe ich Stuttgardt verlaßen; denn so kurz mein Aufenthalt war, so genußreich war er! Ich zäle darunter vorzüglich Ihre Bekanntschaft, wenn ich unser kurzes Gespräche so nennen darf. Ein alter Jäger von mehr denn fünfzig Jaren, kann einem jungen Dichter, der in der Lebensblüte auf alles Schöne und Gute vollen Anspruch zu machen hat, nicht viel zierliches sagen; doch erlauben Sie mir diese wenigen Worte: Es tat meinem Herzen wol wieder einen schwäbischen Mann von altem Schrot und Korn begegnet zu haben, der seine Zeit versteht und Herz und Kopf am rechten Fleke hat. Möchte uns das Schiksal noch oft zusammen füren und vor Allem der Besuch statt finden, zu dem Sie mir beim Abschiede Hofnung machten; dann wollten wir von Eppishausen aus die Sänger-Burgen im alten Herzogthum Alemannien zusammen besuchen. |

Ich glaube Ihnen gesagt zu haben, daß ich auf der Reise nach Stuttgardt eine Handschrift (von 1440) erworben habe, welche eine auf Befel des Herzogs Albrecht v. Österreich durch Dr. Johann Hartlieb zu Wien gemachte Übersezung von magistri Andreae Francorum aulae regiae Capellani (er lebte um 1160) Libro de arte amandi & de reprobatione amoris, enthält. Aretin hat in seinen Aussprüchen der Minnegerichte, München 1803, 8°. aus einer Münchner Handschrift Auszüge herausgegeben; aber das Buch ist zu wichtig, als daß es nicht eine eigene Bearbeitung verdiente. Es sind in Teutschland Ausgaben des lateinischen Originals gemacht worden. Eine: Erotica seu amatoria Andreae Capellani regii, Scriptoris vetustissimi ꝛc. Dorpmundae Typis Westhovianis. 1610. Die andere: Tremoniae, Typis Westhovianis. 1614.

Sie würden mich sehr verbinden, wenn Sie auf der großen Bibliothek zu Stuttgard wollten nachsehen lassen, ob keine dieser Ausgaben sich dort befindet. Es ist das einzige Werk, an welchem man die Cours d'amour diplomatisch erweisen kann. Vielleicht findet sich unter den Incunabeln der Bibliothek: Tractatus amoris & de amoris remedio Andreae Capellani. Sine l. & a., dessen Mencken in den miscellaneis lips. novis Meldung tut. |

Hier sende ich Ihnen eine (zwar nicht ganz getreue) Abschrift eines größeren Gedichtes aus meinem Lieder-Kodex, welches mit anderen im II. Bande meines Liedersaals erscheinen wird. Mich däucht es lohnte sich wol der Mühe, es in die heutige Sprache zu übersetzen. Hätten Sie wol Lust dazu?

Über die in den Stuttgardter Bibliotheken gesehenen teutschen Handschriften kann ich Ihnen nur so viel sagen, daß ich genug gesehen habe, um zu wißen, daß ich einmal einen eigenen Pilgerzug nach diesen Heiltumen tun muß, biß wohin ich auch meine Betfart ins heilige Land der Stauffen verschieben muß.

Ist es nicht unbescheiden, so möchte ich wol fragen: wollen Sie den Walter von d. Vogelweide als auctor classicus mit einem historischen und kritischen Kommentar ediren? oder bloß eine Dissertatiuncula über ihn schreiben? im letzten Falle seze ich mich mit den Buchhändlern um das Manuscript bei Ihnen in Concurrenz; ich möchte gerne in das Erste Heft einer Zeitschrift, die ich noch in diesem Jare zu beginnen gedenke, Etwas von Ihnen haben. Es giebt eine Menge einzelner Dinge, welche ich in meinem Liedersaale, worin ich nur ganze Codices aufneme, nicht geben kann; diese möchte ich denn auch nicht gerne zu Grunde | gehen lassen: zudem dürfte mancher oberdeutsche Altertumsfreund froh sein, durch solches Mittel Nachrichten mitteilen zu können und Anfragen zu machen; freilich müßte die Sache nicht â la Gräter betrieben werden und zum Teile auch nicht wie v. d. Hagen und Büschings wochentliche Nachrichten; also beßer! und dazu sollten die Bessern unter den Alemannen helfen, darum frage ich Sie mein hochverehrter Lands-Mann! —

Von meiner Seite ist weder Geldgewinn, noch sogenannter Ehrgeiz im Spiele; ich gedenke auch keinen Trompeter vorauf zu senden; sondern die historischen und singenden Mannen gleich im ersten Geschwader anrüken zu laßen, an ihren Fähnlein mag man sie dann erkennen und nach Ehren, freundlich oder feindlich empfahen.

Leben Sie wol und grüßen Sie herzlich von mir ihre eheliche Wirtin! auch seien Sie nicht weniger freundlich gegrüßt von

Ihrem

Heiligenberg, am 29. July 1820.

aufrichtig ergebenen

Joseph v. Laßberg.

Ich gehe in diesem Augenblike nach Constanz, wohin Hr. Minister v. Stein mich beschieden hat.

6.

Laßberg an Uhland.

Wolgeborener,

hochverehrter Herr!

Ihr Schreiben vom 19. dieses *) hat mich ungemein betrübt! ich hatte gehofft, daß Sie mich bei Ihrem Zuge durch die östliche Schweiz zum Fürer nehmen würden; nicht, weil

*) Fehlt.

ich eitel genug bin zu glauben, daß meine Gesellschaft Ihren Genuß bei dieser Reise würde vermehrt oder erhöht haben, sondern weil ich mir bewußt bin, daß in jener ganzen Gegend niemand beßer im Stande gewesen wäre Ihnen bei geschichtlichen Erinnerungen das Örtliche bestimmter und umständlicher nachzuweisen; und darauf hatte ich mich so sehr gefreut! da Sie mir in Stuttgardt sagten, wie Sie noch nicht entschloßen wären, ob Sie den Weg nach dem Rheinlande, oder dem alten Sängerlande nehmen würden; so glaubte ich, daß Sie im lezten Falle mir hievon Kunde geben möchten — auch noch von Constanz aus, wohin man von hier in 3 Stunden reitet; wäre mir die Nachricht früh genug zugekommen, um Sie nach St. Gallen, Eppishausen oder wo immerhin zu begleiten. Infelix dies nigro notanda lapillo! | was mich (ich sage es nicht in Bösem) einigermaßen tröstet, ist, daß Sie die herrlichen Schätze der Theotisca in St. Gallen nicht gesehen haben, daß Sie vermutlich auch nicht in das schöne Rheintal gekommen sind, und die alten Sängerburgen nicht besucht haben; somit bleibt mir die Hofnung Sie noch einmal im Lande der alten Lieder zu sehen, aber dann sei es auch nicht nur, wie lezthin Hr. Minister v. Stein kam, Grüeß Gott und Bhüet Gott bei einander.

Das lat. Werk des Magister Andreas über die Minnegerichte werde ich suchen, wo anders her zu bekommen. Ich habe seit deme noch eine zweite Handschrift der teutschen Übersetzung durch Dr. Johann Hartlieb aufgefunden; auch einen gleichzeitigen Codex des Chronikons Jacob Twingers von Königshoven, Presbyteri argentinensis, welches viele schäzbare Zusäze enthält, unter andern mehrere Notizen über die Familie Hemling, welche dem Hrn. Boisserée vielleicht angenehm sein dürften.

Das „Kloster der Minne“ können Sie nicht nur so lange Sie wollen, sondern, wenn es Ihnen Vergnügen machen sollte, auch ganz und gar behalten. Einem Manne Ihrer Art etwas Angenehmes erweisen zu können, gehört zu den schönsten Genüßen meines Lebens. Das bescheint sich wol nicht sehr an der

Langsamkeit, mit welcher ich mein Versprechen wegen Walter von der Vogelweide in Erfüllung | gehen laße! — Das ist nun eine meiner Schattenseiten. Was ich mache, möchte ich gerne recht machen und dadurch geschieht dann oft, daß ich es sehr langsam zu Stande bringe. Über diesen Fürsten der Sänger selbst haben wir bekanntlich gar nichts Urkundliches, als einige Stellen in den Minnesängern; ich habe daher an mehrere meiner Bekannten geschrieben, um das Wenige was ich gesammelt habe zu vermehren, bisher ist nichts eingegangen, in Eppishausen war ich seit deme nur einmal auf einen Tag und konnte aus meinen Collektaneen das verlangte nicht zusammen lesen; ich gehe aber nun nächste Woche eigends dahin, um Ihnen mein Contingent abzuliefern. Machen Sie sich aber zu keiner großen Ausbeute Hofnung, das meiste, wenn gleich nicht das Beste, dürften Animadversiones sein, welche aus Vergleichungen gleichzeitiger Notizen hervorgiengen. Wo steht denn die Nachricht, daß Walter zu Würzburg begraben sei? Ich ehre Ihre Gründe, aus welchen Sie Ihre Arbeit über Walthern besonders herausgeben wollen; es gieng mir wie den Gemälde-Sammlern, man hat nicht gerne lauter ekigte Martin Schoens, Wolgemute und Albr. Dürer ꝛc. Wer einen Hemling, Härlein oder Schorel erhalten kann, läßt sich einen Schritt darum nicht reuen.

Nun hat uns Hr. v. der Hagen, nach einer Pause von 10 Jaren, mit dem 2. Teile der Sammelung a. t. Gedichte beschenkt, die Commentare zum Texte sollen (vielleicht wieder nach einigen Jaren) nachfolgen. Auch das was jezt erschienen, wäre ohne die Dazwischenkunft des wakern jungen Primisser (Auffseher über die ambrasische Sammelung in Wien) nicht zu Stande gekommen. | Er gab die zwei herrlichen Gedichte: Gudrun und Bitterolf dazu her. Das Heldenbuch im österreichisch-baierischen Dialekte aus der Dresdner Handschrift ist ein elendes Zeug und steht weit unter den älteren gedrukten Ausgaben dieser Gedichte, so felerhaft diese auch sind.

Einen noch unbekannten Schwäbischen Sänger habe ich in einer mir vor einiger Zeit zugekommenen Handschrift entdekt; es ist Conrad von Stöffeln (Hohenstoffeln im Höhgau) ein Fryherr, welcher um die Zeit Meister Gottfrieds von Straßburg gelebt zu haben scheint. Er schrieb ein Gedicht von ungefär 8000 Versen, welches in den Fabelkreis von der alten Tafelrunde gehört, und Gabriel von Montavel oder der Ritter mit dem Boke genannt wird. Diesen Winter gedenke ich auch eine in Zürch gekaufte Handschrift des Gedichtes vom Schachzabelspiele von Conrad von Ammenhusen, einem Thurgauer und Leutpriester zu Stein am Rhein (anno 1330) vorzunehmen.

Leben Sie recht wol; sehen Sie die Herren Haug und Lebrêt, so bitte ich sie von mir zu grüßen.

Euer Wolgeboren!

Heiligenberg, am 23. Sept. 1820. gehorsamer Diener
Joseph v. Laßberg.

7.
Uhland an Laßberg.

Stuttgart, d. 31. Dec. 1820.

Euer Hochwohlgeboren

entschuldigen mich gütig, wenn ich mir erlaube, die Notizen, welche Sie mich über Walther v. d. Vogelweide hoffen liessen, in Erinnerung zu bringen. Meine Schrift über diesen Dichter ist nun so weit ausgearbeitet, daß ich sie mit nächstem zum Drucke fördern kann; und doch möchte ich keinen mir erreichbaren Aufschluß über Geschlecht und Heimath des Dichters missen.

Ueber Walthers Grabstätte zu Würzburg findet sich das Nähere in den Götting. Gelehrten Anzeigen vom Jahr 1818, S. 2054—56. Die dort angezeigte Schrift von Oberthür*) habe ich mir verschreiben lassen. Hingegen habe auch ich

*) Die Minne- und Meistersänger aus Franken rc. Würzb. 1818.

die Originalstelle in 4 Bänden von Gropps Würzburg. Geschichtsammlungen vergeblich gesucht.

Neuerlich hat mich Schachts Schrift über Ottokar von Horneck*) sehr erfreut. |

Um dem Verhältniß unsrer schwäbischen Sänger zu den Provenzalen auf den Grund zu sehen, habe ich mir das Werk von Raynouard: Choix des Poésies originales des Troubadours, kommen lassen. Im zweiten Bande dieses Werks steht eine Abhandlung über die Liebeshöfe. Da ich weiß, daß Eu. Hochwohlgeboren sich mit diesem Gegenstande beschäftigt haben, so wollte ich Jenes bemerken. Mit vielem Vergnügen würde ich Ihnen die erwähnte Abhandlung mittheilen, wenn sie Ihnen nicht sonst schon bekannt ist.

Heute schließt sich das Jahr, das mir zuerst Ihre persönliche Bekanntschaft verschaffte. Es ist mein angelegener Wunsch, daß Sie die Gewogenheit, welche Sie mir zugewendet, auch fernerhin mir erhalten mögen.

Der ich mit der ausgezeichnetsten Hochachtung verharre

Euer Hochwohlgeboren

unterthäniger Diener

L. Uhland.

8.

Laßberg an Uhland.

Wolgeborner,
hochverehrter Herr!

Wenn Sie die Hälfte des Unmutes, den ich während des vergeblichen Suchens nach Walter v. der Vogelweide in meinen Collektaneen empfunden, kennten, so würden Sie Mitleid mit mir haben und mein langes Stillschweigen entschuldigen. Ich wuste, daß

*) Aus und über Ottokars von Horneck Reimchronik oder Denkwürdigkeiten seiner Zeit, von Th. Schacht. Mainz 1821.

ich mehreres über ihn aufgeschrieben hatte, und auch ungefär, wo die Blätter in meinem Schreibzimmer liegen sollten; allein, nachdem ich Alles zu unterst zu oberst gekeret hatte, fieng ich erst an zu zweifeln und durchsuchte in meinem Schriften-Kasten mehr als 60 Faszikel. Nichts fand ich mehr, als die wenigen Blätter, die ich Ihnen hier beilege: aber auf eine andere traurige Entdekung kam ich dabei. Ein ganzer Faszikel, worin sich mehr als 30 pergamentne Bücherdekel befanden, lauter Fragmente altteutscher Gedichte und Chroniken, sind zum Teufel und da ich vergangenen Früling einen sogenannten reisenden Gelerten einen ganzen Vormittag in meinem Studio allein schreiben ließ, so kann ich nicht anders glauben, als daß der Czernibôg*) ihm Dieselben nebst einem kleinen Pak Notizen über die Thurgauer Sänger muß beim Weggehen in den Sak geschoben haben. Nemen Sie mit dem Wenigen hier Folgenden vorlieb, es tut mir leid, daß es nicht mehr ist. Ich wollte Ihnen nicht von St. Gallen einige dort noch vorhandene Traditiones kommen laßen, nach welchen die Vogelweider bei Handänderungen und Güter-Verkäufen, von der Mitte des XIV. biß in | die Mitte des XV. Jarhunderts in öffentlichen Urkunden vorkommen, da ich vermutete, daß sie zu ihrem Zweke nicht taugen. Walter starb, warscheinlich unverheuratet, im Auslande (Würzburg), seine Verwandten mögen unbemittelt, wie hier zu Lande Beispiele genug davon vorhanden sind, sich in der Folge des Adels abgetan und einen Guts-Namen angenommen haben. Wenn Sie diese Blätter nicht mehr brauchen, so bitte ich mir sie einmal zurükzusenden. Das Wappen von Singenberg (jenes von Walter habe ich Ihnen schon gesendet) habe ich den Abzeichnungen aus dem Pariser Codex der Maneßischen Sammelung die ich habe, nachgezeichnet; es stimmt auch mit den St. Gallischen Siegeln überein.

---

*) Czernebog, der schwarze oder böse Gott der Slaven, von dem sie alles Unglück herleiten.

Für das gütige Anerbieten mir Renouard Choix des Troubadours zu leihen, danke ich vielmal; ich besize es schon seit leztem Sommer, wo ich es auf der großen Bibliothek zu Stuttgard zum ersten Male sah. Schade daß seit dem 3. Bande nichts mehr erschienen ist! Ich besize 2 Handschriften von des Dr. Johann Hartlieb Übersetzung der Ars amatoria & de reprobatione Amoris, des Magister Andreas Francorum aulae regiae Capellani, wovon Aretin in seinen Aussprüchen der Minne-gerichte*) nur einen Teil herausgegeben hat, und welche für diesen Teil der poetischen Literatur des Mittelalters so wichtig sind. | Eine meiner Handschriften ist eine Wiener und mit Dr. Hartlieb gleichzeitig. In der Folge dürfte ich mich vielleicht der Herausgabe des Ganzen unterziehen. Indessen rükt mein Liedersaal fort, am 2. Bande wird fleißig gedrukt und ich hoffe im Laufe dieses Jares auch noch den 3. zustande zu bringen, diese sind noch immer aus der nämlichen Handschrift, aus welcher der Erste. Das Nibelungen Lied, welches nun vollendet, und von welchem ich Ihnen nächstens die lezten Bogen senden werde, macht den IV. Band aus. Herrn v. der Hagens neueste Ausgabe hat mich überzeugt, daß er meine Handschrift in Heiligenberg nicht so benuzt hat, daß meine Ausgabe dadurch überflüßig geworden wäre; überhaupt war es nötig einmal einen reinen, vollständigen und unverfälschten Abdruk einer guten Handschrift zu haben, da Alles bisherige nur zusammengestoppeltes Flikwerk war, und es däucht mich unglüklich zu sein, daß es gerade eine Handschrift getroffen hat, welche vor Allen übrigen sich so sehr auszeichnet. Leben Sie wol, und verzeihen mein langes Schweigen, es hatte seinen Grund bloß in dem Wunsche, mein Wort zu halten und Ihnen Etwas über die Thurgauische Sängerschule zu senden. Noch eins! ich habe entdekt, daß um die Mitte des XIII. Jar-

*) J. Eph. A. M. v. Aretin, Aussprüche d. Minnegerichte; aus d. alten Handschrift neu herausgegeben und mit einer hist. Abhandlung über die Minnegerichte des Mittelalters begleitet. München 1803.

hunderts hier in meinem Hause ein Sänger gelebt hat. Conrad von Helmsdorf | schrieb eine teutsche Reimbibel; oder war vielleicht der Continuator von der Welt-Chronik des Rudolph von Ems. Im Literator celta des Löscher. Lipsiae 1726. 8vo, soll Meldung von ihm geschehen; wer mir das Buch brächte, dem wollte ich gerne eine Tagweide weit entgegen gehen.

Leben Sie wol, empfelen Sie mich den Herrn Herrn Haug und Lebrêt, was macht Ihr Conradin?

Ihr

Eppishausen bei Constanz
am 16. Hornungs 1821.

ergebenster
J. v. Laßberg.

9.

Uhland an Laßberg.

Euer Hochwohlgeboren

verzeihen mir das lange Behalten der mir durch Ihre Güte gewordenen Mittheilungen über die Sänger des Thurgaus, welche ich nach gemachtem Gebrauche hiebei dankbar zurücksende. Der Drang der landständischen Geschäfte hat mich bisher von der völligen Beendigung meiner Arbeit über Walther von der Vogelweide abgehalten, doch glaube ich solche in einigen Wochen zum Drucke geben zu können.

Unter den hier zurückfolgenden Collektaneen findet sich ein Citat: „Epist. ad D^{num} de la Loubêre, regis Galliae apud Confeder: Helvet: Oratorem, Soloduri.“ Ist diese epistola etwa von Goldast?

Die Stelle über Walthers Grabstätte zu Würzburg habe ich in Gropp's Sammlungen, woraus solche entnommen ist, vergeblich gesucht. |

Kann ich diesen Sommer bessere Musse gewinnen, als bisher, so gedenke ich auf die Untersuchung andrer altdeutscher Sänger überzugehen, und zwar zunächst derjenigen, welche den

Stil des Minnesangs an den des Nibelungenliedes anknüpfen. Ueber den von Kürenberg finde ich in Ihren Notizen, daß er aus dem Breisgau stamme. Wo mag man hierüber Näheres lesen?

Gelingt es mir, den Sommer über in diesen Forschungen vorzuschreiten, so werde ich mich um so mehr gedrungen fühlen, gegen den Herbst hin eine neue Wanderung an den Bodensee und nach St. Gallen anzutreten, wo der Gesang so heimisch war und noch so Manches aus dem Alterthum sich erhalten hat. Sehr oft bin ich in Gedanken in jener schönen Gegend.

Unter Wiederholung meines herzlichen Dankes verharre ich mit größter Hochachtung

Euer Hochwohlgeboren

Stuttgart, den 17. Mai 1821. unterthäniger Diener

L. Uhland.

10.

Laßberg an Uhland.

Wolgeborener,
hochverehrter Herr!

Zur glüklichen Beendigung Ihres Walters von der Vogelweide wünsche ich Ihnen Heil und Segen. Möge das Publikum die Mühe, welche solche Forschungen, Untersuchungen und Bearbeitungen kosten, gehörig zu würdigen wissen! Leider ist das höchst selten der Fall!

Eine große Freude haben Sie mir gemacht, durch die Hofnung, welche Sie mir geben, Sie diesen Herbst in dem alten Sänger-Lande zu sehen. Ich zäle darauf, daß Sie Ihr Hauptquartier in der Villa Epponis aufschlagen; von da aus wollen wir denn manchen Zug nach den alten Sänger-Burgen tun und auch die Theotisca in der St. Galler Bibliotheke etwas genauer in Augenschein nehmen, als Ihnen vorigen Sommer möglich wurde.

Hier übermache ich Ihnen die ersten 18 Bogen vom zweiten Bande meines Liedersaales; ich hoffe daß er dem Ersten an Werte nicht nachstehen wird, besonders glaube ich daß das schöne Gedicht, welches ich das Kloster der Minne genannt habe, auf den Wert dieser Handschrift aufmerksam machen dürfte. Wenn ich so glüklich bin, in diesem Jare noch den dritten Band des Liedersaales aus derselben Handschrift zu beendigen; so will ich mich im Jar 1822 an die kleineren handschriftlichen Sammelungen machen, welche der großen Maneßischen um hundert Jare voran giengen. Leztere, die Maneßische nämlich, wurde warscheinlich nicht von dem Bürgermeister Rüdiger Maneß, wie Bodmer glaubte und nachher alle anderen nachschrieben, veranstaltet, sondern von einem Sone des Ritters Rüdger Maneß, welcher Mannegg an sein Geschlecht brachte. Dieser Sohn hieß auch Rüdger und war Chorherr und Scholaster des Chorherren Stiftes zu | Zürich, hinterließ von drei Dirnen 4 unehliche Töchter, starb ums Jar 1304 und ward von seinem Vater überlebt, der mit dem Chorherren Stifte über die Erbschaft seines Sones in einen langwierigen Streit geriet.

Über Klingsor von Ungerland, wenigstens über sein Geschlecht, habe ich nun auch eine Notiz aufgefunden, welche einstweilen die Vermutung giebt, daß sein Vaterland mit jenem des Marschalks von Rapperswyl dasselbe möchte gewesen sein. In der zu Bern befindlichen Handschrift von Tschachtlans Chronik findet sich unter den Burg-Männern von Rapperswyl, welche am Zinstag vor dem Sonntag Cantate 1433, mit ihrem Hauptmanne dem Ritter Ludwig Meyer (von Altstätten?) denen von Schwytz und ihren Helfern einen Absage-Brief zusandten, auch Lienhart Klingsor unterschrieben. Es ist merkwürdig, daß die Besazung zu Rapertswil (ursprünglich eine Reichsburg), welche meist aus Edelleuten bestand, eine der nur noch in der neuesten Zeit untergegangenen Reichsburg Friedberg ähnliche Verfassung hatte, und die Ämter und Dienste darinnen nach und nach erblich und die Benennungen derselben Familien-Namen wurden, wie: Marschalk, Truchsäß, Mayer, Schultheiß, Amann 2c. 2c., auch der Otto von Thurn bei Maneß scheint einem dortigen Geschlechte angehört zu haben. Nach Erlöschen des Raperswyler Manns-Stammes kam der Besiz durch Weiber an die Graven von Homberg aus dem Friktal; die beiden lezten Werner, Vater und Sohn, welche bald nach einander starben, sind aus den Liedern ihrer Zeit bekannt genug; dann kam Rapperswyl an die Graven von Habsburg-Lauffenburg, von welchem Grav Hans, | auch Hänsly genannt, uns das bekannte Lied: „Ich weiß ain blowes Blümalin" 2c. 2c. hinterlassen hat. Der Gesang lebte also stets fort in der Veste zu Rapperswyl, in welcher, wie von Arx sagt, mehr Edelleute lebten, als oft in einem ganzen Land, und es ist mir gar nicht unwarscheinlich, daß die Lieder von dem Hofe des Graven von Rappertswyl, Homberg und Habsburg (von welchen die ältere Linie doch sehr prosaisch war und blieb) den See herab nach Zürch kamen, wo sie von den Maneßen, Hadloub, dem von Constanz, dem von Mure (Chorherr zu Zürch) und andern noch lange fortgesezt wurden. Klingsor konnte den Beinamen: von Ungerland, von einem längern Aufenthalte daselbst bekommen haben, one daher zu Hause zu sein. Gegenwärtig befindet sich noch ein Fähndrich von Klingsöhr im dritten Garde-Battaillon der k. Hannöverschen Armee. Hat er Familien-Urkunden? Der sogenannte Maneßische Codex ist für einen Privatmann der damaligen Zeit ein zu kostbares Unternehmen; ich vermute daher, er sei für Heinrich von Klingenberg, Bischof zu Konstanz, erwält: 1293, geschrieben und gemalt worden. Heinrichs Mutter war eine Zürcherin, aus dem ritterlichen Geschlechte derer von Costenz; er war ein Freund des Gesanges und kam sehr oft nach Zürch, wo er sich manchmal lange aufhielt. In das Haus der Freiherren von Sax, von welchen er in die Sammlung des Winterkönigs Friedrich des Pfalzgraven nach Heidelberg kam, mag er durch einen Constanzer Domherren gebracht worden sein. Das Haus Sax hatte gewönlich eine Pfründe in diesem Stifte besetzt.

Unser guter Conz hat mir versprochen, mich in den Herbstferien zu besuchen; möchten Sie es doch so einrichten, daß sie zusammen träfen bei dem alten Einsiedler in Heremo Helvetiorum! Leben Sie wol, einen freundlichen Gruß an Ihre eheliche Hauswirtin!

Eppishausen am 20. Juny 1821. Joseph v. Laßberg.

Wie viele Bogen haben Sie von meinem Nibelungen Liede? der Text ist nun ganz gedrukt. |

Vielleicht dürfte es Ihnen oder einem Ihrer Freunde angenehm sein, anschauliche Kunde von den Ausgrabungen zu haben, welche in leztem Herbste und diesen Früling zu Höfingen, eine halbe Stunde von Donauöschingen, auf Befel und Kosten des Fürsten von Fürstenberg gemacht worden sind. Der Fürst gab mir lezthin Zeichnung davon, und ich ließ sie zur Mitteilung an Freunde vaterländischer Altertümer lithographiren.

11.

Laßberg an Uhland.

Hochverehrter Herr!

Ich habe vor kurzem die „Mörin" des Herrmann von Sachsenheim, gedrukt zu Worms 1538 erhalten. Dieses warhaft schwäbische Gedicht hat mich ungemein angezogen. Ist es gleich nicht (ut ajunt) aus der besten Zeit, so enthält es doch in Bezug auf Plan, Sprache und Ausführung so viele Anklänge und Anmanungen an die schönen Tage der schwäbischen Blüte Zeit, daß ich es für höchst würdig halte der Welt in einer neuen guten Ausgabe wieder vorgestellt zu werden.

Hermann von Sachsenheim soll in Stuttgardt begraben sein. Wo und in welcher Kirche? Ist das Grab noch vorhanden? War Groß Sachsenheim bei Krailsheim sein Siz und Eigentum?

und ist er nicht selbst, wie ich vermute, in dem Dienste des Graven von Wirtemberg gewesen? Sie mein hochverehrter Freund! sollten die Bearbeitung dieses Dichters und seiner Biographie übernehmen. Es ist doch beides Eigentum Ihres Vaterlandes und könnte in keine beßere Hände fallen.

Ein Büchlein: „die Minnehöfe des Mittelalters", Lpzg. bei Brockhauß 1821, hat mir sehr wol gefallen und ist wol bei Weitem das Beste, was bisher über diesen Gegenstand zusammen gestellt worden ist; es ist mir während dem Lesen desselben oft eingefallen, daß Sie wol der Verfasser desselben sein könnten. Habe ich weit vom Ziele geschossen? Ich besize selbst 2 gleichzeitige Handschriften von der Übersezung des Dr. Hartlieb, und hätte Ihnen dieselben zu dieser Arbeit sehr gerne überlassen. Offenbar ist es daß Dr. Hartlieb nicht das Werk des Andreas Capellanus vor sich gehabt; sondern | ein anderes, vermutlich eines Italiänischen Schriftstellers, in welches des Magister Andreas Buch de Arte amatoria nur aufgenommen ward. Wäre es in besserm Latein, so würde ich auf F. Petrarca raten.

Glauben Sie nicht, daß der König erlauben würde, den Codex Weingartensis der Minnelieder abschreiben zu laßen? Und wie müste man es angehen, um diese Erlaubniß zu erhalten? Wenn eine gute neue Ausgabe der Maneßischen Sammelung zu Stande kommen soll (und man denkt ernstlicher daran als je) so müßen one Anders die Pfälzische Handschrift Nr. 357 und die Weingartner, als die ältesten Urkunden, dieser Anthologie zum Grunde gelegt werden.

Das Gedicht: „die Minneburg", von welchem Conz in Tübingen eine Handschrift hat, und von dem ich diesen Frühling aus einer schweizerischen Handschrift eine Abschrift genommen habe; scheint zwar mit Dr. Hartlieb gleichzeitig zu sein, ist aber doch mit dem von Hartlieb übersezten Werke nicht im entferntesten Grade verwandt. Als Gedicht hat es einen nur sehr geringen Wert, und ist mit meinem „Kloster der Minne", welches nun im 2. Bande des Liedersaales abgedrukt ist, nicht zu vergleichen. Von diesem Bande sind nun 26 Bogen abgedrukt und ich sehe seiner Beendigung in wenig Wochen entgegen, dann sollen Sie ihn haben. Ich habe in meinem lezten Schreiben Sie gefragt: wie viele Bogen von meinem Nibelungen Liede ich Ihnen übersendet habe? um Ihnen das Fehlende nachsenden zu können. Mit dem 3. Bande des Liedersaales, an den ich mich diesen Winter machen will, wird der Abdruk des Helfensteinischen Codex*) vollendet, jener meiner Handschrift des Liedes der Nibelungen macht den 4. Band aus; dann möchte ich die beiden Handschriften der Minne Lieder, die Weingartner und die Pfälzische Nr. 357 in dem 5. zusammen herausgeben, wozu mir denn eine gute in Stuttgardt zu nehmende | Abschrift unumgänglich notwendig ist. Darum (würde mich)**) denn keinerlei Bewerbung gereuen lassen; nur bitte ich Sie mir den besten Weg hiezu (anzugeben)**).

Werden Sie diesen Herbst keine Ausflucht in das alte Sänger Land machen? Auf die Weinlese kann ich Sie nicht einladen, denn, es ist leider mehr als warscheinlich, daß wir heuer keine werden halten können; allein, Sie wißen wol, daß Sie mir zu jeder Zeit der willkommenste Gast wären, nur wünschte ich auch die Zeit Ihrer Ankunft voraus zu wißen, damit ich nicht wie das lezte Mal das Unglük hätte, Sie zu verfehlen.

Leben Sie wol, aufrichtig verehrt von

Ihrem

ergebensten

Joseph v. Laßberg.

Heiligenberg bei Pfullendorf am 16. August 1821.

*) Der Codex (gr. Fol. 269 Blätter), dessen Inhalt die drei ersten Bände des Liedersaales bilden, gehörte einmal der Büchersammlung der ausgestorbenen Grafen von Helfenstein zu Wisensteig in Schwaben an, vgl. Weimarisches Jahrbuch 3, 213. Die Stammburg des Geschlechtes, bei Geislingen, ward 1552 von den Ulmern geschleift.

**) Lücken durch ausgerissenes Siegel.

12.
Uhland an Laßberg.

Euer Hochwohlgeboren

haben in Ihrem Schreiben vom 16. v. M. die Absicht ausgedrückt, die Weingartner Handschrift im 5. Bande des Liedersaals herauszugeben, und mich zur Erklärung aufgefordert, auf welchem Wege eine gute Abschrift von jenem Codex zu erlangen wäre. Aeusserst erfreulich war es mir, zu vernehmen, daß Sie unsrer poetischen Literatur von Neuem einen so wichtigen Dienst erweisen wollen. Da ich bezweifeln muß, ob hier eine geschickte Hand für zuverlässige Abschrift alter Manuscripte zu finden sey, so fragt es sich, ob Sie es nicht für zweckmässiger halten, daß der Codex Ihnen zugesendet werde? Zwar werden sonst Handschriften nicht von hier weggegeben, auch würden es die Angestellten der Königl. Privatbibliothek auf ihre eigene Faust nicht unternehmen. Dagegen glaube ich, daß es sicher zum Ziele führen würde, wenn Sie an den König unmittelbar mit dem Wunsche sich wendeten, den Codex zum Behufe des Abdrucks auf einige Zeit zu erhalten. Ich kann mir nicht vorstellen, daß ein so verdienstliches Unternehmen nicht bereitwilliges Entgegenkommen finden sollte. Zur Empfehlung würde es vielleicht gereichen, wenn Sie die früheren Theile des Liedersaals für die königl. Privatbibliothek beilegten. |

Die Mörin des Hermann von Sachsenheim ist mir nur im Auszuge bekannt geworden. Eine neue Ausgabe des Gedichts dürfte nur die Schwierigkeit haben, daß die Handschriften desselben sehr entfernt sind, zu Wien, Koppenhagen 2c. Die Vergleichung der Handschriften mit dem Druck wäre aber doch wohl erforderlich. Was den Verfasser betrifft, so befindet sich das Stammschloß desselben, noch bewohnbar, 7—8 Stunden von hier, bei dem Städtchen Groß-Sachsenheim im Oberamte

Vaihingen. Es ist wohl möglich, daß unter den Grabmälern der hiesigen Stiftskirche sich der Grabstein eines Hermann von Sachsenheim findet. Zu Anfang des 15. Jahrh. war ein solcher Probst des hiesigen Stiftes zum h. Kreutz. Doch ist dieser, der Zeit nach, schwerlich Verfasser der Mörin. Der Name Hermann war in diesem Geschlechte herkömmlich.

Bedauern muß ich, nicht Verfasser des Büchleins über die Minnehöfe zu seyn, da solches von Ihnen als das Beste über den Gegenstand gerühmt wird. Ich habe mir es sogleich angeschafft.

Gegenwärtig habe ich die Heidelberg. Handschr. Nr. 329, das Liederbuch des Grafen Hugo von Montfort enthaltend, in Händen. Sie hat mich sehr angezogen und ich gedenke, Einiges darüber nieder zu schreiben. Wo findet man wohl die besten Nachrichten über die Grafen von Montfort?

Auf Ihre gütige Frage bemerke ich, daß ich von den Nibelungen die Bogen 1—15, und späterhin 21—24, sowie vom 2. Bande des Liedersaals 1—18, erhalten habe, wofür ich meinen herzlichsten Dank bezeuge. Mein Walther v. d. Vogelweide ist jetzt fertig, doch bin ich noch nicht dazu gekommen, ihn einem Buchhändler zu überantworten. |

Einem Besuche des thurgauischen Sängerlandes, wozu Sie mich so freundlich einladen, muß ich bis zum nächsten Frühling entsagen, da ich kaum erst von einer Reise in die Rheinlande zurückgekommen bin. Ich hoffe, den Winter über in meinen altdeutschen Studien so weit vorzurücken, daß ich im Frühling jene Gegend mit so grösserem Nutzen besuchen kann.

In Köln sah ich bei Herrn de Groote den größtentheils vollendeten Abdruck seiner neuen Ausgabe des Tristan*). Möchten wir doch einmal auch die noch ungedruckten Werke des trefflichen Hartmann von Owe, den guten Gerhard**)

*) Erschienen Berlin 1821, in 4.

**) Verwechslung, die im nächstfolgenden Brief (Nr. 13) von Laßberg berichtigt wird.

(der eine eigenthümlich deutsche Sage enthalten soll) und den h. Georg *), erscheinen sehen!

Mit der vollkommensten Verehrung verharre ich

Euer Hochwohlgeboren

Stuttgart, den 9. September 1821. unterthäniger Diener

L. Uhland.

13.

Laßberg an Uhland.

Baden im Aargau am 21. September 1821.

Euer Wolgeboren

Danke ich viel mal für die zur Erlangung der Weingartner Handschrift gegebene Anleitung. Ich werde sie befolgen, so bald der 2. Band des Liedersaals (an dem nur wenige Bogen fehlen) und die Vorrede zum 4. vollends abgedrukt sind; so daß ich dem König die 3 Bände zumal, in Begleitung meiner Bitte zu Füssen legen kann. Indessen werden auch die Vorarbeiten zu einer neuen, und wie ich hoffe, guten, Ausgabe der Maneßischen Handschrift eingeleitet. Ich war vor einigen Tagen bei Görres in Aarau, und möchte ihn bewegen, wärend seines Aufenthaltes in Paris (er reiset nächsten Monat dahin ab) diese Arbeit zu unternemen. Bei diesem Anlaß hörte ich von ihm, daß Sie altfranzösische Lieder von ihm verlangt haben, von welchen er glaubte, daß sie in Coblenz geblieben seien; sie wurden aber wärend meiner Anwesenheit nochmals unter seinen Papieren gesucht und gefunden; Sie werden sie nächstens erhalten.

Wenn der Grabstein des Hermann von Sachsenheim aufgefunden werden könnte; so wäre es sehr gut und ich würde mit eben so viel Dank als Vergnügen alle für die Abzeichnung

*) Lies: Gregor.

desselben ergehenden Kosten erstatten. Vielleicht wäre es nicht so gar unzeitig, nach ein Par Jaren dem Lieder Saal einen teutschen Sänger Saal zuzugesellen, und den Lebensbeschreibungen der Dichter alle noch vorhandene bildliche Denkmale beizufügen. Es wäre übrigens nicht unmöglich, daß der Stuttgardter Probst Hermann v. Sachsenheim Verfaßer der Mörin wäre. Wer den damaligen sittlichen Zustand des teutschen Klerus kennt, dem wird dieses gar nicht unbegreiflich vorkommen.

Die Liedersammlung des Graven Haug von Montfort, dominus de Brigantia, habe ich auch abgeschrieben; aber zur Stunde noch keinen Tonkünstler gefunden, der den Schlüssel zu den derselben beigefügten Liederweisen finden könnte; dasselbe ist auch Görres damit begegnet. Die Gesellschaft für teutsche Sprache in Berlin hat mich beauftragt, die Handschrift für sie zur Herausgabe zu bearbeiten; aber, die Weisen gehören unumgänglich zu den Liedern, und welcher magnus Apollo wird mir diese entziffern? Über die Graven von Montfort findet man die Geschlechts Nachrichten nirgends zusammen gestellt, in der Nachbarschaft von Eppishausen ist ein | Mann, der für die Geschichte dieses Hauses sammelt, und in einiger Zeit Etwas darüber herausgeben will.*) Unser Sänger war ein viel gebrauchter Staatsmann, mehrere Jare Präses der österreichischen Regierung zu Ensisheim im Elsaß, einige Zeit in der Lombardey gebraucht, wo sein Vetter Wilhelm kaiserl. Reichsstatthalter war, und in dem nun zerstörten Pallaste zu Monza (von Teudelinden erbaut) wonte. Familien Zwistigkeiten verbitterten sein Alter, er war in seinen Kindern nicht glüklich, erlebte noch das Concilium von Constanz und sang nicht one Ursache: Wær ich von sünden fry, wurd ich in Selden gra. Burk (i. e. Burkhard) Mangold, der die

*) S. nun J. N. v. Vanotti, Geschichte der Grafen v. Montfort u. Bellevue 1845 und K. Weinhold: Ueber den Dichter Graf Hugo VIII. von Montfort, Herren zu Bregenz und Pfannberg, (im 7. Heft der „Mittheilungen des histor. Vereins für Steiermark") Gräz 1857.

Weisen zu seines Herren Liedern machte, war ein Constanzer. Von den beiden nun ihrer Beendigung nahen Bänden des Liedersaales werde ich Ihnen bald nach meiner Zuhausekunft Abdrüke senden. Jezt muß ich noch einige Zeit apud Aquenses verweilen und meinen armen Arm baden; dann mache ich noch eine kleine Ausflucht an den Hallwiler See, wo ich in einer alten Burg noch einige merkwürdige Membrane zu entdeken hoffe; auch im Kloster Mury soll ich ein teutsches Gebetbuch aus dem X. Jarhundert antreffen. Jeder Buchhändler wird gerne Ihren Walter von der Vogelweide übernemen; lassen Sie uns doch nicht mer lange darauf warten! Wollen Sie ihn wie meinen Liedersaal gedrukt haben? so besorge ich dies mit Vergnügen.

Also auf den Früling soll ich Sie in dem Thur Gau erwarten! auch gut! im Frühling ist der Thurgau am schönsten, und im ganzen Jare ist einem nie so wol, als beim Wiedererwachen der Natur; ich freue mich jezt schon darauf, so wie auf Sie.

Von Hartmann v. Owe, der die Herren von Ow zu Felldorf und Wachendorf nichts angeht, sind der Iwain und der Arme Heinrich gedrukt; den guten Gerhart hielt ich bisher für ein verloren gegangenes Gedicht meines Nachbars, des Rudolph von Emps; den Einige fälschlich Rudolf von Montfort nennen. Könnten Sie mir eine Handschrift vom guten Gerhardt nachweisen; so würden Sie mich höchlich verbinden. Von der Legende des heiligen Georg *) vom Steine sind noch Handschriften vorhanden; ich kenne das Gedicht nicht, aber es gehört in unsere beste Zeit und verdient schon deshalb die Herausgabe.

Leben Sie wol, aufrichtig verehrt von

Ihrem

ergebensten

J. v. Laßberg.

---

*) Lies: Gregor.

14.
Uhland an Laßberg.

Tübingen, den 8. April 1822.

Euer Hochwohlgeboren

habe ich die Ehre, hiebei meine so eben unter der Presse hervorgegangene Schrift über Walther v. d. Vogelweide zu übersenden. Ich kann solche, wie auch in der Vorrede gesagt ist, freilich nur als eine Vorarbeit betrachten, die ich aber um so eher dem Druck übergeben zu dürfen glaubte, als sie doch zu weiteren Forschungen Anstoß geben kann.

Es ist meine Absicht, eine Darstellung der gesammten Poesie des zwölften und dreizehnten Jahrhunderts zu entwerfen, die, durchaus auf Quellenstudium gegründet, doch von allem gelehrten Apparat entkleidet, das poetische Leben jener Zeit in klaren Bildern entfalten soll. Für diesen Zweck habe ich mich neuerlich an die Aventürendichter gemacht. Heinrich von Velbecke und Hartmann von Aue habe ich bereits durchgearbeitet, so weit es bei Letzterem ohne Erek und Enite und Gregor vom Steine möglich war. Jetzt bin ich mit Wolfram von Eschenbach beschäftigt, der freilich schon für sich ein bedeutendes Pensum ausmacht. Nach Betrachtung der Dichter, welche nach wälschen Vorbildern gedichtet haben, glaube ich mit gehellterem Blicke zu den Dichtungen aus dem einheimischen Heldenkreise zurückkehren zu können. |

Nach einer Beschreibung der Denkmale in der Stiftskirche zu Stuttgart vom Jahr 1798 befanden sich damals in solcher folgende Monumente, die Herren von Sachsenheim betreffend:

„Auf der Emporkirche unterhalb der Orgel liegt das „Sachsenheimische Wappen in Stein gehauen mit der „Jahrzahl 1471. — Anno 1508 starb der Streng und

„Vöst Herr Herrmann von Sachsenheimb Landthoff-
„maister der (l. des) alten Herren Herrmanns Sohn an
„St. Othmars Abendt. — Anno 1558. Am guten Tag*)
„vor St. Bonifacij Tag starb der Streng Vöst Herr-
„mann von Sachsenheimb Ritter, dem Gott und Maria
„gnädig seyn Amen. — Ferner ist das Wappen unter
„sich gekehrt bei einem von Sachsenheimb, auf gedachter
„Emporkirche, in Stein gehauen, knieend, darbei die Jahr-
„zahl 1501."

Die Stiftskirche hat seitdem verschiedene Veränderungen erfahren, wodurch Manches verrückt und verdeckt worden seyn mag. Da fast Alle von Sachsenheim Hermann geheissen, so wird es schwer seyn, über die Person des Dichters ins Klare zu kommen, wenn er nicht etwa selbst in seinem Gedichte nähere Hinweisung giebt.

Eine Einberufung zum landständischen Ausschusse wird mich auf einige Zeit wieder den altdeutschen Studien entrücken. Nachher gedenke ich solche durch einen Ausflug an den Bodensee wieder anzufrischen, wobei es mir so besonders erfreulich seyn würde, mich von Ihrem Wohlbefinden und dem erwünschten Fortgang Ihrer litterarischen Unternehmungen persönlich überzeugen zu können.

Der ich mit der aufrichtigsten Verehrung beharre

Euer Hochwohlgeboren

unterthäniger Diener

L. Uhland.

NS. Dürfte ich wohl bitten, daß Sie das eine der anliegenden Exemplare des Walth. v. d. Vogelw. Herrn Ildefons v. Arx in St. Gallen, der mir gleichfalls in meinen Nachfragen so gefällig an Hand gegangen, gelegenheitlich zugehen lassen? — Hier in Tübingen bin ich gegenwärtig nur auf Besuch und werde zu Ende der Woche nach Stuttg. zurückkehren.

---

*) = Montag.

15.

Uhland an Laßberg.

Stuttgart, den 20. Mai 1823.

Hochwohlgeborner
Hochzuverehrender Herr Baron!

Zu Ende dieses Monats gedenke ich eine Fußreise nach dem Bodensee und nach St. Gallen anzutreten. Da mir so sehr daran gelegen, Eu. Hochwohlgeboren nicht abermals zu verfehlen, so erlaube ich mir die Anfrage, ob Sie um jene Zeit Ihren Aufenthalt in Eppishausen, oder etwa noch in Constanz haben werden, wo Sie, wie mir Herr Prof. Conz gesagt, den Winter zugebracht?

Ueber meine gegenwärtige Beschäftigung mit der altdeutschen Literatur würde ich nicht unterlassen, Ihnen einige Nachricht zu geben, wenn ich nicht die Hoffnung hätte, solches auf meiner Reise mündlich thun zu können.

Mit der vorzüglichsten Hochachtung verharre ich
Euer Hochwohlgeboren
gehorsamster Diener
L. Uhland.

16.

Laßberg an Uhland.

Wolgeborner,
hochverehrter Herr!

So eben erhalte ich Ihre mir so werten Zeilen vom 20. dieses; möchten die Meinigen noch frühe genug eintreffen, um Ihnen noch vor Ihrer Abreise zu sagen, daß ich zu Hause bin und nun auf alle Fälle zu Hause bleibe, da mir die Hofnung gegeben ist, Sie in meiner (einst so frohen) Einsamkeit zu sehen.

Seit wir uns sahen hat sich für mich Vieles, Alles möchte ich sagen, auf eine schmerzliche Weise umgewandelt und Sie treffen nur noch die Exuvias des Mannes an, den Sie in Stuttgardt sahen. An dem stärkern Schlag meines Herzens beim Lesen Ihres Briefes fülte ich seit zehn Monden wieder ein Mal, daß ich mich noch freuen kann; was mir, seit der Stern untergegangen, der so schön und freundlich | auf die Ban meines Lebens geleuchtet, nicht begegnete.*)

Seien Sie nichts desto weniger aufs herzlichste willkommen in meiner Klause und laßen Sie sich durch die traurige Aussenseite des Besizers nicht abschreken, recht lange zu bleiben.

Warscheinlich geht Ihr Weg über Konstanz hier her und von da erst nach St. Gallen, ich bilde mir ein, daß Sie Ihren Reiseplan mit einem landeskundigen Manne, wie der Einsiedler von Eppishausen ist, besprechen werden.

Den lezten Winter habe ich hier in der tiefsten Abgeschiedenheit, blos dem Schmerz um meine hingegangene Gebieterin, verlebt; arbeiten konnte ich nichts und noch bin ich nicht im Stande Anderes, als wie ein frommer Mönch Codices, abzuschreiben.

Sehen Sie in der Durchreise den guten Conz, so grüßen Sie ihn herzlich von mir: er soll doch nicht grollen über mein | freilich ungebürlich langes Stillschweigen. Sagen Sie ihm daß ich eine Arbeit unter den Händen habe, welche ihn auch freuen wird; es ist das wenig bekannte Gedicht von Friedrich dem Einäugigen von Hohenstaufen. Wissen Sie daß von der Hagen auf Kosten seiner Regierung diesen Sommer nach Paris reiset, um dort die Maneßische Anthologie zu bearbeiten. Owe!

An Pfingsten war ich auf einer wunderschön gelegenen Sängerburg am Bodensee, anderthalb Stunden von Über-

*) Diese Klage und Trauer (vgl. Brief Nr. 18) bezieht sich auf den am 21. Juli 1822 zu Heiligenberg erfolgten Tod seiner Gönnerin und Gebieterin der Frau Elisabeth Fürstin von Fürstenberg, geb. Thurn und Taxis, (geb. 30. Nov. 1767 zu Regensburg).

lingen: Alt Hohenfels; bei dem ersten Band des Liedersaales war nämlich eine Verwechselung mit Neu Hohenfels vorgegangen, welche ich nun durch Untersuchung an Ort und Stelle berichtigen wollte.

Leben Sie wol; ich freue mich, wie nur immer ein armer Mann, der den Preis des Lebens verloren hat, sich noch freuen kann, Sie in der Villa Epponis zu sehen.

Ihr

Eppishausen am 24. May 1823. gehorsamer Diener

Joseph v. Laßberg.

Wüßte ich den Tag Ihrer Ankunft in Constanz, ich würde Sie da abholen. Auf jeden Fall bitte ich bei meinem alten Freunde dem Staatsrate v. Ittner nach mir zu fragen; es würde den biedern alten Mann sehr freuen Sie zu sehen; er soll Sie zu Herrn Hofrat Issel füren, der eben die altertümlichen Baudenkmale von Constanz in getreuen Abbildungen sammelt.

17.

Laßberg an Uhland.

Der Mantelsak kam gestern, jedoch ganz offen und one alle Authentica von Constanz hier an; da ich nicht weiß was er enthaltet, so hielt ich für nötig ihn zu versiegeln und sende Ihnen nun denselben durch den Bischoffzeller Boten, der Morgen Vormittags zeitig in St. Gallen eintreffen soll. Die Anstalten, welche die Witterung heute zum Regnen macht, lassen mich hoffen, daß Sie hochverehrter Herr! die Hofnung, die Sie mir gestern gaben, Sie noch einmal in der Zelle des heiligen Eppo zu sehen, verwirklichen dürften: mein guter Homeride Ittnerus hat sich auf diesen Fall vorgenommen Sie selbst dem heiligen Marcus sowol, als dem seligen Kaiser Carolus crassus, zu präsentiren, was ihm als einem ehmaligen Minister allerdings zusteht. Grüßen Sie von mir vielmal den biedern Hr. v. Arx. Rittmeister v. Madruz hat sich unterwegs entschloßen, noch eine Nacht in der Villa Epponis zuzubringen und ist diesen Morgen nach dem heil. Georg zu Stein aufgebrochen. In Hofnung Sie bald wieder zu sehen

Euer Wolgeboren

Eppishausen am 10. Juny 1823.

gehorsamer D.

Joseph von Laßberg.

18.

Laßberg an Uhland.

Heiligenberg am 31. July 1823.

Wolgeborner!

hochverehrter Herr!

Hier am Grabe meiner ewig angebeteten, nie genug beweinten Gebieterin, deßen Umgebung ich noch immer auszuschmüken fortfare, erhielt ich ein Schreiben des Graven Johann Maylàth aus Wien; er trägt mir auf Sie freundlich zu grüßen und Ihnen zu sagen daß Sie ihm der Liebste unter den jezt lebenden teutschen Dichtern seien. Er meint, es wäre gut, wenn ich seine Abschrift des Carlsburger Codex von dem Gedichte auf Karl d. Gr. besonders in Bezug auf die Frage durchsehen würde, ob mir kein mit diesem stammverwandtes Ged. auf diesen Kaiser bekannt seie? Er hat zu diesem Ende an die Cotta'sche Buchhandlung geschrieben, und ich nehme mir die Freiheit Sie um Besorgung des Briefes zu bitten.

Dieser Tage kam Jemand aus Tübingen hier über Nacht, der von einer Schweizer Reise zurükkehrte und ein Verwandter von Ihnen sein will, ein entschloßener und wie mir schien, mit sich selten im Streite befindlicher Mann. Es tat mir | leid, ihm wegen seiner schnellen Abreise gar nichts Freundliches erweisen zu können. Hoffentlich sind (Sie) gesund und wolbehalten wieder bei Ihrem eigenen Herde angekommen; grüßen

Sie freundlich von mir Ihre liebenswürdige Hauswirtin, und behalten Sie mich in Ihrem mir so teuren Angedenken.

Recht sehr bedauerte ich, daß Ihr mir so lieber Besuch mich nicht allein traf und ich Sie nicht auf die Sängerburgen meiner Nachbarschaft begleiten konnte; laßen Sie sich den Gang auf ein ander Mal nicht reuen. Grüßen Sie unsern Conz von mir, suchen Sie ihn zu bereden in den Herbstferien die längst versprochene Reise nach der Villa Epponis anzutreten: ich will ihn dann mit Ittner zusamen bringen, und wir wollen einmal Tage leben, wie man sie vor 300 Jaren lebte. Gott befolen!

Ihr
aufrichtiger Verehrer und Diener
J. v. Laßberg.

19.
Uhland an Laßberg.

Stuttgart, den 2. Oktober 1823.

Hochwohlgeborner
Hochzuverehrender Herr Baron!

Nur zu sehr fühle ich, wie der Schein des Undanks auf mir lastet, indem ich für alle die Güte, der ich mich bei meinem Aufenthalt in Eppishausen zu erfreuen hatte, so spät erst meinen innigen Dank ausspreche. Die Erinnerung an jene Tage, die mir durch Ihr gastfreundliches Wohlwollen so angenehm geworden, hab' ich gleichwohl in treuem Herzen bewahrt.

Sogleich bei meiner Ankunft zu Hause empfieng mich ein Auftrag, der den Gegenständen, die mich auf der Reise beschäftigt hatten, sehr fremdartig war. Die Rechtsvertheidigung eines wegen Todschlags Angeschuldigten war mir übertragen und nahm mich für geraume Zeit gänzlich in Anspruch.

Ich habe Ihnen wohl schon früher gesagt, daß ich eine Darstellung der deutschen Poesie im Zeitalter der Hohenstaufen auszuarbeiten vorhabe. Sie wird in mehrere Abschnitte zerfallen, deren jeder für sich ein kleineres Ganze bilden soll. Mit dem Abschnitt über den Minnesang, der mir einer der schwierigsten schien, hab' ich die Ausarbeitung begonnen. Diesen Abschnitt hoffte ich im vergangenen Sommer zu beendigen und es wäre mir überaus wünschenswerth gewesen, ihn Ihrer Prüfung unterstellen zu können. Allein eben | jene Störung, wie so manche andre, verzögerten den Fortgang der Arbeit: doch trachte ich sehr, solche noch vor Einbruch des Winters zu Stande zu bringen, da mich dieser durch die bevorstehende Einberufung unsrer Ständeversammlung den litterarischen Beschäftigungen fast gänzlich entziehen wird. Darf ich auf so lange noch die mir gütig anvertraute Abschrift des Heidelberg. Codex sammt den Maneßischen Bildern in Händen behalten, so wird dieses meinen Studien sehr zu statten kommen. Die Vergleichung jener Handschrift mit der Weingartner und der Maneß. ist in mehrfacher Beziehung ersprießlich. Dem Abschnitt über den Minnesang soll zunächst derjenige über die einheimische Heldensage folgen.

Die Mailathsche Handschrift, welche Sie in dem mich beschämenden Schreiben vom 31. Jul. verlangt haben, wird Ihnen längst durch die Cottaische Buchhandlung zugekommen seyn. Ich selbst habe das Gedicht noch nicht gelesen und mir solches für den Abschnitt über den Fabelkreis Karls d. Grossen vorbehalten, wofür ich schon früher Mehreres gesammelt.

Conz, den ich bei einem Besuch in Tübingen gesprochen, ist durch meine Erzählung sehr lüstern geworden, das schöne Eppishausen zu besuchen. Doch hat er diesen Sommer eine Badreise gemacht und will darum den Herbst zu Hause bleiben.

Angelegenst bitte ich Sie, mich den achtungswerthen Männern zu empfehlen, die ich in Ihrem Hause kennen gelernt. An Hrn. v. Ittner, der mir so vieles Wohlwollen erzeigt, schreib' ich be | sonders. H. v. Arx wird, wie ich aus öffentlichen Blättern sehe, nunmehr das Gedicht über den

Appenzeller Krieg herausgeben. Gerne möcht' ich mich ihm als Subscribenten nennen.

Mit dankbarer Verehrung beharre ich
Euer Hochwohlgeboren
gehorsamster Diener
L. Uhland.

20.
Laßberg an Uhland.

Lieber Herr!

Ich möchte lieber sagen: Freund! wenn ich hoffen dürfte, diesen Namen bei Ihnen zu verdienen; jeder Andere, den Sie mir geben können, ist mir höchst gleichgiltig, und nach diesem werde ich streben, so lange Sie mir erlauben, von mir und meinem Treiben und Tun Ihnen Nachricht zu geben. Ihr Schreiben vom 2. dieses hab ich erst heute erhalten. Daß Sie die Erinnerung an die kurzen Stunden, die Sie der Villa Epponis und ihrem Einsiedler geschenkt, in Ihrem Herzen bewaren wollen, hat mich innig gerürt und so weit mich noch Etwas freuen kann, herzlich gefreut. Es schien mir als ob irgend eine mir unbekannte Ursache Sie zurükgehalten habe, sich ganz zu entschließen; daß diese meine Ansicht nicht die Einzige gewesen seie, mögen Sie aus folgenden Worten meines Freundes Ittner, die ich heute mit Ihrem Briefe erhalte, schließen: „Diese Woche erhielt ich von dem Dichter Uhlandus, „dem wir kein Lächeln ablocken konnten, die lateinischen Oden „von Gustav Schwab, die er unter dem fetten König Agag „an die Landstände dichtete, fast alle im alkaischen Versmaße. „Sie sind von verschiedenem Werte, doch meistenteils gut und „strotzen von Vaterlandsliebe und freisinnigen Gedanken, wie „sie die Könige nicht gerne hören. Das Beste aber dabei sind „die herrlichen deutschen Übersetzungen von Uhland, die das

„Original bei weitem | übertreffen und die verschloßenen „Ideen hell und deutlich ans Tageslicht ziehen.“ *)

Nun zu Beantwortung Ihres Briefes! — Von Ihrem Vorhaben eine Darstellung der teutschen Poesie im Zeitalter der Hohenstaufen zu geben, haben Sie mir weder im Allgemeinen, noch in Bezug auf die Abteilungen Etwas gesagt; allein, als ich Ihren Walter von der Vogelweide gelesen hatte, war mir schon klar, daß in dieser Zeit nur Sie, oder sonst niemand, diese Arbeit mit Glük und Geschik unternemen und vollfüren könne. Daß Sie solche meiner Prüfung unterstellen möchten, sehe ich für eine bloße Höflichkeit an; denn Sie verstehen das in jeder Beziehung besser als ich, und wenn ich je Etwas war und konnte, so hat die Trauer nun zuviel Gewalt über mich gewonnen, als daß ich mir noch schmeicheln dürfte Etwas Gutes und Großes in meinem Sinne zu leisten. Non sum qualis eram, sub bonae regno Cynarae! — Gleichviel, wenn nur das Gute geschieht, durch wen es geschehe! Nicht nur die Abschrift des palatinischen Codex Nr. CCCLVII. und die Zeichnungen aus der Maneßischen Handschrift; sondern mein ganzer literarischer Apparat stehen Ihnen zu jeder Zeit und auf so lange Zeit als Sie ihn nüzen wollen zu Diensten. Wozu hätte ich ihn sonst erworben? Möchte ich im Stande sein Ihnen recht viele Dienste zu leisten und Ihnen zu zeigen, wie sehr ich einen Mann ehre und liebe, der seinem Vaterlande teuer sein muß, hätte er auch kein anderes Verdienst um dasselbe, | als daß er so oft gezeigt hat, wie teuer ihm das Vaterland ist.

Die Vergleichung der Maneßischen Ausgabe mit der Weingartner Handschrift und der Heidelberger muß Ihnen unzweifelbar wichtige Resultate gewären. Ich glaube daß der

---

*) v. Ittner hatte die lat. Übersetzung für das Original gehalten. Der Titel der kleinen Schrift lautet: De constitvenda re publica carmina. Latinit. et metris Horatianis vestita venvsinæ mvsae amatorib. offert adj. textv vernacvlo G. Schwab. Stuttgard. 1823. gr. 8.

Weingartner Codex dem sogenannten Maneßischen zur Grundlage gedient hat, daß Lezterer für den Bischof Heinrich (von Klingenberg) von Konstanz geschrieben worden seie, ist mir beinah mehr als warscheinlich. Er war von seiner Mutter, einer gebornen von Costenz, ein halber Zürcher, er war Chorherr und Dechant zu Zürch — Johann von Kostenz (sonst auch Klein Heinzelin von Costenz genannt) warscheinlich sein Ohm, ist Verfasser des schönen Gedichtes: Gott Amur (was ich diplomatisch beweisen kann). Eben so warscheinlich ist, daß er in Zürch seine Bildung erhielt, er wurde Chanzler Kaiser Rudolfs von Habsburg, aber erst nach des lezteren Tode (1293) Bischof zu Constanz.

Einen solchen Aufwand als die Handschrift erforderte konnte damal kein Privatmann bestreiten; auch ist ganz falsch daß der Bürgermeister Rüdger Maneß die Handschrift fertigen ließ; es war ein gleichnamiger Vetter, Scholaster am großen Münster zu Zürch, der als solcher über alle Schönschreiber und Rubricarios zu befelen hatte.

Ich halte den Heidelberger Codex CCCLVII. für Etwas älter als den Weingartner; aber er ist | offenbar ein ἀπόγραφον, wovon seine große Unkorrektheit einen unwiderlegbaren Beweiß giebt. Auf jenen Abschnitt Ihres Werkes, der von der einheimischen Heldensage handelt, bin ich am meisten begierig und wünschte vorläufig zu wissen, welchen Zeit-Raum Sie demselben einräumen?

Mit Mayläths Handschrift habe ich schon viele Zeit verdorben, und hätte dieselbe schon längst weggeworfen, wenn ich nicht dem biedern Ungar zu lieb mir vorgenommen hätte, sie bis ans Ende zu lesen. Eine elendere Mönchs-Compilation aus Legenden und Klostertraditionen ist mir nicht bald vorgekommen; in den Fabelkreiß Karl des Großen möchte ich sie auf keinen Fall reihen; denn es ist offenbar ein Produkt des XV. Jar-Hunderts im Anfange warscheinlich auf einer lateinischen Legende beruhend, dann aber eine bloße langweilige

Geschichte des Schotten Klosters zu Regensburg, welches von viel späterem Ursprunge ist als Karl des Großen Regierung. Da ist mein Gabriel von Montavel, gedichtet von unserm Landsmanne Konrad von Hohenstoffeln (dem edlen, fryen manne), der auch in den Kreiß der Tafelrunde gehört, ein ganz anderer Kerl.

Wir haben heuer keine süßen Trauben, sonst würde ich bedauern, daß der gute Conz diesen Herbst seinen Ausflug in die Villa Epponis nicht unternommen hat; aber | ich habe noch alten Wein und das ist für alte Knaben, wie er und ich sind, doch die Hauptsache; sagen Sie ihm dieses, und wenn er kommen will, so kann ich ihm meine Pferde bis Tuttlingen entgegen schiken. Ihre Subscription an Arx für das Gedicht auf den Appenzeller Krieg werde ich bei ihm anmelden, er hatte es mir vor ein Par Jaren zur Einsicht gesendet und ich ihm sehr mißraten, es heraus zugeben; es hat weder das Verdienst der Gleichzeitigkeit, noch irgend einen dichterischen Wert. Dies und Mayláths Handschrift sind nun 2 Sachen, die dem Geschmake an altteutscher Literatur mehr Schaden als Nuzen bringen werden.

Im Anfange Augusts habe ich mit Ittner und einem Konstanzer Archivisten die Reise in das Rheintal gemacht, welche Sie hätten machen sollen; ich habe dabei mehr als 40 alte Burgen besucht und unter diesen mehrere Sängerburgen, als: Husen, Altstetten, Hohensax, Sevelen (welches ich für die Burg des Milon von Sevelingen halte; denn Söflingen bei Ulm war schon im XIII. Jar Hundert ein Nonnen Kloster, und gehörte früher denen von Freiberg), Gutenburg bei Balzers, drei Burgen der Montforter, und 3 deren von Hohen Ems. Ich werde den 20 Sängern im ersten Bande des Liedersaals im Vorberichte zum 2. noch zwanzig andere anreihen, welche alle nicht weiter von Eppishausen entfernt wonten, als die im ersten Bande erwänten. In Sargans ent|dekte ich bei Herrn Altstatthalter Gallatin eine Handschrift des Gedichts von dem

Ritter von Staufenberg und der Meerfeye, warscheinlich von Gilg Tschudy oder seinem Sone geschrieben, und einige noch unbekannte Schlachtlieder aus den Burgundischen Kriegen, vielleicht von Veit Weber aus Freiburg im Breißgau. Das ist aber auch Alles, was mir auf dieser Ausflucht von altteutscher Literatur vorkam. Höchst merkwürdig war mir Werdenberg. Das schönste Wetter begünstigte uns; aber mir felte die Sonne, die sonst alle meine Schritte so freundlich beschien! — Davon mag ich nicht weiter sprechen! Ich habe für diesen Winter den alten Helmsdorfischen Hof zu Konstanz gemietet; ich will versuchen mich über meine Empfindungen zu täuschen und mich zu bereden, daß ich mich noch in diese Welt und unter diese Menschen schiken kann; zugleich lasse ich den 3. Band meines Liedersaales dann dort unter meinen Augen druken. Leben Sie recht wol und vergnügt mit Ihrer liebenswürdigen, schlanken, ehelichen Wirtin und gedenken Sie zuweilen Ihres Sie aufrichtig

verehrenden

Eppishausen am 11. Oktober 1823. J. v. Laßberg.

21.

Uhland an Laßberg.

Verehrtester Freund!

Wenn ich so spät erst das Schreiben erwidre, wodurch Sie mir diesen Namen gestatten, und wenn ich so lange im Besitz Ihrer gütigen Mittheilungen geblieben bin, so wird mir zu einiger Entschuldigung gereichen, daß ich nun seit mehr als sieben Monaten durch die landständischen Verhandlungen Demjenigen, wohin mich die Neigung trägt, fast gänzlich entfremdet bin.

Doch kann ich den Sonntag, den ich im vorigen Sommer zu Eppishausen so angenehm zugebracht, nicht ohne einige Zeilen dankbarer Erinnerung vorübergehen lassen.

Die Abschrift der Pf(älzer) Liederhandschrift, die ich mit innigem Dank zurücksende, hat mich in meinen Studien manigfach gefördert. Wenn gleich im Ganzen nachlässig und gedankenlos geschrieben, giebt dieser Codex doch eine Menge neuer Lesarten und berichtigt an vielen Stellen den gestörten Rhythmus, vorzüglich aber hat er manche werthvolle oder literarisch merkwürdige Lieder, die in der Manessi. Sammlung fehlen, der Vergessenheit entrissen.

Die Zeichnungen aus der Manessi. Handschrift sind in mehrfacher Beziehung erläuternd. Manche | stammen offenbar aus älteren Handschriften her, namentlich aus der Weingartner. Das Bild Ulrichs v. Lichtenstein ist ohne Zweifel, sammt den Liedern, aus einer Handschrift des Frauendiensts entnommen; Königin Venus erhebt sich aus dem Meere zu Mestre. Mehrere mögen nach alten Siegeln, welche den Ritter in voller Wappnung darstellen, gezeichnet seyn. Die Wappen zeigen, zu welchem von verschiedenen Geschlechtern des gleichen Namens man in so naher Zeit die Sänger gezählt; manche sind aber wohl auch, in Ermanglung festeren Anhalts, nach den Namen aus der Phantasie gemalt.

Zu bedauern ist, nach Ihrer Beschreibung, daß Mailaths Handschrift nichts Besseres liefert. Warum nicht lieber weitere Erzählungen des Coloczaer Codex, mit dem nun der Liedersaal in trefflichen Stücken zusammentrifft? Warum geben uns die österreich. Literatoren immer nicht Hartmanns Erek und Enite, Ulrichs Itewiz, den Lancelot, Wolkensteins Lieder 2c.? Warum bleibt der Frauendienst, der ältere Herzog Ernst 2c. in München begraben? und wie Vieles in Heidelberg?

Sehr erfreulich ist die Entdeckung des Gabriel v. Montavel. Auch diese Hegäuburg tritt nun in den Glanz der Poesie.

Neuerlich hat ein gewisser Heinrich Schreiber in der Bibliothek des protestant. Seminars in Straßburg die | Handschrift einer älteren, als Rudolfs, Alexandreis gefunden und davon in der Zeitschrift „Charis" *) Proben gegeben. Solche Stücke aus dem 12. Jahrhdt., mit unvollkommenen Reimen, wie der alte Tristan ꝛc. scheinen mir, wenn gleich einem ganz andern Kreise angehörend, über das Alter des Nibelungenlieds mehreres Licht verbreiten zu können.

Von Méons altfranzösischen Fabliaux sind zwei Supplementbände erschienen. Aber noch immer geben die Franzosen ihr Bestes nicht, die Heldengedichte von Karl d. Großen und die romantischen Erzählungen, nach denen unsre Aventürendichter gearbeitet. Die Berner Bibliothek enthält Mehreres dieser Art.

Mit Sehnsucht sehe ich der Zeit entgegen, die mir gestatten wird, der alten vaterländischen Dichtkunst wieder einige Musse zu widmen. Das Nächste wird dann wohl seyn, daß ich den Aufsatz über den Minnesang, wovon ich Ihnen schon früher gemeldet, ins Reine bringe.

Sie haben wohl längst wieder das schöne Eppishausen bezogen und werden auch wieder von den Gästen des vorigen Jahrs besucht, denen ich mich freundlich zu empfehlen bitte.

Mit aufrichtiger Verehrung und Freundschaft

Stuttgart, den 13. Jun. 1824. der Ihrige

L. Uhland.

NS. Den Milon (in der Weing. Hds. Meinlo) von Sevelingen möchte ich doch in Söflingen suchen. Wenn ich nicht irre, kömmt ein solcher in der urkundl. Geschichte der Grafen von Kirchberg (worunter auch ein Minnesänger), welche im vorigen Jahre von der Münchner Akademie zum Druck befördert worden, als Zeuge vor.

Prälat Schmid hat mir folgende Notiz mitgetheilt: „Milon v. Sevelingen. Vermuthlich Meinlohus v. S., „Ministeriale des Gr. Hartmann v. Dillingen, S. Lang

*) Charis oder Blätter für Kunst, Litteratur und Alterthum. (Heidelberg 1824.) Nr. 6—9.

„Regesta Boica z. J. 1240. Es dürfte derselbe Men„lochus, ein Ritter seyn, der nach dem Lagerbuch des „Teutschen Hauses in Ulm dem Orden die Kirche und „die Wohnung daselbst gegeben hat, und dessen Todes„tag im Kalender dieses Ordenshauses bei dem 25. Okt. „bemerkt ist."

Nach meiner Ansicht hat der Minnesänger Meinlo lange vor 1240 gesungen, er gehört zu den Trefflichsten des ältern Styls. Aber die Namen gehen ja in diesen Geschlechtern immer vom Vater auf den Sohn.

Dietmar v. Ast stammt nach Docen aus dem Thurgau. Ich habe bei Arx und Andern, auch in der Vorrede des Liedersaals, nichts darüber gefunden.

22.

Laßberg an Uhland.

Eppishausen am 23. Juny 1824.

Jeder Posttag, der mir einige Zeilen von Ihnen bringt, mein verehrter Freund! ist mir ein Festtag; aber der vorgestrige war es für mich doppelt, da ich Ihrem Briefe einen Namen vorgesetzt fand, den ich schon längst von Ihnen zu erhalten wünschte. Nemen Sie mit einem, leider nur im Geiste gereichten, kräftigen Handschlage meinen guten treuen Dank dafür und glauben Sie daß ich diesen schönen Namen als ein teures Geschenk ansehe, mit dem das Geschik noch einen lieblichen Schein auf den sonst so freudenlosen Abend meines Lebens herab senden wollte.

Ich habe die Handschrift und die Zeichnungen richtig erhalten, und freue mich, daß sie Ihnen nüzlich waren. Von den Zeichnungen hege ich dieselbe Ansicht wie Sie und glaube daß die Wappen nur mit äusserster Vorsicht zu gebrauchen sind; auch scheinen die Bodmerischen, von welchen die meinigen abgenommen sind, mit großer Eile gemacht worden zu sein; man wollte warscheinlich die Bilder alle, wie die Pariser Handschrift sie hat, abzeichnen; als aber die Zeit wegen Zurükgabe des Codex nicht mer hinreichte, begnügte man sich an den Wappen, wo dann bei Eintragung der Namen hie und da eine Verwechselung mag vorgegangen sein. Hievon habe ich unwiedersprechliche Beweise. Schöpflin schrieb an Bodmern, nach Zurüksendung der Handschrift, ganz verwundert über die kurze Zeit, welche man zur Abschrift verwendet; | schon die Jarzalen des Drukes beweisen, daß die Handschrift bei der Correctur nicht mer zum Grunde gelegt werden konnte, hinc illæ lacrimæ! Aus Hagens neuer Ausgabe dieser Handschrift ist nichts geworden; ich verneme aus Paris, daß er sich dort meist mit provençalischen Handschriften beschäftiget habe. Sollen wir in seinem Gottfried v. Straßburg einen Teil jener Lesefrüchte bewundern; so hat der Teufel das Geld geholt, was auf der Reise aufgegangen ist.

Ich habe dem Grafen Mailáth dieselbe Bemerkung über die Herausgabe des magern und langweiligen Klausenburger Karls gemacht, welche in Ihrem Brief steht: allein, das ist nun ein mal eine Grille von ihm, er betrachtet sich hierinn als den Represententanten der Ungarn, und will uns zeigen, daß sie auch nicht einen Fezen von unserer alten Literatur wollen zu Grunde gehen laßen! — Von dem Kodex zu Colocza wird, wie er mir schreibt, nicht weiters erscheinen, warum? weiß ich nicht. Primisser sagt mir (Sie kennen wol seine Beschreibung der ambrasischen Sammlung) daß er aus dem Sinzendorfischen Codex und andern handschriftlichen Quellen den Wiener Spruchdichter Suchenwirt zur Herausgabe bearbeitet habe; aber keinen Verleger finde. Das macht nun, daß so manche gute Handschrift nicht ins Liecht tretten kann. Der Präfekt Heinrich Schreiber zu Freiburg in Breißgau, von welchem Ihnen eine neue Ausgabe der Kriegslieder von Veit Weber bekannt sein wird, hat aus Straßburg eines gewissen Ekenold (C. Berthold) aus

Herboldsheim (im Breißgau) Alexandreis erhalten*) und | hält diese für die älteste — ich habe auch eine hier von Ulrich von Eschenbach und es soll mit der von Rud. von Ems noch eine Vierte geben. Er wird sie ganz herausgeben und da er ein sehr pünktlicher und fleißiger Mann ist, so dürfen wir eine gute Ausgabe erwarten. Ja wol ist zu wünschen, daß solche Sprachurkunden welche dem Nibelungen Liede am nächsten stehen, recht bald erscheinen. Bedaurungswert ist die große Lüke, welche zwischen dem 10. und 12. Jarhunderte in unserer Literatur sich findet, und die von dem Liede auf den Heiligen Anno nicht ausgefüllt wird. Von diesem Liede ist in Teutschland keine Handschrift mer; ich habe von hier aus in Engelland wieder Eine entdekt; sie kam mit dem literarischen Nachlaße des Franz Junius (des Herausgebers des Ulphila) dahin. Vielleicht ist es dieselbe, welche einst in der Rebingerschen Bibliothek zu Breßlau war, und welche Opiz seiner Ausgabe zu Grunde gelegt hat. Wenn ein mal einer Ihrer Bekannten nach Oxford reiset, so geben Sie ihm ja auf sich nach dieser Handschrift zu erkundigen.

Die Fabliaux des Herrn von Méon sind mir, wie so Manches Neue nicht bekannt; wüßte ich den Titel, so würde ich sie mir kommen laßen. Hingegen besaß ich die Fabliaux et Contes du XIIe et XIIIe Siècle, par le Grand: allein, vom vielen Ausleihen ist mir leider nur noch der 3. Band übrig, in welchem sich merere Schwänke des Liedersaales befinden. Zu Toulouse ist lezthin eine Grammaire de la Langue des Troubadours erschienen die ich nächstens erwarte. In einem alten französischen Volksbuche: Les Escraignes Dijonnoises. Rouen. 1628 habe ich diese Tage auch einen Schwank gefunden der im Liedersaal steht. So haben wir überall entlehnt! das Gegenteil ist wol nicht zu vermuten. |

*) Beruht auf einem Irrthum, nur ein Zeugniß, nicht das Gedicht selbst ist vorhanden.

Was Sie mir über den Sänger von Sevelingen schreiben, wäre mir vor 14 Tagen sehr willkommen gewesen; aber leider ist der Bogen, der meine Animadversion über ihn enthält, schon gedrukt, und ich müßte damit noch andere umdruken laßen. Wo Urkunden sprechen, hört alle Meinung auf. Indeßen will mir der schottische oder irländische Name Meinlochus nicht in den Kopf; das Facsimile aus dem Weingartner Codex in Zapfs Reisen hat: Meingoz, einen Namen der öfters vorkömmt. Von Langs Regesta Bavar. habe ich nur erst den ersten Band, und die Geschichte der Graven von Kirchberg (von welcher ich wußte daß die Handschrift eines Mönchs im Kloster Wiblingen lag) welche kürzlich in München erschien, ist mir noch ganz unbekannt. Wie lautet der Titel? In Stuttgart wird man freilich mer innen als in der einsamen Villa Epponis. Dietmar von Ast gehört ungezweifelt dem Thurgau an*), und zu den vielen Thurgauischen Familien, welche Einhorne im Wappen fürten, wie diesmal der Maneßische Codex richtig angiebt. Richtig traf Ihr Brief beinahe durchaus dieselbe Gesellschaft hier an, welche Sie selbst mein Freund! voriges Jar hier antrafen. Herr v. Ittner trug mir freundliche Grüße an Sie auf. Künftigen Monat erwarte ich den guten, lieben Conz hier, wenigstens hat er es mir versprochen. Leben Sie wol, aufrichtig geliebt und verehrt von

Ihrem

J. v. Laßberg.

Morgen sind es 38 Jare, daß ich in der Burg zu Trifels, die unser Kaiser Friedrich der Rotbart neu baute, aus den Händen eines Biedermannes die ersten Waffen erhielt.

*) Vgl. im Anhang Laßbergs Brief Nr. 2.

23.*)

Laßberg an Uhland.

Hochverereter Herr und Freund!

Hier kommt endlich der zweite Band des Liedersaales, wie ich hoffe, pro Strena noch zu rechter Zeit; den dritten laße ich unter meinen Augen zu Constanz, wo ich für diesen Winter eine Wonung genommen habe, druken.

Diesen Sommer haben Zeune aus Berlin und Prof. Lachmann aus Königsberg mich in der Villa Epponis besucht: lezterer ist ein ser tüchtiger junger Mann, der einst in der Theotisca etwas leisten wird, er hat lezten Sommer merere Monate in der Handschriften Sammelung zu St. Gallen gearbeitet und macht seinem Lerer Benecke warhaft Ere.

Es tat mir leide, daß ich Ire Auskunft über Milon von Sevelingen für die Vorrede zu diesem Bande nicht mer benuzen konnte; ich werde aber diesen Schnizer im dritten Bande getreulich beichten; weil es one dies bei uns ein Jubiläums Jar ist, wo man Nachlaß für alle Sünden erhält.

Einiges in der Vorrede habe ich absichtlich hingeworffen, auf daß es widersprochen werde und das Ware an den Tag komme.

Heinrich von Klingenberg hat mich lange vestgehalten, er war ein Mann dessen Geist mächtig und mannigfaltig in seine Zeit eingrif. Es sind viele Materialien zu seiner Biographie vorhanden und man könnte ein gutes Buch von im machen. |

Haben Sie schon vernommen, daß der böse Hagen (jezo in Berlin), der dies Jar das Nibelungen Lied in einer neuen Übersezung verhunzt hat, nun in allem Ernste daran ist, eine neue Ausgabe der sogenannten Maneßischen Sammlung zu

*) Von hier an sind alle Briefe Laßbergs mit lateinischer Schrift geschrieben, offenbar unter J. Grimms Einfluß.

machen? Diese Arbeit hätte vor Allen einem schwäbischen Manne zugehört und Sie mein vererteſter Freund! hätten sich dieselbe von Keinem sollen entreißen lassen. Welchen Dienst würden Sie der Literatur unseres Vaterlandes geleistet, welche Freude würden Sie allen Freunden unserer lyrischen Anthologie gemacht haben! und noch wäre im Grunde nichts verspielt; denn ich zweifle nicht daß von der Hagen zurüktritt, wenn er hört daß Sie sich der Sache unterziehen. Von der Hagens wird eine andere Ausgabe nicht entberlich machen: aber es wird vergeblich viel Geld aufgewendet sein (die Regierung unterstüzt in) und alle verständigen Leute bereuen das Buch gekauft zu haben. Sollte nicht Herr von Cotta eine Ere darin suchen die Arbeit und den Preiß einer solchen Unternemung dem Lande, welchem er angehört, zuzneignen?

Künftigen Früling komme ich nach Haygerlohe, von wo aus ich den guten Conz zu besuchen gedenke, und wenn ich dann sicher bin Sie zu treffen; so komme ich auch nach Stuttgart und bringe Inen selbst den Gruß des alten

Eppishausen am 9. December 1824. Laßbergäre.

Ittnerus der einen Teil des Sommers bei mir zubrachte, und recht wol ist, läßt Sie grüßen.

24.

Laßberg an Uhland.

Constanz am 6. April 1825.

Hochvererter Freund!

One Zweifel haben Sie meinen unterm 9. December an Sie gesendeten zweiten Band des Liedersaales erhalten; ich lasse demselben die eben fertig gewordene erste Hälfte des dritten folgen, welcher noch im Laufe dieses Sommers seine Vollendung erhalten wird. Ich bin entschlossen Irem Wunsche gemäß, denselben mit einer kleinen geographischen Charte auszustatten, welche die Wonsize unserer alten Sänger angeben soll; es verstehet sich aber, daß diese Topographie die Gränzen des alten Herzogtums Alemannien nicht überschreitte.

Mein guter lieber Ittner, welchen Sie in der Villa Epponis gesehen haben, hat uns am 9. März für immer verlassen; nach seinem im Leben geäusserten Wunsche, starb er one Schmerz, von den sanften Pfeilen des Helios getroffen. Ich entbere jn täglich mer und füle mich ser alleine; er liebte mich und gab mir noch in den lezten Stunden seines Lebens Beweise davon; nun habe ich gar keinen Umgang mer, weder auf dem Lande noch in der Stadt. Das sind die Zweige, Blätter und Blüten, die vom Baume des Lebens abfallen und denen der Stamm bald selbst nachfolget. | Er hatte im lezten Herbste von mir einen Stof zu einer Winterarbeit verlangt, und ich gab jm aus der Handschrift der Zimberischen Chronik die höchst romantische Legende: wie Grav Albrecht von Werdenberg eines Königs Tochter aus Portugal erwarb die auch im Thomas Lyrer stehet; aber mit veränderter Lection. Er sagte mir einige male, dies werde seine lezte Arbeit sein: wenige Tage vor seiner Krankheit vollendete er sie, und ich sollte nun historische Noten dazu machen, da starb er.

Eine erfreuliche Nachricht schrieb mir kürzlich der H. Minister von Stein aus Nassau. Der erste Band der Monumenta historiae Germaniae medii aevi wird nun endlich auf Michaelis bei Hahn zu Hannover in Folio erscheinen: die Armut unserer Gesellschaft erlaubte nicht, so wünschenswert es gewesen wäre, den Selbstverlag zu übernemen, und so ist nun das Fortschreiten der Unternemung absolut an den Absaz gebunden, was mich für die Zukunft manchen Stillstand befürchten lässt. Die teutschen Regierungen haben so viel wie nichts für die Sache getan! |

Conzius macht mir neuerdings Hofnung jn diesen Herbst in meiner Einsiedelei zu sehen: allein, ich fürchte diese spes longa möchte wieder an irgend einem unvorgesehenen Hindernisse scheitern.

Nach Beendigung des Landtages vermute ich Sie mein verertester Freund! wieder der Theotisca zugewendet und näre die süße Hofnung bald wieder Etwas über den alten Gesang und die Sänger von Inen zu lesen; auch habe ich von einer neuen und vermerten Ausgabe Irer Gedichte sprechen gehört; mögen Sie fortfaren auch hierin die Freude und Ere Ires Vaterlandes zu meren! Behalten Sie mich in Irem freundschaftlichen Andenken und seien Sie herzlich gegrüßt

Von

Irem ergebensten
J. v. Laßberg.

25.

Uhland an Laßberg.

Verehrtester Herr und Freund!

Für das Geschenk, das Sie mir mit dem zweiten Bande des Liedersaals gemacht, sage ich erst jetzt meinen innigen Dank, nachdem es mir auf abermalige lange Unterbrechung wieder vergönnt ist, zu den altdeutschen Studien zurückzukehren und dabei auch dieser schönen Gabe mich zu erfreuen. Besonders wichtig ist mir auch das reichhaltige Vorwort. Möge das Buch, das sich über Heinrich v. Klingenberg schreiben liesse, nicht ungeschrieben bleiben!

Aber die Zueignung dieses zweiten Bandes erweckt wehmüthige Erinnerung an den Biedermann, von dem es nun erst recht heißt:

mich mvet*) harte sere
das ir so verre sint!

Im vorigen Spätjahr hatte ich mich viel mit Wolfram von Eschenbach beschäftigt, auch Einiges niedergeschrieben, aber

---

*) d. h. muet, muejet, muht, beschwert.

statt der erwarteten altfranzösischen Handschriften von Bern, welche mir zu gründlicher Behandlung dieses Dichters unentbehrlich schienen, kam die Antwort, daß solche nicht abgegeben werden. Dieses nöthigte mich, den ganzen Abschnitt zurückzulegen, und ich habe mich jetzt zu der deutschen Heldensage gewendet.

Eine neue Ausgabe der Maness. Handschrift zu bearbeiten, möchte, wenn auch kein andres Hinderniß obwaltete, mein grammatisches Ta | lent kaum ausreichen. Mich freut es, wenn nun endlich das ganze Material dieser reichen Liedersammlung zu Tage kömmt. Davon aber hat mich die Vergleichung der hiesigen, Weingartner, Handschrift überzeugt, daß man die älteren Minnesänger aus dem Maness. Codex nicht in ächter Gestalt kennen lernt.

Lachmanns Bekanntschaft habe ich hier gemacht. Von ihm ist gewiß Bedeutendes für Sprache, Prosodie, Kritik, zu erwarten. Ein andrer eifriger Freund des deutschen Alterthums, Maßmann, war an Ostern hier, als ich mich gerade in Tübingen befand. Er ließ mir die Anzeige seiner beabsichtigten Ausgabe der Kaiserchronik zurück, die ich, für den Fall, daß sie Ihnen noch nicht bekannt wäre, hier beilege. Er reist dieses verdienstlichen Unternehmens wegen noch nach München und Straßburg und wird auf dem Rückweg wieder hier eintreffen.

Eine weitere Ankündigung altsassischer Sprachdenkmale, von Scheller, erregt große Erwartungen. Zu verwundern ist nur, daß mit einer späten Uebersetzung der Anfang gemacht wird.

Der Frühling, für den Sie uns einen Besuch hoffen ließen, ist nun angebrochen. Ich darf nicht erst versichern, wie ungemein es mich erfreuen würde, Sie recht bald unter meinem Dache zu begrüßen. Auch Conz, den ich vor wenigen Tagen gesprochen, ist zu treffen und freut sich auf Ihre Ankunft.

Mit der aufrichtigsten Verehrung

Stuttgart den 16. April 1825. L. Uhland.

26.

Uhland an Laßberg.

Stuttgart den 11. Mai 1825.

Verehrtester Herr und Freund!

Während mein Dank für den zweiten Band des Liedersaals sich auf dem Wege befindet, bin ich bereits mit der ersten Hälfte des dritten beschenkt und erfreue mich des nun bald vollständigen Erscheinens dieser reichen Sammlung, welche nun erst von der fortlebenden Poesie im 14. Jahrhundert lebendiges Bild giebt und auch für den früheren Zeitraum so Manches ergänzt und aufhellt. Ueberaus merkwürdig ist die Sage von den Nachtfrauen; wichtig mir besonders die Anspielungen auf Nithart, auf ältere Tanzweise u. s. w.

In Wallenstein ist ja nun auch eine Nibelungenhandschrift ruchtbar geworden, ein Rosengartenlied, ein provenzalischer Fierabras ꝛc. Die erstern werden aber bis jetzt sehr unzugänglich gehalten.

v. d. Hagen hat um den Weingartner Codex angesucht, vermuthlich um ihn mit der Manessischen Sammlung herauszugeben. Der zweite Theil seines Heldenbuchs ist nun endlich auch erschienen. Doch fehlt noch immer Manches aus diesem Kreise: Alpharts Tod, der Wiener Wolfdietrich ꝛc.

Mit Bedauern habe ich in Ihrem letzten Schreiben keine Bestätigung des Besuchs gefunden, den Sie uns für diesen Frühling hoffen ließen; jene frühere Aeußerung in Erinnerung zu bringen und zugleich für das neue Geschenk herzlich zu danken, ist der Zweck gegenwärtiger Zeilen.

Mit aufrichtiger Verehrung und Freundschaft

L. Uhland.

27.

Laßberg an Uhland.

Constanz am 30. May 1825.

Mein lieber Freund!

Explicit feliciter Liedersaals dritter Band; dies habe ich mit Vergnügen ausgerufen, als mir der Buchdruker vorgestern den lezten Bogen brachte. Vorrede und Titelkupfer werde ich nachsenden; indeßen kann man das Buch lesen.

Die Nachricht, welche Sie mir geben, daß von der Hagen den Weingartner Codex sollicitirt hat, macht, daß ich Morgen in die Villa Epponis zurükkere, um ein Exemplar des Liedersaales zusamenzupaken und bei Irem Könige ebenfalls um besagte Handschrift zu werben. Er ist ja der König der Schwaben und wird wol einem schwäbischen Manne lieber diese Arbeit gönnen, als einem Ausländer. Können Sie durch Freunde und Bekannte Etwas hiebei zu meinen Gunsten wirken; | so weiß ich daß Sie es nicht unterlassen werden: es seie denn, daß Sie selbst Absichten auf den Codex hätten, dann tue ich mit Freuden Verzicht auf denselben.

Wie wird mir meine liebe Villa vorkommen, one meinen teuren Ittnerus? quis desiderio sit pudor, aut modus, tam chari capitis? incorrupta fides, nudaque veritas! —

Was machen Sie, wie leben Sie, wo gehen Sie diesen Sommer hin? wüste ichs, ich würde Sie manchmal in Gedanken begleiten.

Da ist Jemanden eingefallen, daß in unsern trübseligen Zeiten so gar nichts für die Gemütserheiterung des Volkes getan wird; der meint folgende drei Büchlein in Druk ausgehen zu lassen:

I.

Eine schöne neue Historia, von einer Künigs-Tochter aus Portugal und einem Graven von Werdenberg, wie er dieselbe aus jres Vaters Hof entfürt, und nach viel ausgestandenen | Abenteuern, glüklich in sein Haimat nach Sargans bracht hett. Lustig und anmutig zu lesen, und dem Schwäbischen Volk zu Lust und Lieb, neuerlich ans Liecht gestellt durch Maister Seppen von Eppishusen, einen farenden Schueler.

II.

Ein schöne, neue und weltliche Historia von Herzog Friederich von Schwaben, wie der eines Künigs Tochter Angelburg genannt, so in einen Hirß verwunschen war, begegnet und dieselbe, nach viel erlittenen Färlichkeiten und Drangsalen, endlich erlöset, worauf sie noch viele Jar mit einander in aller Freud und Einigkeit gelebt und zulezt jre Tag gottselig beschlossen haben. Dem lieben Schwäbischen Volk, zu einiger Gemütsergözlichkeit, und Ler ans Liecht gestellt, und in Druk ausgeben, durch Meister Seppen von Eppishusen, einen farenden Schueler.

III.

Eine schöne und lerreiche Historia, von eines teutschen Künigs Son, genannt Konradin Herzog zu Schwabenland. Wie der sein väterlich Erb mit Kriegen wieder gewinnen wollt; darüber aber durch Schikung Gottes, in Gefangenschaft und Gewalt Künig Karls zu Napels fiel, und zulezt samt seinem besten Freund, Markgrav Frie | derich von Baden, jämmerlich enthauptet ward. Allen redlichen Schwaben zu Nuz, und frommen Seelen zu Trost in betrübten Zeiten, zum ersten mal in Druk ausgeben, durch Maister Seppen von Eppishusen, einen farenden Schüler. Gedrukt in diesem Jar.

Nu! ich hoffe, wenn der alte Sepp einmal mit seiner Kräzen*) auf den Stuttgarter Markt kommt, Sie kauffen im da auch Etwas ab. Indessen, Gott befolen von

Irem

J. v. Laßberg.

28.

Uhland an Laßberg.

Stuttgart, d. 26. Sept. 1825.

Verehrtester Herr und Freund!

Mein lieber Freund, Prof. Schwab, der im Begriff ist, eine Reise an den Bodensee anzutreten, hat mich um einige Zeilen der Empfehlung an Sie ersucht. Seine vor zwei Jahren erschienene Beschreibung der schwäbischen Alb,**) worin er mit der historisch-topographischen Darstellung die poetische Auffassung der Natur und Sagenwelt zu verbinden gesucht, ist Ihnen vielleicht bekannt. In gleichem Sinne unternimmt er jetzt, den Bodensee und das Rheinthal zu beschreiben, und macht sich auf den Weg, um Alles wiederholt ins Auge zu fassen. Die Aufgabe ist interessanter, zugleich aber schwieriger, als die frühere. Durch Studien und Berufsgeschäft bisher vorzüglich dem griechischen und römischen Alterthum zugewendet, (wiewohl er auch den Waltharius manufortis im Nibelungenmaße verdeutscht hat***), ist ihm sehr angelegen, für das neue Unternehmen Rath und Beistand ortskundiger und in der mittleren Zeit einheimischer Männer zu gewinnen. Zu Erfüllung dieses Wunsches glaubte ich durch nichts so sehr

---

*) Geflochtener Hängekorb.

**) Die Neckarseite der Schwäbischen Alb. Stuttg. J. B. Metzler'sche Buchhandlung. 1823. VIII. 324. (Mit einer Specialkarte der Alb.)

***) In der ersten Ausgabe s. Gedichte. Stuttg. 1828—29. im zweiten Band.

behülflich seyn zu können, als indem ich mir gestatte, sein Vorhaben Ihrer wohlwollenden Aufmerksamkeit zu empfehlen.

Für die gütige Zusendung vom dritten Bande des Liedersaals hole ich meinen wärmsten Dank nach; aber nur mit Ärger kann ich daran denken, daß die Mittheilung der Weingartner Handschrift für die Fortsetzung des Werkes verweigert worden. Die Consequenz | wegen eines frühern Ablehnens nach andrer Seite mag der Grund davon seyn. Wäre mir nur ein brauchbarer Abschreiber für solchen Zweck bekannt, mit Vergnügen würde ich eine sorgfältige Vergleichung der Urschrift für den Liedersaal vornehmen. Oder würde mir nur der Codex auf ein halb Jahr ins Haus gegeben, ich würde wohl schon nach und nach damit fertig, besonders wenn etwa der schon gedruckte Gott Amur wegbleiben könnte.

Ihrem freundlichen Andenken mich angelegenst empfehlend, mit unwandelbarer Verehrung

L. Uhland.

29.

Laßberg an Uhland.

Mein teurer Uhlandus!

Sie haben mir durch die Zusendung des Hrn. Prof. Schwab, eine große Freude gemacht und ich betrachte den Tag, an dem ich mit diesem wakern Manne wie ein farender Ritter auf der offnen Heerstraße zusamentraf, als einen den man mit einem weißen Steine bezeichnen muß. Die Enge der Zeit zwingt mich, diesmal Alles auf einen herzlichen Gruß an Sie und Ire eheliche Wirtin zu beschränken, Iren lieben Brief beantworte ich von Hause aus, und sage nur vorläufig Dank für Ir freundschaftl. Anerbieten rükfichtlich des Codex.

Constanz am 9. Weinmonds 1825.

Laßberg.

30.
Uhland an Laßberg.

Stuttgart, den 6. Dec. 1825.

Verehrtester Freund!

Durch Maßmanns Aufenthalt bei uns, öffnet sich endlich die Aussicht, eine sorgfältige Abschrift des Weingartner Codex für den Liedersaal zu gewinnen. In beiliegendem Schreiben zeigt er selbst Ihnen seine Absicht an, eine solche Abschrift zu nehmen, und seine Bereitwilligkeit, sie für die Fortsetzung des Liedersaals abzugeben. Auch in Durchzeichnung von Bildern ist Maßmann sehr geschickt und er wird auch die Bilder der Sänger abzeichnen. Die Weing. Handschrift ist in der That zu eigenthümlich und wichtig, um etwa nur zu Varianten und Ergänzungen bei einer Ausgabe der Manessischen angewendet zu werden. Als älteste und ächteste Urkunde des Minnesangs erfodert sie einen besondern und vollständigen Abdruck.

Herr Graff aus Königsberg, der zum Behuf eines althochdeutschen Sprachschatzes eine literarische Reise macht, war einige Wochen hier. Eine der nächsten Nummern des Morgenblatts wird eine kurze Relation über dasjenige enthalten, was er bisher von noch unbekannten oder wenig bekannten Denkmälern gefunden. Besonders war er über die reichen, uralten Glossensammlungen erfreut, die in Karlsruhe, aus der Reichenau und von St. Peter, befindlich sind. In einer hiesigen Handschrift, hinter einer deutschen Psalmenübersetzung, hat er eine Reihe von Gedichten gefunden, worunter einige auch im Liedersaal vorkommende, namentlich Metzen Hochzeit. Die Lücken dieses Stücks im Liedersaal. werden durch das hiesige Exemplar ergänzt, jedoch ist dieses durchgängig voll Varianten und im Ganzen weniger reichhaltig, als das Ihrige. Ein Verzeichniß von den Anfängen dieser Gedichte schließe ich hier bei, mit der Bemerkung, wo Einzelnes schon im Liedersaale steht. Auch in

Büttners Franconia sind drei Stücke abgedruckt, ohne Angabe woher, aber ohne Zweifel aus hiesiger Handschrift, in der ich noch ein Zeichen mit Büttners Addresse bemerkte.

Schwab ist noch voll Freude über die schönen Tage, die er in Ihrer Nähe verlebt.

Mit der aufrichtigsten Verehrung und Freundschaft

L. Uhland.

31.

Laßberg an Uhland.

Verertester Freund!

Als ich gestern Mittags von meinem heiligen Berge hieher zurükkam fand ich ein Schreiben von Inen mit einem Einschluße von H. Dr. Maßmann, welches wieder drei Briefe von Jacob Grimm, Prof. Mone und Herrn von der Hagen von ser altem Datum enthielt. Der Inhalt von Maßmanns Schreiben konnte mir, da er auch Iren Beifall hatte, nicht anders als höchst angenem sein: allein, bei diesen Briefen lag ein späterer von Herrn Dr. Maßmann, der von Schwierigkeiten spricht, die sich dem Abschreiben des Weingartner Codex plözlich in den Weg gestellt haben und dann noch ein späterer von Herrn Prof. Schwab, der das Vorhaben Maßmanns als ganz aufgegeben angiebt und den Antrag enthält, in Gemeinschaft mit einem Herren Kaußler das Manuscript für mich zu copiren. Es muß also Etwas vorgefallen sein, was, nach meinem Dafürhalten nur die Person des Herrn Dr. Maßmann betreffen kann und mich und mein Vorhaben den Codex Weingartensis heraus zugeben, nicht berüret; und obschon ich in keinem | der erhaltenen Briefe etwas davon erwänet finde; so glaube ich doch vermuten zu müssen, daß Herr Dr. Maßmann bereits Stuttgart verlassen und seinen Literarischen Zug weiters fortgesezt habe. Ich bin dadurch in der Verlegenheit nicht zu wissen, wohin ich im auf seine zwei Schreiben antworten soll; können Sie mir seinen Aufenthalt angeben, so bitte ich darum.

Empfangen Sie meinen besten Dank, lieber Freund! für die Mitteilung des Inhaltes des Schlusses der Handschrift Nr. 69, worunter mir das vollständige Gedicht von Metzen Hochzit, besonders angenem ist; weil ich alle treue Schilderungen des Volkslebens der mittleren Zeit vorzüglich schäze. Man findet oft die leer gebliebenen Blätter an Manuscripten des Mittelalters mit einzelnen Liedern ausgefüllt, und ich habe von den mir vorgekommenen schon eine kleine Sammlung zu machen angefangen; welche einmal einen ganzen Band zum Liedersaal füllen könnte. Für jezt aber beschäftiget mein Gemüte vor allem die Sorge, um Vorbereitung zu Herausgabe des Weingartner Codex. Der Antrag | der Herren G. Schwab und Kausler, mir diese Membrane abzuschreiben, ist gewiß des höchsten Dankes wert; ich füle das ganz: Αλλ' ἐκ τοι ἐρεω, και επι μεγαν ὁρκον ὀμουμαι, daß mir nichts angenemeres begegnen könnte, als es selbst zu tun: es ist nicht Eitelkeit, die mich dies wünschen heißt; sondern viel mer eine religiöse Ängstlichkeit, daß andere nicht die, nach meiner Ansicht, unerläßliche Geduld bei solcher Arbeit haben würden, one welche einem Dichter so oft durch einen scheinbar unbedeutenden Schreibfeler, großes Unrecht zugefügt werden kann. Ir in dem vorlezten Briefe geäussertes Anerbieten zu Vergleichung der Handschrift, könnte ich wol one große Unbescheidenheit nicht annemen. Männer die so Trefliches arbeiten können, sollte man mit solchen ermüdenden und trokenen Geschäften nicht behelligen.

Ich hätte zwar große Lust auf den Früling oder Sommer eine Entdekungs Reise längs dem Rheine und Nekar in Beziehung auf alte teutsche Dichter zu machen; aber im lezten Jare sind mir 3 dergleichen Reise Plane so hässlich gescheitert, das ich ganz misstrauisch auf das Schiksal geworden bin, und mir vorgenommen habe, alle dergleichen Projekte | den Göttern anheimzustellen, kurz, ich bin ganz ein Mann geworden, den wie Horaz sagt: quem duplici panno patientia velat.

Von der Hagens Brief, den mir Dr. Maßmann mitgebracht hat, giebt Kunde über seine Ausgabe der Maneßischen Sammlung, zugleich schreibt mir Jakob Grimm: „Hagen stehet „vielleicht ab von seiner überschnellen Ausgabe der Maneßischen „Sammlung wenn er die Schwierigkeit der Sache reiflicher be„denkt, oder darauf gefürt wird."

Wie wenig dies der Fall sei, sollen Sie nun aus Hagens eigenen Worten vernemen:

„Von meiner neuen Ausgabe der Maneßischen Sam„lung bemerke ich vorläufig. Der Maneßische Text bleibt „im Ganzen (?) unvermischt, alles aber berichtigt, „ergänzt aus der Urschrift. Orthographie und Grammatik „berichtigt und gleichartig, so fern nicht örtliche und persön„liche Abweichung entscheiden, mangelhafte Lieder werden, so „weit es noch geht (ja wol!) aus andern Handschriften er„gänzt (als solche mit * bezeichnet) und besonders so die „großen | Sonnetartigen Strophenreihen mehrerer Dichter „vervollständigt, und diese auch besser geordnet (meist nach „andern Handschriften) und zum Teile chronologisch herge„stellt (z. B. bei Walther von der Vogel Weide)". Nun, ich gratuliere Freund Uhland! „Ein starker Suplement-Band „umfasst aber Alles, was diesem Dichter-Chor sonst noch zu„geschrieben wird, desgleichen die Lieder anderer namhafter „Dichter dieser Zeit, so wie viele namenlose. Meine Aus„gabe des Meister Gottfried ist ungefähr Maaßstab, beson„ders das Glossar (dies bleibt hier aber weg, weil dem„nächst (!!!) ein allgemeines mittel-hochdeutsches Wörter „Buch folgen soll) dagegen Lesarten und literarisch-biogra„phische Nachrichten über Alles."

In dieser verwirrten und gräuelvollen Manier gehet der ganze Brief fort und läßt billig zweifeln ob der böse Hagen die sogenannte Maneßische Sammelung auch nur einmal aufmerksam und ganz durchlesen habe. Da möchte man doch des Teufels werden! Auch erfare ich von Im, daß nicht, wie anfangs versprochen, eine Umarbeitung des literarischen Grund Risses; sondern | blos ein Nachtrag folgen soll. Wir wissen an Im, daß dergleichen Codicille' manchmal erst in Extremis gemacht werden, d. i. wenn die Messe vor der Türe ist und im das Wasser an die Kele gehet; also auch von dieser Seite nichts zu erwarten. In Warheit, dieser Mann kömmt mir vor wie ein Taschenspieler, der alle seine Stücke mit sonderbarer Geschwindigkeit zu machen weiß; allein wie diese Künstler zu sagen pflegen: Praxis est multiplex ꝛc.

Mit meiner kurzweiligen Historia von Graven Albrechten von Werdenberg, habe ich, wie die Franzosen sagen, nichts heur et malheur! der Mann der die Holzschnitte dazu machen soll, ist wegen falscher Tätigkeit, ins Zuchthaus gekommen; das ist nun ser langweilig, für mich und In.

Der Iwain des Hartmann von Owe, kömmt nun auch heraus. Lachmann schreibt mir, daß er den Text bearbeite und Benecke Anmerkungen und das Wörterbuch dazu mache, lezterer hat auch den Aparat dazu zusamen gebracht. |

Der Abdruk von Lachmanns Nibelungen Lied rükt auch mit großen Schritten vor. Er giebt den Text der zu München befindlichen zweiten Hohen Emser Handschrift, ganz rein one Interpolation â la Hagen, übrigens soll die Ausgabe gehörig mit Lectionibus variis und notis ausgestattet werden. Ich traue Lachmann etwas ser gutes zu, und freue mich, daß nun auch einmal eine zweite Urkunde des Nibelungen Liedes edirt wird; zunächst sollte nun die St. Gallische folgen; allein, schwerlich wird sobald jemand die Herausgabe unternemen. Man muß gestehen, daß im Norden ungleich mer Liebe, Eifer und Tätigkeit für diesen Teil der teutschen Literatur ist, als bei uns, und die dortigen Buchhändler ungleich mer Mut haben, als selbst Cotta, der sich doch so gerne loben hört.

Herr Prof. Schwab wird Inen vielleicht von dem neu-entdekten Sänger Hug von Langenstein, aus dem Höwgau, gesprochen haben, zu welchem Funde mir Benecke die Veranlassung gab. Ich habe nun in dem Manuscript vom II. Teile von Trutpert Neugarts Episcopatus Constantiensis, die Bestätigung meiner Sammlung gefunden, daß dieser Dichter noch bis 1318 teutschordens Komthur auf der Insel Maynau war. |

Nun hoffe ich lassen auch Sie mich bald eine erfreuliche Kunde über Ir literarisches Leben und Weben hören; denn mir sagt eine innere Andung, daß Sie an der Theotisca arbeiten und uns bald etwas mitteilen werden, wie wirs an unserm Uhland gewont sind. Indessen: Vale et fave

Constanz am 14. December 1825. Laßbergio.

32.

Laßberg an Uhland.

Ich sende Inen, mein verertester Freund! mit den besten Wünschen zum Neuen Jar, eine kleine Gabe*), die teils wegen ires sonderbaren Inhaltes, teils wegen dem noch ganz unbe-

---

*) Es ist das Gedicht vom „Litower", das L. irrig dem Hug v. Langenstein zuschrieb (der wirkliche Verf. „Schondoch" nennt sich am Schluß). „Ein schoen und anmuetig Gedicht, wie ein heidescher Küng, genannt der Littower, wunderbarlich bekert und in Prüßenland getoufft ward. Vor mer denn fünfhundert Jaren, durch Bruoder Hugen von Langenstein, tütsch Ordens Komturen uf der Maygen Owe im Bodensee also in Reimen gepracht, und jetzt zum erstenmal, gueten Fründen ze Lust und Lieb, ans Liecht gestellt, durch Maister Seppen von Epishusen, einem farenden Schueler. (Vignette.) Gedrukt am obern Markt (in Constanz) uf Neujar 1826." 16 SS. 8. — Im selben Jahr veranstaltete L. auf Ansuchen des Buchhändler Seemüller in Constanz von diesem nur als Geschenk für Freunde gemachten Abdruck eine für den Buchhandel bestimmte Ausgabe, der ein ausführliches Vorwort und eine neudeutsche Übersetzung beigefügt ist (XX und 47 SS. 12.). Davon erschien nach Laßbergs Tod (Schwäb. Hall, im Verlag von Eduard Fischhaber) ohne Zweifel auf Schönhuts Betrieb eine zweite Auflage (31 SS. 8.).

kannten Verfasser derselben, vielleicht wol würdig war, der Vergessenheit entrissen zu werden und bitte Sie Herrn Professor Schwab, Herrn Hofrat Haug, Liprêt, den Herrn Herrn Boisserée und Bertram, Herrn Praelat von Schmid und Herrn Dr. Maßmann, wenn er noch bei Inen weilt, Exemplare auszuteilen. Gerne hätte ich pro Strena etwas Bedeutenderes geschikt; allein, one meine Schuld, kam mein Grav von Werdenberg nicht zu Stande.

Daß in den älteren Zeiten und biß in das XIII. Jarhundert das teutsche Volk lateinische Kirchen- und Kriegs-Lieder sang, wusten wir aus den Geschichtschreibern: daß es aber auch lateinische weltliche Volks-Lieder gab, davon giebt uns ein Pergament Codex des X. Jarhunderts, vier Specimina in 4 zerschiedenen Tonarten, wovon wenigstens zwei unsern Schwabenlande angehören. Eins davon erhält dieselbe Erzälung, welche 400 Jare später im III. Bande des Liedersaales, No. CCXLII. vermutlich auch von einem schwäbischen Sänger ist bearbeitet worden. In dem lateinischen Liede ist Constanz als der Wonort des Kaufmanns angegeben. Mer hierüber finden Sie in Eberts Überlieferungen Bd. I. Heft. 1. pag. 80 sqq.

Zur Geschichte des teutschen Gesanges, scheint mir dieser Beitrag wol beachtenswert zu sein.

Für Herrn Dr. Maßmann, der nach einem Schreiben Prof. Schwabs noch in Stuttgartt sein soll, neme ich mir die Freiheit Inen ein Danksagungs Schreiben für die mir von Im zugedachte Gefälligkeit beizuschliessen. Gehaben Sie sich wol und fangen Sie das neue Jar unter guten Auspicien an, nach dem Horazischen:

Musis amicus, tristitiam et metus
Tradam protervis in mare creticum
Portare ventis.

Constanz am 22. December 1825. J. v. Laßberg.

33.

Uhland an Laßberg.

Stuttgart, den 25. Jan. 1826.

Verehrtester Herr und Freund!

Ihre freundliche Neujahrsgabe hat mich und die übrigen Freunde des einheimischen Alterthums, denen ich solche zu übergeben beauftragt war, zum herzlichsten Danke verpflichtet. Sie ist ein neu erfreulicher Beweis, daß man in diesem Fache noch täglich neue Entdeckungen erwarten darf. Die Mythe hat für mich besondres Interesse in Beziehung auf den Fabelkreis vom Gral, wo gleichfalls die sichtbare Gestalt aus der Hostie hervortritt.

Herrn Prälat Schmied konnte ich das Exemplar nicht persönlich übergeben. Er ist während der Synode hier erkrankt und ließ sich noch vor der Genesung nach Ulm führen, wohin ich ihm dasselbe nachgeschickt habe. Maßmann ist vor etwa 14 Tagen nach Straßburg abgereist, er will besonders auch der Kolmarer Handschrift nachspüren. Was veranlaßte, daß ihm der Gebrauch der Hofbibliothek gänzlich verweigert wurde, ist mir räthselhaft.

Ihre Aeusserungen in Beziehung auf den Weingartner Codex geben mir die Hoffnung, daß Sie diesen Hort persönlich hier zu heben gedenken, und ich erlaube mir, meine frühere Einladung auf das angelegenste zu wiederholen. |

Die lateinischen Dichtungen bei Ebert sind auch mir als ein überaus merkwürdiger Fund erschienen. Schon die uralten deutschen Benennungen der Singweisen verdienen alle Aufmerksamkeit. Die Abtheilung in Verse ist schwierig und von Ebert nicht mit Glück versucht worden.

Schon vor einiger Zeit machte ich Versuche, einige Kunde darüber zu erlangen, was etwa in den fürstl. Bibliotheken in

Oberschwaben noch von Altdeutschem vorhanden seyn möchte. Das Resultat, welches auf anliegendem Blättchen enthalten ist, fiel zwar bis jetzt nicht glänzend aus, doch sind die Nachrichten von einer Handschrift des trojan. Kriegs von Konrad und von einem Drucke des Parcival, Ulm 1472, immerhin erfreulich; in Hagens Grundriß wird nur ein Druck von 1477. ohne Ort, angeführt.

Der Manessische Codex sollte allerdings rein urkundlich herausgegeben werden; die Sammler desselben haben absichtlich nach dem Geschmack ihrer Zeit die ältern Lieder verändert und eben auch dieses Verfahren ungeschmälert kennen zu lernen, ist von Wichtigkeit für die Geschichte der Liederkunst.

Ueber meine litterarische Beschäftigung, wovon Sie zu hören wünschen, weiß ich eben nicht viel zu sagen; nur die Ausführung selbst kann in solchen Dingen sprechen, Plane sind leicht gemacht, die Ausführung aber hat bei mir bisher allzu viele Unterbrechungen, auch Schwierigkeiten in Herbeischaffung der Quellen, gefunden. Was ich in diesem Jahre noch an das Licht zu fördern | wünsche, ist eine geschichtliche, allgemein verständliche Darstellung über Heldenlied und Minnesang des deutschen Mittelalters.

Sie erwähnen einer Sammlung einzelner Lieder, welche leergebliebenen Blättern anderartiger Manuscripte zur Ausfüllung gedient und welche leicht einmal einen Band des Liedersaals füllen könnten. Sollte darunter Einiges seyn, was zu näherer Kenntniß des Minnesanges dienen könnte, so würde ich, gerade mit diesem Gegenstand beschäftigt, es besonders dankbar erkennen, hierüber belehrende Notiz zu erhalten oder gütige Mittheilung.

Zum Schlusse nochmals den herzlichen Wunsch, daß die litterarische Frühlingsreise Sie gewiß in mein Haus führen möge, von dem aus man zwar nicht das herrliche Thurgau, aber doch die Baumgärten unsres Thals überschaut und von wo aus ein bequemer und naher Weg zu den poetischen Handschriften führt.

Mit unveränderlicher Verehrung der Ihrige

L. Uhland.

(Beilage). Auszug aus einem Schreiben des Herrn Pfarrer Fricker in Altham an Herrn Prof. v. Drey in Tübingen. —

In Wurzach, wie ich gewiß weiß, ist von Minne-Gesängen nichts vorzufinden. Diß gilt nach meiner bisherigen Erfahrung auch von Wolfegg, (wo ich übrigens noch einmal nachsuchen will). Hingegen in Zeil, wo ich unsere Freunde Dr. Spegele und Dekan Strohmaier gepflogener Verabrede zu Folge antraf, fanden wir von alten deutschen Dichtern eine alte prächtige Ausgabe von Parzival — Ulm gedruckt im Jener 1472. Dann Conrads von Würzburg Geschichte des trojanischen Kriegs, von der auch Oberlin in einer besondern Dissertation von diesem Conrad handelt, und einen Codex aus der Johanniter Bibliothek zu Straßburg beschreibet, der aber viel unvollständiger war, als der Zeilische ist; denn dieser hat, wenn gleich im Anfange etwas manque, doch gegen das Ende wenigstens 10—12. Blatt mehr, und es fehlt in demselben am Ende höchstens ein halbes Blatt.

Der brave Herr Fürst von Zeil freuete sich nicht nur über unsern Besuch, sondern ebensosehr darüber, daß sich auch Gelehrte von Tübingen seiner Bibliothek, die jedoch nicht außerordentlich ist, erinnern: Er erklärte sich zu jeder ihm möglichen Auskunfft und zu allen Diensten für Herrn Dr. Uhland erbötig: Desnahen könnten sich dieselben nöthigenfalls an den Herrn Fürsten wenden, dem es nach Seiner eigenen Aeußerung ein reines Vergnügen gewähren würde, zum schönen Vorhaben des Herrn Dr. Uhland einen kleinen Beitrag leisten zu können.

34.
Laßberg an Uhland.

Heiligenberg, am 20. May 1826.

Ich habe, mein vererteſter Freund! in allen meinen Schriften und Collectaneen aufmerkſam nachgeforſcht, aber nichts darunter gefunden, was zu näherer Kenntniß des Minneſanges vor dem XIV. Jarhundert dienen könnte; konnte Inen folglich auch nichts zum Behufe Irer geſchichtlichen Darſtellung des Heldenliedes und Minneſanges überſenden. Zwar hat auch das XIV. Jar Hundert noch Gedichte aufzuweiſen, welche dieſelbe Tendenz wie die Minnelieder der guten ſchwäbiſchen Zeit haben, allein das reichſte Specimen hievon, die Lieder des Inen wolbekannten Hugo von Montfort, zeigen zur Genüge, daß Sprache, Darſtellung und Bilder hier ſchon ein ganz anderes Weſen angenommen haben und in poetiſcher Beziehung ſich dem eigentlichen Minneſang nicht mer anreihen laſſen. Die einzelnen Blätter, von denen ich Inen ſchrieb, daß ich ſie wie den Littower, nach und nach mit fortlaufenden Seitenzalen herauszugeben gedenke und welche zulezt gleichfalls zu einem Bande anwachſen dürften, ſind meiſt geſchichtlichen; oder ſcherzhaften Inhaltes, in Proſa und in Verſen, und laſſen ſich jrem zufälligen Vorkomnen nach nicht wol in eine ordentliche Einteilung bringen; ſie ſcheinen mir daher vorzüglich zu kleinen Gaben an Freunde ſich zu eignen.

Sie wiſſen one Zweifel, daß ich ſeit einiger Zeit mit Herrn Prof. Schwab viel ſchriftlichen Verker gehabt habe; ſeine Beſchreibung des Bodenſees liegt mir ſer am Herzen.

Heiligenberg am 26. May.

Ich war ſo weit gekommen, als ein heftiger, wie angeflogener Fieberanfall mich ins Bette warf. Da ich dergleichen nicht gewont bin; ſo gedachte ich bei ganz ruhigem Verhalten nach ein par Tagen wieder loszukommen; aber den zweiten Tag musste der Arzt gerufen werden und dieser erklärt die Krankheit für ein Schleimfieber; ich füle zwar, nach dem mörderischen Fieberanfalle, eine große Schwäche, aber ich bin dabei doch wolgemutet und bedaure nur, daß ich Sie mein Freund! nun wol viel später sehen werde, als ich mir vorgenommen hatte. Leben Sie wol, bald hoffe ich Inen bessere Nachrichten geben zu können.

Ir

Laßberg.

35.*)

Laßberg an Uhland.

Heiligenberg, am 29. Juny 1826.

Verertester Freund!

Meinen besten und innigsten Dank für das große Opfer, das Sie mir mit Verwendung Irer kostbaren Zeit auf Abschreibung des Weingartner Codex bringen: wann und wie werde ich im Stande sein diesen Freundschafts Dienst zu erwiedern? doch, Inen bleibe ich gerne ein Schuldner.

Herr Prof. Schwab hat mir von Zeit zu Zeit von dem Fortgange dieser Arbeit Kunde gegeben und mir Hofnung gemacht, sie bis Ende dieses Monats beendiget zu sehen; dann wollte ich zu Inen kommen, Sie besuchen und die Vergleichung mit der Urschrift vornemen. Ein gestern erhaltenes Schreiben des Herrn Prof. tut keine Erwänung von dem Weingartner Codex; ich schließe daraus, daß ich noch nicht kommen soll, und erwarte vorhero noch weitere Nachricht von Im, oder von Inen.

Ich freue mich Sie nach so langer Zeit wieder einmal zu sehen und zu sprechen; dann wollen wir die Theotisca leben

*) Dazwischen scheint ein Brief Uhland's zu fehlen.

lassen, in welcher doch noch hie und da etwas getan wird; so muß Inen z. B. Lachmanns Ausgabe vom ältern Münchner Codex des Nibelungen Liedes gefallen haben, da sie uns die älteste Überlieferung desselben, so treu als möglich giebt. Der Ywain des Hartmann von Aue wird nun auch bald erscheinen, durch In und Beneke. In München wollen Sie den Frauendienst des Ulrich von Liechtenstein nach der Handschrift herausgeben. Lachmann schreibt mir, daß er den Walter von der Vogelweide besonders heraus zugeben wünsche: da muß er warten bis die Weingartner Membrane | gedrukt ist. Herr Praelat von Schmid zu Ulm, wünschte daß ich die Mörin des Heinrich von Sachsenheim in den Liedersaal aufnemen möchte; ich fürchte das Gedicht möchte wegen seinen vielen örtlichen Beziehungen zu wenig allgemeines Interesse erregen.

Ich sende Inen hier: die treue maid von Bodmann; Sie soll mich bei Inen und Irer eheligen Wirtin freundlich anmelden; in meinem Albrecht von Werdenberg (zu dem ich noch immer die Holzschnitte nicht habe) erscheint sie, als Episode weitläufiger. Es ist mancher weniger schöne Stof in der neueren Zeit zur Romanze verarbeitet worden: möchte er Sie mein Freund! zu einem guten schwäbischen Lied anregen!*)

Leben Sie wol und schreiben Sie mir bald, daß dem Weingartner apographum, das: Explicit feliciter, ist beigesezt worden.

vollendet zu Constanz am 4. July. J. v. Laßberg.

*) An Uhlands statt hat sich Gustav Schwab des Stoffes angenommen und denselben noch in nämlichen Jahre (1826) dichterisch bearbeitet in der Romanze „Im kupfernen Kessel von Bodmann zu singen" (s. Gedichte. 4. Aufl. Stuttg. und Tübingen 1851. S. 421). Erst viele Jahre später hat U. die Sage in seiner schönen Abhandlung „Bodman" (Germ. IV, 35 ff.) wissenschaftlich verwerthet.

36.

Uhland an Laßberg.

Stuttgart, den 12. Jul. 1826.

Verehrtester Herr und Freund!

Gestern empfing ich die erfreuliche Kunde, vom 4. d., daß Ihre Reise hieher nur noch auf die Nachricht von beendigter Abschrift des Weingartner Codex ausgesetzt ist. Unsre Abschrift ist nun wirklich so weit vorgerückt, daß Sie, wenn Sie sich auch sogleich auf den Weg begeben, sämmtliche Lieder zur Vergleichung mit der Urschrift bereit finden werden, ausgenommen einzig den sogenannten Gott Amur, mit welchem der Codex schließt. Dieses Gedicht ist, wie Ihnen bekannt, aus unsrer Handschrift bereits in Müllers Sammlung abgedrukt und es kömmt nun darauf an, ob Sie etwa bloß Berichtigungen des gedachten Abdruckes oder nochmals das Ganze im Liedersaal zu geben bezwecken. Im letztern Fall möchte es das zweckmässigste gewesen seyn, eine Abschrift des Müller. Drucks zu veranstalten und diese dann nach der Handschrift durchzucorrigiren. Kürzer noch wäre, ein gedrucktes Exemplar so durchzuarbeiten, wozu ich nur das mir zu Gebot stehende, als ein entlehntes nicht anbieten kann. Jedenfalls hoffe ich, daß diese Sache keinen Aufschub Ihres Besuches veranlassen und sich hier leicht erledigen werde.

Das Wichtigste der Handschrift schließt, nach meiner Ansicht, mit Seite 204, bis wohin die Minnelieder gehen. Von S. 206—228. folgt der Winsbecke und die Winsbeckin, S. 229—38. Gotfrids von Straßburg Lobgesang auf Maria, von anderer, ungenauer Hand. Dann noch S. 240—51. lehrhafte Meisterlieder; bis dahin wird bei ihrer Ankunft Alles ab | geschrieben seyn. S. 223—305. ist dann noch der Gott Amur übrig.

Für die gütige Zusendung von Sage und Lied meinen verbindlichsten Dank und nun nochmals die herzliche Bitte, daß es Ihnen gefallen möge, die Vergleichung des Codex in meiner Wohnung (Kaufmann Conradis Haus in der Schloßstrasse) zu veranstalten und mit der Bewirthung unsres einfachen Heerdes vorlieb zu nehmen. Die Membrane selbst, so wie den etwa nöthigen Apparat: Bodmers Minnesänger, Raßmanns und Beneckes Ergänzungen, die Müller. Sammlung, werde ich bereit halten.

Mit der aufrichtigsten Verehrung

L. Uhland.

NS. Einen Brief von Maßmann, worin Einiges Sie betrifft, schliesse ich bei und bitte, mir ihn wieder mitzubringen, da er noch nicht beantwortet ist.

37.

Laßberg an Uhland.

Eppishausen am 18. July 1826.

Vereretester Freund!

Ire Zeilen vom 11. dieses erhalte ich soeben, und wenn ich bei dem Eintreffen dieses Briefes noch nicht bei Inen bin, so ist es nicht meine Schuld. am nächsten Freitag den 21. feiere ich die θανατόυσια meiner verklärten Gebieterin in Heiligenberg, eine für mich unerläßliche Wallfart. auf den 23. und 24. ist mir ein Besuch aus Arau angesagt, den ich nicht ablenen kann und am 27. ist das große schweizerische Fest auf dem Stoß bei Gaiß im Appenzeller Land, bei dem ich als Mitglied mererer schweizerischer Gesellschaften erscheinen sollte. Ich werde also schwerlich vor dem 30. abreisen können; um so ungestörter könnte ich dann bei Inen verweilen: nur ein Gedanke macht mich zuweilen unruhig, der nämlich, das meine Anwesenheit Sie mein Freund! und jre liebe Frau, von einer Bade- oder sonst von einer Lustreise abhalten könnte. Mir, dem die einfachste und mäßigste Kost die liebste ist, ist nicht bange Inen beschwerlich zu fallen und mit Freude mache ich von der Einladung unter Ir Dach Gebrauch.

Ich bringe die Myllersche Sammlung worin der Gott Amur stehet mit, und wir können die Vergleichung vermittelst Eintragung der Varianten, von kurzer Hand abtun.

Ich bringe aber auch noch etwas ser seltenes und schönes mit, worüber sich besonders Herr Sulpitz Boisserée freuen wird. Es ist ein alter Pergament Riss von einem Münster, den ich bei meiner Durchreise vor 8 Tagen in Constanz auffand und erwarb. | obschon die Jarzal 1360, die sich darauf befindet, von einer spätern Hand hinzu gesezt scheint; so gehört die Arbeit doch noch in die gute Zeit und zwar zu einer Kirche, welche 2 Türme bekommen sollte.

Ich sende Inen hier Maßmanns Brief mit Dank zurük; über das Constanzer Gemälde von 1482 kann ich keine bestimmte Auskunft geben. offenbar stellt es einen Baumeister: vielleicht auch einen Goldschmied vor, der opera coelata machte; Wenn das Alter des Mannes ungefär angegeben wäre, könnte man raten. Um diese Zeit, oder etwas später, lebte ein berümter Künstler Maister Oxenhom, in Costenz, der um 1450 den Sarg des heiligen Pelagius (Sant Polaye) für den Dom machte, wozu 60 Mark Goldes und viele Edelsteine verwendet wurden. Um 1480—1490 kommt ein Steinmeze Ulrich Greifenberg vor, von dem noch schöne Arbeit vorhanden ist, um 1499 ein Baumeister Maister Lux, der eine Schneckenstiege am Dom gebaut hat. Simon Baider ein Bildhauer machte um 1470 die schönen Türen und die Chorstüle im Dom. Es ist noch sein Bild in Holz geschnizt vorhanden, welches einen Zirkel in der Hand hält; damal schien er zwischen 30 und 40 Jaren inne zu stehen. Das von Maßmann angegebene Wappen ist unzweifelhaft ein bürgerliches, und gehört einem Künstler an. Ich wünsche daß diese Notizen das Combinations Vermögen des Herrn Maßmann auf eine glükliche Spur leiten mögen; schreiben Sie jm; so bitte ich auch einen Gruß von mir beizusezen. |

Mit Irem Schreiben erhielt ich zugleich eines von Herrn Prof. Schwab von demselben Tage; welches ich mündlich beantworten will, da keine Gefar auf dem Verzug haftet. Wie viel Dank bin ich Inen, verertester Freund! und jme schuldig, für die große Mühe, die Sie um meinetwillen mit der Weingartner Handschrift auf sich genommen haben! ich hoffe es soll ein gutes Werk werden; denn ich lasse auf den Herbst den Codex palatinus No. 357 auch kommen, um jn noch einmal recht genau zu vergleichen.

Leben Sie wol und nun komme ich sobald als es nur jmmer mir möglich wird. Herzlich gegrüßt

Von

Irem

J. Laßberg.

38.

Laßberg an Uhland.

Siegmaringen am 5. Septembers 1826.

Ich wollte Inen mein teurer Freund! schon vorgestern aus Trochtelfingen schreiben; allein eine Erkältung, welche ich mir auf der Achalm zuzog machte mich zu allem untüchtig. In Tübingen ließ mich der gute alte Conz nimmer los und ich konnte es im nicht versagen, den Abend noch mit im in dem Museum zuzubringen, wo ich die Bekanntschaft des vielseitig unterrichteten Herrn Kanzlers Autenriet machte. Den folgenden Morgen fur ich durch das schöne Nekartal nach Rotenburg um da die alte Samulocensis aufzusuchen: da ich Herrn Jauman nicht zu Hause fand; so blieb mir nichts anders übrig, als mich an den mir vormals wolbekannten Bischof von Evara*)

*) D. h. Landesbischof von Keller.

zu wenden, der sich meiner auch mit so großer Selbstaufopferung annam, dass er Abends bei unserer Heimkunft ganz erschöpft sich zu Bett legen musste. Ich sah manches und halte Leichtlens Behauptung über Samulocenis für hinreichend begründet; ich würde warscheinlich noch mer gesehen haben, wenn ich einen ganz unterrichteten Mann zum Begleiter gehabt hätte. Den folgenden Morgen fur ich an der Musenstadt vorbei nach Reutlingen und bestieg die alte Achalmin, nicht one viele Schweistropfen zu vergießen; mein Fürer ein alter Reichsbürger, gewärte mir gute Unterhaltung, er wusste vieles Geschichtliches von seiner Vaterstadt, manches ganz verkert; aber es war | doch erfreulich zu sehen, wie einem sein Vaterort lieb ist.

One mich lange bei der neumodischen Majerei aufzuhalten, eilte ich die Stammburg des Hauses zu erreichen, dem ich und meine Vorältern so manches Jar gedient haben; denn Achalm, Urach und Fürstenberg sind zwar drei Namen aber nur eine Sache. Von dem Turme, der vor kurzer Zeit noch zugänglich war, ist im vorigen Sommer die westliche Seite herabgefallen, und von den Eken hat man die behauenen Steine so weit man konnte, heraus gebrochen; rings umher ist nichts als Graus und Verwüstung. Ich sezte mich an die südöstliche Seite, wo die gröste Aussicht ist; durch eine Berglücke der Alpkette erblikte ich den Staufen: warum sol ich über dich klagen, du alte Achalm und deinen Sturz, da auch die hohe Kaiserburg gefallen ist, und die Krone der stolzen Schwaben! Ich gedachte da der ältesten Zeit und wie Kuno und Leuthold, der eine so tapfer als der andere fromm, lebensmüde aus der väterlichen Burg in das Kloster Zwifalten zogen, sich und die Welt da vergessend. Ich dachte an den Wandel der menschlichen Dinge, und wie diese Burg aus einer Hand in die andere kam, und wie Ulrich der son Eberhard des Greiners vermessen herabfiel mit einem Häuflein übermütiger Ritter und den kräftigen Streichen der Reutlinger erlag: mein Fürer zeigte mir die Stelle, wo S. Lienhards Kappel vor kurzem noch stund, und vierzig gefallene Ritter begraben wurden: da trat mich ein langhariges Völklein an, das vor wenig Jaren vom Fusse des ungeheuren Hymmelaja entfürt, in diesen Hügeln angekommen war, die im noch immer fremd zu sein schienen. |

Ich sollte vielleicht darüber erstaunen: aber ich hatte vor wenig Tagen über den gewölben der alten Burg Wirtemberg*) die traurigen Gesänge russischer Pfaffen ertönen gehört und es konnte nichts mer meine Verwunderung erregen; nur noch einen wehemütigen Blik warf ich auf den alten erwürdigen Turm, der in wenig Jaren vollends auf dem Boden liegen wird, und stieg wieder hinab durch das reichgesegnete Rebengelände in den sonntäglichen Lärm der gewerbfleißigen Stadt, die ich nach dem Mittagmale wieder verließ. In Pfullingen wollte ich Iren Schwager besuchen; aber er stund auf der Kanzel und streute die heilige Saat des Evangeliums über seine Gemeine, ich ließ eine Zeile des Grußes zurük und eilte den Höhen der Alp zu, von welchen herab mir das Felsenneſt Lichtenstein schon fernher winkte. Ich hatte mir in Reutlingen die Walter Scottische Nachamung des Herrn Hauff, überschrieben: Lichtenstein, gekauft und unterhielt mich mit diesem Reisegefärten ganz angenem bis Trochtelfingen, wo ich bei dem dortigen Amtmanne einem alten Schulkameraden übernachtete; ich wurde da etwas unpässlich und konnte erst den folgenden Mittag abreisen; auf den Abend traf ich durch das teilweise schöne Lauchert Tal herab, hier bei meinen Kindern ein, wo ich ein par Tage ruhen will.

Da haben Sie mein Freund! den getreuen Bericht meiner kurzen, eben nicht ereignissreichen Reise, auf der ich so oft an Sie und Ire liebe eheliche Wirtin gedacht habe und an die Liebe und Freundschaft die ich empfing; | nie one Empfindung

*) Jetzt Rothenberg genannt, eine Capelle, die der verstorbene König Wilhelm 1824 seiner Gemahlin Katharina, geb. Großfürstin von Rußland († 1818), als Ruhestätte errichten ließ. Zwei griech. Geistliche besorgen dort den Gottesdienst.

herzlichen Dankes für den stillen Frieden den ich bei Inen genoß. Sonderbar, daß auch auf dieser kurzen Fart das Glük mich wieder in meinen Forschungen begünstigte und ich in dem Hause des Bischofs von Evara die Heimat eines Schweizerischen Sängergeschlechtes entdeken musste; wie Sie aus der Beilage ersehen werden.

Ich denke in ein par Tagen die Ufer des Bodensee'es wieder zu sehen und von der villa Epponis aus Inen weitere Nachricht zu geben. Indessen tausend herzliche Grüße an die wakere Frau Emma, und den biedern Suabo, dem ich nochmals so wie Inen teurer Freund! für die große Hilfe an dem Codex Weingartensis innig danke. Die Irigen, ich meine Herrn Rosner und seine schöne Frau, auch den lieblichen kleinen Gustav, bitte ich von mir viel mal zu grüßen; kann ich Irem Herrn Schwager in der Umgebung des Bodensees oder in der Schweiz entomologische Aufträge besorgen? so werde ich es mit eben so viel Pünktlichkeit als Vergnügen tun. Bitten Sie Schwab in meinem Namen, auch an seine Frau einen schönen Gruß auszurichten. An sein Buch werde ich am ersten Tage meiner Zuhausekunft Hand anlegen und es ime sobald möglich zurüksenden. Vale et me amare perge explicit am 6. Sept. 1826.

Laßbergius.

39.

Laßberg an Uhland.

Constanz am 4. October 1826.

Ich habe Inen mein vererter Freund! im Anfange des Septembers von Siegmaringen aus geschrieben und von meinem dortigen Tun und Leben Nachricht erteilt. Von da gieng ich noch einmal das von mir nie genug gesehene Donau Tal hinauf, und sahe die zwei wunderschöne Burgen bei Buchheim und den Kalenberg (Kallenberg?), welche lezte ein Muster kostbarer und vester Bauart ist; ich war auch zu Fridingen, wo auf einem Berge nahe daran noch die Stätte einer alten Stadt und Burg ist. Diese konnte ich durch die fernhintreffenden Stralen des Helios ermattet, nicht mer gehörig untersuchen und werde es auf meinem nächsten Gange dahin tun; dann besah ich 20, warscheinlich teutsche Grabhügel bei Neuhausen auf der Egg, im Wirtembergischen, deren einer nun auf meine Veranstaltung geöffnet wird. Bei meiner Zuhausekunft traf ich einen Brief von Suabo und darinne grüße von Inen und Irer lieben Hausfrau an, die mich alle herzlich erfreuten, da sie von guten Nachrichten über jr beider Wolbefinden Kunde gaben. Ich sende Inen, lieber Freund! hier Ir apographum des Codex weingartensis zurük, weil ich glaube daß Sie es behufs Irer literarischen Arbeiten gemacht haben und vielleicht diesen Winter brauchen könnten; ich habe es abschriftlich in mein apographum eingetragen.

Es scheint mir, nach einem gemachten Ueberschlage, daß der Abdruk nebst Bildern und Vorrede gegen 600 Seiten einnemen werden, und folglich die Hinzufügung des Heidelberger Codex Nr. CCCLVII. nicht mer möglich sein wird. Ich lege Inen hier den ersten Abdruk von einem der zu Albrecht von Werdenberg gehörigen Holzschnitte bei; es scheint mir, daß sie das Büchlein anständig zieren werden und werde mir alle Mühe geben, es pro strena versenden zu können.

Meine gegenwärtige Geschäfte gehen die Weinlese an, welche hier zu Lande bald beginnen wird; aber in der Güte keinen bessern Wein als den leztgemachten verspricht, doch, vom Wetter begünstiget, noch immer frölich genug werden kan; möchten Sie lieber Freund und die wakere Frau Emma mir doch dies Fest begehen helfen! warlich liebere Gäste könnte die Villa Epponis nicht aufnemen!

Wie oft denke ich an Sie lieben Freunde! und an all freundliches und liebes, da ich bei Inen erfaren habe; jezt wo der Tag schon so kurz und die Abende lang zu werden anfangen, size ich oft halbe Stunden lang einsam auf meiner Stube im Dunkeln, da erscheint mir immer das Bild Ires stillen häuslichen Friedens; ich sehe Sie in Irem blauen und die tätige Frau Emma in irem amaranth farbnen Kleide vor mir wandeln, und denke dann an die glüklichen Zeiten, da auch ich nicht allein in der Welt war, und das fürt mich denn weit, weit über die Welt hinaus. Adieu! herzliche Grüße an die Irigen, auch die Kinder nicht zu vergessen.

Ir

Laßberg.

40.

Uhland an Laßberg.

Stuttgart, den 19. Jan. 1827.

Hochverehrter Freund!

Indem ich die Feder ergreife, mich in Ihrem Andenken zu erneuern, fällt es mir schwer auf das Herz, wie lang ich, nicht ohne eigenes Verschulden, außer brieflichem Verkehr mit Ihnen geblieben bin und daß ich selbst noch nicht der mir so werthen Erinnerung an Ihren freundlichen Besuch in unsrem Hause Worte gegeben habe. Es ist aber auch Manches in dieser Zwischenzeit eingetreten, was mich in Briefwechsel und Studien zurückbringen mußte, früher meine letztmalige Beschäftigung beim landständischen Ausschuß und neuerdings mehrmalige Abwesenheit von hier, veranlaßt durch Trauerfälle in der Familie, den Tod einer Schwägerin in Calw und den eines Kindes meiner Schwester.

Von litterarischen Vorgängen hab' ich Einiges zu berichten. Bald nach Ihrer Abreise kam ein Brief vom Prof. v. d. Hagen an, worin er zum Behuf seiner Ausgabe der Minnesänger, deren erster Band schon großentheils gedrukt sey,

Abschriften aus dem Weingartner Codex verlangte, von den Liedern Kaiser Heinrichs, Veldekes u. s. f., am liebsten der ganzen Minnesängerreihe. Ich gab ihm Nachricht, daß wir von Ihnen eine reine und | vollständige Herausgabe dieser Handschrift zu erwarten haben, und unterließ nicht, zu bemerken, daß die Vergleichung einiger einzelner Sänger hier zu nichts führen würde und eine bloße Variantensammlung bei manchen derselben gar nicht anwendbar sey.

Lachmann beabsichtigt eine kritische Ausgabe der Lieder Walthers v. d. Vogelweide. Da ihm hiezu nur die Vergleichung der hiesigen Handschrift noch fehlte, so wendete er sich an mich, in der Voraussetzung, daß ich vollständige Abschrift der darin enthaltenen Gedichte Walthers besitze. Dieses war jedoch nur theilweise der Fall, ich hielt es aber für Pflicht, Lachmanns gründliches Unternehmen zu fördern, trug deshalb das Fehlende nach und überschickte ihm den ganzen hiesigen Walther.

Maßmann war hier auf der Durchreise nach München, wo er als Erzieher bei einer Familie eintreten wird und, wie es scheint, auf Verwendung bei der Bibliothek sein Absehen hat, was bei seinem Eifer und seiner Dienstfertigkeit für ihn und Andre wünschenswerth wäre.

Geh. Hofrath Kohler aus Wallerstein war diesen Winter hier. Wenn ich früher über die Nichtbeantwortung meiner Ansuchen an | ihn mich zu beklagen einige Ursache hatte, so muß ich jetzt nicht minder die Bereitwilligkeit rühmen, mit der er mir den provenzalischen Fierabras hier gelassen und die wallerstein. Nibelungenhandschrift auf das Frühjahr hieher mitzubringen versprochen hat.

Graffs Diutiska ist doch, von der eigentlichen Sprachkunde abgesehen, etwas zu trocken ausgefallen.

Da Sie mit Schwab fortwährend in Correspondenz gestanden, so bemerke ich blos, daß er sich mit den Seinigen wohl und munter befindet.

Nun bin ich aber überaus begierig, von Ihrem Befinden den Winter über und von Ihren neuesten Bemühungen für unser vaterländisches Alterthum Nachricht zu empfangen. Auch hole ich meinen herzlichen Dank nach für die Mittheilung der Entdeckungen, welche Sie auf der Rückreise gemacht. Ob das aufgefundene Geschlecht der Spervogel (Sperling) mit dem der Sänger identisch sey, wird sich aus den Liedern ausmitteln lassen, in welchen mehrere Eigennamen vorkommen.

Meine Frau fügt ihre besten Grüße den meinigen bei, wir empfehlen uns beide Ihrer freundlichen Erinnerung.

Verehrungsvoll der Ihrige

L. Uhland.

NS. Eine sehr tüchtige Arbeit, worauf ich, wenn sie Ihnen nicht schon bekannt, Sie aufmerksam machen möchte, ist das eben erschienene Buch von Diez, Prof. in Bonn: die Poesie der Troubadours, Zwickau, bei Schumann. Maßmann will in München Ulrichs v. Lichtenst. Frauendienst abschreiben, wodurch man hoffen kann, dieses merkwürdige Buch einmal genauer kennen zu lernen.

41.

Laßberg an Uhland.

Ex villa feria prima post purificationem. 1827.

Ich schreibe Inen mit einen lamen Arme, mein verertester Freund! in den sich die böse ἀρθρῖτις eingenistet hat: allein, das Vergnügen über Ire letzten Zeilen, läßt mich mit meiner Antwort nicht länger zögeren. Ich habe seit meiner Abreise aus Irem gastfreundlichen Hause doch zuweilen durch H. Prof. Schwab, Nachricht von Irem und der Irigen Befinden erhalten und sogar Grüße, was mich immer getröstet hat: seit einem Vierteljare aber ist auch H. Prof. Schwab verstummt und so war ich denn wirklich um Sie besorgt und wollte eben die Feder ergreifen; als die gewöhnliche Krankheit alter Jäger mich besuchte und seit mereren Wochen ein Interdikt auf alle Correspondenz legte; urteilen Sie also, ob Ir Brief vom 19. Jan. willkommen war?

An den Trauerfällen in Irer Familie neme ich herzlichen Anteil; auch mich traf vor wenigen Tagen das Los, meine gute alte Schwiegermutter in Kempten zu verlieren, die freilich mit 77 Jaren nimmer viele Ansprüche an das Leben machen konnte.

Für die mir stets interessanten Nachrichten, die Theotisca oder Diutiska betrefend, sage ich Inen vielen Dank. Auch an mich hat v. der Hagen geschrieben und seinen Gottfrid v. Straßburg zugeschikt, den ich schon beinahe 4 Jare lang aus dem Buchladen besize!!! Er versichert mich daß ich im meinen Liedersaal geschenkt habe; worüber mir freilich mein Gedächtniß keine Kunde gibt; dann hat er die Güte mir ein Blättchen Correcturen zu dem Littower zu senden, von denen auch nicht eine einzige Stich haltet und endlich verlangt er ich solle im die Aushängebogen von dem Weingartner Codex, sobald der Druk begonnen hat, posttäglich zusenden; dabei nennt er mich seinen verertesten Freund; so daß ich vor lauter Dank und Ere nicht weiß, was ich antworten soll. Ich bin von Natur nicht boshaft; aber ich muß gestehen, daß mir unwillkürlich hiebei das Horazische „ibam forte via sacra etc." einfiel.

Was Sie für Lachmann z. Beförderung seiner Ausgabe des Walters v. der Vogelweide getan haben, dafür danke ich Inen, denn ich halte in allerdings für einen ser tüchtigen Mann in der Diutiska. Vor seinem W. von der Vogelweide wünschte ich die Beendigung des Ywains zu sehen: aber diese Nordteutschen laufen uns doch in allem guten zuvor!

Maßmann hat mir auch aus München geschrieben; aber kein Wort v. einer Abschrift des Frauendienstes erwänt. Ich fragte in, wer denselben herausgeben werde? (denn ich hatte vernommen, daß es in M. beabsichtet werde) allein ich blieb one Antwort. Daß der geh. Hofrat v. Kohler etwas geschmeidiger und gefälliger geworden freut mich: ich habe auf meinen Brief, den ich bei Inen wegen seinem Ansinnen an mich schrieb, keine Antwort erhalten; ein Zeichen, daß er mit seinem Nibelungen Codex noch geheim tut und tun will. Von dem Fierabras hat man merere gedruckte Ausgaben: Geneve 1478, Lyon 1484 und 1486. Diese Sachen kann man nur in Paris bekommen, wohin ich schon längst gegangen wäre, wenn keine Franzosen da wären.

Allerdings ist Graffs Diutiska ein trokenes Ding, aber doch ein verdienstliches; es soll ja vorzüglich der Sprachkunde gewidmet sein: aber das wünschte ich, daß er über die Quellen, aus denen er schöpft, etwas ausfürlicher spräche. Wo ist er nun wol? Das 2. Hefte erhielt ich im December mit einer Zeile von seiner Hand; hat denn die Reise nach Italien nicht stattgefunden?

Sie sagen: ich habe mit H. Prof. Schwab fortwärend in Correspondenz gestanden; das ist das Wort; ich schrieb im am 5. Nov. das lezte Mal, erhielt aber keine Antwort; er hatte mir zerschiedenes seinen Bodensee betrefend zur Einsicht und Vernemlassung z. senden angekündiget, unter andern auch die Charte: allein ich erhielt nie etwas; einige 20 Druckbogen hatte ich mit aller Treue und Liebe corrigirt und redigirt: allein, ich muß unwillkürlich (das weiß Gott) in irgendwo verwundet haben: das tut mir leid, denn mein Wille konnte es nie sein Liebe mit Leid zu erwiedern. Dergleichen habe ich in 57 Jaren schon oft erlebt und stelle das dann immer den Göttern anheim, und oft entwikelt es sich wieder freundlich. Das muß man kommen lassen! indessen grüßen Sie diesen Mann hurtigen Geistes von mir, dem ich alles erfreuliche wünsche.

Über Spervogel habe ich nun keinen Zweifel mer, daß er ein Schwizer war; *) seine Lieder haben unverkennbare

*) Was hier und auf den folgenden Seiten über Spervogel und seine Sprüche vorgebracht wird, ist bekanntlich durch spätere Forschungen längst widerlegt.

Criterien der Mundart des Zürchersee's. Seine Gedichte gehören ganz dem Meistersange an, er war ein Spruchtichter und hat warscheinlich um das Jar 1330—1335, da die sogenannte Maneß. Sammlung geschrieben wurde, noch gelebt. Die Strophe bei Bodmer II. 226.

„es zimt wol helden, das fro nach leide sin etc."

scheint mir eine Anspielung auf die (1315) verlorne Schlacht von Morgarten zu sein. Johann v. Schwanden, Abt zu Einsiedlen, eingedenk der im vorigen Jar von den Schwizeren begangenen Plünderung seines Klosters, war auf Seite Herzogs Leopold v. Österreich: die Spervögel waren Amtleute des Klosters E. zu Hurden; er konnte also wol singen:

„Dorumbe son wir nit verzagen.
„Es wirt noch bas versuochet."

Daß er arm und warscheinl. ein farender Sänger war, erscheint aus der Strophe, pag. 227: Ich sage iu lieben süne min etc., aber seine Voreltern waren doch im Wolstande; denn sie machten beträchtliche geistl. Stiftungen zu Hurden und Ufnau.

Wer der Fruote von Tenemarken war ist nicht wol z. entziffern, ein Mann der mit wenig anfieng und viel gewan. Von Husen Walther scheint blos des Reimes wegen da zu stehen, da der Sänger bekanntlich Friederich hieß — vielleicht hieß er: Friederich Walter?

Heinrich v. Gibichenstein ist ganz unbekannt.

„Vnd von Stoufen we ir noch ein"

deutet vielleicht auf die uneheliche Nachkommenschaft, die König Enzius von der Lucia Viadagola in Bologna verließ. Wernhart v. Steinsberg oder Steinberg ist mir nicht bekannt; aber da die Graven v. Oettingen in erbten, muß er wol mit | diesem Hause verwandt gewesen sein; niemand sollte hierüber bessere Auskunft geben können als H. geh. Hofrat Kohler. Ich werde darüber Langs Regesta nachschlagen, von welchen er mir kürzlich den IV. Bd. zugeschikt hat. Pag. 227 „man seit ze hove mere etc. scheint zu beweisen, daß er an dem Hofe, warscheinl. des Herzogs Leopold, bekannt und folgl. ein farender Sänger war, der Gransprunge man eben da ist mir unverständlich, warscheinlich ist der Text verdorben. pag. 228. „Ein wolf und ein witzig man, saszen Schachzabel an" beziehet sich auf d. Fabel Nr. CLXI. im II. Bd. des Liedersaales Seite 605, welche also älter sein muß als Spervogels Getichte. Die Strophe pag. 230

„mich wundert dike, das ein wolgeraten man
„vnder sinen friunden niht erben kan" etc.

spielt vielleicht auf sein Verhältniß, mit seinen Verwandten zu Hurden an, welche so vieles den Kirchen vermachten.

Auch ebenda:

„das ich vngelüke han, das tuot mir we,
„des muos ich ungetrunken gan, von einem see"

mag sich wol auf keinen andern als den Züricher See beziehen, an welchem Hurden, die Heimat des Dichters, liegt. Nemen wir noch dazu die Nachbarschaft v. Ratpertswil, gerade jenseits der Brüke, wo um diese Zeit und zuvor mer als ein Sänger war; so möchte es uns nicht schwer fallen, den Sänger Spervogel bei Bodmer zu den Spervögeln zu zählen, welche um diese Zeit zu Hurden wonten.

Über Albrecht von Kemenaten (Rud. v. Ems in der Alexandreis) und seine Familie habe ich eine ganze Genealogie und an Urkunden von 1282—1285 wolerhaltene Siegel aufgefunden. Sie besaßen Arbon am Bodensee (sagen Sie dieses dem H. Prof. Schwab), waren Camerarii ducis Sueviae und König Conrad der Junge wonte 1266 den ganzen Sommer bei seinem Vater Volkmar von Kemenaten. Albrecht scheint mit Conradin nach Apulien gezogen zu sein; denn da seine Brüder 1282 Arbon an d. Bischof Rud. v. Constanz verkauften, war er nicht gegenwärtig und ist in der Urkunde nur in dem Ausdrucke: fratres mei begriffen; vermutlich lag er noch in dem Kerker des K. Karl v. Anjou, in dem viele schwäb. Ritter liegen blieben. In Langs Regesta kommen sie öfters vor. Der Vater Volkmar hat da in Urkunden den Beinamen: Sapiens.

Wir finden bei Bodmer M. S. II. 19 einen Sänger unter dem Namen: der Diuring. Einige Worte und mundartliche Ausdrüke in seinen Liedern erlaubten mir nie zu glauben, daß dieser Sänger aus Thüringen seie. Unter vielen Urkunden die mir diesen Winter zu Gesicht kamen, war auch ein Compromißspruch, worin Wernher Türing Altlandammann zu Schwiz, Conrad ab Iberg Landammann daselbst, mit Jacob von Warte und Rudolf Müller Ritter einen Span zwischen dem Kloster Einsiedlen und denen von Schwitz vergleichen. actum VIII. kal. Jul. 1311.

In einer Urkunde des lezten Graven v. Raperswil Rudolf, de anno 1261 dem Kloster Einsideln gegeben, finde ich unter den Zeugen einen: Heinricus miles de Owe der kein Schwabe, sondern ein Dienstmann des Graven gewesen zu sein scheint.

Nun will ich Inen noch ein ganz Nest vol alte Dichter ausschütteln, von denen Inen gewiß mancher zum ersten male unter die Augen kommt.

Johannes Müller in seiner handschriftl. Chronik und Geschichte der Freiherren von Zimbern, Blat. 1488a. sagt nachfolgendes: *)

„Ich hab von disem herren Konrad von Bickenbach in ainem „gar alten geschribenen buoch ain lied gefunden das im wirt nam„lichen zuegeschrieben, und seitmals ouch anderer fürnemer leuten „lieder, die sie selbs geticht und gemacht, daby gestanden, wie her„nach folgen wirt, so glaub ich genzlich her Conrat sye dies orts „ouch der author, und dem verborgenen sinn nach zu nemen; so „mag das lied uff die obgehörte hystoria gedeutet werden. Ich kan „ouch sunderlichen nit umbgehen, die zu vermelden, die vermög des

*) Vgl. v. d. Hagens Minnesinger IV, 883 und III, 406.

„gar valten buochs mit iren namen sint vffgeschriben worden vnd „die Gedechtnuß bey iren gichten der lieder, den nach komen ha=„bend bekannt gemacht, als: Her Hadamar v. Laber ain Bayer vnd „Her Wolfram v. Eschenbach, baid Fryherren, Grav Peter v. Ar=„burg, Her Rainhart v. Brenneuberg vnd Her Hainrich v. Morun=„gen, baid ritter, Her Conrat Fryherr v. Bickenbach vnd dann „nachfolgende von adell, Walther v. Gachnang (in Thurgau) der „v. Pawenberg, der von Sonneckh, vnd dann der Schenk von Land=„egkh, item maister Frawenlob, maister Boltzau, Maister Conrat „von Würtzburg, Maister Klingsor vnd maister Sueßkind v. Trim=„berg, Desgleichen der Marner (von Constanz) der Muetinger „(warscheinlich ein Diener der Graven v. Oettingen, Moettingen „liegt im Öttingschen) der Öttinger (von diesem besize ich einige „handschriftliche Gedichte) der Ellentrich, der Wild v. Veltkürch, „der Rupfdenmann, vnd dann ein Schweitzer genannt der Hayne „Zelky, der was ain großer Delky, auch hat der zeit Bischof Niklas „(aus dem Sängergeschlechte v. Kiunzingen genannt Hofmeister von „Frauwenfeld) von Costanntz einen Schriber gehapt, Her Hainrich, „der ist gleichfalls mit den tütschen lieder vnd geruempten gichten „vmbgangen, zue vermueten sy haben dazumal nit groesser oder mer „geschafft gehapt; sonder nur de faire bon temps, aber das Bicken=„bachisch Lied, das laut von Wort zu Wort wie hernach folgt:

„1. Stilswigen vnd gedagt
„daz ist nu der beste sitt
„dann wer sich vil ruempt vnd sagt
„zwar der laydet sich dar mit.
„sicherlich er wurt zu swach
„er sy ritter oder knecht
„wer ez tůt der tůt nit recht
„der vil sagt daz nie beschach
„wer sich well lieben rainen wiben
„der hab sy in steter hůt
„beschicht aim Mann dann icht ze gůt
„daz kan im layd vertriben.

„2. Mancher spricht er sy gelegen
„by hertzlieb dikh vnd dikh
„vnnd heb ouch liebe phlegen
„mund an mund blikh an blikh
„layder das entpfannd ich nie
„ez geschicht do ez geschehen sol
„mir ist am denckhen wol
„kuß von liebe ich nie entphie
„wer sich well lieben rainen wiben
„der hab sy in steter hůt
„beschicht aim Mann dann icht ze gůt
„daz kan im layd vertriben.
„3. Swig ich zů der liebe gůt
„hey so wer ich gar ain heldt
„sy kumpt mir selten vz dem můt
„die ich ze trost hab vzerwelt
„sy ist by rainen wiben clůg
„die ich mit ganzen trewin [minn? Pf.]
„minß hertzen trut ain Kayserin
„wer sy mir holt ich hett genůg
„wer sich well lieben rainen wiben
„der hab sy in steter hůt
„beschicht aim Mann dann icht ze gůt
„daz kan im layd vertriben.“

Sie wissen wol lieber Freund! wo dies Lied sonst noch stehet; aber das sehen wir doch hieraus, daß es um die Mitte des XVI. Jarhunderts dem Schenken Conrad von Bikenbach namlichen zugeschrieben worden.

Sie fragen mich, was ich mache? ich bin hier in der Villa Epponis eingeschneit und habe eine so gute warme Stube, daß es mich gar nicht gelustet in die Stadt zu gehen. Der Codex Weingartensis hat mich einige Zeit beschäftiget: aber eine Menge interessanter Urkunden, die mir über einmal zukamen und die ich bald wieder zurükstellen muß, haben mich fürs erste von dieser Arbeit abgezogen, so daß ich vor einigen Wochen nicht wider daran kommen kann.

Tausend herzliche Grüße an Ire liebe eheliche Wirtinne, ich habe drei Tage an diesem Briefe geschrieben und meine steife Hand will ausruhen. Leben Sie wol aufrichtig geliebt vnd vereret von Irem

Laßberg.

Das Buch des H. Prof. Diez von der Poesie der Troubadours habe ich sogleich verschrieben, und danke für die Notiz.

Explicit 5ta Februarij MDCCCXXVII.

42.

Laßberg an Uhland.

Eppishausen in die Cinerum. 1827.

Mein teurer Uhlandus! ich kann nicht länger warten Inen meine Gedanken über Hartmann von Aue, die ich zwar schon lange mit mir herumtrage; aber nur erst in diesen lezten Fastnachtstagen niedergeschrieben habe, sogleich mitzuteilen.

Warscheinlich habe ich zu viel hierüber geschrieben und zu wenig gesagt; ich gestehe daß die Besorgniß, nicht deutlich und gründlich genug zu sein, meine Feder etwas breit gemacht hat, und gebe Inen vollkommene Gewalt alles überflüssige wegzuschneiden und zu verwerfen, was Inen nicht wesentlich zur Sache zugehören scheint; nur darum bitte ich, daß Sie mir Ire Meinung und Ansicht über meine Entdekung, wenn sie je eine ist, frei und unumwunden mitteilen. Senden Sie mir nach gemachtem Gebrauche, den Auffaz wieder zurük; ich erwarte aus Zürich noch diplomatische Auskunft über das Wappen von Westerspül und es könnten sich in der Folge noch weitere Aufschlüsse aus dem Reichenauer Archive zu Karlsruhe ergeben, wohin ich mich gleichfalls wenden werde.

Schwab wird diese Notizen wol nimmer zu seinem Bodensee benuzen können.

Er schrieb mir endlich auch wieder einmal und kündigte mir seine Reise nach Paris in den Osterferien an. Ich bin begierig zu erfahren, wie meine Ideen über Hartmann von Aue, dessen Bearbeitung Sie mir schon vor langer Zeit als beendiget ankündeten, mit Iren Ansichten über in zusammenstimmen?

Wie steht es und geht es denn mit der Geschichte des teutschen Heldenliedes und des Minnesanges? haben Sie Iren Vorsaz, diesen Winter die Bearbeitung dieses Gegenstandes zu vollbringen, ausgeführt?

Jak. Grimm schreibt mir, daß er für dies Jar den III. Teil seiner Grammatik bei Seite gelegt habe und an eine andere Arbeit über das teutsche Recht geraten seie. Er wünscht aus dem südlichen Teutschland alte noch unedirte Rechtsbücher, besonders Dorfweistümer zu erhalten. Gibt es bei Inen nichts dergleichen? In den kleinen Kantonen der Schweiz giebt (es) solche uralte Rechtstitel; aber Strutthan von Winkelried hat nicht alle Drachen jener Gegend getötet; sie hüten diese alten Schäze noch ser scharf. Maßmann hat mir ein Berliner Neujarsblat, einen Schwank, den sich ein Studiosus Wakernagel zu machen erlaubt hat, zugeschikt, vermutlich Inen auch. Ich bin nicht getäuscht worden; der 87. Vers: Sazt er sines schiltes rant, By daz swert an die want gab mir mit dem Berliner Accusativ sogleich Aufschluß über den Verfasser; auch erkannte ich die beiden kämpfenden Hirsche hinten sogleich als ein Plagiat aus unseres Landsmannes Elias Riedingers Kupferstichen. Lachmann soll damit angefürt worden sein; es ist kaum zu glauben. *) Haben Sie die schwedische Volksharfe herausgegeben von einem Bündtner Staudacher, gelesen? Es sind ser schöne Sachen darin.

*) Vgl. darüber Maßmann in den Heidelberger Jahrb. der Litt. XX. (1827) Nr. 67. 68.

Wir Schwaben sind doch gar zu arm an solchen Dingen! Auch das schwäbische Volksbüchlein vom Professor Auerbacher zu München, werden Sie gelesen haben. Die Schwabenstreiche und die Märe von den 7 Schwaben darin gefielen mir nicht übel.

Das sind alle meine Neuigkeiten in unserem Fache. Regnets nicht, so tröpfelts doch! Ich habe noch immer eine Menge Urkunden um mich herumliegen, die ich ausziehe oder abschreibe. Dieses Spicilegium ist nicht so ganz undankbar, man findet hie und da eine merkwürdige geschichtliche Notiz: aber die Augen gehen darüber zum Teufel und ich habe bisher am meisten durch die Augen gelebt.

Nun sind die Bachanalien vorüber und bald kommt der Früling; da wird denn meine Gicht auch aus dem steifen Arme ausziehen und wir: redeunt jam gramina campis, arboribusque comae singen; indessen leben Sie wol, et feliciter se habeat placens ůxor, die ich von ganzem Herzen grüße.

Ir

Laßberg.

43.

Uhland an Laßberg.

Stuttgart, den 6. April 1827.

Hochverehrter Freund!

Die Beantwortung Ihrer beiden neuesten Schreiben hat sich mir dadurch verzögert, daß ich mit dem Aufsatze über Hartmann, den Sie mir mitzutheilen die Güte hatten, nicht so schnell abkommen konnte. Um die Zurücksendung nicht länger aufzuhalten, gebe ich meine Ansicht, wie ich sie bis jetzt gefaßt. Ihre Vermuthung über des Dichters Herkunft ist durchaus neu und sinnreich, aber auch sie hat ihre Bedenklichkeiten Wenn man in der Gegend selbst die Insel Reichenau ohne weiteres die Aue nennt, wenn man: in der Aue, aus der Aue ꝛc. sagt, hat man auch jemals ohne Artikel gesagt oder urkundlich geschrieben: von Ôwe, zû Ôwe, ze Ôwe? Doch Dieses mag unerheblich seyn und sich beseitigen lassen. Ein wichtiger Uebelstand ist, daß die Erklärung nicht ausreicht, daß man eine doppelte Conjektur nöthig hat und neben dem Abte von Reichenau, als Lehnsherrn des Dichters, doch noch ein ritterliches Geschlecht aufsuchen muß, worauf Dasjenige paßt, was im armen Heinrich von einem Herrn von Ôwe erzählt wird. Es legt sich doch allzu nahe, daß Hartmann, der Dienstmann zû Ôwe war und die wunderbaren Geschicke eines vielgerühmten schwäbischen Ritters Heinrich von Ôwe berichtet, etwas zur Verherrlichung des adelichen Hauses, dem er diente, habe thun wollen. Selbst der Schluß des Gedichtes, wie Heinrich seine gottbegabte Retterin zum Weibe nimmt, paßt hiezu am besten. Grimm (S. 141) bemerkt gewiß richtig, daß nach dem Geiste der Legende die durch ein Wunder Geretteten zu reinem, gottgeweihten Leben verpflichtet seyen. Daß auch die Legende vom armen Heinrich, in ur | sprünglicher Gestalt, solchen Schluß hatte, zeigt das etwas ungeschickte Einschiebsel des Ueberarbeiters. Hartmann konnte das geistliche Ende nicht gebrauchen, weil er die Legende auf ein fortblühendes Geschlecht anwendete. Eine weitere Andeutung, daß der geliebte Herr, dessen Tod Hartmann so tief betrauert, ein weltlicher Ritter war, liegt in dem Liede selbst, worin er diese Trauer ausspricht. (Man. I. 180.[b] Sit mich der tot etc.). Er ist bis daher der Welt nachgelaufen, jetzt, nachdem ihn der Tod seines Herren beraubt, will er durch die Kreuzfahrt „ime ze helfe komen“. Hätte so der laische Dienstmann von einem heiligen Abte der Reichenau gesprochen? Doch dieses bezweifeln Sie selbst. Endlich, womit ich angefangen, taugt das artikellose von und zû Ôwe, dessen Anwendung auf die Insel ich bezweifelte, allerdings zur

Bezeichnung einer lehnsherrlichen Burg und Familie, wobei die sinnliche Wortbedeutung schon zurückgetreten ist. Dieses sind die Zweifel, die ich mir nicht zu lösen vermochte; ich habe nicht die Hülfsmittel zur Hand, um zu ersehen, ob nicht etwa bei der Reichenauer Abtei ein Advokatengeschlecht bestand, welches vermittelnd eintreten könnte.

Wenn ich über diesen erstern Punkt Bedenklichkeiten äußerte, deren Hebung ich nicht für unmöglich halte und selbst wünsche, so muß ich die zweite Vermuthung, in Betreff des Hasen, aus positiven Gründen bestreiten. Das Bild vom Hasen, im Tristan, bezieht sich nach meiner festesten Ueberzeugung und allen bisherigen Erklärungen nicht auf Hartmann von Aue, sondern gerade im Gegensatze zu ihm auf Wolfram von Eschenbach. Der schlichte Hartmann wird seiner lautern, reinen, krystallenen Wörtlein halber des Lorbeers würdig erkannt; dem originellen Wolfram werden seine wunderlichen Hasensprünge vorgeworfen.

Damit ist nicht nur an sich die Verschiedenheit des Styls der beiden Dichter deutlich bezeichnet, es ist auch unzweifelhaft auf den Eingang des Parcival angespielt, wo Eschenbach selbst seine fliegende Bildersprache mit einen schelbichen Hasen vergleicht (V. 19), welche Stelle wieder am Anfang des Titurel glossirt wird. Die Alexandreis Rudolfs von Ems giebt eine Aufzählung der vorzüglichsten Aventürendichter, welche sichtbar derjenigen im Tristan nachgebildet ist. Da tritt denn an des Hasen Stelle namentlich Herr Wolfram von Eschenbach „mit wilden aventüren"; nur daß Rudolf zum Guten spricht, während Gottfried auf den ihm der Zeit nach am nächsten stehenden Wolfram, bei dem er auch Manches gelernt hat, unverkennbar eifersüchtig ist. Wenn ich nicht irre, haben Sie von der Stelle der Alexandreis, die mir durch Maßmann mitgetheilt war, Abschrift genommen. Aehnliche Stellung ist dem von Eschenbach im Wilh. v. Orleans gegeben. (Docens Miscell. II. 151.)

Wären Hartmanns Erek und Enite, zu Wien, und Gregor vom Steine, einst zu Straßburg, (Görres soll eine Abschrift haben,) zugänglich, so möchten sich leicht weitere Spuren über seine Heimath ergeben.

Ueberaus merkwürdig ist die Nachricht der zimbern. Chronik von einer bisher völlig unbekannten Liedersammlung. Das Lied, welches Sie mir daraus mitgetheilt, ist mir noch nicht vorgekommen, besonders möchte ich dafür stehen, daß es nicht in den Bodmer. Minnesingern steht. Sollte man die Hoffnung ganz aufgeben, das alte Liederbuch wieder aufzufinden? hat der Verfasser der Chronik nicht, wie es sonst öfters vorkommt, ein Verzeichniß der gebrauchten Hülfsmittel seinem Werke ein verleibt? oder kann man nicht aus den Lebensumständen desselben schliessen, welche Bibliotheken und Archive er benützt und worin dem Schatze nachgeforscht werden könnte?

Ihr neuestes Schreiben an Schwab ist erst nach seiner Abreise angekommen, wird ihm aber nachgeschickt. Der Amethyst ist bei Hirsch in Empfang genommen und wird zugleich mit Gegenwärtigem auf die Post gegeben werden.

Durch Schwab hoffe ich mehrere altfranzösische Romanzen aus einer Pariser Handschrift abschriftlich zu erhalten. Einige Stücke dieser Art besitze ich schon und weiß auch noch anderwärts solche aufzutreiben. Es würde sich mir dadurch eine kleine Sammlung bilden, die ich mit Hinweisungen auf die Romanzen — und Balladenpoesie andrer Völker herauszugeben gedächte. Bei Ihrer Anwesenheit in Stuttgart war davon die Rede, daß mir vielleicht durch Ihre Verwendung auf einige Zeit die Benützung einer altfranz. Handschrift zu Theil werden könnte, welche Görres, ohne Zweifel in einer Copie von Glöckle, besitzt und wovon er in der Vorrede zu den Volks- und Meisterliedern XLVIII. ff. Nachricht gibt: Roman de la Rose de Vinne de Volce, unter Nr. 1725 in der Bibliothek der Königin Christine in Rom. In diesen Roman sind mehrere

Romanzen eingewoben, mit denen ich, sofern es der Besitzer gestattete, meine Sammlung verstärken könnte. Ein Landsmann, der nach Rom reist, hat mir zwar angeboten, Abschriften und Auszüge für mich zu machen, da er aber mit dem Altfranzösischen sich noch nicht beschäftiget hat, so mochte ich ihn in diesem Fache mit keinem Auftrag beschweren. Die Aussicht, jetzt durch Schwab Mehreres zu erlangen, ist der Anlaß, daß ich diesen Gegenstand wieder anzuregen mir erlaube.

Ich bin im Begriff eine kleine Reise nach Tübingen zu machen, und schließe daher für heute. Mit herzlicher Verehrung und Freundschaft

L. Uhland.

44.

Uhland an Laßberg.

Stuttgart, den 20. März 1828.

Hochverehrter Herr und Freund!

Der Umstand, dessen Sie im Eingang Ihres mir so eben von Schwab mitgetheilten Schreibens erwähnen, die Ungewißheit, ob ich in Stuttgart oder Tübingen mich befinde, ist auch die Ursache, warum ich seit dem Besuche in Eppishausen, *) bei dem wir so viele Güte und Freundschaft erfahren und der so oft der Gegenstand unserer frohen Erinnerung ist, doch keine Sylbe von mir habe verlauten lassen. Denn wirklich war ich bisher zwischen beiden Orten schwebend; von Woche zu Woche, von Monat zu Monat ohne Entscheidung hingehalten, hat mich das Unvermögen, meinen Freunden hierüber etwas Bestimmtes mitzutheilen, in eine mich nur allzu leicht überwältigende Mißstimmung zum Briefschreiben versetzt. Jener Zustand der Ungewißheit dauert noch jetzt an, und man muß sein Ziel klar im Auge haben, um sich durch solche Erfahrungen nicht irre machen zu lassen.

*) Im Juli 1827 s. L. Uhland rc. S. 216. 217.

Zu meinem aufrichtigen Bedauern meldet die erste Nachricht, die uns von Ihnen wieder zu Theil wird, daß die Beschwerde des vorigen Winters sich wieder bei Ihnen eingestellt hat; möge der anrückende Frühling völlige Genesung bringen!

Was ich über den altfranzösischen Fund, von dem Ihr Schreiben uns Kenntniß giebt, *) von litterarischen Notizen aufzutreiben vermocht habe, ist hierneben zusammengestellt. Die rechte, lebendige Poesie hat freilich im Zeitraum dieser Gedichte schon stark nachgelassen, aber zur Geschichte der Rittersitten scheinen sie ein merkwürdiges Denkmal zu seyn.

Von neuen Erscheinungen im Gebiete der altdeutschen Litteratur weiß ich nichts zu benennen. Lachmann bereitet Mehreres vor, eine Abhandlung über die Nibelungen, eine Ausgabe der wenigen Lieder des 12. Jahrhunderts, den Parcival. Mit Wolfram v. Eschenbach hatte auch ich mich vor einigen Jahren anhaltend beschäftigt, aber die Vergeblichkeit aller Versuche, einige altfranzösische Handschriften der Berner Bibliothek, die mir für diese Arbeit unentbehrlich schienen, hieher mitgetheilt zu erhalten, wozu mir früher Hoffnung gemacht war, zwang mich, die Sache zurückzulegen.

Ein junger Theologe in Tübingen, Namens Halling, der sich den deutschen Schriftstellern des 16. und 17. Jhderts mit Eifer widmet, hat über das auf hiesiger Bibliothek vorhandene Exemplar von Fischarts glückhaftem Schifflein eine solche Freude empfunden, daß er von dem seltenen Büchlein einen Abdruck, mit Notizen über Fischart, veranstalten will. Der Verleger wollte sich nur unter der Bedingung zur Uebernahme verstehen, wenn ich eine kleine Zugabe dazu stiftete, und ich habe keinen Anstand gefunden, darauf einzugehen. Dieses Denkmal kräftiger Bürgerlust verdient wohl, wieder bekannter zu werden. Aus einem Briefe von Lachmann ersehe

*) Ohne Zweifel an G. Schwab.

ich, daß eine Bitte Hallings an Herrn von Meusebach um Unterstützung bei seinem Vorhaben, nicht so sehr von diesem selbst, als von seinen Freunden, sehr übel aufgenommen worden ist. Daß H. v. M. seit vielen Jahren die Herausgabe einer Auswahl Fischarts Werke mit ausführlichen Nachrichten über Leben und Litteratur dieses Schriftstellers vorbereitet, habe ich bei diesem Anlaß vernommen und wünsche von Herzen, daß wir diese Ausgabe, so wie diejenige seiner Volksliedersammlung, erleben mögen, welche letztere ich wirklich für ein wesentliches Bedürfniß unsrer poetischen Litteratur halte. Ich gebe auch gerne zu, daß die Studien des jungen Mannes neben solchen Vorarbeiten sehr unerheblich erscheinen müssen und daß sein Ansinnen an H. v. M. nicht in der rechten Art gestellt seyn mochte. Aber doch scheint mir die Beschäftigung mit Fischart kein Monopol zu seyn und das glückhafte Schifflein vorderhand füglich wieder abgedruckt werden zu können, womit bereits der Anfang gemacht ist, und ich finde auch keinen Anlaß, meine Zusage zurückzunehmen, ohne daß ich übrigens für die Anmerkungen und Einleitung, womit der Herausgeber den Abdruck versehen hat, einzustehen gedenke. Was ich beizugeben wünschte, wären einige Bemerkungen | über Fischarts umfassende und innige Bekanntschaft mit dem deutschen Volksleben und namentlich der poetischen Volkslitteratur. Ich schreibe von dieser Sache so ausführlich, um die Bitte zu begründen, wenn Ihnen etwa Einiges, Fischart betreffend, zu Gebot stände, was Sie mir zu öffentlichem Gebrauch mitzutheilen geeignet fänden, Sie damit meinem Appendix einiges Gewicht beilegen möchten. Sollten Sie namentlich Fischarts Bearbeitungen des Peter von Stauffenberg oder des Eulenspiegels, sowie den Murnerschen, besitzen, so würde deren gütige Mittheilung meinem Zwecke überaus förderlich seyn.

Ich schließe dieses lange Schreiben mit den herzlichsten Grüßen und Wünschen für Ihr Wohlbefinden von mir und meiner Frau. Auch Ihrer Fräulein Nichte, deren freundliche Aufnahme bei uns im dankbarsten Andenken lebt, bitte ich uns angelegenst zu empfehlen.

Mit unwandelbarer Freundschaft und Verehrung der Ihrige

L. Uhland.

In den Mémoires sur l'ancienne Chevalerie par De la Curne de Sainte-Palaye. Paris, 1781. Tom. I. p. 242. werden folgende Handschriften des Gedichts angeführt: Voyez le Roman intitulé Des Voeux du paon et le retour du paon, manusc. du Roi, n. 7973, 7989, 7990 et 7990²/₃. In diesem Werke finden sich auch mehrere Notizen über die wirkliche Anwendung dieses Gelübdes bei Ritterfesten und für kriegerische Unternehmungen. Ein anderes Gedicht in Alexandrinern: Du Voeu du Heron, ist daselbst Tom. III. p. 119 sqq. abgedruckt.

Sollten Sie dieses Buch, wovon meist nur die Klüber. Uebersetzung in Deutschland zu finden ist, nicht etwa selbst besitzen, so werde ich es Ihnen mit größtem Vergnügen übersenden.

In dem Schriftstellerverzeichniß bei Roquefort, Glossaire de la Langue Romane, Paris 1808. Tom. II. p. 756 sq. steht Folgendes: Alexandre de Bernay, surnommé de Paris: Roman ou la Geste d'Alexandre, composé vers le commencement du XIIIe siècle, ns. 7190, 7190², 7190⁴, 7190 A. B., 7190⁵, 7498³, 6987, fol. 164; et du fonds de S. Germain, 7633; de S. Victor, 894, et de Cangé, 7498. Ses différentes branches sont: 1. Le Voeu du Paon, les Accomplissemens et les Mariages; 2. le Restor (rétablissement) du Paon, par Brise-Barre; 3. le Testament d'Alexandre, par Pierre de S. Cloot; 4. la Vengeance d'Alexandre, par Jehan le Venelais, que Fauchet appelle le Névelois. — Estace (ou Vace, Wace, Wistace), Lambert li Cors (Court), le Clerc Simon ou Simon de Bologne, auteur d'une traduction de Solin en françois, et Guy de Cambrai, on (ont) travaillé à ce Roman. On croit que les Romans d'Alexandre, en prose (XIVe siècle), sont une version de la Geste.

Dans un exemplaire de la Belgique, Mss. n⁰. 299, in fol. divisés en deux parties, la première contient le Voeu du Paon, et le Restor du Paon, qui finit au mariage d'Alexandre avec la fille de Darius; la seconde partie comprend la suite du Roman avec la Vengeance; et le traducteur, qui se dit Picard, déclare avoir travaillé par ordre de Jehan de Bourgogne, Comte d'Etampes, Seigneur de Dourdan. Alexandre de Bernay est aussi auteur du Roman d'Atys et Profilias, Mss. n⁰. 7191 in-fol. Ibid. p. 758. Brise-Barre: Roman du Restor du Paon. Mss. fonds de la Valliere, in-4., n⁰. 2704, et n⁰ 2703, ancien fonds, in-fol.

In dieser Notiz Roqueforts über die Verfasser der Alexandreiden scheint eine sonderbare Vermischung früherer und späterer Autoren obzuwalten. Roquefort selbst sagt in seiner Schrift: De l'État de la Poésie françoise dans les 12. & 13. siècles, Par. 1815. pag. 158: Le Roman d'Alexandre fut publié, l'an 1184, par Alexandre de Paris et par Lambert li Cort. (Voy. Notices des Manusc., tom. V. p. 101 — 121. Biographie universelle, art. Alexandre de Paris.) Le commencement de cet ouvrage est un récit des principales actions de la vie du conquérant macédonien, entremêlé d'autres faits relatifs à ce qui se passa vers la fin du règne de Louis VII. et au commencement de celui de Philippe-Auguste. (Von diesem Gedichte, in Alexandrinern, enthält die Histoire littéraire T. XV. einen Auszug.)

Ob die aus St. Palaye hievor angeführten Handschriften den Roman vom Pfauen in Versen oder in Prosa aufgelöst enthalten, könnte zweifelhaft erscheinen. Daß sie aber, zum Theil wenigstens, versificirte Dichtungen geben, dafür sprechen nachfolgende Excerpte, die ich mir einst aus dem Catalog der französischen Handschriften auf der königl. Bibliothek zu Paris gemacht und welche sich auf dieselben Nummern beziehen, auch noch eine weitere dazu liefern:

No. 7596. Les voeux du Paon et les complissemens et le Mariage des pucelles. F. med.

— 7973. Roman d'Alexandre en vers. 4⁰.

No. 7989—90. Vieux Roman en vers intitulé les voeux du Paon d'Alexandre. 2 Vol. 4°.
— 7990². Les voeux du Paon Roman ancien. 4°.

45.
Uhland an Laßberg.

Stuttgart, den 28. Nov. 1828.

Hochverehrter Freund!

Seit Sie uns von Ihren Wanderungen durch die Schweiz im vergangenen Sommer Kunde gegeben haben, *) entbehren wir von Ihnen aller erwünschten Nachricht. Ich rufe mich Ihnen ins Gedächtniß, indem ich meinerseits von einer kurzen Reise berichte, die ich in diesem Spätherbste noch nach Nürnberg gemacht habe. Dazu muß ich aber weiter ausholen, als der Erfolg rechtfertigen wird. In meinen Studien mittelaltriger Poesie war mir besonders eine bedeutende Lücke in Beziehung auf die poetischen Alterthümer Englands fühlbar geworden. Da hier nichts von dieser Litteratur zu finden ist, so ließ ich mir durch einen deutschen Buchhändler in London, Koller, der selbst für diese Gegenstände Sinn hat, die nöthigsten Sammlungen von Ritson, Ellis, Webber, W. Scott. Jamieson etc., ankaufen und habe mit solchen mich einen großen Theil des Sommers hindurch beschäftigt. Die Trefflichkeit der schottischen Balladen regte in mir lebhaft die Frage an, ob denn Deutschland wirklich nichts aufzuweisen habe, was mit dieser schottischen und englischen, mit der schwedischen und dänischen Balladenpoesie sich messen dürfte? Schlagen wir das Wunderhorn und andre Sammlungen dieser Art auf, so zeigen sich die meisten balladenartigen Stücke, auch wo die Herausgeber nicht hinein improvisirt haben, doch in

*) Wahrscheinlich in einem Briefe an Gustav Schwab.

überaus mangelhafter und verworrener Gestalt. Dennoch lassen sich auch durch diese hindurch die einst vollständigen und klaren Urbilder ahnen und man darf die Hoffnung nicht aufgeben, sie noch aufzufinden und herzustellen. | Man wird hiebei zunächst auf die gedruckten Flugblätter des 16. Jhd. hingewiesen, obschon ich glaube, daß, wie es in Schottland und Schweden der Fall war, auch in den abgelegenern Gegenden unsres Vaterlandes noch immer das Lebendigste und Aechteste aus mündlicher Ueberlieferung zu erlangen seyn dürfte. Meinert in seinen Volksliedern des Kuhländchens hat hiezu einen schönen Beleg geliefert und Anklänge, die ich auf meiner vorjährigen Reise im Tirol vernommen, haben mich überzeugt daß dort von einem landeskundigen Sammler noch reiche Ausbeute zu Tage gefördert werden könnte. Bei all diesem haben jene alten Druckblätter ihre unbestreitbare Wichtigkeit, aber ihre Seltenheit macht sie schwer zugänglich; Herr von Meusebach in Berlin soll die bedeutendste Sammlung derselben besitzen. Da dergleichen Stücke vorzüglich in Nürnberg und Augspurg gedruckt wurden, so war mir der Anlaß, einen Freund auf seiner Reise in's nördliche Deutschland bis Nürnberg zu begleiten, gerade erwünscht, um mich zu unterrichten, was dort in der Pflegstadt selbst noch für solche Zwecke vorhanden sey. Ich fand freilich Weniges, zu Mehrerem wurde mir durch zugesagte Nachforschung in Privatsammlungen einige Hoffnung gemacht und zuletzt noch auf der Rückreise, bei Gräter in Schorndorf, sah ich sehr Merkwürdiges dieser Art, dessen mir zugesagte Benützung ich gleichfalls noch zu hoffen habe. Im nächsten Jahre denke ich auch Augspurg zu besuchen.

Die Rückreise machte ich zu Fuß, über Schwabach, Gunzenhausen, Wallerstein. Zwischen den zwei erstern Orten gieng ich eine gute Strecke rechts ab von der Strasse, um Wolframs von Eschenbach Heimath und Grabstätte zu besuchen. Stadt Eschenbach, burgartig mit Mauern und | Thürmen befestigt, sonst von ganz geringem Umfang, ist nach meiner durch diese Anschauung bestätigten Ueberzeugung die Heimath des Dichters. Die den jetzt unerheblichen Schloßgebäuden zunächststehende Kirche erscheint alt genug, daß sie seine Gebeine bewahren könnte, aber der Fußboden in Chor und Schiff ist neu mit Steinplatten getäfelt und die Wände stehen glatt. So waren freilich Schild und Inschrift nicht mehr zu finden, die noch Püterich von Reicherzhausen, auch einst ein Waller zum Sängergrabe „in Eschenbach dem Markt, in unser Frauen Münster“ in Augenschein genommen hatte. Abenberg, Pleienfelden, im Parc. und Titur. genannt, sind nahgelegene Orte.

In Wallerstein sah ich die Handschriften, namentlich die des Nibelungenliedes. Sie ist eine späte Papierhandschrift und beginnt mit der Fahrt nach Brunhilden. Statt des fehlenden Anfangs steht eine kurze prosaische Notiz über Dietrich von Bern, wann er gelebt habe rc. Um dieser pros. Einleitung willen war ich längst auf die Hdschr. gespannt, indem davon verlautet hatte, daß sie Nachrichten von den Sängern enthalte. Nun weiß ich, daß nichts daran ist, und habe so, wie in manchen Fällen, meine Befriedigung erlangt. Merkwürdiger scheint eine Hdschr. des Rosengartenliedes, in andrer als der bekannten Versart; ich bekam sie nicht zu Gesicht, soll aber nähere Kunde davon erhalten. Die Sammlung oberdeutscher Gemälde, die sonst in Wallerstein zu sehen war, hat der König von Baiern angekauft. Sie wird zusammt der Boisseréeschen nach Nürnberg kommen; eine Capelle neben der Sebaldskirche wird zur Aufnahme der deutschen Schulen zugerichtet, die Juweele aus jeder bleiben aber in München für die Pinakothek.

Dieß das Wenige, was Sie von meiner Reise interessiren könnte. Was meine Arbeiten anbelangt, so werden mich Heldensage und Minnesang wohl noch diesen Winter beschäftigen. Dann aber möchte ich mich wieder zu Wolfram wenden und, wenn ich seinen Grabstein nicht entdecken konnte, mir den Geist des Dichters aus seinen Werken aufsteigen lassen. Es ermuntert mich dabei, daß, nach Ihrem letzten Schrei | ben an Schwab, nunmehr Wyß bei der Bibliothek in Bern angestellt zu seyn scheint und so die altfranzösischen Schätze dort sich vielleicht eher öffnen dürften; nicht minder die Notiz, die sie mir über die Handschriften zu Donaueschingen durch Schönhut zugehen liessen, worunter ich mit frohem Erstaunen einen Cod. membr. des Parcival, deutsch und welsch,*) verzeichnet fand. Ob und auf welchem Wege die Benützung dieses Cod. zu erlangen wäre, darüber würden wohl Sie am besten mich zu belehren wissen. Auch eine Reise nach Donaueschingen würde mich nöthigenfalls nicht verdriessen, wenn ich nur einer ruhigen Vergleichung sicher wäre.

Gegenwärtig lese ich mit größtem Interesse Grimms deutsche Rechtsalterthümer. Auch der Liedersaal hat in diesem Buche manche schöne Frucht getragen.

Nachträglich zu meinen früheren Notizen bemerke ich, daß in Tom. XI. der Histoire littéraire de la France über den altfranz. Dichter Alexandre de Paris und dessen und des Lambert-li-Cors Roman d'Alexandre **) ein ausführlicher Bericht steht.

Der vorerwähnte Buchhändler Koller in London, ein Schweizer, schrieb mir unter andrem: „Auch ich habe zufällig einen kleinen Tractat auf Pergament in 4° 10 Blätter aus dieser Zeit (13 Jhd.) erhalten, der einen lustigen Aufsatz über Roßertzneyen und als Anhang ein Bruchstück eines Wächterlieds an Maria enthält, das ich Hrn. v. d. Hagen abschrieb. Gern würde ich dieses seltene Kabinetsstückchen der Sammlung des Hrn. Laßberg v. Eppishausen zustellen, um dafür seinen nicht in Buchhandel gekommenen interessanten Liedersaal für meine gedruckte Sammlung zu erhalten, und bin so frei, Sie, falls Sie den Sepp v. Eppishausen kennen, zu ersuchen,

*) Vgl. die Berichtigung im nächstfolgenden Brief Nr. 46.

**) Dieser ist nun herausgegeben durch H. Michelant (Bibliothek des litt. Vereins XIII Stuttg. 1846.)

ihm gelegentlich diesen meinen Vorschlag mitzutheilen". Ich vollziehe den Auftrag, den ich übrigens auf keine Weise veranlaßt habe.

Meine Frau empfiehlt sich mit mir Ihnen bestens. Möchte bald wieder die Vergleichung eines alten Dichterwerks, etwa des Friedrich von Schwaben, Sie zu unsern stillen Laren führen. Wir wohnen jetzt ziemlich ländlich, in derselben Straße, in der Sie uns mit Ihrem ersten Besuch erfreut hatten.

Mit der aufrichtigsten Freundschaft und Verehrung

L. Uhland.

46.

Laßberg an Uhland.

Eppishausen, am 2. Christmonds. 1828.

Theuerster Uhland!

Der Tag an dem ich einige Zeilen von Inen erhalte, ist jedesmal ein Festtag für mich; ich lasse Sie also von meiner Freude urteilen, als ich diesen Morgen Iren Brief vom 28. Novbrs. empfieng. Daß auch Sie eine Reise in das Dichterland gemacht und ein heiliges Grab gesucht, auch wenigstens seine Stäte gefunden haben, war mir ser lieb zu vernemen. Für mich hat es etwas ganz eigenes, erhebendes auf der Stelle zu stehen, wo ein meinem Geiste oder Herzen verwandter Mann einst geatmet, gelebt und gewirkt hat. Aus der Gestalt des Landes, den Bäumen, Wiesen, dem Flusse und den Bergen bei denen er aufgewachsen, schliesse ich auf die ersten Empfindungen die in seiner Brust aufstiegen, auf die Wendung die sein Sinn genommen u. behalten hat, und ich lerne daraus seine Schriften weit besser verstehen.

Sie haben sich also auch d. alten englischen Dichter kommen lassen; sind auch die von W. Scott, Jamieson u. Weber | 1814 zu Edinbourgh herausgegebenen: Illustrations of

Northern antiquities dabei? sonst stünde Inen mein Exemplar zu Dienste. Von französischen Sachen könnte ich Inen: „Les poëtes français depuis le XII siècle etc. par P. R. Auguis. 6 Bände in 8°. a°. 1824 und: Nouveau recueil des fabliaux et contes etc. par M. Méon. 1823, 2 Bände in 8°. zusenden. Diese lezte Sammlung v. Fabliaux ist von der kurz zuvor erschienenen des Barbaçan in 4 Bänden z. unterscheiden. Von ältern franz. Sachen habe ich meist nur einzelne Bände, da mir durch Ausleihen viel verloren gieng; doch habe ich: „le roman de la rose par Guil: de Lorris & Jean de Meun, accompagné De plusieurs autres ouvrages, etc. et d'un glossaire, Amsterdam. 1785. 3 Tomes in 8°. ancienne chronique de Gerard d'Euphrate duc de Bourgogne remise en français moderne. Paris. 1783. 2 Tomes in 8°. und: aventures & plaisante education du courtois chevalier Charles le bon Seri d'Armagnac. Amsterdam. 1786. 2 tomes in 12° noch ganz. Renouard's choix des troubadours haben Sie selbst. Da ich längst im Sinne hatte einmal selbst nach Paris z. gehen; so habe ich mir von der alten franz. Poesie nicht viel angeschaft. In der Bibliotheke zu Donauöschingen sind ziemlich viel alte Druke von Romans de Chevallerie. |

Daß man in abgelegenen Gegenden noch einiges auf unsre alten Balladen bezügliches auffammeln könnte, will ich gerne glauben; aber wer gehet dahin? und wie lange wird es noch dauren, so ist alles vollends verschollen? Ich habe diesen Sommer im Berner Oberlande unabläßig nach alten Sagen geforscht, aber nichts erfaren können, was nicht schon bekannt wäre. Daß Meusebach in Berlin die beträchtlichste Sammlung von volkstümlichen Gedichten besize, habe ich nicht nur von andern, sondern auch von im selbst vernommen: allein, da er selbst im Sinne hat über teutsche Volkspoesie ein Werk herauszugeben; so wird er vorderhand wol schwerlich etwas aus seinem Vorrate mitteilen. Jezt ist er mit seinem Fischart beschäftiget, der endlich erscheinen soll. Halling hat in durch Herausgabe des glükhaften Schifs gewekt. Was Sie mir von einer Handschrift des Rosengartenliedes in einer andern als der bekannten Versart sagen, die in Wallerstein sein soll, ist mir höchst wichtig; es käme darauf an welche Recension d. ältere ist: aber daß man Inen die Hdschft. nicht gezeigt hat, finde ich höchst engherzig ja recht unartig. Daß Sie diesen Winter wieder an Ir Werk über Heldensage u. Minnesang gehen wollen, das | erfreuet mich über die Maßen; ich freue mich ordentlich darnach es kennen zu lernen und Schwab, der etwas davon vorlesen hörte, hat mich noch mer entzündet. Lassen Sie ja mein teurer und vererter Freund! diese Arbeit nimmer liegen! Meister und Gesellen werden sich daran erfreuen. Daß Wyß Bibliothecar in Bern geworden kann nicht anders als förderlich für Ire Zwecke sein. Er ist ser gefällig und ich glaube mir schmeicheln zu dürfen, daß ich etwas bei im gelte. Wenn Sie sich entschließen könnten selbst nach Bern zu gehen; so würde alles sich leichter machen lassen. Und ich zweifle nicht daß man Inen die Handschriften in die Wonung geben würde; sollte aber dazu keine Aussicht sein; so wünschte ich wenigstens die Titel der Msspte. zu wissen, welche Sie zu benuzen wünschen, um dafür auch einen Versuch machen zu können. Hätte ich Wyß diesen Sommer nicht krank und bettliegerig gefunden; so hätte er mir auf der Bibliotheke ein eigenes Kämmerchen eingeräumt, um die Hdschrften mit Musse benuzen zu können: ich denke, dieß tut er für Sie wol eben so gerne, denn wenn man bei im ist, so ist er ein gar wakerer und gefälliger Mann; sonst aber lässt er sich gerne treiben. | Da Herr Schönhut etwas schnellen Gemütes ist, so mag sich wol begeben haben, daß er durch unvollständige Abschrift meiner Notaten über die Biblioth. zu Donauöschingen Sie, mein bester Uhlandus! in einen Irrtum gefüret hat. Die dortige Handschrift des Parcifal ist nicht wie Sie meinen t e u t s c h u n d w ä l s c h; sondern es sind 2 Parcifale, näml.: der des Wolfram v. E. und ein anderer, den Philipp Kolin, ein Goldschmit zu Straßburg, aus wälsch (also warscheinlich französch.) in teutsche Reimen gebracht hat, und dieser ist ao. 1336 gemacht worden. Ob nun Kolin einen andern Text vor sich gehabt hat als Wolfram?*) ich konnte meine Notizen weder so vollständig noch so deutlich machen als ich wünschte; weil eben da ich schrieb der Fürst dazu kam und ich also eilen mußte zum Schluß zu kommen. Der Bibliothekar Hofprediger Dr. Beker ist ein äusserst braver und gefälliger Mann und ich zweifle nicht, daß er sich ein Vergnügen daraus machen wird Inen diese und andere Handschriften zu verschaffen, wenn es in seiner Befugniß stehet, was ich nicht weiß: im entgegengesezten Falle würde es freilich einiger verbindlicher Zeilen an den Fürsten | bedürfen. Das sicherste würde immer sein selbst nach Donauöschingen zu gehen, wo Sie für d. Benuzung der Msspte. keinem Hindernisse entgegen sehen dürften.

Auch ich lese gegenwärtig meines lieben Gevatters Jac. Grimm teutsche Rechtsaltertümer mit vielem Vergnügen. Ich habe im Weistümer u. Offnungen von alemannischen Ortsgemeinden liefern müssen u. war so glüklich einige höchst Interessante zu bekommen: indessen felet dem guten Manne noch vieles und in einigen Jaren kann er seine beiden Bände wenigstens auf 4 ausdenen.

H. v. der Hagen hat mir auch geschrieben, an seiner Ausgabe des Pariser Cod. der Minnelieder sind die 2 ersten Bände ganz und am 3. bereits 32 Bogen gedrukt. Ich musste jm an den nithardischen Liedern des Weingartner Codex über 800 Verse abschreiben. Er will auch ein Glossarium der | altteutschen Sprache herausgeben; aber was will der nicht alles? und was hat er nicht schon gewollt? indessen

*) Von dieser Handschrift hat Uhland später eine ausführliche Beschreibung gegeben in H. Schreibers Taschenbuch für Geschichte und Alterthum in Süddeutschland II, 259.

lebt er in einem Lande, wo man an jn glaubt u. das ist die Hauptsache.

Auch hat ein H. Pfarrer Dr. Jäger zu Bürg bei Heilbronn an mich geschrieben u. mich eingeladen einem historischen Vereine beizutretten, der auch Sie mein Freund, Pfarrer Pfister, le Brêt u. a. m. unter seine Mitglieder zäle, und eine dem Mittelalter gewidmete Zeitschrift unter dem Titel: Suevia herausgeben will. Ich habe mir die Einsicht des Planes ausgebeten, und bin überal gerne, wo mein lieber Uhland mit ist. Ich danke Jnen für die fernere Nachweisung über die Alexandreis des Lambert, welche aber mit meiner Handschrift nichts gemein hat. Unterdessen habe ich in N. P. Sibbern idea hist. literar. Islandorum gefunden, daß Brandus Jona Bischof zu Hole in Island die Alexandreis des Gualterius a Castellione episcopi insulani (im XIII. J. H.) ins Isländische übersezt habe.

Es freut mich von Jnen zu vernemen, daß ein schweizerischer Buchhändler in London ist, der ein Freund von alt teutscher Literatur ist; dieser Mann könnte uns ja vielleicht zu der Handschrift des Liedes vom heil. Anno verhelfen, welche Franz Junius (der Herausgeber des Wulfila) der Universität z. Oxford geschenkt hat. Es ist noch die Einzige die in der Welt existirt. Wenigstens könnte er uns Nachricht verschaffen über den Codex und eine umständliche Beschreibung desselben. |

Obschon ich gegen ein teutsches Rossarznetbuch aus dem XIII. J. H. mit allem Rechte misstrauisch bin; und das Bruchstük eines Wächterliedes, das aus 10 Blättern bestehen soll eine nähere Notiz erforderte; so bin ich doch bereit dem wakern Schweizer die 3 Bände des Liedersaales dagegen zu geben, wenn er mir sein Mssþt. zuerst sendet. Ser gerne ließe ich durch diesen Herrn Koller, Percy's relikes of ancient english poëtry kommen, wenn Sie die Güte haben wollten es jm zu sagen. Ein Thurgauer Namens Stähele, aus Summery, eine Stunde von hier, soll d. Vernemen nach in London auch einen Buchhandel angefangen haben, vielleicht kann H. Koller Auskunft über sein Treiben geben.

Und nun mein vereret er Freund! vielen und herzlichen Dank für Ire und der lieben Frau Emma freundliche Einladung in jr stilles und friedliches Hauswesen, in dem es mir so überaus wol gefiel. Es war mir wol bei Inen und es würde mir wieder wol sein; aber diesen Winter kann ich wegen meiner Gicht in d. Schultern nicht reisen, und auf den Früling wollen wir erst sehen: quid valeant humeri, quid ferre recusant. Aber diese Einladung hat meinem Herzen ser wol getan! Zu sehen, daß mich Jemand zu sich wünscht, gehet mir über alles; darum nochmals meinen innigen Dank für Ire Liebe. Gott befolen von Irem Freunde

Laßberg.

Empfelen Sie mich Schwabs, ich werde jm nächstens schreiben.

47.

Uhland an Laßberg.

Stuttgart, den 26. März 1829.

Hochverehrter Freund!

Der junge Schönhut wollte mich nach seiner Zurückkunft vom Bodensee hier besuchen, traf mich aber nicht an und dadurch kam ich um seine ausführlichern Nachrichten. Nur im Allgemeinen erfuhr ich, daß Sie von der Ungunst des Winters Einiges zu leiden hatten. Möge dieses mit der rauhesten Jahrszeit selbst vorübergegangen seyn!

Diesen Winter lernte ich hier den Baron Aufseß aus Franken kennen. Er wohnt auf seinem Stammsitze, der Burg Aufseß unweit Bamberg, und widmet sich mit vieler Liebe dem deutschen Alterthum. Namentlich bezweckt er, eine Geschichte seines alten Hauses zu schreiben und an diese allgemeinere Darstellungen aus der deutschen Cultur- und Sittengeschichte anzureihen. In den Urkunden des hiesigen Archivs hat er Mehreres gefunden, was zur Kenntniß seiner Familie dient, und aus den Handschriften der Bibliothek, namentlich der Weltchronik des Rudolf v. Ems, ließ er Abzeichnungen machen, indem er besonders auch für die Costüme der verschiedenen Jahrhunderte sammelt. In diesen Absichten gedenkt er die merkwürdigern deutschen Bibliotheken ꝛc. zu bereisen. Er hat den lebhaften | Wunsch geäußert, für diese antiquarischen Bestrebungen Ihnen empfohlen zu seyn. Sein reger Eifer verdient es auch gewiß, durch Rath und Nachweisungen von Ihnen gefördert zu werden. Ohne Zweifel hat er inzwischen selbst an Sie geschrieben.

Dieser Winter war überaus arm an neuen Erscheinungen aus der deutschen Vorzeit. Für Jac. Grimm wird gegenwärtig auf hiesigem Archiv Mehreres für die deutschen Rechtsalterthümer abgeschrieben. Pupikofers Geschichte des Thurgaus habe ich noch nicht kennen gelernt, der Verkehr der schweizerischen Buchhandlungen mit den deutschen ist langsam und mangelhaft; wir erfahren oft nur spät und zufällig, was in der Schweitz Neues erschienen.

Für die Benachrichtigung über die Verhältnisse der Donauesching. Bibliothek meinen verbindlichsten Dank! ich denke später davon Gebrauch zu machen. Da ich nicht voraussehe, wie ich so bald auf längere Zeit nach Bern kommen könnte, so benenne ich nach Ihrer Erlaubniß die Mspte, die mich dort vorzüglich interessiren und für die mir Ihre gütige Verwendung vom größten Werthe seyn würde. Es sind ihrer 4, vor allen aber:

Cod. Nro. 113: Li Romans de Loherens.

Dieser Codex enthält nemlich ausser dem benannten Stücke noch manche andre und zwar zunächst auch einen Parcheval le Galois, dessen nähere Kenntniß | mir für meine Studien des Wolfram von Eschenbach unentbehrlich erscheint. *)

Die übrigen mir merkwürdigen Handschriften sind:

Nr. 296. Les faits de Guillaume d'Orange.

Nr. 349. Chansons diverses. (Altfranzösischer Minnesängercodex.)

Nr. 573. Vers sur Charlemagne.

Ein andrer französ. Parcival Nr. 354 ist durch Ausleihen nach Paris verloren gegangen und dieses scheint nun auch das Abgeben an ehrliche Leute so sehr zu erschweren. Um aber nicht durch Zuvielverlangen scheu zu machen, richte ich meine Bewerbung vorerst einzig auf den zuerst genannten Cod. Nr. 113., als den mir wichtigsten. Bei meiner Anwesenheit in Bern habe ich von diesen Schätzen nur flüchtige Ansicht nehmen können, die mich aber von ihrer Bedeutung für meine Arbeiten hinreichend überzeugt hat.

Können Sie wirklich einmal die Poëtes français von Auguis und die Illustrations of northern antiquities auf einige Zeit entbehren, so werden sie mich durch deren freundliche Mittheilung sehr verbinden. Die neueren Fabliaux von Méon besitze ich selbst. Von Raynouard soll nun auch das längst ausstehende provenzal. Wörterbuch erschienen seyn.

Sehr entschuldigen muß ich, Ihre Aufträge an Koller in London noch nicht vollzogen zu haben. | Indem ich beständig Einiges von dort erwartete, unterließ ich neue Bestellung, werde aber in meinem nächsten Schreiben das Erforderliche besorgen.

Vor einigen Wochen ist Maßmann mit der jungen Frau, die er sich aus Rheinbaiern heimgeholt, hier durchgereist. Er scheint entschlossen, eine Abschrift des Frauendienstes für Sie zu nehmen. Docens Verlassenschaft, worunter wohl manches von Werth, soll versteigert werden.

*) Vgl. nun Alfred Rochat, Über einen bisher unbekannten Percheval li Galois. Zürich 1855. 8.

Giebt es wohl von Thannhausen in Oberschwaben, unweit Waldsee und Winterstetten, ein altes Geschlecht, wohin man den Minnesänger dieses Namens und den fabelhaften Tanhäuser beziehen könnte? und wenn es ein solches gab, wo mögen sich Nachrichten darüber finden?

Meine Frau empfiehlt sich mit mir Ihrem freundlichen Andenken. Erfreuen Sie uns bald wieder mit guter Nachricht.

In aufrichtiger Verehrung und Freundschaft der Ihrige

L. Uhland.

NS. Pfarrer Jäger in Bürg ist ein sehr fleißiger Forscher und Sammler für schwäbische Geschichte. Er hat unlängst eine Geschichte der Reichsstadt Heilbronn herausgegeben. Kommt sein Unternehmen zu Stande, so würde auch ich gerne beitragen, wenn ich etwas dafür Taugliches zu geben hätte.

48.

Laßberg an Uhland.

Eppishausen, am 31. März 1829.

Charissime Uhlande!

Soeben erhalte ich Iren Brief vom 26. dieses und seze mich gleich hin um zu antworten: mir ist nämlich wärend dem Lesen desselben etwas eingefallen die Berner Handschriften betreffend.

Sollte (was ich jedoch auf keine Weise vermuten will) es mir nicht gelingen die Erlaubniß zu erhalten sie Inen teilweise oder zusamen zuzusenden: würden Sie sich dann wol entschließen dieselben hier in dem armen Klösterlein zu Eppishausen zu benuzen wenn sie hieher abgegeben würden? Hierüber möchte ich bestimmte Antwort haben, ehe ich meine Bewerbung um diese Handschriften beginne; dann könnte ich, wenn der erste Antrag nicht gehet, hintennach noch mit dem zweiten komen; ich würde in mit dem Anerbieten unterstüzen: die Handschrift meines Nibelungenliedes solange in Bern das obstagium leisten zu lassen, bis die dortigen

Franzmänner wieder zurük sind. Wie gerne böte ich Inen dann meine Aushilfe bei Irer Arbeit hier an, wenn sie Inen von einigem Nuzen sein könnte. Um Inen die Waldeinsamkeit bei mir etwas erträglicher zu machen könnte ja die gute Frau Emma mit Inen kommen; wir wollten recht friedlich und einig mit einander leben.

Nun lieber Freund! die Hand aufs Herz! und alles recht wol und klug mit Irer ehelichen Wirtinne überlegt und dann aber eine freie teutsche Antwort: was Sie über meinen Vorschlag beschlossen haben? | Was Sie mir von und über den Freiherrn von Auffeß sagen, hat mich ser erfreut. Es ist gut wenn die Edelleute auch einmal anfangen verständig zu werden. Das ist sonst bei uns in Oberteutschland noch selten der Fall; denn was hie und da Einer aus Liebhaberei oder gar pour tuer le tems tut, hat in meinen Augen keinen Wert.

Da Sie in loben; so habe ich schon im voraus eine gute Meinung von diesem Manne; er hat noch nicht an mich geschrieben; aber meine Dienste stehen im demongeachtet überall bereit.

Am 2. April.

Gestern Abends erhielt ich einen Brief von dem Oberbibliothekar Prof. Rud. Wyß aus Bern, der mir Anlaß giebt im und der Bibliotheke einen Dienst zu erweisen, und davon habe ich sogleich diesen Morgen Anlas genommen, den ambitus wegen der Handschriften zu eröffnen. Ich bin nicht mer gewont mich allzuser sanguinischen Hoffnungen hinzugeben; allein, ich glaube doch daß meine Werbung nun nicht mer ganz fruchtlos sein werde.

Die poëtes français par Auguis und Walter Scott's northern illustrations, werde ich Inen nicht durch den Postwagen, wegen des hohen Portos, sondern durch das Dampfbot über Friedrichshaven durch die Spedition der Gebrüder Beer daselbst übermachen. Aber haben Sie denn auch die frühere Sammlung der fabliaux et contes, par Barbazan et Méon. Paris. 1808. 4 dike Octavbände? — Diese enthalten eigentlich die interessantesten Stüke. In der späteren Sammlung von Méon in 2 Bänden, ist auch der verloren gegangene Berner Codex citirt, und ein Stük | aus demselben abgedrukt. Wenn Sie an Koller schreiben; so sagen Sie jm nur, daß ich den Handel eingehe; aber er muß die kleine Handschrift zu erst schiken.

Wegen Thanhausen und Tannhauser kann ich heute nicht antworten; weil mich die Post zuser drängt; es soll aber bald geschehen. Uebrigens halte ich den Sänger dieses Namens für einen Tyroler, wo dies alte Geschlecht noch bestehet, oder doch vor kurzem noch bestanden hat. Von Buwenburg und Stamheim sind alte Wirtemberger. Kommen Sie zu mir, so will ich Inen eine Handschrift von merern hundert Seiten über die alten Dichter zeigen; sie ist zwar nicht ser alt und kömmt von einem gewissen Meister Sepp, der schon mit Inen das Brot gebrochen und den Becher gehoben hat. Gerne will derselbe auf die Herausgabe dieser Blätter verzichten, wenn Sie mein teurer Freund! dieselben für Ir Werk brauchen können; | es wäre ja unnüz wenn wir zwei dieselbe Arbeit machen wollten; bei diesen Worten habe ich meine rote Kappe abgezogen.

Ich bin ein abscheulicher Mensch, daß ich dem guten wakern Suabo so lange nicht für seine lieben Geschenke gedankt habe, entschuldigen läßt sich das nicht, aber wol vergeben, bitten Sie jn doch in meinem Namen darum und sagen Sie jm daß ich ganz lateinisch geworden bin; denn ich bearbeite wirklich mit aller Anstrengung, einem lieben Manne, dem alten Schultheißen von Mülinen, zu liebe den episcopatus Constantinesis des Trutpert Neugart.

Noch einen schönen und herzlichen Gruß an Frau Emma und dann ade für heute. Geben Sie mir doch ja bald Nachricht in Beziehung auf meinen Vorschlag.

Gott mit uns!

Ihr Laßberg.

Wenn Sie einen Catalog von Docens Auction bekommen, so teilen Sie jn mir doch auch mit.

49.

Laßberg an Uhland.

Eppishausen, am 14. April 1829.

Hier mein verertester Freund! habe ich alles zusammen getragen, was ich bisher über das Geschlecht der Tanhuser habe auffsammeln können;*) es giebt wenig Aufschluß über d. Persönlichkeit des Dichters. Ir Tanhausen in Schwaben, was nun denen v. Stadion gehört, die es von Sinzendorf geerbt haben, könnte wol auch einmal dem Geschlechte des Sängers angehört haben, und dieses unter den Habsburgern in d. österreichschen Staaten gezogen sein; daß aber der Sänger bei dem Tode des lezten Babenbergers Friedrich des Streitbaren A. 1246 schon in Oesterreich begütert ware, unterliegt wol keinem Zweifel. Ueber die Zerschiedenheit der Wappen könnte das Stadionsche Archiv zu Warthausen aus alten Siegeln vielleicht Auskunft geben und wenn sich das im Manes. Cod. abgebildete dort an einigen Urkunden fände; so müßte dies freilich für d. schwäb. Heimat des vielgereiseten Tanhusers entscheiden. Er scheint kein Freund Ottokars gewesen zu sein und mag wol nach der Einname des Landes von diesem verfolgt worden sein, wie auch Ulrich v. Liechtenstein begegnete. Ich bedaure daß ich Inen nicht mer mitteilen kann. Primisser in Wien wäre vielleicht über d. Geschlechter der österreich. Sänger besser unterrichtet als ich. |

Hr. Prof. v. der Hagen in Berlin, der immer nur zu schwimmen Lust bekömmt wenn im das Wasser in den Mund läuft; schrieb mir lezthin auf das dringendste um Abschriften aus dem Weingartner Codex; sie müssten aber alsobald gemacht werden; da sein Werk: die Minnesänger in 3 Quartbänden, schon in der Ostermesse sollte ausgegeben werden.

Ich gestehe, daß ich diesem Manne von Hause aus eben nicht ser hold bin; aber um der guten Sache willen sezte ich

---

*) S. den Anhang.

mich in Gottes Namen hin u. schrieb im in kurzer Zeit 2510 Verse ab die ich im auch anfangs dieses Monats zugeschikt habe.

Hr. Barth in Lpzg. welcher den Druck und Verlag dieses Werkes von v. der Hagen übernommen hat, schrieb mir, daß er von dem was bereits gedrukt ist, mir ein Exemplar durch Löflund und Son zugesendet habe. Wenn Sie einmal bei Löflund vorübergehen, so bitte ich im zu sagen, er möchte mein Paket doch ungesäumt über Friederichshafen und Rorschach an mich nach Eppishausen spediren lassen. Ich bin ser begierig auf dies Werk; hege aber keine gar zu große Hofnungen davon; ich fürchte daß wieder eine Menge Flikwerk hineingeschiftet werden wird; denn Hagen spricht schon von einer reichlichen Nachlese im III. Bande. Ohe! — |

Aber eine Nachricht von einer kürzlich aufgefundenen handschriftl. Liedersammlung des XIV. Jarhunderts, welche auch Hagen mir mitteilte, wird Inen zu vernemen angenem sein.

„Eben lerne ich einen noch ganz unbekannten, und wie es „scheint einzigen Codex kennen, welchen eine Augsburgerin Clara „Hezlerin im XV. Jarh. geschrieben, welcher viele Erzählungen, „Spruchgedichte und Lieder von Hermann von Sachsenheim, „Suchenwirt, Freydank, Kaltenbach (?) Jörg Schiller, Mönch „von Salzburg, Suchs im Sinne, auch einen Nithart (sein gefräß „im alten Druk) enthält; besonders aber gegen 100 Stüke sonst „unbekannte Tage-Wächter-Liebes-Lieder ꝛc. welche zwar nicht „mer in den eigentlichen Minnesang gehören, und auf die ich „deshalb vergeblich Jagd machte, die aber einen willkommenen „Uebergang von demselben zum spätern Volksliede bilden, dem „XIV. J. H. noch angehören, und ser der Bekanntmachung „wert sind. Abschriften stehen mir und also auch Inen zu gebote, „gebieten Sie nur. ꝛc. ꝛc."

Ich halte diesen Beitrag zu unserer Literatur des XIV. Jarhunderts für wichtig und allerdings der Bekanntmachung wert: allein, nie würde ich mich entschließen eine Abschrift herauszugeben, welche ich nicht selbst mit der Handschrift verglichen hätte. Es würde sich diese Handschrift ganz erwünscht zu den ersten III Bänden des Liedersaals fügen. |

Vorige Woche brachte mir ein Constanzer den schwäb. Merkur vom 1. April worin ich einen Trompeten Stoß, des H. Pf. J. fand, der mich auch namentlich mit betrift, und mir ser unangenem war; einmal weil alle Trompeter Stückchen überhaupt meiner Natur widerstreben, und ich nichts weniger liebe als in den Zeitungen herumzufaren, und dann, weil der Auffaz merere Unwarheiten enthält und also der Unternemung mer schaden als nüzen kann; endlich aber siehet das ganze, was wol nur von H. Pf. J. selbst herrüren kann, einer Art von compelle intrare änlich, die sich auf mich nie mit Erfolg anwenden läßt; weil mein ganzes Wesen sich sogleich gegen jeden Notzwang empört, und ich in solchen Fällen lieber gleich das Ganze zum Teufel schmeiße, als mich in einen Krieg um die Suprematie einlasse, welche der eingeborne Tod jedes gesellschaftl. Vereines ist. Auch halte ich für ser unverständig daß man den Namen eines Andern in irgend einem Geschäfte, one sein Wissen und Wollen druken lasse. Der höfliche Briefwechsel in welchem H. Pf. J. bisher mit mir gestanden, hätte mich berechtigen sollen zu erwarten, daß er mir seinen Auffaz für den schwäb. Merkur vor dem Druke mitteilen; oder doch wenigstens kund geben werde. Im ersten Falle wäre ich dann wenigstens im Stande gewesen, die chronologischen Schnizer welche er enthält, zu berichtigen.

Nicht mer für heute lieber Freund! ich erwarte noch Iren Entschluß in betref der Berner Angelegenheit und kere indessen zu meinem episcopatus Constantiensis zurück. Viele herzliche Grüße an die Irige und Schwabs von Irem

Laßberg.

Tannhausen.

Das Wappen der von Tannhausen findet sich unter den Bairischen Geschlechtern in dem sonst ser guten „Erneuerten Wappenbuch, Nürnberg. Bei Paulus Fürst“. 1657. I. 86. Es stellet einen goldnen Greiffenfuß im blauen Felde vor, auf d. Helme eine goldne Greiffen Klaue, linksgekeret.

In Rüxners Thurnierbuche findet sich das Wappen nicht.

Wigleins Hund in seinem „bayerischen Stammenbuch", welcher den Rüxner fleißig, doch meist one alle Critik, benuzt hat, füret nicht einmal den Namen des Geschlechtes an; woraus ich schließe, daß dasselbe erst später, nach Rüxner und Hund; also ungefär nach 1600 nach Baiern, vermutlich aus Tyrol oder Steyermark, gekommen seie.

Prof. Sartorius in d. „Burgvesten und Ritterschlössern der österreichischen Monarchie". VI. 123. sagt vom Minnesänger Tannhauser, daß er wol dem Geschlechte der Freiherren von Thannhausen in Salzburg und Baiern angehöre und zwischen 1200 u. 1240 gelebt habe. Also zur Zeit Herzog Friederich des Streitbaren, an dessen Hofe er sich aufgehalten zu haben scheint.

Die Güter Leopoldsdorf und Hinperg (Hindberg), welche Tannhauser, wie er in seinen Gedichten selbst sagt, besaß, lagen ganz nahe bei Wien, wo er einen Hof, curia, d. i. ein Haus | mit einem ummauerten Hofraum hatte, sind warscheinlich Lehen von Herzg. Friederich d. Streitbaren, dem letzten Babenberger, gewesen und da er davon in der vergangenen Zeit spricht:

Ze wiene hat ich einen hof
Der lag so rehte schone
Lupoldzdorf was dar zue min
Daz lit bi luchse (Lachsendorf) nahen
Ze hinperg hat ich schone gůt.

so fürchte ich, daß im diese Besizungen durch den nach Friederichs Tod eingedrungenen Kön. Ottokar von Böhmen, wie vielen andern Anhängern des Babenberg. Hauses geschahe, wieder genommen worden seien.

Dükher in seiner „Salzburg. Chronik". Salzburg. 1666. füret das obengemeldete Wappen (mit d. Greiffenfuß) an und sagt, daß zu seiner Zeit die Graven von Tannhausen das Erbtruchsässenamt bei dem Erzstifte Salzburg haben. Loc. cit. pg. 4.

Cyriac. Spangenberg im „Adelsspiegel". I. Cap. XXIII. „vom Truchseß-Adel". pg. 349. sagt folgendes: „Auch die Bis- „thümer: Als des Ertzstifts Salzburg Truchsessen, waren etwan „die von Albin, so anno 1561 abgestorben, jezt die Freyherren „von Thanhausen." Der Adelsspiegel ist gedruckt: 1591. |

Preuenhueber „Annales Styrenses" hat über dies Geschlecht folgendes: 1537. Im Monat Decbr. ward auf Befel u. Anordnung Königs Ferdinandi ein großer Convent der fünf N. O. Lande zu Wien gehalten ꝛc. ꝛc. Dabei war unter andern auch: Franz v. Thannhausen, Hauptmann und Vitzdom zu Friesach, Abgeordneter von dem Lande zu Kärnthen.

Gabriel Bucelin in der „Germania topo-chrono-stemmatographica" Part. II. pag. 20. sezet die von Tanhausen unter die Bairischen Adelsgeschlechter.

1452. obiit Guilielmus a Tannhausen abbas monasterii Urspergensis in Suevia. Bucelin. loc. cit. pg. 300.

In dem Stammbaume der Graven Lobgott, Gotthilf und Ehrgott von Kuefstein (aus Oesterreich ob der Ens) bei Buzelin loc. cit. P. II. in genealog. pag. 191. finde ich: Balthassar d. Tanhausen und seine Gemalin Emerent. Tänzel de Trazberg, deren Sohn auch Balthassar de T. Euphrosine v. Apfenthal zu einer ehelichen Wirtin hatte, mit der er einen Son Conrad â T. zeugte, verheuratet mit Dorothea de Teuffenbach, deren Tochter Dorothea de T. den Freiherren Georg Hartmann von Stubenberg in Steyermark ehelichte.

Idem, ibidem, hat pag. 232. in dem Stammbaume der Graven Palfi: eine Sydonia Maria Freyin von Thanhausen, welche die Gemalin des Fürsten Hans Ulrich von Eggenberg, und die Tochter des oben genannten Conrad Freiherrn v. Thanhausen und der Dorothea v. Teuffenbach war. |

Der schon oft angeführte Buzelin giebt uns endlich in der „Germania" ꝛc. Part. II. genealogica pg. 307 den Stammbaum des Johann Antonius comes, den er familiae ultimum nennt, mit 32 Ahnen. Wir sehen daraus, daß die schon sepius memorata Dorothea de Teuffenbach irem Gemal Conrad v. Tannhausen einen Son Balthassar geboren hat, dem die Ursula von Holuck einen Son, den genannten Joh. Antonius schenkte, aus dessen unkräftigen Lenden kein fernerer Tannhausen hervorging.

Das Wappen ist hier bei Buzelin mit einem andern, vermutlich angeheuratceten, geviert, quadriert, écartelé, dies stellt in einem der Länge nach geteilten, halb rot, halb weißen Felde, einen aufgerichteten Sparren vor, dessen eine Hälfte im weißen Felde schwarz und im roten Felde weiß ist.

Warum in der kaum genannten Handschrift der Tanhuser auf dem Bilde das schwarze Kreuz des teutschen Ordens auf seinem Mantel führet, wird uns aus seinen Gedichten nicht klar; auf alle Fälle aber könnte es uns Aufschluß geben wie der Thannhuser ein weit und vielgereister Mann war, qui multorum hominum vidit mores et urbes.

In fidem
J. v. Laßberg.

50.
Uhland an Laßberg.

Stuttgart, den 30. April 1829.

Hochverehrter Freund!

Ihre beiden Schreiben vom 31. März und 14. Apr., letzteres mit der Sammlung von Auguis und den Northern Antiquities, habe ich empfangen und bin für so Vieles, was Sie mir mittheilen, erbieten und ankündigen, von dem lebhaftesten Dank erfüllt. Ein zehntägiger Aufenthalt in Tübingen ist dazwischen eingetreten. Wie erfreulich ist mir Ihre gütige Verwendung für die Berner Handschriften und die Einladung, solche in Eppishausen zu durchforschen. Angenehmer könnte ich dieselben allerdings nicht benützen. Aber erhebliches Bedenken macht mir, daß ein vollständiger Gebrauch dickleibiger Membranen (den altfranzös.

Parcival wünschte ich, wo möglich, ganz abzuschreiben,*) längere Zeit erfordert, als ich Ihnen zur Last fallen und auch selbst von Hause entfernt seyn dürfte. Würde jedoch die Benützung einer oder mehrerer Handschriften nur auf schweizerischem Boden gestattet, dann freilich würde ich mich auf das Wesentlichste beschränken und den Vortheil haben, unter dem Titel gelehrter Bestrebungen eine Lustfahrt nach dem grünen Eppishausen anzutreten. Mögen Sie nun die Güte haben, mir von dem Bescheid und den Bedingungen der bernischen Bibliothekverwaltung seiner Zeit Kenntniß zu geben. | Die reichhaltigen Notizen über das Geschlecht von Tannhausen sind mir höchst dankenswerth. Meine Anfrage war zunächst durch das alte Lied vom Tannhäuser im Venusberge veranlaßt. Allerdings wird hiebei eine größere Mythe zu Grund liegen, aber es schien mir der Nachforschung werth, ob sich solche nicht bei dem schwäbischen Thannhausen localisirt habe, denn unferne von demselben liegt der Weiler Vennsberg.

Bei Löflund habe ich gestern, sogleich nach Empfang des Briefes, nachgefragt. Er hat die Sendung der Barthschen Buchhandlung vor etwa 14 Tagen erhalten und unverzüglich mit dem Postwagen weiter spedirt, so daß sie nun hoffentlich in Ihren Händen seyn wird. Was Sie von der neuaufgefundenen Liederhandschrift schreiben, war mir von größter Wichtigkeit, so füllen sich überall die Zeiträume, welche stumm schienen, mit Lied und Gesang.

Aber die Eppishauser Handschrift von den alten Dichtern, wovon wir in den Vorreden zum Liedersaale schon so erfreuliche Proben gesehen, möge diese zum Frommen der Dichterfreunde bald an das Licht treten. Meine Studien, deren sie hiebei so wohlwollend gedenken, sind gerade in diesem Fache sehr mangelhaft und ich habe mir die Persönlichkeiten der Sänger recht eigentlich an das Ende meiner Arbeiten gestellt, um erst abzuwarten, was sich mir bei einer vollständigen Kenntniß der Dicht | werke selbst dafür abwerfen würde.

*) Am Rande von Laßberg's Hand: „es sind gegen 25.000 Verse.“

Aus Ihrem letztern Schreiben ersehe ich, daß Ihnen Primissers Tod, der etwa vor einem halben Jahre erfolgt ist, noch nicht bekannt war. Er hat die Ausgabe des Suchenwirt nicht lange überlebt und mit ihm ist die einzige Stütze der deutschen Alterthümer in Wien gefallen.

Der Artikel im schwäbischen Merkur ist mir sogleich unheimlich vorgekommen und nun ich höre, daß er ganz auf eigene Faust abgefaßt und eingerückt worden ist, muß ich dieses Verfahren in hohem Grade ungebürlich finden. Diese lauten Heroldsrufe sind nur allzusehr an der Tagesordnung. Dennoch hoffe und wünsche ich, daß die würdige Sache nicht hierunter leiden werde.

Ein Verzeichniß der Docenschen Verlassenschaft hat mir Maßmann zugesagt, aber bisher nicht geschickt; ich würd' es Ihnen sogleich mittheilen.

Die Berlinische Gesellschaft für deutsche Sprache hat eine Zeitschrift angekündigt, die auch Nachrichten von altdeutschen Hdschrften und Mittheilungen kleinerer Stücke alter Sprache und Poesie enthalten soll.

Von J. Grimm erhielt ich dieser Tage einige Zeilen. Kausler, beim hiesigen Archiv, hatte mir ein altes Pergamentblatt gebracht, in welchem ich ein Bruchstück des Karls | gedichts vom Pfaffen Chuonrat erkannte. Merkwürdig fällt dasselbe gerade in die Lücke der Straßburger Handschrift, so daß es, neben dem Heidelberger Codex, unicum ist. Ich schickte dasselbe an Wilh. Grimm, da ich wußte, daß dieser mit einer Ausgabe des Gedichts beschäftigt ist. Von ihm wird eine Schrift zur ältesten deutschen Poesie nächstens gedruckt seyn, eine vollständigere Bearbeitung der in den altdeutschen Wäldern enthaltenen Zeugnisse für die deutsche Heldensage. Der dritte Theil von J. Grimms Grammatik ist im Meßkatalog angekündigt.

Zu der Neugart. Arbeit wünsche ich Ihnen den froheſten Muth. Unter unsern besten Grüßen mit freundschaftlicher Verehrung

der Ihrige

L. Uhland.

51.

Laßberg an Uhland.

Eppishausen, den 28. May 1829.

Accidit in puncto, quod non speratur in anno! Schon im September des lezten Jares schrieb mir mein erwürdiger alter Freund Mülinen: „Vor einigen Tagen sah ich hier „(auf seinem Gute bei Thun) einen Reisenden, der mir sagte, „er habe zu Wasserburg bei Linden, bei einem alten Pfarrer „einen uralten Codex altdeutscher Dichter gesehen. „Ist Jnen dieser bekannt?“

Im October sandte ich einen Späher dahin, um schauen zu lassen, was an der Sache seie: allein der Pfarrer war auf merere Tage abwesend, und der Kaplan versicherte meinen Abgesandten, daß sein Pfarrer keinen Büchervorrat besitze, am allerwenigsten aber Manuscripte von irgend einer Art. Auf diese Nachricht resignirte ich mich wieder, so ser auch mein Blut durch den Brief des Graven von Mülinen in Bewegung geraten war, und dachte, der befragliche Reisende werde wol auch zu denjenigen gehören von denen Claudius singt: wenn einer eine Reise macht, so kann er was erzälen ꝛc. ꝛc. Vor einigen Tagen schrieb mir Herr Magister Schönhut, er werde Ende May's eine Ausflucht nach dem Bodensee und zwar in die Gegend von Lindau machen und mich bei diesem Anlasse besuchen; ich ersuchte in, bei dem Vorbeireisen auf einen Augenblick bei dem Pfarrer in Wasserburg einzusprechen, und sich nach dem bewußten Codex zu erkundigen; lezten Montag kam nun Herr Schönhut in die villa Epponis und berichtete, daß der parochus zu Wasserburg wirklich einen ser alten Codex alt teutscher Gedichte besize, welche α. den Wilhelm von Oranse des Rudolf von Ems β. et γ zwei Gedichte auf die Jungfrau Maria und δ. et ε zwei Gedichte aus dem Heldenbuch begreiffen. Am Dienstag hatte Herr Schönhut die Gefälligkeit für mich eine nochmalige Reise nach Wasserburg zu unternemen und seit diesem Morgen bin ich, titulo emti et venditi, rechtmäßiger Besizer und Eigentümer dieser in Teutschland wol nicht viel ältere Brüder oder Schwestern habenden ser schönen Handschrift. Ich weiß nicht, ob ich durch eine Art von Prädestination das officium habe alle altteutsche Handschriften dieser Gegend aus irer Gefangenschaft zu erlösen; aber das weiß ich mein teuerster Uhlandus! daß es mir nicht möglich wäre, einen Tag später als heute, Inen Nachricht von meinem neuen Funde zu geben, über den ich mich nicht weniger freue, als ein Vater zalreicher Nachkommenschaft, wenn im wieder ein neues Kind geboren ist. Und diese Freude, ich weiß es gewiß, teilen Sie aufrichtig mit ihrem Freunde, besonders wenn ich Inen sage, daß dieser schätzbare Codex zwei Stücke aus dem Fabelkreise des Heldenbuches enthaltet. Doch, zur Beschreibung meines so erfreulichen Erwerbes! — Die Größe und Gestalt der Handschrift ist klein Folio. Warscheinlich ist sie im XV. Jarhunderte zum zweiten Male in rotes Ziegenleder gebunden worden. Sie ist auf mäßig dickes Pergamen geschrieben und zält 74 Blätter, wovon das erste nichts als den Namen des ehemaligen Besitzers: Christoff Schulthais enthaltet, dessen mir wolbekannte Schriftzüge mir sagen, daß der Codex noch in der zweiten Hälfte des XVI. Jarhunderts zu Constanz gewesen ist, wo dieser Schulthais durch viele Jare Bürgermeister war, ein Bruder des ehemaligen Besitzers des Weingartner Codex Nicolaus Schulthaiß, fleißiger und scharfsinniger | Geschichtsforscher, der seiner Vaterstadt 9 Foliobände historischer Collectaneen zurükgelassen hat. *)

Die Schrift gehört unter die zierlichsten, reinsten und kleinsten (es stehen oft über 200 Verse auf einer Seite) irer Zeit und ist one alles Bedenken in den Anfang des XIII. Jarhunderts zu setzen, ich habe Ursache zu glauben daß sie nicht später

---

*) Dahin ist die irrige Angabe in meiner Ausgabe der Weingartner Liederhandschrift S. 51 zu berichtigen.

als das Jar 1230 ist.*) Sie ist von einer geübten Hand; durchaus gleich und one alle Lüken; die Schreibung ist consequent und correct, meist in 3, zuweilen in 2 Colonnen auf einer Blatseite, in abgesezten Zeilen die am Ende mit einem Punkte bezeichnet sind und deren von 50 bis 70 in einer Spalte stehen. Zur Rubrication ist da wo Absäze sind Plaz gelassen, aber sie hat keine rote oder sonstfarbige Initialen. Eigenheiten der Handschrift sind, daß ser oft w für v geschrieben ist, wie: woll für voll, wall für vall ꝛc., daß die Infinitive der Zeitwörter öfter den Ausgang in on, statt en haben, z. B. betton, stritton, tihton, für betten, stritten, tihten u. s. w., daß manchmal an für ein (unus) geschrieben wird. Ich werde warscheinlich in der Folge noch mer solche Eigentümlichkeiten entdeken: übrigens scheint mir die Recension optimae notae zu sein, und ist gewiß die älteste und reinste die wir von nachfolgenden Gedichten haben, von welchen ich auch für ein gutes Zeichen halte, daß sie bei weitem nicht so versereich sind, als in andern und jüngern Handschriften. Nun zum Inhalte. Von Seite 1. bis 91. Wilhelm v. Orliens, durch Rudolf von Ems. Durchaus 3 Colonnen, jede zu 60—65 Zeilen oder Versen.**)

Vergleichen Sie damit die Lesearten in von der Hagen's Grundriß Seite 192. a. sqq., so werden Sie die Vortrefflichkeit meiner Handschrift bald entdeken. Die Zal der Verse konnte ich noch nicht abzälen, ich schäze sie über 15.000.

Seite 91. fängt ein anderes Gedicht an; es ist das Leben Mariä und Jesus Kindheit. Von derselben Hand, mit etwas größerer Schrift, zwei Colonnen auf einer Blatseite. Sie finden es im v. d. Hagenschen Grundriße Seite 260 und folgde., angeblich von einem Ungenannten, der aber hier einen Namen bekömmt: von fůoziz brunnen cůnrat. Auf 15 Blättern,

---

*) So alt ist die Handschrift nicht, sondern gehört höchstens in den Anfang des XIV. Jarhrts.

**) Die im Briefe reichlich mitgeteilten Anfangs- und Schlußverse bleiben hier weg.

jedes zu 4 Colonnen, die Colonne zu wenigstens 50 Versen, stehen also ungefär 3.000 Verse, welche dies Gedicht des Conrad von Fusisbrunnen begreift: wo mag wol dieser Fuozizbrunnen quillen? ich erinnere mich nicht von einem gleichnamigen Geschlechte gehört zu haben. Auch die Geschichte, wie das Kind Jesus aus Leimen kleine Vögel gemacht hat, kommt unter merern andern darin vor.

Seite 120 in der zweiten Spalte, fängt nun ein anderes Gedicht auf Marien an, dessen im mererwänten Grundrisse, Seite 271 und folgende unter dem Namen des Conrad von Hennesfurt, Meldung geschiehet.

Dies Gedicht hat in allem 1104 Verse und ist ebenfalls mit größerer Schrift, von der nämlichen Hand wie die vorgehenden zu zwei Colonnen auf einer Seite geschrieben. Der Verfasser heißet hier: Pfaffe Cuonrat von Himmelsfurt und nicht von Hennesfurt. Ist dies vielleicht ein Kloster, das Himmelsporte, porta coelj, hieß? von welchem Namen es merere in Teutschland gab.

Seite 132 beginnt, mit kleiner Schrift, und zu 3 Colonnen auf jeder Blatseite, der Riese Siegenot, ein Gedicht von 569 Versen, das mit der nachfolgenden Eken Ausfart zusamenhängt und worin sich eingangs, wenigstens implicite auf ein vorgehendes, aber nicht vorhandenes Gedichte aus demselben Fabelkreise bezogen wird. Auskunft über dasselbe und die davon vorhandenen Handschriften finden Sie in Hagens Grundriße, Seite 24 et sqq. wo lauter Papierhandschriften des XV. Jarhunderts angefürt werden; also wäre die meinige die erste auf Pergament und auch weit aus die älteste.

Seite 134. Spalte 3. beginnt: Eggen Ausfart; siehe Hagens Grundriß S. 34 und folgende. Auch hievon ist meines Wissens noch keine Pergament Handschrift angefürt: aber leider ist auch in der meinigen das Gedicht unvollendet geblieben; denn der Schluß von da an, wo Dietrich die Ruz erschlägt, fehlt, obschon noch anderthalb Spalten Plaz vorhanden, der nicht beschrieben. Es sind in allem 3170 Verse, so daß dem Gedichte nur weniges an der Vollständigkeit abgehet.

Die Handschrift ist im Ganzen recht wol erhalten und one alle Lüken, an dem Rande ist sie, besonders beim ersten vierten und fünften Gedichte ser abgegriffen, welches beweiset, daß sie oft abgeschrieben wurde.*) Kurz, es ist ein herrlicher Codex, der in Schwaben wol nicht viele seines gleichen haben dürfte. Ich weiß gewiß daß Sie meine Freude teilen und das erhöhet bei mir dieselbe; denn, wer möchte sich allein freuen? Da ich nächstens einen Fußlauf nach den rhätischen Burgen antreten werde; so könnte ich den Codex auf 14 Tage oder drei Wochen entberen: wollen Sie daß ich Inen denselben zuschiken soll? ich würde Inen auch den französischen codex picturatus vom voeu du paon beilegen. Von Bern habe ich noch immer keine Antwort, obschon es schon 4 Wochen ist, daß ich an den Grafen von Mülinen geschrieben; er muß | krank geworden sein, sonst wüßte ich mir sein Stillschweigen nicht zu erklären; ich habe auch wegen den französischen Handschriften an meinen Gevatter Armin *) geschrieben, um die Gemüter in Bern vorzubereiten, und wenn ich diese Woche keine Antwort erhalte, so schreibe ich in der nächsten geradezu durch Wyß den Bibliothecar an die Bibliothek-Commission. Möchte ich Inen doch bald gute Nachricht geben können. In den Bienenkorb der teutschen Dichter des Mittelalters trage ich ruhig Notizen ein, wo mir welche aufstoßen; aber zu wirklicher Zusammenstellung und Verarbeitung des Werkes werde ich noch nicht sobald kommen, da mir dringendere Sachen vor der Hand liegen: sollten Sie mein teurer Freund! meine Materialien zur Vervollständigung Ires größeren Werkes über Helden und Minnesang brauchen können? so trete ich Inen dieselben mit warem Vergnügen ab, da sie unter Iren Händen nur gewinnen können und ich auf die Autorschaft gar

*) Richtiger: viel ist gelesen worden.

**) Es ist Heinrich Alexander Freiherr von Armin gemeint, der eine Zeit lang Gesandtschafts-Attaché in der Schweiz war.

nicht versessen bin. Wenn Sie wollen, so werde ich Inen vorerst ein onomastisches Verzeichniß derjenigen Dichter zusenden, über welche ich schon etwas aufgeschrieben habe. Schon 10mal habe ich mir vorgenommen an unsern guten Schwab zu schreiben, und immer werde ich wieder davon abgehalten; es ist ein wares Verhängniß. Grüßen Sie ja doch vielmal von mir. Ich habe Inen schon gemeldet, daß von der Hagen in Berlin einen noch ganz unbekannten Liedercodex aus dem XIV. Jarhundert aus Wien erhalten hat? — — — Hagen bietet mir eine Abschrift davon an. Das würde allerdings ser gut in den Liedersaal passen: weil es den Uebergang vom Minnesang zum Volksliede machet.

Es bleibt mir nur noch übrig Ire wakere Hausfrau Emma von ganzem Herzen zu grüßen; denn meine alten Augen versagen mir den Dienst. Gott befolen von Irem

aufrichtigen Freunde
J. Laßberg.

52.

Laßberg an Uhland.

Eppishausen, am 13. Juny 1829.

Daß ich Inen schon wieder schreibe, mein teurer Freund! geschiehet nicht weil ich närrisch geworden bin: ich habe viel mer die Hoffnung daß Sie mich einen ganz klugen Mann schelten werden; denn es sind gestern Abends Briefe angekommen, die es ser warscheinlich machen, daß wir den Parcifal fürs erste aus Bern hieher bekommen: von einer Versendung außer der Schweiz will man durchaus nichts hören. Glücklicherweise habe ich mich an den Graven von Mülinen zuerst gewant, der die Freundlichkeit und Gefälligkeit selbst ist. Er schreibt mir unterm 6. dieses von seinem Landgute bei Thun:

„Der zweite Grund warum ich Iren Brief nicht beantwortete, war durch den Wunsch veranlaßt, den derselbe enthielt, „von der Berner Bibliothek auf einige Zeit den Parzifal zu „erhalten. Nun wird Inen noch erinnerlich sein, daß seit dem

„Verluste der Troubadours, die der vormaligen französischen „Regierung mitgeteilt worden waren, unsere Bibliothek-Comis-„sion sich zum Grundsaze gemacht hat, von ihrem vormaligen „liberalen Systeme abzugehen; so daß seit einigen Jaren ihre „Handschriften bis auf 2 oder 3 Ausnamen, nur auf der Bi-„bliothek selbst haben benuzt werden können. Nun hatte es sich „zugetragen, daß vor 2 bis 3 Monaten ich mit großer Mühe, „vermittelst einer Bürgschaft von 20 Louisd'ors eine Handschrift „von Buschât zum Behufe Pfarrer Kirchhofers erhalten hatte. „Vor Rükgabe derselben konnte ich an keine neue Forderung „dieser Art mit einiger Hofnung des Erfolges gedenken. Nun „ist mir erst ganz lezthin dieses Manuscript von Stein her „zurükgekommen, und nun hoffe ich, daß ich in der künf-„tigen Woche, die ich | wegen unserm großen Rathe „in Bern zubringen werde, Irem Wunsche werde „entsprechen können. Prof. und Bibliothecar Wyß liegt „sehr krank im Bade zu Schinznach, und man fürchtet ser für „das Leben dieses schäzbaren Gelerten, der den ganzen Winter „sein Zimmer nicht verlassen hat.“ ꝛc. ꝛc.

Nun mein Freund! machen Sie sich reisefertig; denn wir dürfen uns bei diesen strengen und gestrengen Herren von Bern eben auf keinen gar zu langen Termin Hofnung machen, wenn wir die andern codices auch noch in diesem Jare benuzen wollen. Ich schreibe Inen in gröster Eile, um Sie zu bitten, wenn ich Inen die Ankunft des edlen Ritters Parcifal melde, Irer Abreise ja keinen längern Aufschub zu gönnen: indessen werde ich bis zu Irem Eintreffen in der villa Epponis an dem Codex abschreiben, was ich vermag und alle andere Arbeit indessen beseitigen. Vielleicht kommt derselbe schon in der nächsten Woche; vielleicht machen auch die Herren zu Bern eben solche Schwierigkeiten wie die Basler einst mit Hug von Langensteins St. Martinun bvch gemacht haben, die mir eine förmliche Capitulation vorlegten, die ich eingehen mußte. Also auf alle Fälle die Stifel geschmiert, und von der placens uxor vorläufig Abschied genommen! denn ich hoffe doch, daß Sie mich nicht den ganzen Parcifal (von dem ich auch eine teutsche Handschrift besize) allein wollen abschreiben lassen? — Ich sage Inen nichts von der Freude die ich habe, Sie mein Freund! wieder zu sehen; denn ich bin weit davon ein Herz bestechen zu wollen, auf das ich eben so wenig Ansprüche, als Verdienste habe: | aber es sind noch merere alte Membrane und alte Druke da, die Sie noch nicht kennen, und Inen die Arme entgegen streken; auch erwarte ich mit morgiger Post aus Zürich über hundert großenteils der Theotisca (die Diutiska mag ich nicht) angehörige Stüke, welche ich aus der Versteigerung der Bibliotheke meines verstorbenen Freundes Martin Usterj erhalten solle. Kurz, Sie sollen in den Feierabenden bei dem alten Einsiedler am Fuße der Alpen (wenigstens am Tage) keine Langeweile haben. Aber eines zwingt mich das Gewissen Inen voraus zu sagen, ich habe nämlich, da meine alte Köchin närrisch geworden, d. i. nach dem Ittnerischen glossarium, geheuratet hat, gegenwärtig eine Haushälterin, die in der edlen Kunst des Apicius celius kaum die rudimenta inne hat, und da ich einer der wenigen Menschen zu sein das Unglük habe, die nicht vom Essen leben; so seze ich mich leichtsinniger weise darüber hinweg, und füle das Unbequeme davon erst dann, wenn ein Gast in mein Haus kommt, und ein Freund sollte von rechts wegen besser bewirtet werden als ein Gast. Nun wissen Sie es und damit: basta!

Als Anhang zu meinem lezten Briefe vom 28. May folget hier eine Abschrift aus meinem vor kurzem eroberten codex Wasserburgensis, deren Vergleichung mit dem mir von Inen am 24. August 1826 mitgeteilten Auszuge aus des nämlichen Verfassers Alexandreis Inen wol angenem sein dürfte: wollen Sie mir denselben wieder mitbringen, so ersparen Sie mir die Mühe ein par hundert Verse noch einmal abzuschreiben, für meine Augen immer ein beneficium; sed flebile. |

Der Conrad von Fuozizbrunnen, der das Gedicht Nr. 2 in meinem Wasserburger Codex über Maria und Jesus

Kindheit gemacht hat, und in dem Auschusse aber: von Suezesbrunnen heißet, hat auch schon seine Heimat gefunden, und der allzeit fertige Genealogist Grav von Mülinen macht einen Freiherrn von Signau daraus, welchem Hause der im heutigen Berner Gebiete liegende Ort noch im XIII. Jarhunderte angehörte.*) Bald mein verertester Freund! hoffe ich Jnen für Sie, und noch mer für mich erfreuliche Nachrichten geben zu können; indessen leben Sie wol und grüßen Sie herzlich von mir die wakere Frau Emma, und unsern Schwab cum sua. Geschrieben in der Heuerndte, da Jupiter pluvius regierte. Jr aufrichtiger und unveränderlicher Freund

Laßberg.

53.

Laßberg an Uhland.

Eppishausen, am 21. Juny 1829.

Nun, mein verertester Freund! ist es Ernst! heute morgen bekam ich von dem Herrn von Mülinen einen Brief folgenden Jnhaltes:

Karthause bei Thun am 18. Juny 1829.

„Ich komme eben von Bern zurück, mein wertester Herr „und Freund! und habe daselbst meine Negociation für Jren „gewünschten Parcifal glücklich geschlossen. Da die Bibliothek-„Comission keine Handschriften an Nicht-Berner verabfolgen „laßt; so habe ich den Parcifal für mich gefordert und gegen „eine Bürgschaft von 20 Louisd'or erhalten.

„Da aber der Bibliothecar Prof. Wyß abwesend ist und „man jn von Schinznach aus in 8 Tagen in Bern zurük erwartet;

*) Die betreffende Stelle in v. Mülinens Brief vom 6. Juni 1829 lautet: „Mir ist kein anderer Ortsname Fnozisbrunnen in der Schweiz bekannt, als das Schwendlenbad, welches in Urkunden des XV. Jahrh. Fuzisbrunnen oder Fuzisbad genannt wird. Eine schwache Mineralquelle in der Pfarre Wyl bey Bern, und eine auf derselben errichtete Badeanstalt“ ꝛc. Vgl. darüber Zeitschrift für d. Alterthum 8, 156.

„so habe ich die Veranstaltung getroffen, daß er Inen von dort„her die Handschrift zusende; nur bitte ich Sie lieber Laßberg, „wenn Sie dieselbe erhalten haben werden, mich davon zu „benachrichtigen."

Sie sehen hieraus, mein bester Uhlandus! daß warscheinlich der Parcifal noch vor Inen in der villa Epponis einrüken wird. Ich hoffe doch, Sie haben meine Zeilen vom 28. May und 13. Juny richtig erhalten, und auf alle Fälle sich reisefertig gemacht.

Könnten Sie von demselben Papier mitbringen, auf welches wir den Weingartner Codex geschrieben haben; so wäre es ser gut; denn in dieser Gegend bekommt man kein so gutes. So viel in Eile, um die Mittags abgehende Post nicht zu versäumen; können Sie auch nur mit zwei Zeilen den Tag Irer Ankunft bestimmen, so verbinden Sie mich, damit ich denselben Tag zu Hause bleibe.

Viele Grüße an Frau Emma; bringen Sie sie doch mit. Auch an Schwab alles freundliche, von Irem

J. v. Laßberg.

54.

Uhland an Laßberg.

Stuttgart, den 3. Aug. 1829.

Vor Allem, hochverehrter Freund! meinen wiederholten, innigsten Dank nicht bloß für all die gütige Gastfreundschaft, die mir in Ihrem Hause widerfahren, sondern vornehmlich auch für die Förderung, welche Sie durch die vielfachen Bemühungen um die alte Dichterhandschrift meinen Studien gegeben, für so viel Belehrendes und Erfreuendes, was mir in den Stunden der Erholung von der Handarbeit des Abschreibens und Ausziehens zu Theil geworden.

Noch an dem Tage, da wir zu Stein schieden, gelangte ich bis Donaueschingen. Nach Besuchung des Rheinfalls ging ich Nachmittags von Schaffhausen weiter, setzte mich unterwegs auf eine rückkehrende Salzfuhr von Schwenningen, fuhr in Gewitter und Regenguß über den Randen und kam wohlgenetzt auf dem Zollhaus an. Es war erst 7 Uhr, ich entschloß mich sogleich, hier Post zu nehmen, die mich vor 10 Uhr nach Donaueschingen brachte. So gewann ich den nächsten Vormittag für die Bibliothek, die mir Hofprediger Becker, der in Tübingen studirt und sich der dortigen Verhältnisse gern erinnerte, mit der größten Gefälligkeit öffnete und zur Benützung stellte. Was ich in der kurzen Zeit hier einsah, traf auf das Schönste mit den Eppishauser Studien zusammen und ist so recht die Ergänzung derselben. Was ich in der Berner Handschr. im altfranzösischen Original gelesen, davon enthält der Donaueschinger Parcival die deutsche Bearbeitung, welche zugleich die Lücken jener Hdschr. ausfüllt. Dieses Donauesch. Dichtwerk ist eine höchst sonderbare Composition. Zwischen Wolframs Parcival, welcher hier der alte, auch der deutsche heißt, ist der neue, von Philipp Kolin von Straßburg 1336 für Ulrich v. Rapolzstein bearbeitete eingefugt, in welchem ich sogleich das Gedicht der Berner Hdschr. erkannte. Auch der welsche Meister ist genannt:

Daz het Maneschier gar bedoht
Und allez zů eime ende broht
In welsch wan ez waz öch ein franczeis
Wise vñ dazů korteiz
In alleme frangriche
Lebete nüt sin gliche.
An tihtenden siñen
Von manheit vñ von minnē
Het er getihtet in welsch so wol
Daz man in iemer loben sol. |

Dieser Maneschier ist Manessier, einer der Fortsetzer des Parc. von Crestien de Troyes. Aus letzterem Gedichte steht ein Auszug im 15. Bande der Histoire littéraire de la France, Par. 1820., dabei die Notiz, daß Gautier de Denet dasselbe fortgesetzt und Manessier es beendigt.

Si com Manesiers le tesmoigne
Qui à fin traist ceste besoigne
El non Jehane la contesse
Qui est de Flandres dame et maitresse.

Eine frühere Stelle, wo Gautiers de Denet sich nennt, muß in der Berner Hdschr. gerade auf einem der ausgefallenen Blätter gestanden haben.

Alle diese Verhältnisse werde ich soviel möglich ins Klare zu setzen suchen, wenn mir der Donauesch. Parcival hieher geschickt seyn wird, was mir Herr Becker mit voller Bereitwilligkeit zugesagt hat. Ich habe mir Dieses erst in einigen Monaten erbeten, um zunächst an der Heldensage fortzufahren.

In demselben Codex fand ich 8 meist schon bekannte Strophen von Minneliedern. Leere Räume am Schlusse der Abschnitte des Hauptwerks wurden, der Schrift nach gleichzeitig, benützt, diese Lieder einzuschreiben. Ich werde davon seiner Zeit Abschrift nehmen.

Hr. Becker hat sich auch erboten, die Stelle der Zimmrer Chronik, wonach ein Herr von Zimmern auf dem Schlosse Wildenstein vom Berner gedichtet, nachzusuchen und auszuziehen, wenn ihm Name und Zeit dieses Freiherrn nur einigermaßen näher angegeben würde. Ist Ihnen vielleicht hierüber noch etwas Bestimmteres erinnerlich? Mein Durchblättern der Chronik war fruchtlos.

Über Garin le Loherens habe ich auf hiesiger Bibliothek nachgesucht; anfangs vergeblich in der ersten Ausgabe von Calmet Hist. de Lorraine; nachher aber fand sich am Schlusse des 1ten Bandes der neuern Ausgabe in 6 Bden. zwar keineswegs, wie Sinner angiebt, ein vollständiger Abdruck des Gedichts, aber ein gutes Stück Auszüge. Sinner hat sich ohne Zweifel dadurch verleiten lassen, daß diese Auszüge geradezu überschrieben sind: Roman de Garin le Loherens.

Von Neubronner in Ulm habe ich nun doch das Meiste erhalten, was ich aus Haugs Bibliothek zu erhalten wünschte, darunter Percy's Reliq. of anc. engl. Poetry, die ich mit nächster Bücher-Zurücksendung überschicken werde. Freilich ist es nicht, wie die Titelangabe erwarten ließ, eine Londoner Ausgabe, sondern eine von London and Francfort und hat daher nur Werth als Erinnerung an den guten Hang, der sich viel mit diesem Buche beschäftigt. Von Koller in London habe ich wegen der kleinen Pergamenthandschrift noch keine Antwort angetroffen.

Schönhut habe ich zu meinem Bedauern in Tübingen nicht gesprochen. Er hatte mich verfehlt und versprochen, noch vor meiner Abreise wieder zu kommen, muß aber verhindert gewesen seyn.

Diese Zeilen kommen Ihnen wohl erst nach der Rückkehr vom Wallenstadter See zu, möge diese Reise, deren Aufschub ich verschuldet, vom Himmel bestens begünstigt gewesen seyn. Vielleicht ist auch indeß ein neuer Sturm auf Wasserburg versucht worden, vielleicht sind weitere poetische Schönheiten vom langen Zauberschlaf erlöst.

Meine Frau, die während meiner Abwesenheit bis nach Würzburg ausgeflogen, empfiehlt sich mit mir Ihrem freundlichen Andenken.

Voll Verehrung und Dankbarkeit

der Ihrige

L. Uhland.

NS. Um über das Verhältniß des Berner Parc. zu den Notizen in der Hist. Littér. mich bestimmter zu unterrichten, erlaube ich mir noch eine Bitte: ob Sie, verehrtester Freund, sich wohl die Mühe nehmen möchten, mir die Ueberzeugung zu verschaffen, daß nachfolgende Stelle, welche in besagter Hist. Littér. abgedruckt ist, sich auch in den Berner Hdschr. finde. Ich glaube mich derselben zu erinnern, werde sie aber nicht abgeschrieben haben, da sie nur eine kurze Wiederholung dessen enthält, was früher ausführlich erzählt war. Sie müßte ungefähr auf dem dritt- oder viertletzten Blatte des Bern. Parcival stehen, wo der Name Bag. (Bagomedes) am Anfange der Abschnitte öfters vorkömmt:

Es vos atant un chevalier
Qui Bagomedes est nomez
En la riche sale est entrez
Trestoz armez sor son cheval.
etc. etc. etc.
Jaloie querant aventure
Tant quen une forest obscure
Mencontra Kex li seneschax
Et avec lui ot trois vassax
Qui de noient ne maraisnerent
Il me prisent et laidengerent
Si me fisent grant deshonor
Kex meismes al chief del tor
Ne me deporta de rien nee
Ainz me pendi sans demoree
A un arbre par les deus piez
Des trois autres fuisse espargniez
Mais ne soffri que il parlaissent
Car volentiers me delivraissent
Par che que iere chevaliers
Kex qui fel ert et pantoniers
Me pendi pendans les deus piez
Encor ert mes hiaumez laciez
Et mes haubers eus en mon dos
Si mait Diex je ne vous os
Dire comment il me batirent
Ne le grant honte qu'ils me firent
Car cest grant honte à chevalier
De si faite ovre retraiter
En cort où il a tant de gent
Entrues que iere en tel torment
I vint chevalchant Percevax
Li bons li sages li loiaus
Qui aloit al mont doleraus
Ja fuisse mors tot à estrous.
Quant de larbre me dependi.

Schwab sagt mir, daß er gestern selbst Ihnen geschrieben. Er hat gegenwärtig die Handschrift zum zweiten Bande der Schweizer Burgen vor sich liegen.

55.

Laßberg an Uhland.

Eppishausen, am 14. August 1829.

Ich habe, mein teurer Freund! Ir Schreiben vom 3. August am 11. in der Villa erhalten, eben als ich im Begriffe war für den guten Gevatter Grimm eine schon jarelang von im vergebens gesuchte Dorföffnung (worin oder woraus das so viel besprochene Jus primae noctis diplomatisch erwiesen wird), die ich in Zürich aufgetrieben, abzuschreiben. Sogleich legte ich alles bei Seite und nachdeme ich Iren Brief gelesen hatte, machte ich mich an den

Codex Bernensis, und fand one vieles Nachsuchen die befragliche Stelle an dem von Inen nachgewiesenen Orte. In Iren Abschriften stand sie nicht; denn da ist eine Lüke von Fol. 95 bis 113. In Iren Excerpten fand ich zwar die Abenteuer von dem bei den Füssen aufgehängten Bagomedes; allein, nicht vollständig und glaubte daher sie ganz abschreiben zu müssen. Sie werden sehen, daß die histoire literaire eine Handschrift anderer Recension anfüret und ich gestehe daß mir jener Text besser gefällt als der Berner. Von Irer glüklichen Heimkunft hatte ich schon durch Schwab Nachricht und freue mich nun von Inen selbst zu vernemen, daß Sie nicht bedauren den Weg über meine Vaterstadt genommen zu haben und Herr Bekker so gefällig sein will Inen den dortigen Parcival zu senden. Die Stelle der Chronik von Zimbern, wo der alte Werner von Zimbern auf seiner Burg Wildenstein mit seinem Kaplane Verse auf Dietrich von Bern machte, findet sich nicht in dem pergamentenen Concepte dieser Chronik, welches auf der Bibliotheke stehet; sondern in dem ausgeführten Werke des Joh. Müller, welches sich im fürstlichen Archive in 2 auf Papier geschriebenen Foliobänden befindet; ich werde im aber die Stelle so beschreiben, daß er mit einiger Geduld sie gewiß auffinden soll.

Zugleich mit Irem Briefe erhalte ich von Varentrapp aus Frankfurt Reliques of ancient Poetry. Frankfort. printed for Varrentrapp and Wenner. 1803. 3 Vol. in 8vo one sie bestellt zu haben und weiß auch nicht, wer mir sie bestellt hat? vielleicht der gute Oberst Hoevel, der hier war wärend Irem Besuche. Indessen neme ich das von Inen für mich gekaufte Exemplar mit Dank und Vergnügen an; vergessen Sie nicht mir auch den Preis zu bemerken. Es wird mir immer eine liebe Erinnerung an den guten Haug sein. Zwei Tage nach Irer Abreise kam, da ich eben den Wanderstab ergreiffen wollte, ein Herr Dr. Mejer von Zürich zu mir, der eine Ausgabe des Quinctilian bereitet und meine Handschrift dazu benuzen wollte; alsbald nach diesem besuchte mich der beste aller Aurelier, der sprachkundige auch Inen bekannte Joh. Caspar von Orelly aus Zürich, welcher 8 Tage hier über meinen ciceronianischen Handschriften saß und nun in der Bibliotheke zu St. Gallen sizt.

Wärend dieser Zeit schrieb ich aus dem Codex Wasserburgensis Maria Leben und Jesus Kindheit von Conrad von Fuozizbrunnen 3047 Verse für den Professor Hug in Freiburg ab, welcher dieses Gedicht in seiner Zeitschrift für das Erzbistum will abdruken lassen, ich habe es im schon überschikt. Vielleicht erwekt es bei irgend einem jungen Geistlichen Liebe für unsere alte Literatur und Sprache! Sie sehen, mein teurer Uhlandus! daß ich seit Irer Abreise weder meine vorhabende See- und Landreise antreten konnte, noch dabei müßig war. Auf heute hat sich ein poëtischer oder halbpoëtischer Pfarrer aus dem Thurgau bei mir ansagen lassen — da komme ich denn wieder nicht fort, und doch fordert meine Gesundheit notwendig eine Ausflucht und Luftveränderung.

Wasserburg liegt mir auch gewaltig in dem Sinne, und es würde mir unendlich leid thun, wenn ich post festum dahin käme. Nun, wir haben immer noch schöne Tage zu erwarten und das schöne Wetter sollte jezt erst kommen.

Schwab will mir die Freude machen mit seiner Frau in den ersten Octobertagen zu mir zu kommen, den Sigenot abschreiben und so wie den Waltarius bearbeiten; wenn nur kein Hinderniß dazwischen kommt! Aurelius tigurinus kannte den Waltarius noch nicht, ich habe im meine Abschrift noch am lezten Abende seines Hierseins vorgelesen, und er hat mir ser gute und scharfsinnige Conjecturen über den Text desselben mitgeteilt. Follen will die 4 Heymonskinder, wozu ich im eine Heidelberger Handschrift verschaft habe, in einem gleichgroßen Epos bearbeiten.

Meusebach hat mir einen gar interessanten Brief geschrieben; von der Hagen, welcher nun hat, was er von mir verlangte, schweigt. |

Der komische Hamelburger Lang zu Ansbach schrieb mir einen langen historisch diplomatischen Brief, er arbeitet an etwas; sagt mir aber nicht was. Ich hoffe in noch zu bereden, daß er ein Register zu seinen 5 Bänden Regesten macht, one welches das Werk ser beschwerlich zum Nachschlagen ist. In der Theotisca ist mir nichts neues vorgekommen. Haben Sie denn den in Jena erschienenen König Laurin schon gelesen? was ist daran? Ich bin recht frohe daß die treffliche Frau Emma ire Reiseflügel bis nach Würzburg getragen hat; die Lage dieser alten Stadt ist wunderschön, und, was freilich uns merkwürdiger ist, als einer Frau, der Leistenwein, der würzigste unter allen teutschen Weinen; daher tragt sie mit Recht den Namen Würzburg; denn um die alte Burg wächst diese Würze.

Viele herzliche Grüße an Sie lieber Freund! und an Ire eheliche Wirtinne von Irem

aufrichtigen Freunde
J. Laßberg.

Mit vielem Danke sende ich Inen hier Ire scripta und daneben noch ein kleines Büchlein, das mir geschenkt worden.

56.

Uhland an Laßberg.

Stuttgart, den 3. Sept. 1829.

Im Begriff, einen kurzen Ausflug zu den Heidelberger Handschriften zu machen, deren ich mir mehrere nach und nach hieher verschaffen möchte, sage ich zuvor noch Ihnen, verehrtester Freund! für die gütigen Mittheilungen Ihres letzten Schreibens meinen herzlichsten Dank. Vermuthlich sind Sie, bei Ankunft dieses, von der Gebirgreise zurück, von der ich Ihnen diejenige Erfrischung wünsche, welche mir stets solche Wanderungen zu Berg und See gegeben haben.

Ihrer Vermuthung, daß die in der Hist. littér. angeführte Hdschr. eine andre Recension des Parcival enthalte, als der Cod. Bernens., setze ich noch einigen Zweifel entgegen und da mir dieser Punkt nicht unwichtig ist, so erlaube ich mir, sofern sie den Cod. noch bei Handen haben, ihre Güte für nochmaliges Nachschlagen in Anspruch zu nehmen. Das unglückliche Abenteuer des Bagomedes kommt nemlich dreimal in dem Gedichte vor; zuerst als es sich wirklich ereignet; sodann als Bagomedes seinem Befreier Parcival dasselbe erzählt, und dieß ist die mir von Ihnen gefälligst abgeschriebene Stelle; endlich und drittens wie er am Hofe des Königs Artus, wo er den Seneschall Kex zur Genugthuung ziehen will, diese Erzählung wiederholt. An diesem dritten Platze nun würden die 31. Verse stehen, die ich meinem vorigen Schreiben aus der Hist. littér. beigelegt, anfangend:

Ialoie querant aventure
Tant quen une forest obscure
Mencontra Kex li seneschax etc.

und schließend:

Quant de larbre me despendi.

Nach meinen Auszügen zu schließen, müßten nun diese Verse, wenn die Berner Hdschr. solche wirklich hat, fol. 112. col. 2. 3. stehen und meine Bitte ist, daß Sie nicht etwa mit einer weitern Abschrift sich bemühen, sondern bloß nachsehen möchten, ob die fraglichen Verse nicht dort stehen, | da doch die richtige Stellung des Berner Gedichts und somit auch des deutschen in Donaueschingen von dieser Frage abhängig ist.

Für die Lieder von Tanner bin ich Ihnen sehr dankbar, es hat mich mancher Klang derselben innig angesprochen.

Der kürzlich erschienene König Laurin ist eine Ausgabe des kleinen Rosengartens nach dem Muster der Lachmann Beneckeschen Bearbeitungen mittelhochdeutscher Gedichte. Der Herausgeber hat unter andern eine um 1750 genommene Abschrift eines zu Freiburg im Breisgau, vermuthlich im Privatbesitz gewesenen

Pergamentcodex vor sich gehabt, über dessen jetziges Schicksal er nichts anzugeben weiß.

Wenn v. d. Hagen zu lange zögert, Ihnen die versprochene Liederhandschrift zu übersenden, so wird man sie leicht auf andrem Wege erhalten können. Wenn ich mich recht erinnere, liegt diese abschriftliche Sammlung auf der Berliner Bibliothek, von wo sie Ihnen Meusebach oder Lachmann gewiß mit Vergnügen verschaffen werden.

Was ich Ihnen von einem altböhmischen Nibelungenliede erzählt, hat sich, wie zu befürchten war, als ein Mißverständniß ergeben. Der Dichter Ebert aus Prag, welcher kürzlich hier durchreiste, hat mir den Aufschluß gegeben, daß die irrige Nachricht von ihm herrühre. Hanka hatte ein altböhmisches Gedicht aufgefunden, worin eine Jagd vorkömmt, in welcher er anfänglich die des Nib. Liedes zu erkennen glaubte. Diesen vermeintlichen Fund theilte Ebert sogleich an Hormayr und Letzterer dem Publikum im „Inlande" mit. Bald aber fand Hanka, daß er sich getäuscht hatte.

Die von Letzterem so eben erschienene 2te Ausgabe der Königinhofer Hdschrift enthält unter mehreren beigegebenen altböhm. Liedern eines, welches gänzlich einem Minneliede des Königs Wenzel in der Maness. Sammlung entspricht. Dabei wird ausgeführt, | daß das böhmische Gedicht das Original sey.

Daß wir das Mariengedicht Konrads v. Fuzisbrunnen gedruckt erhalten sollen, ist sehr erfreulich. Mit meinen Arbeiten bin ich nun soweit vorangekommen, daß, wenn sie einmal den Cod. Wasserburg. bequem entbehren könnten, ich von Ihrem freundlichen Erbieten Gebrauch machen möchte, doch so, daß es mir ganz gleich lieb wäre, in welchem der bevorstehenden Herbst- oder Wintermonate mir der Genuß des trefflichen Fundes zu Theil würde, also gerade so, wie es Ihnen selbst am wenigsten ungelegen ist.

Schwab sagt mir, daß er Hrn. Abel immer nicht angetroffen habe, um mit ihm wegen der Zeichnungen zu sprechen, daß er aber, sobald er dessen Erklärung erhalten, Ihnen darüber schreiben werde.

Mit der aufrichtigsten Freundschaft und Verehrung

der Ihrige
L. Uhland.

57.

Laßberg an Uhland.

Eppishausen, am 9. September 1829.

Verertester Freund!

Auf Ir Schreiben vom 3. dieses habe ich die befragliche Stelle im Berner Parcival also gleich nachgeschlagen und sie auch glüklich an dem von Inen angegebenen Orte gefunden: da sich aber gegen den von Inen angeführten Text der histoire literaire merere Varianten ergaben; so hielt ich es doch der Mühe wert die par Duzent Verse für Sie lieber Freund! abzuschreiben und lege sie hier bei. Glauben Sie ja nicht, daß dergleichen mir Mühe macht, wenn es für Sie geschiehet! der einzige Gedanke: wenn du einmal lange tod bist und er im Alter in seinen Papieren blättert, fällt jm auch dieses einmal in die Hände, und dann denkt er: das war auch einer von den Wenigen, die mich herzlich und treu liebten! dieser einzige Gedanke ist schon reicher Sold für mich.

Sie sind nun mitten unter den Schäzen der Heidelberger Bibliothek und finden gewiß noch manches in den Eingeweiden der alten Handschriften, was Mone und Wilken entgangen ist. Lezterer sandte mir vorige Woche das Liederbuch der Häzlerin, an welchem ich schon bei 1000 Verse abgeschrieben habe, den Rest will ich Herrn Schönhut, der sich dazu erbotten hat, abzuschreiben überlassen. Beim ersten Durchgehen dieses Apographums konnte ich noch keine Gedichte des XIV. Jarhunderts entdeken, von denen Herr von der Hagen eine große Menge darin will gefunden haben. Es enthaltet diese Handschrift auch

Metzen Hochzeit, mit der Ueberschrift: von mayer betzen, aber etwa nur den dritten Teil von dem was im Liedersaale stehet. Von der Graßmetzen, von Herman von Sachsenhaim Ritter. Was die Lieb sey, von Kaltenbach. Das wirtembergische Geschlecht heißt von Kaltenthal. Auch felen Sprüche aus dem Frydank und die Leren des Kato nicht darinn.

Den König Luarin habe ich nun auch; die Arbeit, die Ettmüller daran gelegt hat, gefällt mir; der Mann ist kein Neuling, hat er sonst etwas geschrieben? — wenn wir nur den Freiburger Codex wieder auffinden könnten.

Von der Hagen hat auch wieder geschrieben, er wird nicht müde zu verlangen und zu heischen. Er will meine über die Dichter gesammelten Notizen herausgeben, ich soll jm meinen wasserburgischen Codex zur Herausgabe von Sigenot und Ekenausfart, für seinen III. Band des Heldenbuchs überlassen, die Bilder aus dem manessischen Codex von Paris hätte er auch gerne, und zu seiner in Berlin erscheinenden Zeitschrift der teutschen Gesellschaft soll und müsse ich Beiträge liefern; endlich giebt er mir auch noch einen freundschaftlichen Gruß an Ludwig Uhland auf, und den Dank der teutschen Gesellschaft zu Berlin für das sinnige Lied, das Sie lieber Freund! an dieselbe gerichtet haben. Dieser Allerweltsfreund wird mir nach gerade lästig.

Von der Königinhofer Handschrift habe ich weder die erste noch die zweite Ausgabe, weiß sie auch nicht zu bekommen; ser schön wär es, wenn unser Schwab mir ein Exemplar mitbringen wollte.

Den codex Wasserburgensis will ich Inen senden, wenn ich einmal weiß, daß Sie wieder zu Hause sind, oder durch Schwab; von Inen muß er dann nach Göttingen zu dem alten biedern Benecke, unserm Landsmanne wandern, welcher sein zu einer Ausgabe des Wilhelm von Orlenz gesammeltes Material damit vergleichen, und wenn jm mein Text gut genug ist, selben zu Grunde seiner Ausgabe legen will. Er und Grimm erkennen schon aus meiner Beschreibung die Wichtigkeit des in Wasserburg gemachten Fundes. Jacob Grimm hat mir einen ser | lieben und langen Brief geschrieben und sein Bruder Wilhelm mir sein Buch von der teutschen Heldensage geschikt, welches eben fertig geworden. Das ist nun wieder einmal ein teutsches Stük Arbeit, wie man es gerne siehet, Fleiß, Treue und Scharfsinn sind daran nicht zu verkennen. Die testimonia autorum von unserer Helden Sage, sind wol noch nirgend so vollständig gesammelt. Jacob Grimm schreibt mir, daß er nun seit einiger Zeit wieder an dem III. Teile seiner Grammatik gearbeitet habe; auch von einer Recension, über Castiglione's XIII. Brief des Paulus an die Korinther, aus den Ambrosianischen Palimpsesten, die er für die Wiener Jarbücher gefertiget hat, und die ser umständlich sein soll: ich wollte er hätte diesem Lombarden es recht derb in den Bart geworfen, daß er den ganzen schönen und kostbaren Aparat zu Herausgabe der gothischen Sprachdenkmale, welche Aug. May aufgefunden, so schmähelich liegen und wenigstens rüksichtlich der Typen, zu Grunde gehen läßt. Indessen wünschte ich doch diese neue Edition des Herrn Graven Castiglione zu sehen; ist sie bei Jnen schon bekannt?

Habe ich Jnen denn schon gesagt, daß Aurelius Tigurinus, zu teutsch Hans Caspar Orelly, auch eine Woche lang bei mir in Arbeit stand, versteht sich, one für mich zu arbeiten; er ist aus der villa Epponis ad sanctum Gallonem verreiset, wo er freilich eine reichere Ausbeute wird gefunden haben, als in meiner armen Einsiedlerklause. Dieser Aurelius ist einer der wenigen rein guten Menschen die ich kenne; er hat recht herzlich bedauert, daß Sie, lieber Freund! den heremus so bald verlassen haben und er Sie nimmer hier getroffen.

Mich hat innig erfreut von Jnen selbst zu vernemen, daß Sie in Jrer Arbeit immer mer vorankommen, und meine Hoffnungen von Jrem Werke sich nach und nach dem Zeitpunkte irer Erfüllung nähern. Ich kenne zwar weder den Plan, noch die innere Einrichtung Jres Werkes, aber schon was mir Schwab hierüber mitgeteilt hat, berechtiget mich meinem Vaterlande | Glük zu wünschen, daß die Illustration des teutschen Gesanges wieder von da ausgehet, von wo aller Warscheinlichkeit nach auch derselbe seinen Anfang nam. Ich kann mir nicht anderst vorstellen, als daß Ire Arbeit ein aus meren Bänden bestehendes Werk geben wird, das hinwieder in merere einzelne Abteilungen zerfällt und folglich nicht über einmal unter die Presse zu gehen braucht; so daß wir vielleicht bald etwas davon zu sehen bekommen, was für alte Leute mit jungen Herzen immer ein Trost ist; weil es bei uns in doppeltem Sinne heißt: carpe diem, minime credulus postero!

Anfangs des künftigen Monats hat mir Schwab mit seiner wakern Frau einen Besuch zugesagt; er will den Sigenot abschreiben und in in der Versart des Originals bearbeiten, da wollen wir dann fleißig und frölich von Inen und der lieben Frau Emma sprechen und nicht nur einmal den Becher auf Ir beider Wol erheben. Dann kommt der Winter und ich begrabe mich mit den Dachsen und Bären in mein tugurium bis die Frülingssonne wieder scheinet.

Leben Sie wol, herzlich gegrüßt und aufrichtig geliebt von Irem

alten Lazzpergáre.

58.

Uhland an Laßberg.

Stuttgart, d. 1. Oct. 1829.

Sie haben, verehrtester Freund! durch die weitere Abschrift aus dem Berner Parcival mir die Gewißheit von der Identität beider Gedichte verschafft und dadurch eine bedeutende Lücke meiner Excerpte ausgefüllt. Innigen Dank nicht blos für die Mühe, noch weit mehr für die Liebe und das Wohlwollen, womit Sie auch hierin meine Studien gefördert.

In Heidelberg war ich nur 5 Tage, theils um Einzelnes in verschiedenen Handschriften nachzusehen, was nicht die Verschreibung derselben hierher verlohnt hätte, theils um mir wieder den Weg zu öffnen, Codices hieher zu erlangen. In beider Hinsicht bin ich mit dem Ergebniß meiner Reise zufrieden und habe bei Prof. Eiselen die gefälligste Bereitwilligkeit gefunden. Dieses Jahr hat mich der h. Gral besonders gesegnet und Priester Johann streckt überall die Hände nach mir aus; ich traf in Heidelberg von ihm eine deutsche, poetische Epistel an Kaiser Friedrich*), wie sich in der Berner Hdschr. eine prosaische an den Kaiser Konstantin befindet.

Die Ankunft des Liederbuchs der Häzlerin hat mich sehr erfreut. Herr Schönhuth ist bereits demselben entgegengereist. Auch hievon dürfen wir uns manche neue Aufhellung vergangener Zeit versprechen. Nimmt Schönhuth diese Gedichte zu Vollendung der Abschrift mit sich in unsre Gegend, so erlauben Sie mir wohl auch, davon Einsicht zu nehmen? |

Ueber Ettmüller weiß ich nichts Näheres zu sagen; vermöge der Dedication an einen Phil. Stud. wird er noch ein junger Mann seyn; erfreulich ist es aber, unerwartet da und dort einen tüchtigen Freund unsres poetischen Alterthums auftauchen zu sehen.

Die Königinhofer Handschrift wird Schwab überbringen, von den 2 Ex., die ich besessen, bitte ich, das eine in die Bibliotheca villae Epponis gütig aufzunehmen.

Grimms reichhaltig-gedrängtes Werk über die Heldensage zeigt mir schon beim ersten Anblick, wie schwierig es für mich seyn werde, über Gegenstände, die hier behandelt sind, noch einiges Neue zu sagen; was ich darüber gedacht und, fast bis zur letzten Ausarbeitung, niedergeschrieben habe, finde ich hier in wesentlichen Momenten aus der gründlichsten und schärfsten For-

*) Zum Theil abgedruckt von J. Grimm in seiner Abhandlung „Gedichte des Mittelalters auf Kaiser Friedrich I. (1844). S. 103 ff. (Kleinere Schriften. 3, 84.)

schung bestätigt, und das ist auch ein schöner Gewinn. Die Hauptsache bleibt immer, daß in diesem wichtigsten Theile der Geschichte altvaterländischer Poesie endlich einmal die volle, gesunde Wahrheit hervortrete.

Castiglione's gothisches Anekdoton habe ich noch nicht zu Gesicht bekommen und weiß nur durch eine kurze Anzeige in den Götting. Blättern davon.

Können Sie mir durch Schwab den Cod. Wasserburg. zugehen lassen, so werde ich nicht säumen, denselben eifrigst zu benützen und sodann nach Ihrer Anweisung weiter zu befördern. Ich freue mich zum voraus des Genusses, den mir dieser werthvolle Fund gewähren wird. Orelli nicht mehr bei Ihnen getroffen zu haben, thut mir recht leid. Ungewiß bin ich darüber, ob nicht die Gebirgreise, welche Sie vor | gehabt, uns, Ihren Gästen, leider zum Opfer gebracht worden sey.

Schwabs sind am Montag von hier abgereist und ein heiteres Herbstwetter nach langen Regentagen scheint sie begünstigen zu wollen. Ich versetze mich beim Gedanken an diese Reisenden recht lebhaft nach Eppishausen.

Indem ich Sie, nebst den Gästen, auf das herzlichste grüße, bin ich wie immer mit Verehrung und Liebe

der Ihrige
L. Uhland.

59.

Laßberg an Uhland.

Eppishausen, am 12. October 1829.

Charissime Uhlande!

Vorerst meinen Dank für Iren lieben Brief vom 1. dieses, dann meinen weitern Dank für die Königinhofer Handschrift, mit welcher Sie die Bibliotheca Villae Epponis beschenkt haben. Antworten kann ich Inen heute nicht; weil Schwabs schon morgen frühe wieder abreisen wollen; der Jupiter pluvius hat die wenigen Tage, welche diese lieben Leute mir schenkten, häßlich verdorben; so daß wir keine Ausflucht machen konnten. Ich würde Inen den Codex Wasserburgensis durch Schwab senden, wenn ich nicht noch Eggen Ausfart abschreiben möchte ehe ich In auf Reisen sende; denn ich bitte Sie, nach gemachtem Gebrauche, denselben an den Herrn Prof. Benecke, unsern Landsmann, durch den Postwagen nach Göttingen zu senden, meine Abschrift wird in wenigen Wochen vollendet sein. Unser Freund Schwab wird Inen sagen, wie oft und viel wir von Inen gesprochen und Sie in unsere Mitte gewunschen, one die Frau Emma zu vergessen. Viele herzliche Grüße an Sie alle beide von Irem

unveränderlichen alten
Meister Sepp.

Die Handschrift der Klara Häzlerin, halte ich nicht für wert abgeschrieben zu werden, es ist zuviel Schofelzeug darinne, von der Hagen hat mich damit angeführt; weil Sie aber wünschen sie zu | sehen; so will ich Inen solche mit dem Codex Wasserburgensis zuschiken; Sie haben mir nicht gesagt ob Sie den französischen Codex welcher le Voeu du Paon enthaltet haben wollen, ich gebe jn auf gut Glük unserm Suabo mit. Noch einmal grüße ich Sie von ganzem Herzen, und nie genug.

60.

Laßberg an Uhland.

Eppishausen, am 28. November 1829.

Hier kömmt endlich, mein teurer Uhlandus! die Handschrift von Wasserburg. Möge sie Inen so viel Vergnügen machen, als sie mir gemacht hat. Wilhelm von Orlenz ist ein herrliches Gedicht, one Zweifel das beste, das der so fruchtbare Rudolf von Ems gemacht hat. Für mich hat er Spracheigenheiten, die äußerst schäzbar sind und warscheinlich in den späteren Abschriften verloren giengen. Ich halte mein Exemplar für ein noch bei Lebzeiten des Dichters gemachtes; er starb unter Kaiser Conrad IV. in Italien, und der Kaiser selbst schon 1254, 21. May. Das Leben Mariä und Jesus Kindheit, den Zigenot und Ekken Ausfart, habe ich abgeschrieben, gegen 7000 Verse; ersteres wird Hug in Freiburg im 5.—6. Hefte seiner geistlichen Zeitschrift herausgeben. Wenn Sie die Handschrift benuzt haben; so bitte ich mir solches zu sagen; ich werde Inen dann einen Brief für Benecke zuschiken, damit Sie im dieselbe nach Göttingen senden können, wo bis dahin auch Jacob und Wilhelm Grimm als Bibliothecare aufgezogen sein werden, ersterer zugleich als Professor ord., wie Sie aus meinem Briefe an Schwab des breitern ersehen werden. |

Aus meiner Bergreise ist diesmal nichts geworden. Mein Haus wurde vast nie von Besuchenden leer, und dann war das Wetter für Fußgänger auch gar zu schlecht. Ich habe Inen wol noch nicht gesagt, daß mir Wilken aus Berlin das Liederbuch der Hätzlerin 1470 zugeschikt hat. Es enthält einige schäzbare Sachen aus der Zeit da das Minnelied in das Volkslied übergieng, aber doch nur weniges, der größere Teil ist eben so elend als schmuzig, so daß man nicht begreifft, wie eine weibliche Feder sich mit solchem Wuste befassen konnte, wenn sie nicht einer ἑταίρα angehörte. Das Buch ist also keiner vollständigen Abschrift wert. Einzelnes werde ich mir denn daraus abschreiben.

Mein ieziges Geschäft ist der Episcopat. Constant. des seligen Trutpert Neugart, zu welchem ich einen Verleger suche, worüber Inen Schwab aus meinem Briefe mereres sagen wird, und wozu ich auch Ire bona officia in Anspruch neme, und zwar nicht blos in meinem, sondern im Namen des gesammten Vaterlandes, besonders Schwabens, und ich denke das lezte Wort reicht schon hin meinen wakern Uhland zu entzünden. Es wäre doch iammerschade wenn diese Geschichte ungedrukt bliebe. Videant ergo consules, ne quid detrimenti capiat res publica! | —

Nun aber, lieber Freund! zürnen Sie mir nicht, wenn ich auch einmal nach dem Fortgange Ires Werkes über die teutsche Heldensage und den Minnesang frage. Während Ires Hierseins, ich gestehe es, erwartete ich hierüber einige Mitteilung; denn ich wußte, daß Sie schon Andern einige Abteilungen daraus vorgelesen hatten: allein Sie schwiegen, und so getraute ich mich nicht davon anzuheben: nun aber da man allgemein weiß daß Ir Buch schon ser weit vorgerükt ist und selbst aus dem Norden hierüber Anfragen an mich geschehen, wage ich es mich zu erkundigen, ob wir nicht bald etwas von Irer Arbeit zu sehen bekommen. Sie haben mit Irem Walter von der Vogelweide alles auf dies noch nicht bearbeitete Feld unserer Literatur aufmerksam gemacht; aber nicht nur auf dieses; sondern eben so ser auf Sie selbst, da man nun sah, was Sie hierinn im Stande sind zu leisten. Ich, dem Ir literarischer Rum nicht weniger am Herzen liegt, als mich Ir bürgerlicher erfreut; bin also wol zu entschuldigen, wenn Inen meine Anfrage auch etwas zudringlich vorkommen sollte: wäre das? so sehen Sie solche als nicht geschehen an.

Des biedern Schwab und seiner geistreichen Frau Besuch, hat mich über die maßen erfreut, und ich habe um so größern Genuß davon gehabt, als das abscheulichste Wetter uns alle die Tage ihres Hierseins in die Stube zusammen gesperrt hat. Dies klingt zwar eigennüzig; aber ich hoffe | meine lieben Gastfreunde sind überzeugt, daß ich mit nicht weniger Freude mit Inen in dem alten Sängergaue herumgefaren wäre, wenn es der Jupiter pluvius erlaubt hätte. Wir haben, wie das zu geschehen pflegt, wenn man über Tische frölich ist, nach Berechnung der geringen Kosten, auf das künftige Jar eine Reise nach Mayland (3 Tagreisen von hier) ausgemacht, wobei Sie lieber Freund! und Frau Emma das 2te Par und ich das fünfte Rad am Wagen ausmachen würden. Was sagen denn Sie zwei dazu? — Möchte doch aus dem Schimpf Ernst werden.

Ir Herr von Auffeß hat an mich geschrieben; das erste Mal wars, um meinen Liedersaal zu haben, den ich jm auch sandte, dann schrieb er mir einen wie es scheint herzlichen Brief, und will um meine nähere Bekanntschaft zu machen, mich sogar besuchen. Was er will; oder was er eigentlich kann? ist mir aber noch nicht klar. Vederemo!

In Irem nächsten Briefe hoffe ich zu erfaren: ob ich Inen zum Professor oder zum Bibliothecar Glük wünschen soll? Eines und das andere wäre mir lieb, lieber das erstere; aber secundum leges baiuvariorum vivere, möchte ich meinen guten lieben Uhland nicht gerne sehen.

Leben Sie wol und grüßen Sie aufs herzlichste die wakere Frau Emma, von Irem

L. Laßberg.

61.

Laßberg an Uhland.

Eppishausen, am 29. Januar 1830.

Hochvererter Freund!

Ir Schreiben vom 11. Januar *) erhielt ich am 19. dieses und mit der herzlichsten Freude ersehe ich daraus, daß nun endlich Ire und der guten Frau Emma Wünsche in Erfüllung gegangen sind. Welche Freude für Ire erwürdigen Aeltern! ich teile sie von ganzem Herzen. Für das von Haug gebrauchte Buch, die Reliques of ancient english poetry und die neue Ausgabe Irer Gedichte danke ich vielmal. Dies sind mir die liebsten Neujarsgeschenke die ich bekomnen habe. Der Himmel weiß, wann ich sie erwiedern kann; aber den Willen habe ich dazu. Der Eröffnung Irer Lerkanzel und besonders Irer Vorlesung über die Geschichte der Poësie des deutschen Mittelalters möchte ich beiwonen! — überzeugt daß Sie den alten hospitirenden Purschen nicht aus Irem Collegium weisen würden.

*) Fehlt.

Von Hrn. v. Cotta habe ich in Betreff des episcopatus Constantiensis einen Brief erhalten, der meinen Wünschen vollkommen entspricht. Das Buch wird in Constanz gedrukt: aber Ir allzu freundschaftliches Anerbieten zur Correctur verdanke ich Inen eben so herzlich, als wenn ich es angenommen und genossen hätte.

Was die beiden Codd. des Voeu du Paon und Wasserburg betrifft, so bitte ich mir solche nach gemachtem Gebrauche hieher zu senden. Benecke befindet sich gegenwärtig nicht im Stande Gebrauch vom lezten zu machen. An der Membrane des Hrn. Buchhändler Koller in London habe ich das nicht gefunden, was von im versprochen war. Erstlich ist die Schrift nicht die des XIII., sondern offenbar aus dem XV. Jarhundert, und dann sind die 76 Verse nicht einmal die Hälfte des Frauenlob-Gedichtes auf Maria. Ich werde im solches durch die angegebene Weinbrak. Buchhandlung in Leipzig wieder zurükfenden. Mein Liedersaal ist nicht so wolfeil. Das Liederbuch der Häzlerin sollen Sie haben. Der Elblin von Eselsberg, von dem einige nicht unebene Gedichte drin vorkommen, ist gewiß ein Wirtemberger*); eben so gewiß ist der von Kalterpach | kein Wirtenberger, sondern ein Breisgauer aus der Herrschaft Susenberg, wie ich diplomatisch erforscht habe. Das wirtemberg. Geschlecht hieß: von Kaltenthal. Als ein Denkmal des Verfalles teutscher Dichtkunst ist diese Handschrift wirklich beachtenswert. Die hinten befindlichen Wächterlieder oder Tagweisen halte ich für das älteste, was darinnen stehet. Uebrigens kann ich nicht begreifen, wie eine weibliche Hand solche Schweinereien niederschreiben konnte, wenn sie nicht einer Hetäre angehörte. Aber, da Sie doch zur Vorlesung den möglichsten Grad der Vollständigkeit geben wollen, so dächte ich, daß meine Abschrift von dem Gedichte auf Karl den Großen, welches ich von dem Hrn. Grafen v. Majlath habe,

---

*) S. nun Elblin v. Eselberg herausg. von Adelbert v. Keller. Tübingen 1856. 4.

weniger vorübergegangen zu werden verdient, als das Liederbuch der Häzlerin. Ich halte es zwar seinem Ursprunge nach nicht für älter, als den Anfang des XV. Jarhunderts; aber gerade aus genannter Zeit sind die Epopoeen von so großem Umfange äußerst selten. Zwar können die latein. Quellen des Andreas ratisbonensis nachgewiesen werden; aber mir ist die Frage noch nicht entschieden, ob der teutsche Dichter aus dem latein. oder dieser aus jenem geschöpft. Allerdings mag ursprünglich ein latein. Gedicht dem teutschen zu Grunde gelegen haben, aber ein viel älteres als der fromme presbyter Andreas war. Ich glaube also nicht übel zu thun, wenn ich Inen hier beiliegend zuerst den Inhalt des Gedichtes zusende, um Sie in den Stand zu sezen, mir zu sagen, ob ich Inen den Text auch nachsenden soll? In Arau befindet sich auch, aus der Zurlaubenschen Bibliotheke, ein prosaisches Gedicht von Karl dem Großen, welches mir mit den Haymonskindern verwandt schien, und offenbar auf einem wälschen Boden wurzelt. Auch in Schafhausen befindet sich ein Gedicht auf den König Oswald v. Northumberland, das ich meinem Freunde Ittner zu lieb abgeschrieben habe, es scheint auch der Sprache nach aus dem XV. (Jarh.) zu sein, hat aber Anklänge, die ins höchste nordische Altertum hinaufreichen. |

Sie sagen mir nicht, ob Hr. Hofprediger Bekker Inen den Donauöschinger Parcifal gesendet hat? und ob Sie viel Merkwürdiges darin gefunden? Der Lachmannsche Ferabras ist noch nicht heraus; oder? Auf Graffs Ottfrieb freue ich mich. Maßmann in München scheint sowohl die Denkmäler, als auch seine Kaiserchronik ganz vergessen zu haben, und hierin dem Publikum zuvorgekommen zu sein. Auch Meusebach, dem ich, nach dem Ausdruke des badischen Exerzierreglements, kürzlich wieder einen Ermunterungshieb gegeben habe, scheint über seinen Fischart eingeschlafen zu sein. Vorige Woche habe ich von dem Hrn. Prof. Follen in Altikon Abschied genommen, er ziehet nächsten Monat auf ein Gut bei Höngg, eine kleine Stunde von Zürich, wo sein Schwiegervater ein Gütchen gekauft hat, es heißt:

der Akerstein. Können Sie meine Notizen über die teutschen Sänger brauchen zu Irer Vorlesung, so sagen Sie nur ein Wort und ich sende sie Inen.

„Ire angelegentliche Empfelung in die Fortdauer meines freundschaftlichen Wolwollens und um meinen guten Rat bei Ihren bevorstehenden Arbeiten“ war wol nur ein Neujarsscherz von meinem lieben Uhlandus! — ich hätte dies vielleicht nicht sagen sollen; aber dies sei auch die einzige Rache Ires

unveränderlichen

J. v. Laßberg.

Viele und herzliche Grüße an Frau Emma und auch an den biedern Schwab und seine Frau. |

Aus einem mir vor kurzem vorgekommenen Siegel, mit der Umschrift: RV̊DOLF GELTER, scheint mir, daß dies Geschlecht (Geltar bei Bodmer II., 119) von St. Gallen war. Im Jar 1425 war ein Gelter Burgermeister zu St. Gallen. Zwar nennt der Dichter selbst sich einen wehen Flemming; allein die Aebte von St. Gallen, die stets den Kaiserhöfen nachzogen, brachten allerlei Leute mit sich nach Hause.

62.

Laßberg an Uhland.

Eppishausen, am 27. Hornung 1830.

Mein teurer Uhlandus! hier kommt die Frau — Junkfrau kaum? — Hätzlerin, und mit dieser will ich Sie hezen, damit Sie mir den Cod. Wasserburg. quandocius zurüksenden, denn ich habe in meiner Abschrift des Conrad v. Fuozizbrunnen, welche sogleich unter die Presse gehen soll, zwei beträchtliche Feler entdekt, welche one Einsicht der Handschr. nicht hergestellt werden können. Ich befürchte, daß Sie bei Anblik dieser Zeilen ausrufen werden: O he! ecce iterum Crispinus! — aber, ich kann mir nicht anderst helfen, und Meister Leonhard*) in

*) D. i. Prof. Leonhard Hug.

Freiburg treibt gewaltig auf den Conrad v. Fusizbrunnen. Ich hoffe doch, Sie haben mein unterm 29. Jänner an Sie abgesendetes Inhaltsverzeichniß v. dem Gedichte über Karl den Großen, von einem Regensburger Mönche, richtig erhalten? Ir ausgesprochener Wunsch: „die verschiedenen Perioden des alten Gesanges, auch die des Verfalles, so vollständig als möglich kennen zu lernen,“ konnte mich allein zur Uebersendung veranlassen. |

Hofprediger Becker von Donauöschingen hat mir geschrieben, daß er Inen den dortigen Parcifal überschikt habe, und wünscht, daß Sie noch mer Codices aus seiner Bibliotheke verlangen möchten, welche er Inen mit Freude zusenden würde. — Schade also daß die dortige Bibliotheke nicht mer Interessantes besizt.

Ich sehe Sie in Gedanken unermüdet an Irer Vorlesung pro captanda et aperienda cathedra beschäftiget, von einer Menge alter Bücher und Handschriften umlagert, manchmal in Irer Stube auf und abschreitend, perlecta mente revolvens, und höre auf einmal Frau Emma rufen: aber Uhland! die Suppe stehet schon lange auf dem Tisch!

Unser guter Arx in St. Gallen schwebt seit Weihenachten, wo in ein Schlagfluß getroffen hat, zwischen Leben und Tod und kann nicht sterben: ein zweiter Schlag wird dem Zweifel plözlich ein Ende machen. Seine Stelle an der Bibliotheke kann nicht besezt werden, — es ist Niemand da, und ein Herr Henne, | den Sie vielleicht als Dichter des „Divico“ *) kennen, ist wol nicht albae gallinae filius. Man sagt, er suche von Arxens Stelle. Schwab wird Inen gesagt haben, daß auch ich einen Spaziergang über den gefrornen Bodensee machte — seitdeme bin ich nicht mer aus dem Hause gekommen. Husten abgerechnet, ist meine Gesundheit gut und da der Schnee hinweg ist, warte ich nur bis der Auster den Boden aufgetroknet hat, um durch eine tüchtige Ausflucht wieder neue Lebensluft in meine alten Lungen zu pumpen.

---

*) Henne von Sargans, Jos. Ant., Diviko oder das Wunderhorn oder die Lemanschlacht. Ein deutsches National-Heldengedicht. 2 Bde. Stuttg. 1826.

In der Theotiska ist meines Wissens, ut ajunt, nichts neues passirt. Lezte Woche haben Pupikofer und ich Schwabs Waltharius und den latein. Text mit einander verglichen: aber das sind zwei ganz verschiedene Gedichte! Herr Beker hat mir auch geschrieben, daß der Sigenot irgendwo öffentlich gerümet worden sei. Das wird warscheinlich von Stuttgart aus gegangen sein. Wissen Sie, wo etwas davon stehet, so bitte ich es mir zu sagen, damit ich es dann auch zu lesen bekomme. Der Abdruk hat Fehler und zwar nach einer zweimaligen Correctur! |

Wenn Sie, mein teurer Freund! mir den Tag melden wollen, an dem sie in Tübingen Ire Vorlesungen eröffnen, so will ich an diesem Tage ein eigenes Tronbesteigungsfest in meinem Hause anstellen. Ich meine man lebt doch etwas freier in Tübingen, als zwischen den Bergen in Stuttgart, und dann tut der schöne Fluß den Augen auch wol; ich freue mich schon zum voraus, Sie einmal in Irem Reiche zu besuchen. Viele herzliche Grüße an Frau Emma und gutes Angewönen in der Vaterstadt. Die Hätzlerin bitte ich mir, nach gemachtem Gebrauche, — ich denke Sie werden bald genug dran kriegen — wieder hieher zurükzusenden; denn ich habe noch einige Wächterlieder daraus abzuschreiben. Der von Eselsberg darin ist sicher ein Wirtemberger; aber der von Kaltenbach ist ein Breisgauer, aus der Herrschaft Sausenberg, sie kommen schon im XII. Jarh. in St. Blasianer Urkunden vor. Gott befolen von Irem

Laßberg.

E. Münchs Gesch. des Hauses und Landes Fürstenberg ist unter aller Kritik.

63.

Uhland an Laßberg.

Stuttgart, den 19. März 1830.

Sie erhalten hiebei, verehrtester Freund, den Cod. Wasserburg. und den Voeu du Paon mit dem verbindlichsten

Danke zurück. Das Liederbuch der Häzlerin ist mir wohlbehalten zugekommen und ich werde mich beeilen, es vor meinem Abzuge von hier, der in der Osterwoche erfolgt, Ihnen zurückzusenden. Dagegen wünsche ich die Northern Antiqu. und die Poètes français noch auf einige Zeit mit nach Tübingen zu nehmen, wenn Sie nicht gerade selbst davon Gebrauch machen.

Für den Druck des Sigenot*) danke ich gar sehr; er ist eine schöne Verkündigung des neuen Fundes. Die Anzeige von Menzel lege ich hier bei, freilich meist nur Abdruck Ihrer Notizen.

Den Cod. Wasserburg. habe ich für meine künftigen Vorträge tüchtig ausgebeutet. Ecken Ausfahrt giebt neue und überraschende Resultate zur Geschichte der deutschen Heldensage. Schon früher habe ich Inen meine Vermuthung mitgetheilt, daß Heinrich von Linowe der Dichter dieses Liedes sey. Diese Vermuthung ist jedoch nicht neu, schon Docen hat sie gehabt. Aber das glaube ich neu gefunden zu haben, daß der Dichter sich selbst im Liede nennt.

pag. 37. col. 1. Erst sait von lune helferich.

muß bestimmt heißen: Erst sait von linöw heinrich. Dieß ist gewiß viel ungezwungener, als die Erklärung dieser | Strophe, welche noch neuerlich im Iwein von Benecke und Lachmann (S. 399 zu V. 6497) gegeben worden. In der bekannten Stelle von Rudolfs Alexandreis wird ausdrücklich Her Heinrich von Linöwe genannt. Eine Zusammenstellung aller hieher bezüglichen Stellen würde meines Erachtens diese Autorschaft außer Zweifel setzen. Auch findet sich Ecken Ausfahrt nun in einer Hdschr., welche, neben Rudolfs eigenem Gedichte, durchaus Werke von ihm benannter Dichter enthält. Dagegen muß (wie schon Pri-

*) Ein schoen und kurzweilig Gedicht von einem Riesen genannt Sigenot rc. Aus der ältesten Geschrift guten Freunden zu Lust und Lieb also zum erstenmal aus Liecht gestellt in dem kalten Winter 1829. Durch Meister Seppen von Eppishusen einem farenden Schueler. Gedrukt am obern Markt, auf Neu Jar 1830. 21 S. in 8°.

misser gemeint) die Stelle im Wilh. v. Orleans pag. 41. col. 1.

Von dem wallære
Hern Ekkenes mære

gewiß so gelesen werden:

Von dem Ouwære
Hern Erekes mære.

denn das Abenteuer mit dem Sperber findet sich in Hartmanns Erek und Enite. (Wiener Jahrb. d. Literat. Bd. XVI. Anzeig. Blatt.) Ist lînôw etwa Leinau im vormaligen Stifte Kempten? *)

Es möchte wohl sehr einen nochmaligen Sturm auf Wasserburg verlohnen. Wo der eine Vogel ausgeflogen, mögen noch mehr im Neste seyn.

Sie fragen mich: ob ich Ihre Notizen über die deutschen Sänger zu meinen Vorlesungen brauchen könne? Gewiß würde mir die gütige Mittheilung derselben vom größten Interesse seyn. Ich bezwecke gegen den Schluß meiner Vorträge eine geographische Uebersicht der Wohnsitze und Straßenzüge des alten Gesanges zu geben und da würden mir Ihre | Nachweisungen treffliche Hülfe leisten. Werden Sie nicht einmal, wie es in den Vorreden zum Liedersaale schon theilweise geschehen ist, den Freunden der altdeutschen Poesie die vollständige Sammlung dessen, was Sie über die Lebensumstände der Dichter erforscht haben, mittheilen?

Das Mailathsche Manuscript habe ich einmal von Cotta in Händen gehabt, konnte es aber damals nicht benützen. Nach der Vorrede, welche Sie mir überschickt, scheint wenigstens der vordere Theil des Gedichts auf ältere Sage hinzuweisen und ich würde daher die Mittheilung desselben um so mehr mit Dank erkennen, als die meisten andern Gedichte aus dem Sagenkreise von Karl d. Gr. aus dem Französischen übersetzt sind, dieses

*) Das vorstehende hat Uhland weiter ausgeführt in s. Abhandlung „Dietrich von Bern“ in m. Germania I, 321.

aber mehr deutsche Lokalität zu haben scheint. Damit verbinde ich noch eine weitere Bitte. Den Wilhelm von Oranse, der zu diesem Stamme gehört, habe ich, alle 3 Theile, nach einer Heidelberg. Membrane excerpirt, den Abdruck von Casparson aber (der sich aus dem Buchhandel verloren,) längst vergeblich gesucht. Den 1sten Theil zwar besitze ich, aber nicht den wichtigern 2ten, der Eschenbachs Werk enthält. Diesen besitzen Sie, so viel ich mich zu erinnern glaube, und Sie würden mich sehr verbinden, wenn Sie mir denselben etwa bis zum nächsten Juni, wo ich in meinen Vorlesungen an diesen Gegenstand kommen dürfte, auf einige Zeit zugehen ließen.

Ihre glückliche Ueberschreitung des frostgebändigten Bodensees | hat Schwab im Liede gefeiert*).

Daß Sie Herrn v. Meusebach wegen Fischarts ermuntert, war sehr wohl angebracht. Nicht minder möchte eine energische Anregung wegen seiner Volkslieder an der Stelle seyn. Den Fischart besitzen wir wenigstens in seinen Hauptwerken, aber die alten fliegenden Blätter besitzt nur H. von Meusebach, nur er die reichhaltigen Notizen über diesen Volksgesang. Möchte er endlich für das deutsche Volkslied leisten, was Engländer, Dänen, Schweden, längst für das ihrige gethan.

Arx, der rechte Hüter und Weiser des St. Gallen Horts, ist ein großer Verlust. Seine Scriptor. St. Gallens. sind nun im 2ten Theile der Pertz. Sammlung gedruckt. Ob ihn das wohl noch interessirt hat?

Den Donauesch. Parcival habe ich erhalten aber noch nicht soweit benützt, um etwas Befriedigendes darüber sagen zu können. Es ist eine höchst wunderliche Zusammensetzung 2 verschiedener Werke.

Es sieht jetzt wirklich in meiner Arbeitsstube aus, wie Sie es beschrieben haben, die Zeit des akadem. Berufs drängt gewaltig heran.

*) s. G. Schwabs Gedichte, Stuttg. 4. Aufl. 1851, S. 406: „Der Spuk auf dem Bodensee.“

Wir werden für das erste Vierteljahr auf der Pfalz Hohentübingen wohnen, mit schöner, weiter Aussicht und großem innerem Raume. Wie sehr werden Sie uns erfreuen, hochverehrter Freund, wenn Sie, wozu Ihr Brief Hoffnung giebt, uns dort besuchen werden, wo (nach dem Tanhuser) Hug ein Twinger (Tuwinger, nach Präl. Schmids Conjectur), als Freund der Sänger herrenwere worhte.

Mit Freundschaft und Hochachtung

der Ihrige
L. Uhland.

64.

Laßberg an Uhland.

Eppishausen am 25. März 1830.

Vorgestern, mein teurer Freund! erhielt ich von Constanz den codex wasserburg., le voeu du paön und Iren lieben Brief und sage Inen dieses schon heute, damit Sie später nicht wegen Ankunft dieser Bücher in Verlegenheit sind, und weil ich selbst über die Charwoche einen Lauf ins Rheintal versuchen will.

Behalten Sie die andern Bücher so lange sie Inen nötig sind; das was Sie sonst noch verlangt haben, werde ich Inen nach Tübingen senden, sobald ich höre, daß Sie dort angelangt sind.

Wie freue ich mich, daß Sie im codex wasserburgensis so vieles für Ire Arbeiten Brauchbares gefunden! Die von Inen vorgeschlagene Verbesserung der Lesart in Eggen Ausfart: Erst sait von Linöw Heinerich, für: von Lune Helferich, ist unangreifbar; denn da Rudolf von Ems im Wilhelm von Orlenz ausdrüklich saget: der von Linowe habe Ekkenis manheit getihtet und gesait, und dies Gedicht nenne man den Wallere, dann auch in der Alexandreis: Her Heinrich von Linowe hat ouch vil sueze arbeit an den waller gelait;

so folgt ja unwidersprechlich daraus, daß der Helferich von Lune in der Handschrift der Eggenausfart mißschrieben sein müsse. Dieser Schreiber war überhaupt in den eigenen | Namen unglüklich, wie solches im Wilhelm von Orlenz klar erscheinet. Mein Papier-Codex hat im Wilhelm von Orlenz die Literatur gar nicht, ich konnte also keine Vergleichung anstellen. Aber nun kömmt es darauf an, die Heimat des Heinrich von Linowe aufzufinden! Ich schreibe Inen daher aus meinem Collectaneen-Buche ab, was ich vor ein par Jaren, da Sie mir in Stuttgart die Literatur aus Rud. von Ems Alexandreis im Münchner Codex mitteilten, aus einer S. Galler Urkunde hinein geschrieben habe. Es trift sich sonderbarer weise, daß dieser Heinrich von Linowe gar nicht weit von Wasserburg gesessen ist:

„Anno 1271. XIX. Februarii. unter Bischof Eberhard „von Waldburg, zu Constanz wird die Burg Bongarten an der „Schussen bei Buchhorn mit Grund und Leuten (possessionibus „et hominibus) also geteilt, daß Bischof und Capitel zu Con-„stanz die eine, und Abt Bertold von Falkenstein und sein Kloster „St. Gallen die andere Hälfte bekommen. Dabei waren Schied-„leute: Hainricus de Laimovve, C. de Wachingen und „Rud. von Ailingen. Dies Leimnau in der Montfortischen „Herrschaft Tettnang, gehört jezt dem Spital zu Lindau mit „Boden und niedern Gerichten."

„Nun muß freilich der Dichter, der im Rudolf von Ems „vorkommt | eine geraume Zeit vor dem Heinrich in der Urkunde, „gelebt haben; aber wir wissen, daß in den Geschlechtern Lieb-„lingsnamen waren, die man von einem berümten Vorfaren „annam und die hernach immer in der Familie, meist den erst-„gebornen Sönen gegeben wurden. Der Dichter Heinrich von „Linowe konnte also der Vater; oder wenigstens der Großvater „des Mannes mit dem gleichen Namen in der Urkunde gewe-„sen sein.

„Die Verwandlung von Linowe oder Limowe in Laim-„owe und dann in Laimnowe ist ganz dem Gange gemäß,

„nach welchem sich die Aussprache mit der Zeit in dem Munde „des Volks verändert hat. Es ist aber noch ein Leinau im „Algau nicht weit vom Kloster Irsee, das auch seine eigenen „gleichnamigen Edelleute hatte; deren einige als benefactores „daselbst begraben liegen sollen. Wenn an Urkunden oder Grab„steinen die Wappen gegen einander verglichen werden könnten; „so würde sich wol bald zeigen, daß sie ein und dasselbe Geschlecht „waren. Leinau und Laimnau sind im Grunde nur dialektisch „zerschieden; da im Allgau wie immer im Berglande, das ei „reiner und schärfer, in der Ebne hingegen besonders am Boden„see, schon weicher wie ai gesprochen wird". *)

Daß Heinrich von Linowe Gedicht der Wallere genannt wurde, kam warscheinlich daher; weil Ekke, gleich einem wallære, Wandersmann, überall herumfur, um Dieterichen aufzusuchen und zu bekämpfen; die Benennung des Gedichtes: Ekken Ausfart, stammt vielleicht erst aus der Zeit des ersten Drukes her. Rudolfs Stelle: das ist der wallere, würde unverständlich sein, wenn nicht hernach jene in der Alexandreis sie erklärte: Heinrich von Lînowe hat ouch vil sueze arbeit an den Waller gelait. Dadurch wird wenigstens mir die Sache ganz klar: Herr Heinrich von Linowe hat Eggenausfart gedichtet und dies Gedicht nannte man zu Rudolf von Ems Zeiten (1230) schlechthin den Wallaere.

Die Stelle codex wasserburgensis pg. 41 col. 1 vers. 37. Swer hat uernomen alder gelesen, von dem wallåre hern ekkenes måre, dem ist wol kunt wie iårlich, an (l. ein) turnay hebet sich u. s. w. möchte nun wol stehen bleiben, wenn in Ekkenausfart etwas von einem Turnay und einem als Preis aufgesezten Sperber vorkäme; das ist aber nicht; folglich ist hier wieder offenbar mißschrieben; wenn nun in Hartmanns Erek und Eneit, etwas von einem Turnay und Sperber

*) Hier irrt Laßberg. Aus Lînowe wurde Leinau, aus Leimowe Laimau: beide haben mit einander nichts gemein, vgl. auch Uhland in der Germania I, 321. 323.

vorkömmt, was ich freilich aus Unkunde des Gedichtes nicht weiß; so ist doch wol kein Zweifel, daß die Stelle hierauf muß bezogen, und der Text nach Irem Vorschlage hergestellt werden.

Der Siegsperber kömmt auch in 2 meiner Handschriften von Dr. | Hartliebs Uebersezung (1440) von des capellanus Andreas Buch: de arte amatoria, vor: dort ist er aber nicht als Turnier Preis, sondern als Belonung gefärlicher Abenteuer ausgesezt.

Einen Sturm auf Wasserburg habe ich selbst vor, nur war mir bisher das Wetter noch nicht schön und milde genug — auf poëtische Handschriften habe ich zwar keine Hofnung, da der Herr Pfarrer so bestimmt geäußert, daß er keine mer besize: aber, wo eine Handschrift Christoff Schultheissens von Constanz lag, liegen wol auch noch andere die jm gehörten und da läßt sich vielleicht etwas Geschichtliches auffinden.

Allerdings habe ich Lust meine Notizen über die Dichter des Mittelalters einmal in einem Dichterbuche herauszugeben: allein, dies hindert gar nicht, daß Sie lieber Freund! dieselben zu Iren Vorlesungen benuzen. Ueber diejenigen deren Zeit, Heimat und Herkommen bereits bekannt sind, habe ich gar nichts aufgeschrieben; weil man das sobald man will haben kann.

Meine Aufzeichnungen sind meist diplomatisch, nämlich aus Urkunden oder alten Geschichtsschreibern — und darin habe ich viele wichtige Entdekungen gemacht, und noch heute Frühe um 4 Ur, da ich im Bette las, entdeke ich in einer Basler Urkunde von 1237 einen Conradus Gooly canonicus Basileensis. Sie wissen aus Gottfried von Straßburg | daß um dieselbe Zeit ungefär, noch ein anderer Domherr dort war namens Dietherich, der dem Gesange und den Dichtern auch hold gewesen. Der Düring war auch von Basel, und der von Gliers aus der Nachbarschaft, so wie auch der Püller aus dem obern Elsaß. Zu Basel muß ein rechtes Adelsnest gewesen sein; auch kostete es den Baslern viele Zeit und Mühe sie auszutreiben. So bringt, ich will nicht sagen jeder Tag, aber doch mancher Tag im Jare etwas Neues. Menzels Anzeige des Sigenot, für deren Mitteilung ich Inen vielmal danke, hat mich gefreut; denn diese Art Lob mag ich wol ertragen, wo man nämlich sagt, daß man mich liebt; freilich läse ich es lieber geschrieben als gedrukt; aber doch bitte ich Herrn Menzel, wenn Sie In sehen, gelegentlich meinen schwäbischen (ich meine das heißt aufrichtigen) Dank dafür auszudrüken. Eigentlich gehet die Sache Sie an, und wenn Sie Irem alten Vorhaben eine Geschichte der teutschen Poësie des Mittelalters zu schreiben ungetreu werden könnten; so müßte ich und jeder Teutsche es herzlich beklagen: allein, das scheint mir bei einem Manne der wie Sie das Vaterland liebt, und die Kraft dazu in sich fült, beinahe unmöglich, und so gehet der größte Teil meines Dankes an Herrn Menzel dahin, daß er Sie öffentlich dazu aufgeruffen und vermanet hat. Was Görres betrift, den ich 7 Monate lang beinahe täglich sehe; so entberet er vast gänzlich | des historischen Sinnes und der dabei unerläßlichen Kritik, und obschon er seit 20 Jaren an einer Sagengeschichte aller Völker sammelt, so erwarte ich von Im doch nichts als Poesie. Gebet uns die historischen Daten klar und rein, wie sie aus den Quellen hervorgehen; dann mögt jr hinterdrein paraphrasiren so viel jr könnt und wollt.

Was nun die Klausenburger Handschrift von dem Gedichte über Karl den Großen, mir durch Maylath mitgetheilt, betrift, welches ich Inen schiken werde, so muß ich Inen vorläufig sagen, daß beinahe Alles aus dem Regensburger Mönche Andreas genommen ist, dessen literarischen Nachlaß Oefele im I. Bande der Scriptores rerum boicarum genommen, der gegen die Mitte des XV. Jarhunderts schrieb. Man hat auch anfangs das schon frühe gedrukte Gedicht von Karl dem Großen und den Heiden von Regensburg (wovon Meusebach einen Abdruk besizt) drein verwoben, woraus hervorgehet, daß das ganze Machwerk nicht vor 1450 kann geschmiedet worden sein. Aber Sie sollen es haben. Aber Sie sollten alle meine Handschriften (teutsche) zu Irer Arbeit haben, und das könnte nach und nach wol geschehen

hen: noch besser wär aber, wenn Sie künftige Herbstferien mit Frau Emma zu mir kämen und alles recht ordentlich recognoscirten, um zu wissen, was Sie brauchen können; denn Sie haben meine Handschriften noch nie recht durchgegangen, und das könnte um so füglicher sein als ich jezt eine wirtembergische | Köchin und Haushälterin bekomme, die Frau Schwab die Güte gehabt hat mir zu verschaffen und man dann doch wenigstens menschlich bei mir essen wird. Wissen Sie was? ich hole Sie Beide in Tübingen mit meinen Pferden ab und wenn Sie einmal in der alten Villa Epponis sind; so giebt sich dann eins ums andere.

Ja es ist war, ich bin dem alten Potamus über seinen Panzer gelaufen; aber beim Heimfaren war der Schlitten mit 4 Schwaben bespannt. Der arme Arx lebt noch immer, seit Weihenacht Abend kämpft er mit dem Tode und ist nur selten und immer nur auf wenige Minuten seines Geistes mächtig.

Ueber den Donaudschinger Parcifal wünschte ich nur (zu seiner Zeit) von Inen zu erfaren, wie er sich zu dem Berner Codex verhält?

Von der Hagens Minnesinger, die Sie lezten Sommer bei mir sahen, sind noch immer nicht im Buchhandel, es ist doch ein erbärmlicher Kerl! Aber alle Erbärmlichkeit übertrift E. Münch's Geschichte des Hauses Fürstenberg; ich möchte doch wissen was Pfister dazu sagt? ich habe mir nichts anderes als schlechtes von Herrn Münch erwartet; aber auf ein solches studentisches Prello für 3000 fl. Honorar war ich nicht gefaßt. Sie können denken, wie diese Mißhandlung eines Hauses, dem ich und meine Vorältern über 100 Jare gedient haben, mich schmerzen muß. Aber jezt gute Nacht! und fröliche Ostern! und der guten Frau Emma meinen herzlichen Gruß, wie auch Iren lieben Aeltern in Tübingen. Bei Schwabs bitte mich nicht zu vergessen.

Ir

Laßberg.

65.

Laßberg an Uhland.

Eppishausen am 11. Mai 1830.

So eben, mein teurer Uhlandus! erhalte ich mit der Frau Clara Hätzlerin, auch Ire freundschaftlichen Zeilen vom 2. dieses*), und freue mich, daß Sie mit der lieben Frau Emma, deren Gruß mich eben so herzlich freuet, und den ich noch viel herzlicher erwiedere, wol auf der Pfalzgravenburg angekommen und darin schon völlig eingenistet sind. Wüßte ich, wo der Skythe Zamolxis seinen Pfeil gelassen hat; ich würde darauf zur Stunde nach den Ufern des Nekars reiten, um ein par Tage mit Jnen zu kosen; aber me tenet nunc parthenope! das ist die Constantia sacra, wie Herr von Mülinen den episcopatus constantiensis des T. Neugart nennet, und ehe das Werk nicht im Gange ist, kann ich nicht reisen.

Das Prof. Tafel mit seinem kurzen Aufenthalte in der villa Epponis zufrieden war und dem alten Meister Sepp auch in der Entfernung noch hold bleibet, tut meinem alten Herzen wol; denn der Mann gefiel mir gar zu gut, und sein männliches Wesen und anspruchslose Gelersamkeit, zogen mich ser an. Grüßen Sie jn von mir, | und sagen Sie jm, daß er sich um Schmidlins Beiträge zur Geschichte Wirtembergs für mich nicht bemühen solle; ich erhielt von verschiedenen Seiten 2 Exemplare dieses wegen den Graven von Achalm mir wichtigen Werkes beinahe zu gleicher Zeit. Ich glaube Jnen die Erwerbung eines Schwabenspiegels von 1287. und zweier Exemplare des cod. trad. Sangallens. gemeldet zu haben: aber wol eben so merkwürdig ist mir die Ankunft eines um das Jar 1260 durch den dortigen Probst Hermann geschriebenen codex trad. augie albae (Weissenau bei Ravensburg), welcher höchst wichtige Beiträge

*) Dieser Brief fehlt.

zur Geschichte Schwabens enthält und bis auf König Conrad IV. gehet. Er ist mit 15 gemalten Bildern verziert, welche nebst einigen Bischöfen und weissenauischen Pröbsten, den Stifter von Weissenau Gebezo von Ravensburg, Kaiser Friederich I., seinen Son Heinrich als König, König Philipp, Friederich II., Heinrich den Löwen, Conrad von Staufen als Herzog von Schwaben den alten Welf anno 1180 und einen Graven Albert von Achalm, um das Jar 1150—1160 vorstellen. Dieser Albert welcher lange nach dem vermeintlichen Aussterben des Hauses Achalm hier diplomatisch erscheint, war der | Schwiegervater Heinrichs von Nifen und wird advocatus in cholstetten genannt, welchen Ort ich im Lexicon von Schwaben nicht finde. Der Codex enthält auch merere bisher ganz unbekannte Hohenstaufische Urkunden, und muß schon vor 200 Jaren zu Weissenau abhanden gekommen sein. Kurz es ist ein warer Schaz, und ich glaube am Ende daß ich, wie Schwab in seinem Gedichte sagt, ein Schazgräber bin, one es zu wissen. Der Codex hat 451. Octavseiten und ist ganz unverseret.

Des Leipziger Prof. Hänels catalogus librorum manuscriptorum möchte ich mir auch anschaffen, wo ist er gedrukt? Die von Inen ausgezogenen Notizen werde ich in St. Gallen verificiren und Inen über den Erfund berichten. Besonders merkwürdig wäre mir der codex picturatus der vadianischen Bibliothek, welcher warscheinlich die so oft abgeschriebene Weltchronik des Rudolf von Ems sein wird. Strikers Karl der Große ist auch in dem Nibelungen Codex auf der Klosterbibliotheke. Die angefürten Catalogs Numern beziehen sich wol auf den Handschriften Catalog des Priors Kolb, in 2 Foliobänden. Von Arx hat keinen gemacht. Die cantilena bibulorum, möchte wol die zum Volkslied gewordene des Diaconus Walter von Mappes sein, und wird warscheinlich als Lükenbüßer im Codex allein stehen. |

Münchs Geschichte von Fürstenberg, die ich nun aus Ingrimm zum zweiten Male lese, ist unter aller Kritik; wenn diesem Manne auch nicht der Begriff abgienge von dem was Geschichte schreiben heißt; so wäre er doch wegen seiner ungeheuren Unwissenheit unbedingt untüchtig dazu.

Den Ferabrâs (einige sagen Fierabrâs; aber ich meine: Eisen am Arm, Schwert in der Hand, wie man am Bodensee sagt: „Leder am Schuh" sei eigentümlicher als: stolzer Arm, denn fier heißt doch wol eigentlich stolz, vermessen und die spätere Bedeutung: tapfer, ist schon Umbildung), also Fierabras habe ich verschrieben, aber noch nicht erhalten. Durch J. Grimm wußte ich schon, daß Sie Lachmann altfranzösische Sachen zur Aufname darein gesendet haben. In dem Meßcatalog finde ich: Tegnér, E., Der Rise Tine. gr. 8°. Lund. Ist das ein neu entdektes Gedicht? Was enthält denn Wolfs Sammlung historischer Volkslieder. Stuttgart, Cotta, und H. Dörings Galerie teutscher Dichter und Prosaisten, seit der Mitte des XII. Jarhunderts. Gotha, Hennings?

Schmeller will mir seine Evangelienharmonie schiken, Lachmann arbeitet an der Herausgabe des Parcival, hat den Ulrich von Liechtenstein in München requirirt, allein, das Ministerium macht Schwierigkeiten, mir hat man eine Abschrift der Lieder daraus angetragen; allein, ich will das Ganze oder nichts. Der im vorigen Sommer in Oberösterreich aufgefundene Pergamentcodex des Nithart, mit 45 Melodien, liegt jezt bei dem alten Benecke zu Göttingen, welcher, wie J. Grimm hofft in bald herausgeben wird, was mich schon darum freut; weil dadurch von der Hagens nichtsnuziges Verfaren in seinen Editionen ans klare Licht gestellt werden wird. | Bechsteins Haymonskinder, Simrocks armen Heinrich, Graffs Ottfrid, Ettmüllers Krieg auf der Wartburg und Weiske's Abhandlung: de septem clypeis militaribus hoffe ich bald zu Gesicht zu bekommen. Regnets nicht; so tröpfelts doch! — Ueber Wilhelm Grimms Grave Rudolf habe ich eine eigene Idee. Nach seiner eigenen Meinung und der aller Leser, muß der Held ein Teutscher sein. Der König (Balduin?) von Jerusalem giebt es selbst zu verstehen:

Der Kunic sprach da zestunt.
rudolf dir ist wole kunt.
vmme den kaiser und vogt von rome.
swenne er trage die crone.
so hat er hochgezite.
sin gezelte daz ist wite. etc. etc.

Ich kenne keinen teutschen Graven Rudolf der sich zu dieser Zeit in Syrien befunden hätte, als Grav Rudolf von Pfullendorf, der seine Güter an Kaiser Friederich den Rotbart abtrat und am heiligen Grabe starb. Daß das Gedicht früher einen französischen Frak anhatte, tut nichts zur Sache; die Hofleute zu Jerusalem waren ja lauter Franzoisen. Schade daß das schöne Gedicht zum grösten Teile verloren ist!

In Irer Nachbarschaft ist ein Pfarrer Gratianus (ich denke dabei an das Decretum Gratiani) zu Sondelfingen, welcher durch ein eigenes decretum, die Pfalzgraven von Tübingen zu Graven von Achalm macht und beide aus Rhätien abstammen lasset. Ich fürchte der Mann schöpft Wasser mit dem Siebe. |

Sehen Sie den Herrn Prof. Michaëlis der mit Prof. Tafel bei mir war; so bitte ich im zu sagen, daß auch zu Freiburg in der Schweiz eine ser alte Handschrift des Schwabenspiegels sich im dortigen Staatsarchive befindet, welche noch niemal conferirt worden ist. Ich erwarte Ire Weisung, um Inen das Gedicht von Karl dem Großen, wovon Sie das Inhaltsverzeichniß haben, zu senden. Auch nimmt mich wunder, ob Sie nicht Lust haben die Bekanntschaft des Gabriel von Montavel; oder des Ritters mit dem Boke zu machen, das Conrad von Stoffelen, ein Straßburgischer Domher im XIII. Jarhundert aus Spanien mitgebracht und übersezt hat.

Auch das vermutlich einem lateinischen exemplum nachgebildete Gedicht auf König Oswald von Northumberland, hat einiges Interesse, wäre es auch nur jenes der Legende, aus welcher einiges in Wolframs Wilhelm den Heiligen übergegangen zu sein scheint, welchen ich Inen nach Irem Wunsche hier beilege. Das Gedicht von Oßwald habe ich aus der einzigen mir bekannten Schafhauser Handschrift abgeschrieben. Ich lege auch das Gedicht von Karl dem Großen bei, damit ich durch 2 besondere Sendungen Inen nicht das Porto vermere.

Jezt aber schließe ich; sonst würde ich gar nie aufhören an Sie mein geliebter Freund zu schreiben. Der Frau Professorin, indem ich dies Wort zum ersten Male schreibe, habe ich meine rote cappa stultitiae ein wenig gelüftet, also der Frau Professorin gutes Angewönen in dem Nekar-Athen; aber sie soll acht geben, daß sie nicht unter die aristophanischen Syracuserinnen fällt. Gott befolen, von Irem

Laßberg.

66.

Laßberg an Uhland.

Eppishausen am 29. May 1830.

Mein teurer Uhlandus!

Der Leipziger Prof. Hänel mit seinem catalogus librorum manuscriptorum scheint eben auch in die Klasse von Reisenden zu gehören, die Notizen sammeln, um numerus zu machen, one sich dabei viel um die Handschriften zu bekümmern, die Verzeichnisse oder gar nur die Rükentitel abzuschreiben und am Ende ein Buch davon machen. So verhält es sich wenigstens mit denen in Irem lezten Briefe bemerkten Angaben des Herrn Hänel von St. Gallischen Manuscripten. Es nam mich doch Wunder, wie dieser Mann mer davon wissen sollte als ich? Ich gieng also am lezten Montag vor 8 Tagen selbst auf beide Bibliotheken, in Hofnung Inen erfreulichen Bericht abstatten zu können; aber helas! es war alles Wind.

Der Codex 184. Prosper in psalmos, enthält wol ein kurzes Gedicht, welches: cantilena bibulorum überschrieben ist, wo warscheinlich einer aus der schola interior des Klosters den leeren Raum benuzt hat schlechtes Studenten Machwerk hinzu schmieren.

Anfang: dulcis amice bibe, gratanter munera bachi
si uiuas totum dulcis amice bibe
fercula sume libens callata (?) et uiscera cervi
si non ut acrioris (?) mors sit acerua tibi
dente timendus aper tibi ponitur auipelatus — etc.

Ich denke Sie haben schon genug an diesem introitus.

Codex 1010. Das Leiden des Herren. Von der Müllerin ꝛc. sind nichts als theologische Fragen und Antworten, in schlechter Prose. Zwei Predigermönche kommen zu einer frommen Müllerin aufs Land und stellen jr mancherlei Fragen, welche sie in aller Andacht beantwortet. |

Codex 1027. Sermones sacri, teutonicae narrationes. Leztere sind nur wenige Zeilen, biblischen Inhaltes, warscheinlich Pericopen eines Predigers, one literarischen Wert.

Codex 1028. Sermones sacri, sind allerdings aus dem XIII. Jarhundert. Aber die concio teutonica ist Sec. XIV oder XV. und ad implendum spatium hinein geschrieben. Sie beginnt pag. 137 und läuft durch XII paginas, verspricht aber ser wenig.

Der Codex insignis auf der Stadtbibliothek, nicht A. B. 15; sondern A. 8. enthält, wie ich vermutete, des Rudolf von Ems Weltchronik und Strikers Karl d. Gr. die figurae deauratae sind ser schlecht; aber im Striker waren sie mir merkwürdig; weil ich noch keinen codex picturatus von diesem Gedichte kannte. Die Weltchronik ist bei weitem vorn herein nicht ganz, und fängt erst bei den Versen an:

von caucasus von caspia
das ostirt ist gelegen da.

Der Striker hingegen scheint ganz zu sein, wenigstens nach Anfang und Schluß, die Schrift ist ser schön, aber doch nicht älter als die im Striker der dem Nibelungen Codex auf der

Stifts Bibliotheke angebunden ist, und von dem ich eine Abschrift besize, welche Inen zu Dienste stehet.

Das ist also das Ergebniß von meiner St. Galler Reise; indessen habe ich gestern aus Berlin den III. Band von der Müllerschen Sammlung, so weit er nämlich gedrukt worden, und Kochs Compendium erhalten, welche mir immer noch mangelten.

Ueber die Handschrift von Parthenopier und Meliure, welche vorigen Sommer aus dem Stahrenbergischen Schlosse Ried[egg] in Oberösterreich in das Kloster St. Florian kam, will mir der dortige Archivar Stülz, ein Schwabe von Bezau in Vorarlberg, eine umständliche Beschreibung und Auszüge senden. Vorläufig sagt er mir nur, daß die Handschrift ungefär 23000 Verse enthalte, aber dessen ungeachtet kaum die Hälfte des ganzen Gedichtes*). Was für ein fruchtbares Genie war dieser Conrad von Würzburg! In gemelter Burg zu Riedegg, ein par Stunden von Laßberg, lag auch der schöne, gleichzeitige Nithart mit den Singweisen, der iezo wie J. Grimm schreibt bei Benecke in Göttingen ist, der in herausgeben will. Von Engelhardt und Bibliothekar Jung aus Straßburg habe ich auch Briefe erhalten, auf meine Bitte haben sie noch einmal die ganze Handschriften Bibliotheke umgekeret; aber den heil. Gregor im Steine des Hartmann von Owe nicht wieder auffinden können; er ist also definitiv verloren, da er doch vor 8—10 Jaren noch vorhanden war; daher warscheinlich gestolen, und taucht vielleicht in späterer Zeit aus irgend einer nordischen Bibliotheke wieder auf. Jung, der Bibliothekar bearbeitet wirklich den Thomas Murner, und will in bald herausgeben. Er hat mir Oberlins Dissertationes de poëtis eroticis med. aevi, die Alsatia literata Sec. IX et X. und seinen Geiler von Kaisersberg gesendet, jene de Conrado herbipolita haben Sie schon früher bei mir gesehen. Der gute Engelhardt ist ganz mißmutig daß ein Herr Lenoble, der seine Herrad von Landsberg ausschrieb,

*) Vgl. nun meinen Aufsatz in der Germania XII, 1 ff.

von der academie des belles lettres eine goldene Medaille erhielt, und seiner dabei gar nicht einmal erwänet wurde.

Sonst nichts Neues! Ich habe Handwerksleute im Hause, und kann nicht fort. Leben Sie wol und grüßen Sie die Frau Professorin von mir wie auch die lieben Aeltern.

Laßberg.

67.

Laßberg an Uhland.

Eppishausen am 6. August 1830.

Mein teurer Uhlandus! Diese Auszüge und Abschriften, welche ich eben von dem Archivar Stülz, einem Schwaben aus dem Kloster S. Florian, bei Linz in Oesterreich erhalte, und noch nicht Zeit finde zu lesen; sende ich Inen zu, mit der Bitte, nach gemachtem Gebrauche sie mir wieder zukommen zu lassen. Ich habe den Weißenauer Codex von 450 Seiten vollendet, auch die Hohenstaufischen und andere Bilder sind als Facsimiles recht gut copirt, aber nun muß ich ad refocillandum animum und um meine müden Augen auf den smaragdgrünen Matten des Schweizerlandes zu weiden einen Gang in die Berge machen. In 3 Wochen will ich wieder zu Hause sein, und es würde mich recht ser erfreuen, auch wieder einmal gute Nachrichten von Inen, mein vererter Freund! und Irer lieben Frau Emma zu erhalten. Wie gerne hätte ich mit Schwab über Pfingsten bei Inen hospitirt: aber mein Codex weissenaugiensis hielt mich vest, ich durfte den Termin der mir anberaumt war, nicht verstreichen lassen. Den III. Band der Müllerschen Sammlung | so weit er gedrukt ist, etwa 25200 Verse vom trojanischen Krieg des Conrad von Würzburg, und Kochs Compendium 2 Bde. habe ich auch erhalten, lezteres Buch ist mir lieber als Hagens Grundriß. Auch den III. Band von dem Berner Handschriften Catalog, in dem die französischen Codices vorkommen, und worin ich sogar einen französischen Schwabenspiegel des XIV. Jarhunderts angetroffen habe. Mein Son Friederich hat 3 Wochen bei mir an meiner Handschrift des Schwabenspiegels gearbeitet, und hat im Sinne diesen herauszugeben. Grimm ist wie tod; er giebt seit beinahe einem halben Jare gar kein Lebenszeichen mer von sich. Vermutlich hält in der Druk des III. Teils seiner Grammatik vest. Orellj hat mir eine altfranzösche Grammatik, die sein Bruder Conrad herausgab, zugeschikt, ich habe nur erst ein par Mal hineingeschaut, und wäre ser begierig Ire Meinung darüber zu vernemen. Der Ferabras macht mir viel Vergnügen; aber der Text scheint mir jünger zu sein, als Lachmann meint. Ire Zugaben dazu sind höchst interessant. Mit meinem Episcopatus will es gar nicht voran gehen, der Buchdruker hat noch immer keine Schrift. — — — |

Der arme alte Arx ringt noch immer mit dem Tode und kann nicht sterben. Ich habe jn vor 8 Tagen besucht; aber es ist ein herzzerreißender Anblik zu sehen, wie Verstand und Gedächtniß jm schon vorausgegangen sind und nichts mer als die bloßen exuviae durch ein Par große und stiere Augen einen angrinsen. Seine liebenswürdige Gutmütigkeit, seine warme Liebe zum Schönen und Guten, hätten einen schnellen und sanften Tod verdient; möchte doch die Hand die das All regiert, in endlich auflösen! Sein eigentümliches Exemplar des cod. trad. S. Gallens: dem er viele 100 Noten und Emandationen beigeschrieben, die Frucht vieljäriger sorgfältiger Vergleichungen mit den Original Urkunden des Archivs, dem er 30 Jare vorstand, übergab er mir schon vor 4 Monaten als eine donatio mortis caussa; er war damal auf vollem Wege der Besserung und ich selbst war nicht ohne Hofnung für seine Wiedergenesung: aber wiederholte Schlagflüsse haben Alles vereitelt. R. J. P.! —

In dem Berner Handschriften Catalog II. Codex. Num. 455. Sec. IX. kommt pag. 146 ein Gedicht: Versus de Herico vor. Hericus, Herrich, Heirich, ist eigentlich Heinrich.

Dieser war unter Karl dem Großen Herzog von Friaul, von Geburt aber ein Elsasser, Schöpflin nennt jn: argentinensem. | Seine Kriege mit den Hunnen, in deren einem er auch blieb, sind der Gegenstand des Gedichtes, welches, one die 12 Pairs und die Paladine, noch in den Cyclus Karl des Großen zu gehören scheint. Ich neme mir vor, wenn ich nach Bern komme diesen Codex ernstlich zu recognosciren.

Am 11. dieses werden die Bücher des verstorbenen Prof. Wyß in Bern versteigert, worunter manches für die ältere teutsche Literatur sich befindet. Komme ich bis dahin dazu; so hoffe ich auch einiges wegzutragen. Kürzlich habe ich den Thesaurus des Pez, 5 Bände in Folio aus Wien erhalten, eine schäzbare Quelle, welche ich mir in unserem Lande nicht verschaffen konnte. So wird mein Handwerkszeug immer besser, wärend der Arbeiter immer weniger wird. Mich däucht, das sei von jeher so gewesen, und über die Ordnung der Natur klagen, hieße vollends ein specimen dementiae geben.

Leben Sie wol, geliebter Freund! ich grüße Sie alle Beide von ganzem Herzen.

Laßberg.

68.

Uhland an Laßberg.

Tübingen, den 26. Spt. 1830.

Hochverehrter Freund!

Nachdem ich vorgestern meine Vorlesungen geschlossen habe und nun erst nach geraumer Zeit wieder zu einiger Ruhe gelangt bin, fällt es mir schwer aufs Herz, wie sehr ich mich diesen Sommer über in Antwort und Dank auf Ihre gütigen Schreiben und Zusendungen versäumt habe. Mein Vorsatz war immer der beste, aber der Störungen so viele. Daß es keine allzu leichte Aufgabe sey, die Geschichte der deutschen Poesie im Mittelalter, ohne vollständige Vorarbeiten, in einem academischen Semestral-vortrage abzuhandeln, habe ich mehr als genügend erfahren; außerdem hielt ich ein Stylistikum, welches von Seiten der Studirenden lebhafte Theilnahme fand, aber eben dadurch meine Zeit vielfach in Anspruch nahm. Hiezu die vielen Besuche zum Einstand, eine Wohnungsveränderung, eine Krankheit meines Vaters und manche erfreuliche Zerstreuung durch liebe Gäste — so ist mir der Sommer hingegangen und ich begreife kaum, daß er schon vorüber ist.

Von Schönhuth, der nun nach Hohentwiel verpflanzt ist, habe ich kürzlich gehört, daß Sie eine Reise nach dem Gotthard | gemacht, von dieser vielleicht kaum wieder zurück sind. Doch scheint Herr v. Haxthausen, der mich auf der Durchreise besucht, darauf gerechnet zu haben, Sie wieder zu Hause zu treffen.

Unter den Mittheilungen vom Schlosse Riedeck hat besonders der Auszug aus dem Gedichte Partenopier und Meliure, als einem noch unbekannten Werke Konrads von Würzburg, Interesse; er zeigt sich auch hier zu Basel eingenistet. Ein französisches Gedicht dieses Inhalts befindet sich in der Berner Handschrift (Nr. 113), die ich im vorigen Jahre durch Ihre Güte benützte. Ich würde diese Mittheilungen, nebst andern, hier beischließen, wenn ich mir nicht einige Hoffnung machte, selbst der Ueberbringer derselben und meines Dankes seyn zu können.

Schon längere Zeit gehe ich damit um, etwas über altdeutsche Balladen niederzuschreiben. Nur war mir der Vorrath von ächten Stücken dieser Art noch zu gering; wie das Wunderhorn solche giebt, ist bekannt; alte fliegende Blätter mit Volksliedern und die älteren Liedersammlungen sind überaus selten. Ich hoffe nun, wie ich schon früher zu Nürnberg nachgespäht, jetzt in Basel und Augspurg mit besserem Erfolge zu suchen. Nach Basel will ich mich in den nächsten Tagen über Freiburg auf den Weg machen; werde ich dort nicht zu lange aufgehalten (was nur bei einem über mein Erwarten reichlichen | Ertrage der dortigen Bibliothek der Fall seyn könnte,) und wäre die

Herbstwitterung nicht allzu ungünstig, so wünschte ich wohl den Weg von da am Rhein hinauf, über den Bodensee und durch das Allgäu nach Augspurg zu nehmen und auf dieser Wanderung besonders auch am Thore zu Eppishausen anzuklopfen. Doch vertraue ich, da wir mit unsern Ferien so spät im Jahre sind, noch immer nicht recht auf die vollständige Ausführung dieses Planes.

Meine Frau, die mich auf der dießmaligen Reise nicht begleiten kann, weil sie eine Freundin erwartet, die nach langer Abwesenheit aus dem Vaterlande zurückkommt, verbindet ihre besten Grüße mit den meinigen.

In unwandelbarer Freundschaft und Verehrung

der Ihrige

L. Uhland.*)

69.

Laßberg an Uhland.

Eppishausen am 27. Xbers 1830.

Mein teurer Uhland! Vergebens warte ich auf eine Gelegenheit mein Paket nach Siegmaringen und von da nach Tübingen zu bringen: da am Ekkenliet erst 5 Bogen gedrukt sind und keine Hofnung vorhanden, es auf Neujar versenden zu können; so muß nun mein Nibelungen Lied und Kochs Compendium an die Stelle tretten und das schon Gegebene als Lükenbüßer erscheinen. Ich glaube daß es nicht bald einmal so nötig war einander zum neuen Jar Glük zu wünschen; denn nie werden wir es mer brauchen als im nächstkommenden Jare; die politische Cholera macht noch schnellere Reisen als die phisische, und die Gesundheitsumstände unserer kaum 32järigen Thurgauischen Republik müssen ser bedenklich sein, da man lezthin nicht weniger als 20,

*) Nach einer Bemerkung Laßbergs auf dem Briefe hat er denselben am Tage des Empfanges, 2. Oct., nach Basel beantwortet; aber diese Antwort fehlt.

sage zwanzig Aerzte und Tierärzte in den großen Rat gewälet hat. Gott habe den armen Pazienten | in seiner gnädigen Obhut!

Mich verlangt ser zu hören, was Sie auf Irer Liederjagd für Beute gemacht haben? —

Wenige Tage nach Irer Abreise erhielt ich aus der Verlassenschaft des Prof. Rudolf Wyß zu Bern 8 Quartbände und einen Folioband handschriftlicher Schweizer Lieder, welche er vom Jare 1809 an gesammelt hat. Seine Wittwe sendet mir solche, um meinen Rat zu vernemen, wie sie am vorteilhaftesten für seine Kinder könnten verwertet werden? Ich habe nur erst eine ser flüchtige Durchsicht derselben vornemen können; es sind meist historische und großenteils Kriegs- und Schlachtgesänge; aber keines, das über das XIV. Jarhundert hinauf reichte. Ich habe im Sinne ein Register darüber zu machen, und dann werde ich Inen mer | davon erzälen können. Glauben Sie nicht daß Cotta vielleicht Lust bekommen könnte, die ganze Sammlung zu kaufen? Einen solchen Reichtum von Liedern wird man wol sobald nicht wieder zusammen bringen. Zugleich erhielt ich einen Querquartband schöner, fröhlicher, frischer, alter und neuer teutscher Liedlein. Gedrukt zu Nürnberg, durch Johann von Berg vnd Ulrich Rewber. 1552. Die Melodien sind überall dabey, aber von den Liedern immer nur die erste Strophe: ich denke aber daß sich der Text wol aus den Meusebachischen Sammlungen ergänzen ließe: ich habe 323 Lieder gezählt und ser hübsche Sachen darinnen gefunden.

Soll ich Inen diesen Band schiken?

Jezt aber hätte ich Les Poëts français wieder auf kurze Zeit nötig und bitte Sie mir sobald Sie solche entberen können, zu schiken. |

J. Grimm hat mir seine aus einem Juniusschen Codex zu Oxford herausgegebenen Altteutschen Hymnen geschikt, welche eine ganz Notkersche Phisiognomie haben. Dies ist eine schöne invitatio ad lectiones; aber ich möchte lieber bei Inen die Nibelungen hören. Dem Episcopatus Constantiensis stellen sich aufs neue Hindernisse entgegen; Herr von Cotta, der sich so bereitwillig zeigte, hat dem Buchdruker noch immer den Contract nicht unterzeichnet, den er doch in einem Schreiben an mich gebilliget hatte; aber, ich lasse nicht nach, es muß doch zum Druke kommen.*) Leben Sie wol, grüßen Sie aufs freundlichste die Irigen von mir und bleiben Sie auch im neuen wie im alten Jare gewogen

Irem

J. Laßberg.

70.

Uhland an Laßberg.

Tübingen, d. 20. Jan. 1831.

Hochverehrter Freund!

Mein jetziger Beruf, der mir im Ganzen wohl zusagt, hat doch für die erste Zeit das Nachtheilige mit sich gebracht, daß ich etwas stark an das jedesmal vorliegende Pensum gebunden bin und mich dadurch in der freieren Arbeit, zu der mich gerade die Neigung führen würde, und so auch im brieflichen Verkehr manigfach beschränkt fühle. Um so wohlthätiger ist es mir, wenn die Freunde mit mir Nachsicht haben, und innigen Dank sag' ich Ihnen, daß Sie, noch eh' ich seit der letzten freundlichen Aufnahme in Eppishausen Kunde von mir gegeben, mich durch so erfreuliche Mittheilungen überrascht haben.

Solang ich nicht auf eine schon gehaltene Vorlesung zurückkommen kann, sondern für jedes Semester eine neue auszuarbeiten

*) Die Ausführung dieses so lebhaften Wunsches war Laßberg leider nicht mehr vergönnt; erst sieben Jahre nach seinem Tode trat das Werk an's Licht auf Kosten des Convents zu St. Paul in Kärnten, besorgt durch F. J. Mone: Episcopatus Constantiensis alemannicus sub Metropoli Moguntina chronologice et diplomatice illustratus a P. Trudperto Neugart ol. San-Blasiano. Partis I. Tom. secundus etc. Friburgi Brisgoviae. 1862. VIII. 814 S. 4°.

habe, wird auch jene Gebundenheit mehr oder weniger fortdauern. Beim Nibelungenliede, das ich diesen Winter einer geringen Anzahl von Zuhörern vortrage, meint' ich Erleichterung zu finden, habe mich aber darin getäuscht, denn die exegetische Erklärung, bei | der man jeden Satz, jedes Wort, in Beziehung auf die Sprachformen in der Hand umdrehen muß, nimmt Zeit und Mühe auf eine Art in Anspruch, wovon ich mir beim Lesen zum freien Genusse wenig Begriff gemacht hatte. Ich bin darum auch noch bei Brünhilden auf dem Isenstein und werde nur dadurch bis Ostern zum Ziele kommen, daß ich weiterhin nur die schönsten Aventüren aushebe. Ich war eben daran, einen Excurs über Vers und Strophe des Liedes zu beendigen, als Abends Ihre gütige Sendung ankam, aus der ich dann sogleich die Facsimiles mit mir nahm, um meinen Zuhörern anschaulich zu machen, wie die verschiedenen Handschriften diese Formen behandelt haben.

Meine kleine Ausbeute von der Ferienreise her liegt noch zusammengerollt, wie ich sie mitgebracht. Ich erwarte noch eine mir von Orelli zugesagte Mittheilung alter Liederdrucke, bevor ich ans Werk gehe, und darum bitt' ich auch, mir mit dem Liederbüchlein der Ottilia Fenchlerin*) noch einige Geduld zu schenken. Von Eppishausen an war meine Wanderung nicht mehr ergiebig. Nach Wolfegg bin ich nicht gekommen; in Lautkirch traf ich den Hauptmann v. Besserer aus Ulm, der mir sagte, daß auf der Wolfegger Bibliothek, die er | vor einiger Zeit eingesehen, nichts für die poetischen Studien vorhanden sey, als ein Theuerdank auf Pergament. Auf der Bibliothek zu Augsburg fand sich zwar ein Band einzelner Liederdrucke aus dem 15. und 16. Jhd., aber nicht von der volksmäßigen, romantischen Art, wie ich sie suche, sondern entweder historische, oder eigentliche Meistersängerlieder. Ueberhaupt wäre in Augsburg für die Kenntniß des Meistersängerwesens viel zu erlernen, ein großes Lieder-

*) Vgl. darüber Uhlands Volkslieder I, 2. S. 1011.

buch, Tabulaturen rc. sind dort vorhanden. Rector Beischlag hat sich zwar damit beschäftigt, ob er aber noch etwas öffentlich mittheilen werde, ist zweifelhaft. Noch ganz unbekannt war mir ein alter, nicht mehr vollständiger Druck des Wilhelm von Orleans.

Was Sie mir vom Liederschatze des Wyßschen Nachlasses schreiben, interessirt mich im höchsten Grade. Ein hier studierender Schweizer hat mir kürzlich gesagt, Wyß habe seine Sammlung in Gemeinschaft mit Münch herausgeben wollen und es sei davon in einer Münchischen Schrift: Aletheia, eine Probe gegeben und der Plan mitgetheilt. Wie heilsam ist es, daß sich nun das Ganze unter Ihrer Sorge befindet. Kommt dabei auch wesentlich der Vortheil der Familie in | Betracht, so ist es doch gewiß auch darum zu thun, daß der geistige Zweck des eifrigen Sammlers nicht hintangesetzt werde. Cotta hat wohl sonst schon solche nachgelassene Sammlungen angekauft, z. B. die Collectaneen von Petersen, die jedoch ganz brach liegen geblieben sind. Es würde vielleicht darauf ankommen, ob Jemand sich der Anordnung für die Herausgabe unterzöge. Bei Cotta ist im vorigen Jahre die Ihnen vermuthlich bekannte Sammlung histor. Volkslieder von Wolf herausgekommen, die, bei aller Mangelhaftigkeit, doch Beifall und Abgang zu finden scheint.

Sehr dankbar sende ich hiebei die Bibliothèque des Poëtes françois zurück, nebst dem Casparson: Wilhelm. Zugleich füge ich an, was Sie mir vom Liedersaale bogenweise zugeschickt, aber nachher durch gütige Beschenkung mit den vollen Bänden entbehrlich gemacht haben; es werden dadurch die Exemplare, denen es um diese Bogen mangelt, wieder completirt werden können. Für die Illustrations of northern antiquities, den handschriftl. Karl d. Gr. und die Ottil. Fenchlerin bitte ich, wenn Sie nicht selbst davon Gebrauch machen, noch um einige Frist.

Ich weiß nicht, ob mitfolgende Aufforderung von Ulm Ihnen sonst schon zugekommen ist. | Für unsre Gegend kommt man mit dem Sammeln der Sagen und Lieder wohl zu spät. Aber erfreulich ist es immer, daß in einer von so manigfachen andern Interessen bewegten Zeit, doch auch diese unschuldigen Dinge noch Liebe finden, wo man es oft gar nicht erwartet hätte.

Mone hat im 2ten Hefte seiner Quellen und Forschungen doch manches für die Sprachgeschichte Wichtiges gegeben, aber viel begieriger bin ich auf den nächsten Band, in dem er uns die altniederländische Poesie aufzuschließen verheißt. Längst habe ich nach jener Seite erwartungsvoll geblickt. Wenn nur nicht wieder, wie in andern Fällen, das Unternehmen mit der ersten Lieferung stockt und das Beste zurückbleibt.

Durch Mittheilung der Nürnberg. fröhlichen, frischen Liedlein würden Sie mich sehr verbinden. Sind es auch nur Liederanfänge, so ist doch von Interesse, auch von dem Verlorenen Kunde zu haben und von manchen Liedern, von denen ich früher nur die Anfänge kannte, bin ich allmählig auch zum ganzen Texte gekommen.

Begierig habe ich bisher gelesen, was uns | die Zeitungen von den Ereignissen im Thurgau meldeten. Der Major und Advocat Häberlin ist wohl derselbe, der vor zwei Jahren bei Ihnen im Quartiere lag. Mögen diese Stürme auch im Jahre 1831 die Ruhe des Musensitzes zu Eppishausen ungestört lassen.

Meine Frau verbindet sich mit mir zu den herzlichsten Wünschen für Ihr Wohlseyn. Wir hoffen doch, der nächste Sommer könnte Sie auch einmal zu einem Ausfluge nach Tübingen veranlassen.

Mit unveränderlicher Freundschaft und Verehrung

L. Uhland.

71.

Laßberg an Uhland.

Eppishausen an Mariä Lichtmesse 1831.

Teuerster Uhlandus!

Da ich gestern Ir Paket samt dem Briefe vom 20. Jenner erhielt, hatte ich eine große Freude; denn ich fieng schon um Ir Wolbefinden in Sorge zu stehen; nun ist alles gut, da Sie gesund und noch der alte Uhland sind. Hier schike ich Inen 323 neue und alte Lieder unter welchen Inen manches gefallen wird; die beigedrukten Namen halte ich für jene der Männer, welche die Weisen dazu gemacht, oder wenigstens sie aus dem Munde des Volkes aufgeschrieben haben. Auch sende ich Inen eine Schriftprobe von dem Maximilianischen Codex des Nibelungen Liedes, welche mir der unvergeßliche Prunisser ein Jar vor seinem Tode besorgt hat, und von der ich bei Irem lezten Hiersein keine Abdrüke bei Handen hatte. Diese Recension scheint etwas mit der meinigen zu stimmen. Mir ist eingefallen, daß ich in München wol Manches für Ire Sammlung von teutschen Volksliedern finden möchte; ich schrieb also dahin und ein junger Herr Braun aus Gotha, ein Schüler Benecke's, antwortete mir folgendes: | „Was Herrn Uhland betrifft; so ist dieses alt Meistergesangbuch nicht für jn. Sämtliche Lieder in demselben sind von einem braven Meistersänger Peham, liegt es Inen daran etwas näheres von demselben zu wissen, so sende ich Inen das Register desselben. Aber ich tue gern was der alte Meister Sepp befielt und am liebsten sehe ich jm etwas an den Augen ab, deswegen sende ich hiebei ein Verzeichniß dessen, was sich in den Docenianis auf der Münchner Centralbibliothek für einen Liederjäger findet. Schmeller hat erlaubt daß ich es copiere, ich sende es an Sie damit Sie auch wissen, was es in München zu jagen giebt. Um alles Weitere müssen Sie Schmeller bitten, so wie

Uhland sich ebenfalls an diesen mit bestimmten Bitten zu wenden hat; ich aber bin Schmellers allzeit fertiger Schreiber und sende treue Copien auf seinen Befel an Sie und Iren lieben Uhland. Können Sie oder dieser etwas damit anfangen; so schriebe ich die übrigen nicht unbedeutenden Anfänge von historischen Liedern aus selbigem Verzeichnisse ab und sende sie ebenfalls.“ Zugleich schrieb mir der gute Schmeller ebenfalls einen ser freundlichen Brief. Der Weg wäre also offen, und ich glaube, mit Ausname des Ulrich von Liechtenstein, der für Wilhelm Grimm durch Herrn Braun abgeschrieben wurde, könnte man von München wol alles bekommen. Ich habe die 6 Blättchen bezeichnet, wie sie auf einander folgen: wenn Sie daraus | abgeschrieben haben, was Inen taugt; so bitte ich sie mir zurükzusenden; auch die Blätter von dem Archivar Stülz aus St. Florian möchte ich gerne haben, damit ich dem erlichen Landsmanne auch einmal eine ordentliche Antwort auf sein Geschenk senden kann.

Graffs Ottfried ist erschienen, ich habe in noch nicht zu Gesicht gebracht, er hat an Schmeller geschrieben und wünscht Unterstüzung von allen Seiten zur Herausgabe seines Wörterbuches.

Wir sollten in Schwaben zusammen treten, um eine ergiebige Subscription zu bewerkstelligen, die Sache ist doch wirklich ser verdienstlich, und wenn Sie lieber Freund! sich derselben unterziehen wollten; so würde ich in meinem Kreise gern und mit allem Eifer mitwirken. Geben Sie mir eine Antwort hierüber; so will ich an Graff schreiben, daß er das Nähere an die Hand giebt. Ungemein hat mich erfreut, daß meine lezte Sendung Inen Anlaß gegeben hat, Iren Zuhörern ein Vergnügen durch die Anschaulichkeit der Handschriften des Nibelungen Liedes zu verschaffen. Ich kann mich ganz in die Zeit des Universitätslebens zurükdenken, ja meine Phantasie ist noch lebhaft genug, um es mir vergegenwärtigen zu können; wie selig würde ich mich gefült haben, wenn mir ein Professor hätte einen Codex des Theodosius, oder nur einen Schwabenspiegel zeigen können

— also kann ich auch verstehen, daß es Inen und Iren | Schülern angenem war, Schriftproben von unserer teutschen Ilias zu zeigen und zu sehen. Der Hauptmann von Besserer, den Sie in Leutkirch begegneten, hatte mir schon ein par Mal geschrieben, daß er mich besuchen wolle, ist aber nichts draus geworden: er arbeitet, wie er sagt an einer teutschen Literaturgeschichte des Mittelalters. Die Nachrichten die er über die Bibliothek von Wolfegg giebt, sind mir nicht ser tröstlich; ich hatte einige Hofnungen, da etwas zu entdeken! wollen Sie die Wyssische Liedersammlung auf 3 Wochen haben; so kann ich Sie Inen senden; ich kann jezt vor der Fasten noch nicht daran gehen; weil ich verlegene Arbeit habe, die erst aufgeräumt werden muß. Sie werden nach Einsicht derselben im Stande sein Herrn von Cotta gelegenheitlich mündlich darüber Auskunft zu geben; denn ich habe im Sinne sie im anzubieten, jedoch blos in der Voraussezung, daß er Sie druken läßt; unser Schwab könnte die Herausgabe wol besorgen.

Im Grunde ist es mir ser widerlich mit diesem Herren in Unterhandlung zu treten! Seit 8 Monden verweigert er dem Buchdruker Bannhart zu Constanz die Unterschrift des Contractes, wegen Druk des Episcopatus Constantiensis, den er doch in einem Schreiben an mich ausdrüklich genehmiget hatte. Die Sache bleibt steken und ich werde vor dem Publikum als ein Mann erscheinen, der viel anfangt und wenig ausrichtet. Herr von Cotta soll sich einen andern Narren schaffen. |

Den von Inen in Augsburg entdekten Druk vom Wilhelm von Orlenz finde ich nicht in Panzers Annalen der teutschen Literatur, er ist also eine der wichtigsten typographischen Seltenheiten: dieses schöne Gedicht sollte man einmal herausgeben zu Eren unseres Landsmannes des Rudolf von Ems*). Benecke hat halb und halb in einem Briefe von Jacob Grimm an mich

*) Vgl. über diesen alten Druck m. kleinen Aufsatz im Anzeiger des German. Museums. I (1854), S. 76.

Lust dazu bezeigt; allein, er ist schon zu alt und zu reich, um sich einer solchen Anstrengung zu unterziehen. Die Ulmer Einladung, obschon ich keinen großen Erfolg erwarte, hat mich doch gefreut; ich bin mit Inen der Meinung, daß man mit solcher Sammlung jezt zu spät kommt; aber auch der Zufall hilft manchmal etwas entdeken, was man nicht mer verschollen, sondern längst be- und ver-graben wänte und es ist daher immer gut, daß sich noch Leute drum bekümmern. Im Kanton Luzern wird noch das Lied vom Thanhauser gesungen, und Stalder will mir die Melodie desselben verschaffen. Das ist freilich nur eins; aber da eins und dort eins, gibt zulezt mereres. Adde parum parvo, magnus acervus erit! Mone's Quellen und Forschungen, haben mich ser erfreut; es ist doch gut, daß wir in jener March jezt auch Jemanden haben, der sammelt, und herausgiebt. Auf die niederländschen Lieder baue ich in der Art keine große Erwartungen; weil ich nichts ser altes von daher kommen sehe; in der Zeit des allgemeinen Gesanges hat jnen der Rhein hie und da ein oberteutsches Lied herabgeschwemmt; aber eigenes Altes werden sie wol nicht viel aufzuweisen haben. | Was Inen die Zeitungen von unsern politischen Begebenheiten berichtet haben mögen; so sind sie doch nur Folgen des allgemeinen äußeren Impulses, und auf keine Weise aus dem Volke selbst hervorgegangen, und das ist wol der Fall auch anderswo, d. i. die Sache kam am Ende wol aus der Quelle, nachdem man sie vorher in die Quelle gebracht hatte.

Ein reform. Pfarrer Bornhauser, ein redlicher und tugendhafter Mann, mit einem etwas hyperpoëtischen Gemüte, hat den Handel angefangen; aber, weil er keine proper Handlung treiben konnte, mußte er sich um Associé's umsehen, und da fiel das Geschäft mitunter nicht in die besten Hände; indessen half die Regierung durch ire Elendigkeit treflich dazu die Sache in den Gang zu bringen und nun ist sie im Gange und in wenigen Wochen wird sie iren Lauf vollendet haben, das heißt wir werden eine neue Verfassung haben; aber sie wird eben so wenig für dieses wilde und verdorbene Volk passen, als man in der Mitte desselben tüchtige Männer finden wird, die im Stande wären sie in Vollzug zu sezen. Also, angenommen, eine moralisch rein gute Verfassung in den Händen untüchtiger Leute, was muß da für eine schwankende, mit sich und dem Geseze in ewigem Widerspruch befindliche Regierung herauskommen? So viel man weiß sollen 3 Tribunen (triumviri?) eine den venetianischen Saggi ähnliche inquisitorische | Macht über den kleinen Rat (die vollziehende Gewalt) ausüben, das heißt, das öffentliche Bekenntniß ablegen, daß das Volk ewiges Mißtrauen in die von im gewälte Regierung sezet. Welcher Man von Ergefül wird in diesem Rate mer eine Stelle annemen? Allein, es ist nichts verspielt! Wenn die Wogen sich einmal gelegt haben, dann wird nach und nach Besinnung, Bewustsein und der Verstand zum Bessern wieder Plaz gewinnen. Gewalttätigkeiten sind ein paar Fälle ausgenommen, keine verübt worden und im allgemeinen lebt man ruhig. Da ich nicht Bürger bin, so habe ich mit der ganzen Geschichte, in welcher ein Esel den andern Langor geschimpft hat, nichts zu tun und danke Gott, daß ich das mir schon zweimal geschenkte Bürgerrecht nie angenommen habe.

Wenn wir nur von außen ruhig bleiben, so laßt sich schon noch eine Weile mit den alten Handschriften handtieren: aber auf die bewaffnete Neutralität der Schweiz gebe ich nicht viel; eine Linie deren Länge die Breite mer als 10 Mal verschlingt, läßt sich in der Zeit worin wir leben, nicht militärisch behaupten und man macht jezt keine Feler mer, wie bei Morgarten, Sempach und am Stoß.

Die moralische Cholera macht schnellere Fortschritte als die asiatische; ich wünsche nur, daß sie nicht | ende, wie das Hornberger Schießen, d. i. faute de combattans. Unsere Leute dahier schreien alle nach Freiheit und Republik; das ließe ich mir gerne gefallen; aber wo sind die republikanischen Männer und die republikanischen Tugenden? — Die Esel und Füchse in der Löwenhaut habe ich genug gesehen. Der Major Häberlin welchen

Sie vor 2 Jaren bei mir sahen, ist der vorgebliche Mörder des Pfarrers Bornhauser: er ist wansinnig und singt den ganzen Tag Psalmen; die Krankheit liegt schon lang in im, und es ist nicht recht, daß man in so lange gefangen haltet.

Frau Emma ist herzlich von mir gegrüßt und meinen Dank für Ire guten Wünsche. Möge es Inen beiden immer wol gehen. Ich habe diesen Winter außerordentlich viel, lang und stark gehustet; nun bin ich fertig. Auf den Sommer wills Gott! hoffe ich auch einmal auf der alma Eberhardina zu hospitiren und zwar bei einem gewissen Doctor Uhlandus, der mir ser ans Herz gewachsen ist. Auf Ostern ist mir ein Engelländer Cleasbj angesagt, der gelert und ein Freund der teutschen Geschichte und Poësie sein soll; ich mag zwar die Engelländer nicht; aber Schmeller mag diesen. Viele Grüße an Ire Alten, und auch dem wakern Tafel.

Ir

Laßberg.

72.

Uhland an Laßberg.

Tübingen d. 13. Febr. 31.

Verehrtester Freund!

Mit Ihrem neuesten Schreiben ist mir, wie mit jedem, wieder viel Erfreuliches und Dankwerthes zugegangen. Die Doceniana habe ich mir sogleich abgeschrieben und sende sie sehr dankbar hiebei zurück. Ich werde nun diese Notizen erst genauer mit den meinigen vergleichen und dann auf dem mir von Ihnen so gütig gezeigten und gebahnten Wege das Weitere versuchen. Das alte Liederbuch behalte ich noch bei Handen, um mir Auszüge daraus zu machen. Im Vergleich mit mehrern alten Musikalienbüchern dieser Art, die ich zuletzt in Basel benützt, finde ich in dem Ihrigen manches für mich Neue und Interessante,

Auch stehen darin manchmal 2 oder mehr Strophen, wo die andern nur eine geben, und so kommt man doch immer um einen Zug weiter. Musikalisch erwarten diese Sammlungen auch erst ihre Würdigung; die Lieder scheinen zwar von den benannten Meistern neu componirt zu seyn, aber es bleibt doch die Frage: ob die neuen Compositionen etwa doch nur Umsetzungen und Ausstaffierungen alter Volksweisen seien. Was Sie über das Lied vom Tanhäuser schreiben, ist mir sehr merkwürdig; es ist mir nicht bekannt, daß man schon eine Melodie davon kenne, und wohl möglich, daß das Lied selbst im Volksmunde sich theilweise besser erhalten hat, als | wie es in den Drucken des XVI. Jhd. vorkommt, wo es offenbar schon etwas trocken geworden ist. Aventin führt schon als Sprüchwort an: „Den alten Danhauser singen," und nun wird also im Canton Luzern noch immer der alte Tanhäuser gesungen.

Von Ihrem Erbieten, mir die Wyßschen Liedersammlungen auf 3 Wochen anzuvertrauen, mache ich mit Freuden Gebrauch. Es ist mir nicht nur wichtig, näher einzusehen, was denn der sel. Wyß in so großer Fülle zusammengebracht hat, sondern es wird sich auch nach genommener Einsicht mit Schwab bestimmter über die Sache sprechen lassen.

Ich weiß nicht, ob Sie es billigen, aber ich konnte mich nicht enthalten, heute an Schwab zu schreiben, daß er doch den jungen Cotta, der sich für den Episcopatus Constant. zu interessiren schien und den Namen seines Vaters auf dem Titel wünschte, bemerken möge, welche ärgerliche Stockung dieses so verdienstliche Unternehmen erfahren mußte.

Graffs althochdeutschen Sprachschatz halte ich für ein den deutschen Studien geradezu unentbehrliches Werk. Leider aber wüßte ich, sowie jetzt die Sachen stehen, für unsere Gegenden nur auf drei Abnehmer mit Sicherheit zu zählen: mich selbst, die öffentl. Bibliothek in Stuttgart und etwa noch die hiesige Universitätsbibliothek. Man zeigt wohl Lust am vaterländischen Alterthum, aber man will keine Bretter bohren und noch Geld dazu aufwenden, Ein paar andere Liebhaber kann ich vorerst nur als wahrscheinlich be | zeichnen. Doch wäre, wie Sie bemerken, vor Allem nöthig, daß Graff einen bestimmten Prospectus gäbe. Den Otfried, worauf ich subscribirt, habe ich noch nicht erhalten.

Die Blätter vom Archivar Stülz, welche Sie zurückwünschen, werden sich, wie ich hoffe, bei Ihnen vorfinden; ich habe sie bei meinem Besuch im Herbste zurückgebracht. Sie waren mit meinen Basler Collectaneen zusammengepackt und sind sorgfältig in Acht genommen worden. Gleichwohl habe ich in meinen Papieren nachgesucht, aber wirklich nichts vorgefunden. Was darunter von Conrads von Würzburg persönl. Verhältnissen in Basel vorkommt, war mir besonders merkwürdig.

Aus Anlaß des Docen. Nachlasses bemerke ich doch noch Folgendes: Docen sagt in seinen Miscellan. Bd. 1. S. 69:

> „So habe ich noch unlängst ein Fragment aus einem Rittergedicht in leoninischen Versen entdeckt, wo die Namen Rudlieb, Immunch, und der Kampf des Ersten mit einem Zwerge (nanus) vorkommt.“

V. d. Hagen hat im Grundriß, Einleit. S. XXIV. Nr. III., diese Notiz aufgenommen und in dem latein. Gedichte die Uebertragung eines deutschen Heldenliedes vermuthet. W. Grimm führt in seiner d. Heldensage die Namen Rudlieb und Immunch nicht auf. Nun zeigt aber Ihre Handschrift von Ecken Ausfahrt, in den beiden Strophen, welche den bisher bekannten Recensionen des Liedes fehlen, pag. 137[b]:

De sw't de was vil lank u'holn etc.

und: Sus wůhs h'port ze ainē mā etc.

den rechten Zusammenhang. Hier finden wir den König Rudlieb zusammt dem nanus. Wir erfahren aber auch, daß Rudlieb der Vater Herborts war, und damit ergiebt sich die Anknüpfung an die in der Vilkina Sage er | zählte und im Gedichte von Biterolf und Dietleib angedeutete Herbortssage (worüber Grimm's Register, unter Herbort, die nöthigen Nachweisungen liefert). Auch den Namen des Riesen, den Herbort erschlagen: Hugebold, erfahren wir aus Ihrem Eckenliede. So eröffnen sich immer weitere Blicke in den einstigen Reichthum unseres deutschen Sagenkreises und wo so Vieles verloren ist, kann auch noch Manches wieder gefunden werden.

Wir haben hier auch unsre Revolution gemacht. Seit 6 Jahren bestand für Tübingen eine außerordentliche Landjägerpolizei. Alle vernünftigen Vorstellungen dagegen waren vergeblich. Die Verwundung eines Weingärtners durch einen Landjäger hat nun aber auf einmal eine solche Gährung erzeugt, daß die Landjäger in der Nacht abziehen mußten. Sie kamen zwar pro forma auf 14 Tage, unter Gewährschaft der Bürger für ihre Sicherheit, zurück. Es wurde aber zugleich das Versprechen gegeben, daß nach dieser Zeit eine andre Polizei eintreten solle, was nun auch geschehen wird.

Mit Bedauern habe ich gehört, daß Ihr Herr Sohn in Sigmaringen in neuester Zeit sehr an seiner Gesundheit leide. Von Herzen wünsche ich, daß Ihnen hierüber beruhigende Nachrichten zukommen mögen.

Mein Vater, dessen Sie sich freundlich erinnern, ist zwar nicht eigentlich krank, aber doch sehr entkräftet, so daß er diesen Winter meist im Bette zubringt und mir oft große Sorge macht.

Die Hoffnung, die Sie uns zu einem Besuch im Laufe des nächsten Sommers geben, bitten wir recht sehr, in Erfüllung zu bringen.

Mit Verehrung und Freundschaft

L. Uhland.

73.

Laßberg an Uhland.

Eppishausen am 19. Hornungs 1831.

Ich kann mein teurer Freund! die Wyssische Liedersammlung nicht nach der alma Eberhardina abreisen lassen, one Inen einen Gruß an Sie und meinen Dank für das heute erhaltene Schreiben vom 13. dieses, mitzugeben. Sobald ich von Stalder den versprochenen Text und Weise des Thanhausers erhalte, werde ich Inen eine Abschrift senden. Sie werden in der Wyssischen Liedersammlung warscheinlich nicht finden, was man von einem solchen Manne erwarten sollte; allein, er war auch ein Mann von schnellen Begriffen, und manchmal sind bei im die Hände diesen zuvorgeeilet: eine tiefe Kritik lag außer seinem Bereiche; daher auch die Abschriften von ser ungleichem Werte sind. Indessen bleibt es immer eine schäzbare und reiche Sammlung und ire Herausgabe höchst wünschenswerth, damit doch das gerettet werde, was noch vorhanden ist. Wie ser würde das Publikum dafür dankbar sein, wenn Sie und Schwab sich der Edition unterziehen wollten. Cotta würde wol nichts dabei wagen, wenn er die Handschrift den Wyßischen Erben abkaufen wollte und ich glaube, daß hundert Ducaten eben nicht zu viel dafür wären. |

Ich bin Inen vielen Dank schuldig mein Freund! daß Sie die Mühe namen wegen des Episcopatus Constantiensis zu schreiben. Ich hatte vor einigen Wochen selbst an den Herrn von Cotta geschrieben, und heute erhielt ich schon Bericht vom Buchdruker, daß er mir künftige Woche den ersten Correctur-Bogen senden werde. Nun bin ich wieder ein membranae adscriptus; aber ich werde doch mich nicht so beschränken lassen, daß ich nicht, wenn einmal ein paar Duzend Bogen gedrukt sind, auch hie und da einen Ausflug machen könnte.

Wegen Graff wollen wir noch eine weitere Anzeige erwarten, ehe wir unsere Bewerbungen für seinen Sprachschaz anstellen. Ich habe deshalb an Schmeller geschrieben und Graff durch jn auffordern lassen, daß er vorerst auch einen ordentlichen Prospectus herausgiebt.

Herzlich hat mich erfreut, was Sie mir aus dem reichen Vorrate Irer Literaturkenntnisse über das Eggenlied mittheilen, was Docen, Hagen und Grimm über Rudlieb und Herport sagen, hatte ich mir zwar für meine Noten schon aufgezeichnet;

aber es ist mir nun | ser lieb die betrefenden Stellen in der Wilkina Sage und in Ditlieb und Biterolf aufzusuchen. Ich sende Inen hier so viel vom Eggenlied gedrukt ist: die Hauptsache, d. i. den Text; sobald der Buchdruker im Stande ist, will er mit erstem auch die paar Bogen Zugabe noch drucken; iezt, dachte ich, während Ire Vorlesungen sich über diesen Dichtungskreis verbreiten, könnte Inen vielleicht dieser Text dienen.

Und nun für dies Mal Gott befolen! Ich muß noch an meinen armen kranken Friz schreiben; dessen Gesundheits Zustand Sie am besten durch seinen Arzt, der Ir Oheim ist, erfaren können. Ich fürchte daß die Sache noch zulezt schlimm werden kann, warscheinlich eine Lungenschwindsucht, wenn im nicht seine sonst ungeschwächte Jugend noch heraushilft.

Gott ist groß! Gott ist gnädig! Amen.

Ir

Laßberg.

74.

Uhland an Laßberg.

Tübingen d. 10. März 1831.

Die 8 Bände der Wyßschen Schweizerlieder, welche Sie, verehrtester Freund, sammt dem gedruckten Eckenliede mir zugehen ließen, sind mir wohlbehalten zugekommen. Empfangen Sie meinen herzlichsten Dank für diese Mittheilungen, besonders aber für das erfreuliche Geschenk, das Sie mir und jedem Freunde unserer alten Heldensage durch den Druck jenes nun in früherer Gestalt hervortretenden Liedes gemacht haben.

In den Wyßschen Sammlungen bin ich, bei mancher Störung in der letzten Zeit, noch nicht so weit vorgerückt, als es in der zweiten Woche, seit ich solche in Händen habe, der Fall seyn sollte, werde mich aber beeifern, sie Ihnen zur gehörigen Zeit wieder zugehen zu lassen. Einstweilen wollte ich die Anzeige des richtigen Empfangs nicht länger verzögern, wenn ich auch noch keine bestimmte Ansicht darüber auszusprechen vermag.

Im 6. Hefte steht eine Randglosse: „Alle folgenden Lieder, bis Nr. 15 inclus. sind abgeschrieben aus einer alten handschriftlichen Liedersammlung im Besitze des Herrn Schultheißen von Mülinen, welche jedoch mehr | nichtschweizerische Stücke enthält."

Unter diesen nichtschweizerischen Stücken möchte doch auch noch manches sonst bemerkenswerthe Lied enthalten seyn.

Ich erinnere mich, auf einer frühern Schweizerreise, von einem Schuhmacher Huber in Meiringen, der mir die Stiefel ausbesserte, einen dicken Band älterer gedruckter Volkslieder in Händen gehabt zu haben, worin sich unter andern das Lied von der Schweizer Ankunft aus Schweden befand. Ich schrieb mir Einiges daraus ab, namentlich zwei Balladen, welche nachher ins Wunderhorn kamen und wovon die eine: Graf Friedrich auch in der Wyßschen Sammlung steht. Es hat mich nachher gereut, daß ich dem Manne seine Sammlung nicht feil machte; vielleicht ist sie noch in dem Hause.

Schwab schreibt mir, daß er wegen des Contrakts mit Banhardt sogleich mit dem jüngern Cotta gesprochen, welcher sich die Sache sehr angelegen seyn lassen und deshalb an seinen Vater ge | schrieben. Allein das hat sich ja nun ohnedieß erledigt.

Nächstes Semester will ich in meinen Vorlesungen auf die Geschichte der deutschen Dichtkunst im 15. und 16. Jhd. übergehen. Da ich hiebei auf den Meistergesang zu sprechen kommen werde, so wünschte ich später einmal einen Aufsatz über Frauenlob wieder zu lesen, den ich einmal bei Ihnen auf einzelnen Blättern einer sonst wenig bekannten Zeitschrift gesehen habe. Vielleicht kommen Ihnen dieselben gelegenheitlich unter die Hände.

Durch Besuch bin ich genöthigt, hier abzubrechen, um die Schweizerpost nicht zu versäumen.

Voll Freundschaft und Verehrung

L. Uhland.

75.
Laßberg an Uhland.

Eppishausen am 11. März 1831.

Teurer Uhlandus!

Ich hoffe Sie haben die unterm 19. Hornungs an Sie abgesendete Wyßische Liedersammlung wol erhalten; allein, schon wieder muß ich Inen schreiben, ungeachtet des: Ecce iterum Crispinus, welches Sie vielleicht beim Erbrechen dieses Briefes ausrufen werden; ich denke aber die Nachricht die ich Inen zu geben habe, ist das Briefgeld schon wert. Hören Sie also! Eine vollständige, leserliche und genau verglichene Abschrift des Ulrich von Liechtenstein ist als Eigentum in meinen Händen, und folglich auch eben so wol in den Irigen. Ich glaube Inen schon gesagt zu haben, daß lezten Herbst Prof. Maßmann mich besuchte; mit Im kam ein junger Mann Son des Forstmeisters Braun aus Gotha; er hatte ein Jar bei Benecke zu Göttingen über altteutsche Literatur Collegien gehört, und ließ merken, daß er in einer guten Schule gewesen. Sie können sich leicht einbilden, daß die Sprache auch auf den Ulrich von Liechtenstein kam; obschon ich, da Maßmann schon zweimal ganz unaufgefordert versprochen hatte mir in abzuschreiben, den Gegenstand nicht in Anregung bringen wollte. Auch diesmal wieder erneuerte Maßmann sein altes Versprechen, Herr Braun aber verhielt sich ganz stille und sprach gar kein Wörtchen darüber. | Lezthin als ich eben beim Nachtessen in Ludens Geschichte die Schlacht des Ariovist mit dem Cäsar las, erhalte ich ein Paket mit unbekannter Aufschrift und nachdem ich es mit meiner gewöhnlichen Hastigkeit aufgebrochen hatte, fielen mir sogleich die Hefte des Frauendienstes in die Hände. O, du guter Mensch! rief ich aus, verdiene ich alter Mann denn auch so viel Liebe! Wie manche Stunde hat der Student sich von seinem Vergnügen abmüssigen müssen, um diese

20.000 Verse abzuschreiben. Ich muß gestehen daß ich in langer, ja ser langer Zeit nicht so tief gerüret war. Ja, die Pietas ist in der Brust deutscher Jünglinge noch nicht ausgestorben, und wird es auch nimmermer! Nun ist also der Ulrich von Liechtenstein da und es kömmt nur darauf an, wann er die Reise nach Tübingen antretten soll? Ich kann mich nicht entschließen, in anderst als in einem Zuge zu lesen und mich dabei nicht unterbrechen zu lassen, um den ganzen Eindruk und die volle Erinnerung davon zu behalten; dazu lassen mir aber andere angefangene Arbeiten jezt keine Zeit. Ich denke auf Ostern nach Sigmaringen zu reisen und wollte Inen denselben nach Tübingen mitbringen, allein bei näherer Betrachtung, hielt ich diese Ueberraschung doch nicht für recht, noch weniger die längere Vorenthaltung dieses Fundes, nach dem ich mich so lange gesenet hatte. | So ist denn beinahe kein Jar, das mir nicht etwas bringt, das lezte den Schwabenspiegel, das vorlezte den Wasserburger Codex, auch den geschichtlich wichtigen Weissenauer nicht zu vergessen. Ich bin ein wares Glükskind; aber kein undankbares.

Gestern bekam ich endlich Graffs Ottfried, das ist nun einmal ein gescheider Druk, der alten Augen wol tut und den man auch bei Licht lesen kann. Nebst dem Ulrich von Liechtenstein hat mir der gute Emil Braun auch eine Abschrift von einer Legende des heil. Ulrich in teutschen Versen des XII. Jarhunderts geschikt, welche ich mit der lateinischen die 20 Jare nach dem Tode dieses Bischofs gemacht wurde, verglichen und ganz übereinstimmend gefunden habe.*)

Von dem Episcopatus Constantiensis habe ich den 4. Bogen in der Correctur; allein, nun ist der Buchdruker gefärlich krank und alles liegt wieder darnieder. Wenn ich gesagt habe, daß ich ein Glükskind seie, so war es keineswegs in Beziehung auf die Buchdruker. Hier schike ich Inen auch den Thanhauser,

*) Es ist das später von Schmeller herausgegebene Gedicht: St. Ulrichs Leben von Albertus. München 1844. 8°.

wie er jezt noch im Entlibuch gesungen wird, ich erhielt in vorgestern von dem alten Stalder, die Weise war nicht dabei; ich habe aber neuerdings darum geschrieben und sie wird nachfolgen. Das Lied hat eine Magd geschrieben, ich folge also auch irer Schreibung.

In Tübingen, höre ich soll ein Nibelungenlied herauskommen; aber, in der Ankündigung stehet eine Lüge, es heißt nämlich der Abdruk sei nach meiner Handschrift gemacht. Wenn, wie ich allerdings | zu vermuten Ursache habe, Herr Schönhut der Editor ist, so tut es mir leid, daß er es mit der Warheit nicht so genau nimmt als man bei einem Manne seines Standes erwarten sollte.

Mit meinem armen Friz gehet es zwar um vieles besser, wie er mir selbst schreibt, er hat auch wieder Arbeit von mir verlangt; aber meine Befürchtnisse vor der Zukunft sind nichts weniger als gehoben. Er will diesen Sommer in der Schweiz die Molkenkur brauchen und ich verspreche mir von seinem ungeschwächten Alter (33) noch Genesung, in so weit sie bei einem organischen Uebel möglich ist. Lieber Freund! Unverschuldetes Unglük muß man mit Geduld und mit Mut tragen, und seinen Freunden mit Paraphrasirung seiner Leiden keine lange Weile machen. Leben Sie wol, grüßen Sie mir herzlich Ire treffliche Hausfrau Emma und haben Sie immer ein wenig lieb

Iren

alten Lazzbergåre.

Sehen Sie Herrn Professor Michaëlis; so bitte ich jm zu sagen, er möchte mich doch gefälligst entschuldigen, daß ich sein Schreiben noch nicht beantwortet habe; es soll nächstens geschehen. Auch bei unserm guten Schwab bin ich in alter Schuld; aber bei dem bin ich wol gewiß, daß er mir darum nicht zürnt.

76.
Uhland an Laßberg.

Tübingen d. 24. März 31.

Sie empfangen hiebei, verehrtester Freund, mit meinem herzlichen Danke die 8 Hefte Wyßscher Schweizerlieder zurück. Es sind zwar aus den 3 Wochen, welche Sie Anfangs bestimmt hatten, viere geworden, da Sie aber nach Ihrem neuesten Schreiben gerade in einer andern Arbeit begriffen waren, so glaubte ich noch eine Schweizerpost weiter abwarten zu dürfen.

Die Sammlung hat unbestreitbar vieles Interesse, sie giebt eine fortlaufende Schweizergeschichte in Liedern und Vieles aus Quellen, die Andern nicht so leicht zugänglich wären. Ihre Herausgabe ist daher sehr wünschenswerth. Aber das glaube ich, daß der Ordner der Ausgabe eine nicht ganz unbedeutende Arbeit übernimmt. Die Zeitordnung der geschichtl. Ereignisse, worauf die Lieder sich beziehen, wäre wohl die natürlichste. Zu diesem Zweck wäre aber das Mspt. gewissermaaßen aufzulösen oder umzuschreiben. Es wird sich überhaupt ungefähr um 1/4 reduciren, wenn man die oft drei- oder mehrfach vorhandenen Stücke auf ein Exemplar beschränkt; es wäre dann etwa die beste der verschiedenen Abschriften zu Grund zu | legen und die Varianten der andern zu benützen. Im Ganzen scheinen mir die Wyßschen Copieen mit Sinn und Sorgfalt behandelt zu seyn. Da aber Wyß von den sonst schon bekannten Liedern nur solche aufgenommen hat, von denen ihm noch ungebrauchte Handschriften oder seltenere alte Drucke zu Gebote standen, so fragt sich: sollten nicht auch die andern Lieder, die in den Chroniken und anderwärts stehen, beigefügt werden, damit das Corpus des historischen Schweizergesangs ein vollständiges sei? An absolute Vollständigkeit läßt sich freilich nicht denken, ich selbst glaube noch Einiges zu haben, was in den Heften nicht steht, wenn nicht etwa in dem Convolut der noch nicht abgeschriebenen Collectaneen, deren das Schreiben des Vormunds der Wyßschen Kinder erwähnt. Sie selbst werden vielleicht auch noch Manches dieser Art besitzen. Sollten noch histor. Anmerkungen hinzukommen, was ich aber nicht für wesentlich halte, so würde dies ein specielles Studium der schweizerischen Geschichte voraussetzen.

An der Freude, die Ihnen der nun auf einmal unerwartet herbeigekommene Frauendienst verursacht hat, habe ich lebhaften Antheil genommen. Daß Sie den Genuß auch sogleich mit mir theilen wollen, erfüllt mich mit innigem Danke; aber ich muß mir diesen Genuß für jetzt versagen und noch einige Zeit beim 14. und 15. Jhd. bleiben, die für das nächste Semester meine akademische Thätigkeit in Anspruch nehmen. Es ist mir genug, daß das Kleinod jetzt in Ihren Händen ist. Dagegen würde die Legende vom h. Ulrich in eine Materie einschlagen, die ich mir zum Gegenstand einer noch rückständigen Inauguralrede gemacht habe; und für jenes Collegium würde ich Sie einmal um Mittheilung von Rebmanns Gespräch zwischen Niessen und Stockhorn bitten.

Als ich den alten Tannhäuser erhielt, kam mir vor Freude fast das Tanzen in die Beine, wie den schönen Jungfraun im Walde. Diese Ire gütige Mittheilung ist das Juwel von dem, was ich für meine Arbeit über die alten Balladen habe ersammeln können. Meine Erwartung, die ich Ihnen in einem der vorigen Briefe ausgedrückt, daß diese Ballade noch ächter, mythischer im Munde des Volkes vorhanden seyn dürfte, als | in den Drucken des 16. Jhd. hat sich nun vollkommen bestätigt. Aber wo man ein solches Lied noch so recht alterthümlich singt, da singt man wohl noch mehrere dieser Art und der verdienstvolle Stalder würde sich ein neues Verdienst erwerben, wenn er noch Weiteres, soviel ihm irgend zugänglich ist, zur Aufzeichnung bringen wollte. Zehn Jahre später, wäre vielleicht dieser Tanhäuser, der mir so vielen Werth hat, auf immer verschollen gewesen.

Aber, um vom Besten zuletzt zu reden, Ihr Brief giebt mir, wenn auch noch unbestimmte Hoffnung, Sie um Ostern bei uns zu sehen; ich bitte Sie angelegenst, mir diese Aussicht zu bestätigen. Ich gedenke in diesen Ferien keine Reise zu machen, nur auf kurze Zeit die Freunde in Stuttgart zu besuchen, was ich nach Belieben früher oder später einrichten kann. Damit ich aber sicher auf dem Platze bin, wenn Sie uns mit Ihrem Besuche erfreuen wollen, so bitte ich um einige Zeilen, die uns die Zeit der Ankunft, wenn auch nur ungefähr, verkündigen. Wir wohnen nicht mehr so hoch, wie im vorigen Sommer, aber noch immer mit freier Aussicht ins Nekarthal. Möge Ihnen die Freude werden, Ihren Hn. Sohn in günstigem Zustand anzutreffen.

Verehrungsvoll

L. Uhland.

77.

Laßberg an Uhland.

Eppishausen am 5. April 1831.

Ich zeige Inen hiemit den Rükempfang der Wyssischen Liedersammlung an, welche vorgestern hier eingelaufen sind.

Wie angenem war es mir mein teurer Freund! zu vernemen, daß ich so glüklich war Inen durch Uebersendung des Thanhausers eine kleine Freude zu machen. Bei Gelegenheit, als ich Staldern erinnerte mir auch die Melodie zum Liede zu senden, munterte ich in zugleich auf, doch in seiner alten Seelenheerde nach mer alten Liedern forschen zu lassen; aber, der gute Stalder ist schon ser alt und daher nimmer ser tätig. Meine Absicht war auf Ostern nach Siegmaringen zu kommen, und von dort nach 1 oder 2 Wochen Sie in Tübingen zu überfallen; allein ich erhielt vor meiner Abreise Briefe aus München, welche mir einen Besuch ankündigten, der auch wirklich am Charsamstage hier eintraf, und wie es scheint, die Ferien über hier zu bleiben denkt; wodurch also meine Reise nach Donau und Nekar vertaget wird; auf alle Fälle gebe ich Inen, | wenn ich erst einmal in Siegmaringen bin, Nachricht und kann dann auch die Zeit meiner Ankunft bei Inen um so sicherer bestimmen. Ich habe die besten und tröstlichsten Nachrichten von der schnell voranschreitenden Genesung meines Sones. Ich sende Inen nicht nur die gereimte Legende des heil. Ulrich welche Docen noch in das XII. Jarhundert sezte; sondern ich lege auch die editio princeps des lateinischen Originales bei; weil ich glaube, daß eine Vergleichung zum Behufe Irer Dissertation Inen vielleicht erwünscht sein dürfte. Ich lege auch den Spiegel, gedichtet auf Maria,*) ebenfalls aus einem alten Münchner Codex bei, und dann noch das Convolut, in welchem die noch unabgeschriebenen Sachen der Wyssischen Liedersammlung liegen. Auch folgt nach Verlangen Rebmanns Gespräche zwischen Stokhorn und Niesen. Ich habe immer eine Freude etwas nach Tübingen zu schiken, denn beim Auspaken, so bilde ich mir ein, muß mein teurer Uhland doch immer auch ein wenig an mich denken. | Die Woche vor der Charwoche war ich merere Tage in Schafhausen, wo ich an der dortigen Kantonsschule einen Herrn Gözinger, Lerer der teutschen Sprache und Literatur, kennen lernte, welcher wirklich ein Buch über Geschichte der teutschen Poësie druken läßt, und eine schöne erlesene Büchersammlung besizt, welche viele Seltenheiten aus der ältern teutschen poëtischen Literatur enthält; dieser Mann ist aber kein Schafhauser; sondern ein Sachse aus dem Erztgebirge.

So eben fällt mir ein, daß, da Sie nun an das XIV. und XV. Jarhundert kommen, Inen vielleicht noch einige Abschriften und wol auch Handschriften, aus dieser Zeit welche ich besize, nüzlich sein könnten. Fürs erste lege ich eine Abschrift von 21 Fabeln und Bispeln bei, worunter sich einiges ser gutes befindet.**)

*) Aus Cod. Monac. germ. 28; vgl. Barack S. 132 und Mones Schauspiele des MA. I, 27 ff.

**) Aus Cod. S. Gall. Nr. 647, vgl. Barack, die Handschriften der fürstl. Fürstenberg. Bibliothek zu Donaueschingen S. 86.

Ich weiß nicht, ob Sie sich eines codex picturatus auf Pergament bei mir erinnern, der die Liebesgeschichte des Herrn Christus mit einer Nonne oder andern frommen Seele enthält und von hohem psychischen Interesse ist, soll ich Inen diesen nicht auch senden? | *)

Es würde mir innig und tief leid tun, lieber Freund! wenn Sie um meinetwillen Ire Reise nach Stuttgart auch nur um eine Stunde aufschieben wollten; es ist jezt schon nicht mer warscheinlich, daß ich vor 14 Tagen oder 3 Wochen nach Siegmaringen komme; weil mein Gast Herr Braun aus Gotha hier ist. Graffs Krist hat mich höchlich vergnügt und meinen Wünschen ser entsprochen, mir kömmt vor, das seie ein Specimen, an welches künftige Editoren der Sprachurkunden aus dem Karolingischen Zeitraume, sich zu halten haben werden. Nun aber mein teurer Uhlandus! neme ich Abschied von Inen, indem der Bote vor der Thüre stehet. Viele herzliche Grüße an Frau Emma Ire eheliche Wirtinne und in Erwartung Sie bald mit Handschlag zu grüßen,

Ir alter Klausner Sepp.

Wenn Sie die northern Illustrations nimmer brauchen, so würde ich sie gerne einmal wieder lesend durchforschen.

78.

Uhland an Laßberg.

Tübingen d. 16. Apr. 1831.

Der Empfang Ihrer gütigen Sendung vom 2ten d. bescheine ich Ihnen, verehrtester Freund, durch Herrn Wagner von Lauffenburg, aus dem Kantone Aargau, welcher seine theologischen Studien hier absolvirt hat und jetzt durch die Bodenseegegend nach seiner Heimat zurückkehrt, um den Concurs für eine Lehrstelle in Rheinfelden, die er zu erhalten wünscht, in Aarau zu erstehen. Er hat mich ersucht, ihm einige Zeilen mitzugeben, die

*) S. Barack a. a. O. S. 101.

ihn auf seiner Reise bei Ihnen einführen könnten, und ich habe diesem Wunsche um so gerner entsprochen, als er mir durch sein schönes poetisches Talent und seine persönliche Bekanntschaft werth geworden ist. Gewiß ist es freilich nicht, ob Hr. Wagner Sie noch in Eppishausen finden wird; ich rathe ihm daher, sich, wenn er den Weg über Sigmaringen macht, dort zu erkundigen, ob Sie etwa schon angekommen. Wie sehr freue ich mich der guten Nachrichten, die | Sie mir zum Voraus von dem Befinden Ihres Hrn. Sohnes geben konnten, und wie sehr des Besuches, den wir nun bald zu hoffen haben. Sie werden mich jeden Tag zu Hause treffen, denn unsere Ferien sind zu Ende und der Ausflug nach Stuttgart ist bereits abgemacht. Ich wollte mich nur auf wenige Tage entfernen, da die Gesundheitsumstände meines alten Vaters, die sich übrigens doch in der letztern Zeit etwas gebessert, mir keine längere Abwesenheit gestatteten.

Aus Versehen habe ich das 14. und 15. Jahrhundert, statt des 15. und 16., als den Gegenstand meiner litterarhistor. Vorlesungen in diesem Sommer angegeben. Ich mache wohl vielleicht im Laufe des Semesters von Ihrem freundschaftlichen Beistande noch weitern Gebrauch.

Hrn. Braun, der Sie in diesen Ferien besucht hat, bin ich sehr dankbar für die ausführlichen Notizen, die er mir durch Ihre Vermittlung über den Docen. Nachlaß zugehen ließ und die gar manches für mich Interessante enthielten. Nach den mitgetheilten Liederanfängen hatte Docen mehrere alte Balladen hochdeutsch vor sich, die ich in niederdeutscher Mundart besitze; andre auch, die ich gar nicht habe. Schmeller beabsichtigt aber, diese Doceniana als ein Denkmal für den Verstorbenen herauszugeben, und ich beschränke mich daher vorläufig auf den Wunsch, daß dieses bald geschehen möchte.

Meine Frau freut sich mit mir, Sie in kurzem in unserem Hause zu begrüßen. Inzwischen mit hochachtungsvollem Gruße

der Ihrige
L. Uhland.

79.

Laßberg an Uhland.

Eppishausen am 12. May 1831.

Ire Zeilen vom 5. dieses Monats habe ich am 10. erhalten. Es tut mir leid, mein teurer Uhlandus! Inen sagen zu müssen, daß unvorgesehene und unvorsehbare Ereignisse mich nötigen meine Reise zu Inen aufzuschieben.

Der Buchdruker Bannhard ist plözlich gestorben, 4 Tage vor seinem Tode brachte er mir noch Correcturen zum II. Bande des Episcopatus Constant. und nam für merere Bogen Mspt. mit. Wie ich höre hat er sein Haus und Gewerbe in großer Unordnung und schlechtem Zustande verlassen, wobei ich auch in Rechnung komme zum Glüke mit keinem großen Vorschusse, das würde mich nicht abhalten zu reisen; allein vor allem muß ich meine Mspt. Bogen wieder zurük haben, und vor Pfingsten werden die amtl. Verhandlungen über die Verlassenschaft nicht vorgenommen.

Zweitens schreibt mir mein Son Friz, welcher erst in der Mitte des Junius Sigmaringen verlassen wollte, daß er sich entschlossen habe sobald als möglich von da wegzugehen um in eine mildere Luft zu kommen; ich erwarte nun Antwort von im, ob ich noch zu im kommen; oder seine Ankunft hier erwarten soll? Ich kann also noch nicht einmal die Woche bestimmen wo ich Sie, teurer und lieber Freund! wieder sehen werde; | indessen, lassen Sie sich dies nicht anfechten, wenn ich eines Abends wie ein warer farender Schueler in Ire Stube trette, so hoffe ich daß weder Sie, noch die wakere Hausfrau darüber erschreken werden.

Was in dem Briefe stehet, welchen Sie dem Hrn. Wagner aus Lauffenburg für mich mitgegeben, werde ich ja wol erfaren, wenn er mir in bringt oder sendet, sollte er aber Aufträge oder Anfragen enthalten; so täte es mir ser leid sie nicht früher bestellen zu können; damit Sie aber sehen, daß ich auch one Auftrag an Sie denke; so sende ich Inen hier:

1. Die Weise des Tanhausers, welche bereits in Bischofszelle von den Kindern des Diaconus Pupikofer zum Klavier gesungen wird; was mir Stalder bei der Uebersendung derselben schrieb, seze ich Inen auch hieher.

„Die Singstimme wurde in der Ercholzmatt (im Entlibuch) „in Musik aufgefaßt; allein, diesem Machwerk nicht trauend, „gab ich das Zugesandte einem hiesigen Stiftskaplan in Zensur „und dieser genehmigte die Composition, nachdem meine Köchin „die erste Strophe wieder vorgesungen hatte; so sezte derselbe „noch einen einfachen Baß hinzu, damit man das Lied zum „Clavier singen kann. Es würde mich innig freuen, wenn | ich „Irem Wunsche, wie auch Irem verertesten Freund Uhland, dem „ich mich durch Sie freundschaftlichst empfehlen lasse, würdig „entsprochen hätte. Auch werde ich zugleich Nachfrage nach einigen „alten Liedern halten; aber ich zweifle ser ob ich darinn glüklich „sein werde.“ *)

2. Ein genaues und vollständiges Verzeichniß des zu München befindlichen Würzburger Codex; weil ich glaube, daß Sie wol einiges daraus im Laufe dieses Halbjahres zu Iren Vorlesungen über das XIV. und XV. Jarh. benüzen könnten; wollen Sie, bei Zurüksendung der Schrift mir dieses bezeichnen; so wird es alsobald in München abgeschrieben werden.

3. Zwei Blätter der Agrippina, welche mir gestern die Schwester des Hrn. Bern. Hundeshagen in seinem Namen übergab. Sind sie gleich schon 7 Jar alt! ist der Verfasser des Aufsazes über die Nibelungen gleich ein wenig stark verrükt, ser unwissend und von allem kritischen judicium entblößt; so sind doch wieder einige Notizen darin, welche, obgleich verkehrt vor-

---

*) Lied und Melodie theilte Laßberg später in Aufseß' Anzeiger I. (1832), S. 239 mit. Vgl. Scherer, Deutsche Volkslieder, 2. Aufl. (1868), Nr. 48.

getragen, doch nicht auf den Boden fallen dürfen. Das Siegel des Heinr. v. Offterdingen allein (wenn ich nur eine Copie davon hätte!) hat mich für die lange Weile entschädiget, welche die Rasereien des Hrn. Hundeshagen jedem vernünftigen | Menschen verursachen müssen. Dieser Hr. Hundeshagen tut alle 5—6 Jare einen Schrei in die Welt, um seinen codex picturatus auszutrompeten, wenn Ebbe in seinem Beutel, und Schmalhans Küchenmeister in seinem Hause ist, kommt den Jemand der Lust hätte jn zu kauffen; und hat sich indessen die Flut wieder eingestellt; so wird man gewönlich mit aber und wen one Zal aufs weite gewiesen:*) aber was muß man denken, wenn d. Nibelungen Lied zu Bonn von solchen Nebeljungen vorgetragen wird? Und welche Begriffe müssen die Jünglinge die in hören, davon tragen! Doch die Sache ist zu toll, als daß sie Schaden anrichten könnte. Leben Sie wol vererter Freund! Für dies Mal will ichs kurz machen: ich bin so unruhig wie die Maus in dem Kindbette, bis ich meinen episcopatus const. wieder auf dem Trokenen habe.

Herzliche Grüße an die Irigen und an unsern Gust. Schwab.

Laßberg.

80.

Uhland an Laßberg.

Tübingen d. 23. Jun. 1831.

Hochverehrter Freund!

Es waren traurige Ereignisse, die mich so saumselig im Schreiben gemacht haben. Nachdem mein Vater von langem

---

*) Zur weitern Charakteristik dieses Mannes dient auch folgender Zug: „Hundeshagen zeigte seine Nibelungenhandschrift nur gegen einen Friedrichsd'or Honorar auf einem altarartig bekleideten Pult mit vier brennenden Wachslichtern" (s. Augsb. allg. Ztg. Nr. 316 vom 12. November 1867). — Im November 1867 wurde die Hs. um 780 Rthlr. von der kgl. Bibliothek zu Berlin angekauft.

Krankseín sich soweit erholt hatte, daß außer einer großen Entkräftung kein krankhafter Zustand zurückblieb, wurde meine Mutter, deren lebhafte Regsamkeit längere Jahre zu versprechen schien, von einer Brustentzündung ergriffen, mit deren Folgen sie auf einem fünfwöchigen Krankenlager zu kämpfen hatte. Sie unterlag am 1ten dieses Monats, und so verlor mein Vater im 76sten Jahre seine 71jährige Lebensgefährtin. Die Trauer über diesen schmerzlichen Verlust würde mich eher gedrungen, als abgehalten haben, mich mit der Nachricht von demselben an Ihre theilnehmende Freundschaft zu wenden, aber die mancherlei äußern Besorgungen, welche mir statt meines Vaters oblagen, verbunden mit den fortlaufenden Berufsarbeiten, nahmen mich allzusehr in Anspruch.

Ich hoffe, in dieser Zwischenzeit werden Sie über das Mspt. des Episcopat. Constant. beruhigt worden seyn, vielleicht auch dem so übel unterbrochenen Unternehmen eine neue Bahn eröffnet haben. Der Besuch von Ihrem Herrn Sohne ist wohl auch seitdem ausgeführt worden, und so sehe ich mit neuer Erwartung der Ausführung des Ihrigen bei uns entgegen. |

Die Weise des Tanhausers, das Inhaltsverzeichniß der Würzburger Handschrift und auch die guten Körner, die in dem Unkraut von Hundeshagen versteckt liegen, waren mir sehr willkommen; immer öffnen sich wieder neue oder tiefere Einblicke. Ich glaube aus Ihrem Schreiben zu bemerken, daß ich irriger Weise das 14. und 15. Jahrhundert, statt des 15. und 16ten, als den Zeitraum angegeben habe, den ich in diesem Sommer für meine Vorlesungen zu bearbeiten versuche. Meine Neigung, in poetischer Hinsicht, ist freilich mehr bei der früheren Zeit, doch hat auch diese spätere Periode ungemein viel Tüchtiges und giebt selbst rückwärts manchen unerwarteten Aufschluß.

Mit den Sagen und Gedichten vom Herzog Ernst von Schwaben habe ich mich auch in neuerer Zeit beschäftigt. Im 2ten Bande von Pertz Monumenta pag. 83, not. 67 wird unter den mancherlei Volksgesängen, die in den Casib. Sti. Galli vorkommen, auch derjenigen de Ernesto gedacht, ich vermag aber in den Casibus, so weit sie bei Goldast und Pertz gedruckt sind, durchaus keine bestimmtere Erwähnung von Volksliedern über H. Ernst zu finden. Sollte eine solche etwa in der Fortsetzung von Kuchenbecker*) vorkommen? oder ist Ihnen sonst Näheres hierüber bekannt?

Wie sehr soll es mich freuen, mich bald über Dieses und Andres mündlich mit Ihnen unterhalten zu können.

Mit Freundschaft und Verehrung, wie immer,

der Ihrige
L. Uhland.

81.
Uhland an Laßberg.

Tübingen, den 22. Sept. 1831.

Jur. Stud. Fallati**), derjenige von meinen Zuhörern, welcher, soweit es seine juridische Studien gestatten, am meisten mit Eifer und Einsicht sich den poetischen Alterthümern der mittleren Zeit widmet, will eine Ferienreise nach Oberschwaben und an den Bodensee machen, wobei er sich in den oberschwäbischen Bibliotheken umzusehen beabsichtigt. Er hat mich gebeten, für den Fall, daß er auch an das andre Ufer des Bodensees käme, ihm einige empfehlende Zeilen an Sie, hochverehrter Freund, mitzugeben, und ich thu es hiemit im Vertrauen auf Ihr vielerprobtes Wohlwollen gegen die jüngern Freunde der vaterländischen Studien.

Mit Verehrung und Freundschaft

der Ihrige
L. Uhland.

---

*) Am untern Rande von Laßbergs Hand: lies Küchenmeister.

**) Geb. 15. März 1809 zu Hamburg, gest. 5. October 1855 im Haag als Tübinger Professor.

82.

Laßberg an Uhland.

Eppishausen am 25. September 1831.

Mein teurer Uhlandus! Unterm 24. July schrieb ich Inen durch einen Herrn Cleasby aus London*), welcher von München aus zu Inen und zu Schwab reisen wollte, und seitdeme, vorige Woche, zu mir kam, wo ich dann erfur, daß die Briefe nicht abgegeben sind und er erst jezt, auf seiner Rükreise von Freiburg im Breisgau zu Inen kommen wird. Das tat mir leide; denn ein anderer als Sie, mein Freund! könnte glauben, daß ich an dem gerechten Schmerze über den Verlust Irer Mutter nicht alle den Anteil genommen, den ich gewiß tiefer als Viele empfinde, da auch ich diesen Schmerz in aller seiner Schärfe empfand, und noch nicht one Wehemut an die Mutter denken kann, der ich alles verdanke was ich bin. Der Verlust einer Mutter ist immer der gröste, den man erleben kann; denn wo wäre mer, innigere und frommere Liebe, als im Mutter Herzen?

Heute aber muß ich Sie bitten, mir die Wyssischen Lieder, die ich Inen, nebst dem Spiegel Mariä vnd St. Ulrichs Leben, unterm 5. April l. J. durch den Constanzer Postwagen übermachte, so schnell wie möglich zurükzusenden, da solche vorige Woche von mir abverlangt worden sind: bei dieser Gelegenheit werden Sie mich verbinden, wenn Sie auch die Northern illustrations mitsenden wollten, wie auch das Gedicht von Carl dem Großen aus dem Clausenburger Codex. Nach Briefen aus Cassel vom 11. d. ist Jacob Grimm auf der Reise hieher und soll in wenigen Tagen eintreffen; diesem lieben Freunde möchte ich dann auch alles zeigen, was ich besize, besonders diesen Regensburger Carol, den er noch nicht kennt. |

---

*) Dieser Brief ist, wie aus späteren Mittheilungen hervorgeht, niemals in Uhlands Hände gelangt.

Meine auf diesen Sommer ausgesezte Reise nach Sieg=maringen und zu Inen, ist durch die Anherokunft meines Sones Friedrich vereitelt worden. Gottlob ist er durch die gebrauchte Molkenkur ser gestärkt, nun auf dem Wege nach Hyeres bei Toulon, und hat im Sinne, mit dem alle Wochen 3 Mal von lezterem Orte abgehenden Dampfboote, diesen Winter selbst einen Abstecher nach Algier zu machen. Ich bin diesen ganzen Sommer nicht aus dem Meere von Urkunden herausgekommen, welches mich umgiebt und noch täglich neuen Zufluß erhält; so daß ich nicht zweifle, der codex diplomaticus, welches ich dem II. Bande des Episcopatus Constantiensis beizugeben gedenke, der auch zugleich als dritter Band von Neugarts codex diplomaticus Alamanniae dienen kann, werde diesem leztern an Reichtum und Interesse nichts nachgeben. Indessen ist mein Buchdruker gestorben und seine Erben, finden den von im für dies Werk eingegangenen Drukvertrag schädlich, verlustbringend und wollen nicht halten. So wachsen diesem Unternehmen von Zeit zu Zeit wieder neue hemmende Hindernisse zu. Aber: Nil desperandum! zulezt geht's doch.*) Sie aber, mein Freund! sind, wie ich höre, auch wieder in die politische Arena geraten; ich fürchte daß diesmal das Opfer umsonst gebracht seie; es wird wieder überall trübe und trüber. Exspectata seges vanis delusit avenis! So viel für heute, nebst einem herzlichen Gruße an Frau Emma, von Irem

J. v. Laßberg.

83.

Uhland an Laßberg.

Stuttgart, den 5. Oct. 1831.

Das Schreiben vom 25. Sept., worin Sie, verehrtester Freund, verschiedene mir gütig mitgetheilte Bücher und Hand=schriften zurückverlangen, hat mich hier in Stuttgart erreicht, wo

*) Vgl. die Anmerkung oben Seite 180.

ich einen Theil meiner Herbstferien zubringe. Ich habe sogleich meinen Schwager, Diaconus Meyer von Pfullingen, der über Tübingen zurückgieng, beauftragt, Alles, was Sie zur Zurückgabe bezeichnet hatten, sorgfältig verpacken zu lassen und dem nächsten Postwagen zu übergeben. Sie werden also gleichzeitig mit gegenwärtigen Zeilen zurückerhalten:

die Mappe mit Wyssischen Liedern,
den Spiegel Mariä und das Fragment vom Leben des h. Ulrichs,
das Gedicht von Karl d. Großen,
die Northern illustrations.

Daß ich diese und einige weitere noch bei mir liegende Mittheilungen so lange in Händen behalten, muß ich freilich sehr entschuldigen. Aber das vergangene Jahr war all zu ungünstig für meine Plane und Arbeiten. Dem Tode meiner Mutter folgte, noch vor Abfluß eines Vierteljahrs, am 29. Aug., der meines Vaters und das vorhergehende Krankenlager nahm | unsre Sorge und Pflege manigfach in Anspruch. Nehmen Sie meinen innigen Dank für die freundliche Theilnahme, die Sie mir an dem Verluste der Mutter bezeigt haben.

Darf ich mir für die Arbeiten, die mich im nächsten Semester beschäftigen werden, abermals Ihre gütige Förderung erbitten, so wäre es zumeist die Abschrift des Gedichts vom h. Oswald, deren Benützung mir von großem Interesse seyn würde. Bei meinem letzten Besuche in Eppishausen habe ich von dem bedeutenden Werthe dieses Gedichts für Mythus und Sage mich überzeugt.

Herr Cleasby hat mich hier aufgefunden, aber leider liegt das Schreiben, das er mir von Ihrer Hand überbringen sollte, noch in München, wohin er erst später, wenn die Cholera nicht vorschreitet, zurückkehren will. Er zeigt lebhaftes Interesse für die deutsche Literatur. Das Gleiche war der Fall bei einem Franzosen, Letellier aus Rouen, der mich kürzlich in Tübingen besucht hat. Ein Freund des Letztern, Quinet, wird diesen Winter den altfranzösischen Parcival herausgeben, aber freilich nicht den noch immer vermißten, dessen sich Wolfram bediente, sondern den von Chrestien de Troyes begonnenen, dessen in der Berner Hdschr. enthaltenes Fragment mir durch Ihre Güte zugänglich wurde. |

An unsern landständischen Verhandlungen wieder Theil zu nehmen, habe ich zwar eine Aufforderung erhalten, denke aber, wenigstens vorläufig noch, mich nicht zu binden, bis zur wirklichen Einberufung unsres Landtags, am Ende des nächsten Jahrs, kann sich noch Manches so oder anders gestalten.

Der Besuch des trefflichen Jacob Grimm wird Ihnen und ihm viel reichen Genuß verschaffen. Möchte ihn seine Reise auch durch unsre Gegend führen!

Voll Verehrung und Freundschaft

der Ihrige
L. Uhland.

84.

Laßberg an Uhland.

Eppishausen am 13. Octobers 1831.

Ich habe, mein teurer Uhlandus! Iren Brief vom 5. dieses aus Stuttgart, und die Bücher aus Tübingen lezten Dienstag mit einander erhalten: allein, Grimm ist schon am 7. abgereiset und wird warscheinlich die Freude gehabt haben Sie noch in Stuttgart anzutreffen; er war aber entschlossen Sie in Tübingen aufzusuchen und Sie haben also auf alle Fälle die persönliche Bekanntschaft dieses eben so liebenswürdigen als gelerten Mannes zu machen: ich habe jn nur 8 Tage bei mir gehabt und diese sind entflohen wie wenn es nur so viel Stunden gewesen wären; so daß ich am Ende mich und jn fragte; ist es der Mühe wert beinahe 100 Meilen zu reisen um einer Woche willen? aber, der Mensch ist nie ganz zufrieden, auch wenn er alt ist. Daß der gute Vater der lieben Mutter nachgezogen ist, habe ich wol erwartet! Wenn man lange beisammen in einem Nest gesessen ist, und das eine fliegt fort; so mags das Andere auch nimmer lange allein erleiden. Gegen die Ordnung der Natur wollen wir uns nicht vergeblich auflenen und die woltätige Hand der Zeit wirken lassen, Gott wird uns auch weiter forthelfen!

Zwei Tage nach Grimms Abreise kam mein ältester Freund Hug*) aus Freiburg an — er und ich sind allein noch aus dem sodalitium von 1787 übrig! Aber | mein armer Freund Leonhard ist lebensmüde, und auch sein Körper scheint es zu sein; die injuriae temporum haben zu gewaltig auf jn eingewirkt; er hat mich gestern Abends verlassen und ich zweifle, ob ich jn diesseits der Asphodeluswiese wiedersehen werde! Der Gedanke von meinen Zeitgenossen bald nur noch allein da zu stehen, hat zwar für mich nichts Schreckliches; aber einer innigen Wehemut kann ich mich dabei doch nicht erweren — danach folgt dann die Sensucht nach dem Lande wo die Vorangegangenen wonen, und zulezt kömmt der lange Schlaf, in dem wir allerlei sehen werden.

Genug von diesem! Hier folgt der König Oswald**), die Schrift ist schlecht aber getreu, ich habe sie in einer traurigen Gemütsstimmung gemacht, wo es mir Woltat war meine ganze Aufmerksamkeit auf einen fremden Gegenstand zu richten. Meusebach hat, nach 3jährigem Stillschweigen, sich auch wieder vernemen lassen, er arbeitet noch fleißig an seinem Fischart; allein, er ist so voll aber, und wenn? als Hans Benedix der Schäfer des Abts von St. Gallen und so mache ich keine große Hofnungen auf die Herausgabe seiner Arbeit. |

Lachmann hat mir auch geschrieben, und seine beiden Abhandlungen: über die Nibelungen und über die alten

*) Johann Leonhard Hug, geboren zu Konstanz 1. Juni 1765, † in Freiburg 11. März 1846 als Professor der kath. Theologie und Mitglied des Domcapitels.

**) Später (Zürich 1835) nach derselben Schafhauser Handschrift von L. Ettmüller herausgegeben: „Sant Oswaldes Leben. Ein Gedicht aus dem XII. Jahrh."

Leiche geschikt, welche Sie vermutlich auch schon haben werden. Aus der ersten habe ich die Warheit zu gestehen nicht viel neues gelernt, auch scheint sie mir für den großen Gegenstand unzulänglich; der lezten aber muß ich allen meinen Beifall geben.

Haben Sie auf den: Anzeiger des Herrn von Aufseß, für Kunde des deutschen Mittelalters noch nicht subscribirt, so bitte ich um die Erlaubniß Iren Namen auf meine Liste sezen zu dürfen. Der Constanzer Bote ist im Hause, ich muß schließen. Leben Sie wol und grüßen Sie herzlich Frau Emma von

Irem

Laßberg.

85.

Uhland an Laßberg.

Tübingen, d. 10. Nov. 1831.

Für die gütige Mittheilung des Königs Oswald sage ich Ihnen, hochverehrter Freund! meinen besten Dank.

Von meinen Liedern ist eine neue Auflage erschienen, die ich Sie bitte, freundlich aufzunehmen.

Der längst gehegte Wunsch, den trefflichen Jacob Grimm einmal von Angesicht zu Angesicht zu sehen, sollte mir nicht erfüllt werden. An demselben Tage, da er in Stuttgart ankam, war ich von dort nach Tübingen zurückgereist. Er brachte einen Abend bei Schwab zu, zu dessen großer Freude, und eilte dann nach Karlsruh weiter. Der 3te Theil der deutschen Grammatik ist, wie ich in öffentlichen Blättern lese, nun ausgegeben, hieher aber vermuthlich wegen der Cholerasperren, noch nicht gekommen.

In meinem Schreiben, worauf die Antwort bei Hrn. Cleasby liegen geblieben, hatte ich Sie befragt: ob Ihnen | wohl in Beziehung auf die cantiunculas populares de Ernesto, deren Pertz im 2ten Bande der Monum. germ. hist. p. 83. Not. 67 als in den Casibus S. Galli vorkommend erwähnt, etwas näher bekannt sey? Denn weder bei Golbast, noch bei Pertz selbst kann ich in den Casib. etwas von den Volksliedern über Ernst von Schwaben berichtet finden. Also vielleicht in noch ungedruckten Fortsetzungen, bei Kuchemeister &c.

Außer einem Besuche in Stuttgart, habe ich die Herbstferien hier zugebracht. Wir hatten hier sehr erfreulichen Besuch von Schwabs und das schöne Herbstwetter gestattete uns jeden Tag in die Gegend auszufliegen. Leider ist dieser Sommer vorübergegangen, ohne daß wir uns Ihrer Gegenwart in unsrem Hause freuen durften.

Es scheint neuerlich, daß ich doch wieder in die landständischen Angelegenheiten verwickelt werden soll. Da so manche Männer, von denen man sich Gutes versprechen darf, dies | mal hinzutreten wollen, so will ich, wenn die Wahl auf mich fällt, auch noch einmal mitmachen. Die neue Versammlung würde aber erst etwa am Ende des nächsten Jahres einberufen werden, so daß vorher noch manches Andre gearbeitet werden könnte.

Voll Verehrung und Freundschaft

der Ihrige
L. Uhland.

NS. Den beiliegenden Gräter. Catalog haben Sie ohne Zweifel schon erhalten. Doch will ich ihn für jeden Fall beischließen. Die Abtheilungen über nord. Literatur werden mich veranlassen, einige Tage dem Verkauf in Stuttgart anzuwohnen.

86.

Laßberg an Uhland.

Eppishausen am 26. Januar 1832.

Schon 2 Monate sind verflossen, seit ich Iren lezten Brief und mit im, die neue Ausgabe Irer Gedichte erhielt; statt Inen lieber Freund! dafür zu danken, legte ich mich hin und ward krank; der Stof dieser Krankheit lag nicht in meinem Körper;

sondern, eine herumfarende Sucht ergriff mich, die viele Leute in unserer Gegend aufs Bette warf; das Fieber steigerte sich bis zum Delirium, ich glaubte man wolle mich mit Gewalt zum Bischof machen, endlich genas ich. Ich war schon merere Tage aus dem Bette; als mich die Krankheit aufs neue befiel; aber ich war schon zu weit auf dem Wege der Genesung vorgeschritten, als daß sie mer etwas über mich vermocht hätte: nun bin ich schon merere Wochen frei von allem Fieber. Der Arzt nennte das Uebel eine Art Cholera benigna; sonderbar, daß ich mich an demselben Tage von der Krankheit befallen fühlte, da ich einen Brief von Hug aus Freiburg erhielt, der mir schrieb, daß er die sporadische Cholera mit den heftigsten Symptomen, die sie je gezeigt, überstanden habe. Jezt bin ich wieder frisch und gesund und füle keine Nachwehen mer. Die 9 neuen Lieder in Irem Buche, haben mir zwar alle gefallen; doch am besten das auf die Mutter; daß der Vater bald nachfolgen werde, habe ich wol vermutet, es kömmt gewönlich so. | Die Note 67 in der Perzischen Ausgabe der Casus monasterii St. Galli, wo von Arx von den cantiunculis spricht, habe ich immer nur so verstanden, daß Arx sagen wolle, so wie auf den tragischen Tod des fränkischen Kammerboten Adalpert, so seien auch auf andere berümte Männer Lieder gemacht und im Volke gesungen worden. Ich gieng aber auf Iren vorlezten Brief im Herbste selbst wieder nach St. Gallen, um nachzuforschen; aber es war, wie ich voraussahe, vergeblich, dort ist außer den bereits aufgefundenen, kein teutsches Lied mer anzutreffen; daß aber in früherer Zeit manches dergleichen, und selbst noch in ser später Zeit (1712) dort war, beweiset beiliegendes Büchlein, welches ich pro strena von mir anzunemen bitte.*)

Es hat mich dies schöne Geschenk des guten Aurelius Tigurinus unendlich gefreut: ein solches Zeichen der Liebe vor

*) Es ist die L. gewidmete kleine Schrift: Halperici sive ut alii arbitrantur Angilberti Karolus Magnus et Leo papa. Ed. K. J. Orellius. Turici 1832. Lex. 8⁰.

allem Volke gegeben, müßte auch dem Unempfindlichen wol tun. Bei der Plünderung des Klosters 1712 stalen die Zürcher die St. Galler Bibliotheke, vermutlich auf Angabe irer gelerten Mitbürger, so ziemlich aus, und viele der schäzbarsten Codices auf der Wasserkirche zu Zürich tragen noch das Bibliothek Zeichen des Klosters von St. Gallen. Lezten Sommer bin ich außer einem kleinen Ausfluge nach dem Zürcher See, Einsiedlen und auf den Rigi, gar nirgends hingekommen; denn meine Waldklause wurde bis in den | Winter hinein nimmermer von Gästen leer, und ich bin dadurch nicht nur mit meinen Arbeiten; sondern auch mit meiner Correspondenz in Rükstand gekommen, was ich nun den Winter über nachzuholen habe.

Ich habe Herren Cleasby wärend seinem Hiersein ser aufgemuntert in der Bodleyanischen Bibliotheke zu Oxford nachzuforschen, ob die von Franciscus Junius dahin geschenkte Handschrift von dem Liede auf den heiligen Anno noch vorhanden seie? und bin so glüklich gewesen von jm nachfolgende von einem Bibliothekare daselbst mitgeteilte Notizen zu erhalten.

Annonis archiepiscopi coloniensis vita. Rhitmice.

1. The manuscript does exist in the Bodleian Library.

2. It is suppos'd by the Librarian to be in the hand writing of the Author.

3. It contains abrut 46 Pages with perhaps 30 lines on each page.

4. A Stranger would be allow'd to examine it minutely (of course in the Library) or even to take a Copy, if introduc'd by a member of the University, an magister artium probably.

Das ist es alles, aber es ist indessen schon viel; mir ist vorzüglich wichtig daß das Oxforder exemplum über 500 Verse mer hat, als die Opizische Ausgabe, welche ich immer für beschnitten gehalten habe. Was er mit dem: „writing in the hand of the | author“ sagen will? ist mir nicht ganz klar:

wäre es buchstäblich von dem Dichter des Liedes zu verstehen; so müßte dies ein Colophon am Ende der Handschrift besagen, und wir lernten einen alten Sänger mer kennen. Nun! wir wollen sehen, was aus der Sache zu machen ist.

Herzlich gefreut hat es mich, daß Sie diesen lezten Herbst das Vergnügen genossen haben den wakern Suabo und seine liebenswürdige Frau bei sich zu haben, grüßen Sie beide aufs freundlichste von mir. Schwab hält ein zu strenges Ettiquette mit mir; ich hatte im durch Cleasby geschrieben; daß er den Brief nicht erhielt, ist nicht meine Schuld. Ich wünsche daß es im und den Seinen wol gehe.

Nun wird wol bald die erste Lieferung des Aufsessischen Anzeigers in München erscheinen, ich hoffe, daß er mit der Zeit etwas mer als bloßer Anzeiger werden wird. Herr Schönhuth will eine Schulausgabe meines Nibelungenliedes machen, die Sache soll schon im Gange sein: ich habe etwas bange, daß es mit der Kritik bei Abfassung des Wörterbuches nicht ganz glüklich gehen werde. Damit Sie sehen, daß ich nicht allein für mich, sondern auch für meine Freunde lese, lege ich Inen einige aufgehaschte Lesefrüchte bei. Tausend Grüße an Frau Emma; wann kommen Sie wieder einmal zu mir? Die flava gens Suevorum läßt sich schon lange nicht mer in der villa Epponis sehen.

Gott befolen! von

Irem

Laßberg.

87.

Uhland an Laßberg.

Tübingen, d. 23. Apr. 1834.

Hochverehrter Freund!

Es ist eine lange Zeit vergangen, während welcher ich großentheils von hier abwesend und noch mehr meinen Studien und dem freundschaftlichen Briefwechsel entfremdet war. Nun ich wieder hier heimisch bin, erfülle ich endlich auch die Pflicht, die mir von Ihnen gütig mitgetheilten Handschriften und Bücher mit meinem herzlichen Danke für die getragene Geduld hiebei zurückzusenden. Immer wollte ich dieselben nicht unbenützt abgehen lassen und war doch von der Benützung so manigfach abgehalten.

Dadurch, daß mir von unsrer Regierung der Urlaub zur Annahme der wiederholt auf mich gefallenen Abgeordnetenwahl verweigert wurde, fand ich mich genöthigt, meine hiesige Lehrstelle aufzugeben. Gleichwohl habe ich meinen hiesigen | Wohnort beibehalten und denke auch nach wie vor die deutschen Studien zu betreiben. Es ist seitdem für diese manches Erfreuliche erschienen, namentlich Lachmanns Wolfram von Eschenbach und J. Grimms Reinhart Fuchs, von Letzterem haben wir nun bald auch eine deutsche Mythologie zu hoffen, die gewiß an unerwarteten Aufschlüssen reich seyn wird. Der literarische Anzeiger von Aufseß bleibt schon seit längerer Zeit aus und ich befürchte, er möchte völligen Stillstand genommen haben.

Nachdem ich zum eigenen Herde zurückgekehrt bin, gebe ich mit meiner Frau, die sich Ihnen angelegenst empfiehlt, dem langgehegten Wunsche wieder Raum, Sie einmal, während der schönen Jahrszeit, bei uns hier zu sehen, mich persönlich von Ihrem Wohlbefinden zu überzeugen, von Ihren Arbeiten, die inzwischen gewiß nicht gerastet haben, aus Ihrem Munde Näheres zu vernehmen.

Mit unveränderlicher Verehrung und Freundschaft

der Ihrige

L. Uhland. |

NS. Die Reliques of Irish Poetry und die Dissertation sur le Roman de Roncevaux habe ich zufällig erhalten und wünsche, daß die Bibliotheca Eppishusana diese Doubletten nicht verschmähen möchte.

88.
Laßberg an Uhland.

Eppishausen am 28. April 1834.

Ich schreibe Inen mit einem durch die Gicht gelämten Arme, lieber Freund! aber ich kann meinen Dank für Iren lieben Brief und für die schönen und schäzbaren Geschenke, mit denen Sie mich erfreut haben, nicht verschieben. Ach, wie inniglich hat es mich erfreut nach so langer Zeit, wieder einmal des biedern Freundes Schriftzüge zu sehen. Nun sind Sie wieder in Irer lieben Vaterstadt, und das Auge freuet sich aufs Neue des immer teuren Jugendlandes und das Gemüte ist wieder zu den alten teuren Studien zurükgekert. O quid solutis est beatius curis? cum mens onus reponit, ac peregrino labore fessi, venimus ad larem nostrum. Ich denke die iezigen Zeiten sind wol darnach, einen fremder Arbeit müde zu machen, und so muß einem ja die Ruhe wol tun. Mir und allen Freunden der altteutschen Literatur wünsche ich Glük dazu, daß Sie, mein vererter Freund! wieder zu den Musen zurükgekeret sind; es ist nun zu hoffen daß Ire Geschichte unseres alten Sanges immer mer fortschreiten und dann bald im Publikum erscheinen werde. Ich habe diesen Winter mit Vergnügen erfaren, daß auch die Franzosen iezt eifrig daran sind, die Geschichte irer alten Poësie aufzuhellen. Herr Buchon, membre de l'institut, ehemaliger Generaldirector der Archive Frankreichs; der eine Sammlung alter Chroniken von 60 Bänden herausgibt, wovon schon 47 erschienen sind, hat mich schon ein paar Mal in meiner Einsiedelei besucht, und mir unter anderm auch die Revue des deux mondes vom Jare 1832. gebracht, in welcher Zeitschrift merere Vorlesungen des Herrn Fauriel, sur l'origine de l'epopée du moyen age, abgedrukt sind, welche viel Gutes enthalten und auch einige Bekanntschaft mit der altteutschen Literatur verraten. Aber, das kennen Sie Alles wol schon längst. Herr

Wakernagel zu Basel, der mich lezten Herbst besucht hat, giebt ein Lesebuch, eine Chrestomathie für Schüler der altteutschen Sprache und Dichtkunst heraus, wozu ich auch einige anecdota geliefert habe. Wenn das Studium der altteutschen Sprache eine wirkliche Schulsache werden soll; so scheint mir die Herausgabe eines solchen Buches nicht wol entberlich zu sein. Benecke, Grimm und Lachmann, haben mir ire Bücher auch zugesendet. Die beiden erstern haben mich gar so freundlich dringend nach Göttingen eingeladen, daß ich mich wol entschließen werde sie diesen Sommer zu besuchen. Grimm hat mir über seine teutsche Mythologie geschrieben. Gewiß er wird etwas Besseres machen, als Mone im V. Theile der Kreuzerschen Symbolik; aber der Sache selbst widerstehet der Mangel an brauchbaren Quellen; und zweierlei Mythologien sind doch offenbar. Wie oft wird unser guter Jac. Grimm gezwungen sein, wie Yoriks Staar zu rufen: I can not ut! einwärts wird er es wol tun. Indessen ist auch war, daß, wer über die teutsche Mythologie schreiben will, nicht warten soll; denn wir können nun keine neue Quellen mer entdeken. Bisher wurde dergleichen immer von nordteutschen, sassischen Schriftstellern unternomen und diese hatte nicht genug Acht auf unsere hochteutsche Vorzeit. Mir ist unter so vielen nicht ein einziger oberteutscher Schriftsteller bekannt, der sich ex professo damit befaßt hätte; und so muß ich glauben daß alles was man iezt noch sagen kann, wenig mer als ein Versuch bleiben werde. Für den Aufsessischen Anzeiger habe ich gethan was ich vermochte, ich habe im 25 Subscribenten und 10 Freibogen verschaft. Zum Lone habe ich nicht einmal ein vollständiges Exemplar des ersten Jarganges erhalten. Ich hatte bereits ein Duzend nicht wertlose Beiträge und Zeichnungen für den zweiten Jargang bereit, als ich durch ein hartnäkiges Stillschweigen, das meinen wiederholten Bitten und Anfragen entgegen trat, belert wurde, daß ich mich nicht | ferner aufdringen soll. Indessen bedaure ich das Aufhören dieser Zeitschrift, die im zweiten Jargange unverkennbar besser geworden ist.

Sie fragen mich nach meinen Arbeiten? Lieber Freund! ich muß Inen mit den Worten des armen verwiesenen Ovidius antworten: Tempora labuntur, tacitisque senescimus annis! ich bin auch nicht müßig gewesen, das heißt, ich habe geschrieben, ich habe vieles abgeschrieben. Meist nur Urkunden. Man muß sie erhalten, die zukünftige Welt würde sie ungern vermissen. Ich weiß wol daß das kein Verdienst ist; aber ich habe keine Lust mer zum arbeiten. Der Haß, der allgemeine Haß, der alle Menschen ergriffen hat und immer giftiger zu werden drohet, hat mich so tief betrübt! In meinem teutschen schwäbischen Herzen ist nichts als Liebe: ich meine dies seie das Natürlichste. Warum sollen denn zwei Männer nicht mer mit einander sprechen können, one sich mit Bliken, Worten oder Händen zu schlagen? Und doch ist es leider so! Muß denn der Krieg der Meinungen auch ein Krieg der Herzen werden? Und doch ist es nun so! Genug davon. — Ich danke Inen lieber Freund! für Ire und Irer lieben Frau Emma, die ich auf das herzlichste grüße, freundliche Einladung in die alte Stadt der Pfalzgraven. Ach, es hätte keiner Einladung bedurft; ich weiß, daß ich in Irem stillen freundlichen Hauswesen zu ieder Stunde so willkommen gewesen wäre als Sie beide bei mir. Schwab hat mir geschrieben, daß er auf Pfingsten mit seinen 2 ältesten Sönen zu mir kommen will. Ich freue mich, wir werden viel von Inen sprechen. Frau Sophie reiset wie er mir sagt zu gleicher Zeit nach Bremen, ich bedaure dies nicht früher gehört zu haben; wir hätten so gut bis Münster in Westphalen zusammenreisen können. Ich habe dies an Schwab geschrieben; sollte es sich iezt noch machen; so gehet mein Weg nach Stuttgart gewiß über Tübingen. Ach! da kömmt ein Besuch! ich muß enden um die Post nicht zu versäumen.

Lieber Uhland! der Himmel erhalte sie und die liebe eheliche Wirtinne gesund und wol,

Ir unveränderlicher Freund

Laßberg. |

Mit der Vita S. Udalrici des Marcus Welser, Augustae. 1595. sandte ich Inen auch eine Abschrift eines altteutschen Gedichtes auf diesen Bischof, aus einem Münchner Codex des XII. Jarhunderts. Das Format ist in 8° und hinten ist auch ein Gedicht auf die Jungfrau Maria beigefügt. Ich bitte Sie gefälligst nachzusehen, ob dieses apographum sich nicht unter Iren Schriften verschoben hat: unter den zurükgesandten Sachen befindet es sich nicht.

89.

Uhland an Laßberg.

Tübingen, d. 12. Juni 1834.

Das Schreiben, mit dem Sie, verehrtester Freund! mich erfreut haben, versetzte mich wieder lebhaft in das stille Museum von Eppishausen und dessen schöne Umgebungen. Erwünscht war mir aber auch die Nachricht, daß sie dasselbe für einige Monate zum Behuf einer Reise verlassen werden, die gewiß mit manigfachem Genuß und Gewinn für Sie verbunden seyn wird. Schwab, der auf der Rückreise von Ihnen auch bei mir noch einen Rasttag hielt, sagte mir, daß Sie vielleicht nun bald sich auf die Fahrt begeben, und ich bitte daher angelegenst, daß Sie doch den Hin- oder Herweg, oder am liebsten beide, über Tübingen nehmen und bei uns ausruhen möchten. Möge Ihnen diese Reise nach allen Theilen besser gelingen:

— — — als Welfe,
dô der Tüwingen ervaht.

(Wolfr. v. Eschenbach.)

Die Abhandlung Fauriel's, von der Sie schreiben, habe ich auch erhalten. Das größere Werk über provenzalische Poesie, dessen Vorläuferin sie ist, wird von bedeutendem Interesse seyn. Wenn F. auch zu einseitig den Südfranzosen das Karolingische Epos vindiciren will, so ist er doch ohne Zweifel der geistreichste und kundigste unter den französischen Literatoren dieses Faches. Schon seine Sammlung neugriechischer Volkslieder hat gezeigt, daß er das Wesen der Volkspoesie, wie man es in Deutschland erkannt hat, gleichfalls wohl aufgefaßt habe. Seine Vorlesungen in Paris haben dort eine Schule für | diese Studien geweckt, wie solches die kleine Schrift von Monin über den Roman de Roncevaux und eine ähnliche von Barry über den Cyklus von Robin Hood beweisen. Ein andrer junger Gelehrter, Francisque Michel, der schon Verschiedenes von altfranzösischer Poesie herausgegeben hat, befindet sich jetzt aus Auftrag des Ministeriums, dem im neuesten Budget für solche Zwecke eine bedeutende Summe verwilligt wurde, in England um dort für Sammlung und Abschrift der normännischen Sprach- und Geschichtdenkmäler thätig zu seyn.

Von Aufseß's Anzeigen sind nun auf einmal Lieferungen nachgekommen, die dessen Fortdauer unter Mone's Aegide bezeugen. Dieser wird wohl manches Interessante von seinem Aufenthalt in den Niederlanden her mittheilen können. Das lange Schweigen des Hrn. v. Aufseß mag mitunter in dem Mißgeschicke seinen Grund haben, das sein Anzeiger bei der antiquarischen Versammlung zu Nürnberg im letzten Herbst erfahren hat.

Der Frhrr. F. K. v. Erlach in Mannheim hat eine Sammlung deutscher Volkslieder in 4 Bänden auf Subscription angekündigt. Er hat mir die Ehre erwiesen, mich in der Zueignung mitzunennen, und ich würde ihm sehr dankbar seyn, wenn von den 4 Bänden auch nur ein halber ächte, alte und bisher nicht zugängliche Volkslieder brächte, da meine eigenen Bemühungen in diesem mir so sehr am Herzen liegenden Theile unsrer alten Poesie nur langsame Fortschritte machen. Aber Hr. v. Erlach nimmt das deutsche Volkslied in einem sehr weiten Sinne, indem | ihm nicht blos Luther und seine Zeitgenossen, sondern auch, wie es scheint, die meisten späteren Lyriker darunter fallen. So lange freilich Hr. v. Meusebach sich nicht entschließt, die große Lücke in der Kenntniß ächtdeutscher Volkspoesie zur Ehre des Vaterlandes auszufüllen, muß man auch mit wenigem Zuwachs vergnügt seyn. Ich habe, vielleicht von Ihnen selbst, einmal gehört, daß auch Hr. v. Haxthausen Vieles von norddeutschen Volksliedern gesammelt habe. Da Ihre Reise gewiß auch zu ihm gerichtet ist, so könnte vielleicht Ihr Zuspruch ihn bewegen, seine Sammlung zur Kunde der Freunde des deutschen Volksgesanges zu bringen.

Mit einigem Erschrecken habe ich aus Ihrem werthen Briefe ersehen, daß Sie unter meiner Rücksendung das altdeutsche Bruchstück vom h. Ulrich vermissen. Sollte ich dasselbe nicht mit dem, gleichfalls von Hrn. Braun gefertigten Verzeichniß des Docenschen Nachlasses früher zurückgeschickt haben, so muß es sich allerdings noch unter meinen Papieren befinden, in denen ich jedoch bis jetzt ohne Erfolg nachgesehen habe. Verloren kann es in keinem Falle seyn, da ich es weder nach Stuttgart mitgenommen, noch irgend Jemand mitgetheilt habe. Nur muß ich vorläufig bitten, die lange getragene Geduld noch um etwas zu verlängern.

Herr Prof. Öchsle in Oehringen wünscht den Hug- und Wolfdietrich herauszugeben und hat vorläufig ein ansehnliches Stück des ersten aus der zu Oehringen befindlichen Hdschrift bekannt gemacht. Er sieht jedoch die ungenügende Beschaffenheit dieser späten Hds. selbst ein und würde der Ausgabe des Ganzen vermuthlich die Straßburger Hds. zu Grunde legen, wenn er überhaupt durch Subscription, zu höchstens 3 fl. für etwa 25 Bogen, dazu in Stand gesetzt würde.

Voll freundschaftlicher Verehrung

L. Uhland. *)

---

*) Zwischen diesen und den nächstfolgenden Brief fällt ein Besuch Laßbergs, der auf der angekündigten Reise nach Westfalen im Sept. 1834 mehrere Tage in Uhlands Hause verweilte; s. L. Uhland S. 255.

90.

Laßberg an Uhland.

Eppishausen am 10. März 1836.

Lezten Samstag, mein teurer Freund! Abends 4 Ur wurde im 77sten Jare seit Erbauung dieses Hauses das erste Kind geboren, sage mit Worten zwei gesunde lustige rothaarige und blauaugige Mädchen, welche vorgestern Hildegund und Hildegard getauft wurden.

Mutter und Kinder sind gottlob! so wol als wir nur immer wünschen können; erstere grüßet mit mir Sie, lieber Freund! und unsere gute Frau Emma; der wir, da wir nur eine Wiege haben, eines der zwei Füchslein abgeben könnten; allein die Wal würde uns schwer, allzuschwer werden! Die stille, sanfte Hildegund liegt meinem geliebten Weibe zu nahe am Herzen, und die lustige Hildegard abzugeben, wäre mir unmöglich. Da ich nicht weiß, ob Sie noch in Stuttgart sind, so sende ich diese Zeilen nach Tübingen, von wo Inen dieselben wol nachgesendet werden. Leben Sie so wol und vergnügt als Ir

J. v. Laßberg.

91.

Uhland an Laßberg.

Tübingen, d. 2. Aug. 1836.

Hochverehrter Freund!

Nach achtmonatlicher Abwesenheit bin ich vor wenigen Tagen hieher zurückgekehrt und werde in dieser Woche noch ein kleines Eigenthum an Haus und Garten an der Neckarbrücke, mit freundlicher Aussicht in das Thal, beziehen, das ich mir im Frühjahr erkauft habe.

Mit der herzlichsten Theilnahme bin ich mit meiner Frau den Nachrichten gefolgt, die uns seither von Ihnen und Ihrem Hause zugekommen sind. Die Kunde von der Geburt und dem Gedeihen Ihrer Zwillingstöchter war uns eine höchst erfreuende; mit großem Bedauern vernahmen wir dagegen den Unfall, der Sie auf einer Ausfahrt betroffen;*) daß Sie jetzt von demselben glücklich wiederhergestellt seyen, hat mich Hr. Procurator Abel zu meiner innigen Freude versichert. Die Rückkehr zum eigenen Heerde ist mir durch den Tod der einzigen Schwester, die vergangenen Monat im Wochenbette starb, sehr getrübt worden.

Ueber die lange Dauer unsrer landständischen Verhandlungen konnte ich für die Studien meiner Neigung wenig Anderes thun, als daß ich die hier beifolgende Arbeit zum Drucke förderte und diesen überwachte.**) Nehmen Sie solche in ihrer fragmentarischen Gestalt freundlich auf!

An diesen sagengeschichtlichen Forschungen gedenke ich jetzt fortzuarbeiten und daneben was ich über unsere älteren Volkslieder vorbereitet habe, zu ordnen und auszubilden. Auch für diese Beschäftigung nehme ich Ihre freundschaftliche Beihülfe in Anspruch, indem ich Sie, sofern es mit Ihrer eigenen Convenienz geschehen kann, um Mittheilung einiger in Ihrem Besitze befindlicher Seltenheiten bitte. Es sind folgende:

1. Das Münchner Bruchstück des Ecken-Liedes, das Sie in einer von Hrn. Braun gefertigten Abschrift besitzen und das Ihrer Ausgabe jenes merkwürdigen Liedes zur Ergänzung zu dienen scheint;

2. Der unvollständige 3te Theil der Müllerschen Sammlung altdeutscher Gedichte, den keine Bibliothek hiesiger Gegend besitzt; |

*) L. that einen gefährlichen Sturz aus dem Wagen, von dessen Folgen, einem Beinbruch, er sich nie wieder ganz erholte. Eine Lähmung blieb ihm auf Lebenszeit und längere Zeit konnte er nur mit Hilfe zweier Krücken sich fortbewegen.

**) Sagenforschungen. I. Der Mythus von Thôr. Stuttg. und Augsb. 1836.

3. Das Volksbuch vom Herzog Ernst in Reimen, das ich sonst nirgends gesehen habe und das sich, nach der Angabe Schönhuths in seiner Geschichte von Reichenau, in Ihrer Bibliothek befindet.

Mit Vergnügen habe ich neuerlich in Mone's Anzeiger Beiträge von Laßberg, Vater und Sohn, gelesen; Mone gibt in dieser Zeitschrift wirklich viel Dankenswerthes, so theilt er aus einer St. Georger Handschrift des 15. Jhd., im Karlsruher Archiv, von Zeit zu Zeit volksmäßige Lieder mit, die mir eine nähere Kenntniß besagter Handschrift, die eine größere Liedersammlung zu enthalten scheint, sehr wünschenswerth gemacht haben.

Ihnen und Ihrer verehrten Frau Gemahlin empfehlen wir Beide uns bestens. Mit unveränderlicher Freundschaft und Hochschätzung

L. Uhland.

92.

Laßberg an Uhland.

Baden im Kanton Aargau am 21. August 1836.

Welche Freude, mein teurer Freund! hat mit Ir Schreiben vom 2. dieses, das ich nebst dem Buche gestern durch meine Frau zugesendet bekam, gemacht. Als ich Inen am 10. März die glükliche Ankunft zweier blauaugiger, rothaariger Schwabenmädchen in Eppishausen meldete, wußte ich nicht, daß die Ständeversammlung noch in Stuttgart saß und sendete meinen Brief nach Tübingen, wo Sie in wenigstens bei der Heimkunft gefunden haben. Den Ankauf eines Hauses in Irer Vaterstadt hatte mir schon unser guter Schwab mitgeteilt, und ich freute mich, durch die Gründung eines vesten Sizes, Sie nun für immer Irem Vaterlande gesichert zu sehen; aber ach! die geliebte Schwester, welche so viel durch die Veststellung Ires Aufenthaltes gewonnen hätte, mußten Sie, lieber Freund! so frühe verlieren. Ich sahe sie ein einziges Mal in dem Hause der würdigen Aeltern und sie gefiel mir in der kurzen Zeit recht ser. Glauben Sie an meine herzliche Theilnahme an Irem unersezlichen Verluste; eine Schwester ist eine geborne Freundin, die man nur durch den Tod verlieren kann; ich habe nur noch eine behalten, und füle bei dem Gedanken an die Irige wieder doppelt wie tief mich Ir Verlust verwunden würde.

Woher Herr Procurator v. Abel die Nachricht von meiner Wiederherstellung genommen weiß ich nicht; allein wiederhergestellt kann ich mich nur dann glauben, wenn ich wieder gehen kann; denn sich hinkend an zwei Stöken herumschleppen und bei iedem Schritte Schmerzen empfinden ist wol keine Herstellung zu nennen: in integrum ist sie auch wol kaum zu hoffen, ungeachtet dessen habe ich, den Wünschen meiner Familie nachgebend, mich am 9ten dieses hieher ins Bad verfügt, dem Versprechen der Aerzte zufolge meine völlige Heilung da zu holen. Nach 14tägigem Gebrauche des Wassers finde ich, daß die Schmerzen und die Steifheit meines geräderten Beines sich vermeren; aber, ich bin nichtsdestoweniger entschlossen die vorgeschriebene Kurzeit hier auszuharren, das ist noch 14 Tage zu bleiben, um mir hindennach keine Vorwürfe machen zu müssen; daher tut es mir leid, Irem Wunsche, durch Uebersendung der | verlangten Handschrift und Bücher, nicht so plözlich entsprechen zu können, als ich gerne wollte; aber bei meiner Zuhausekunft soll es auch das erste sein, was ich vorneme. Ich werde dieser Sendung dann noch zwei Liedersammlungen beifügen, in deren Besiz ich seit einem Jare gekommen bin. Das eine gedrukte Buch in Querquarto, bestehet aus mereren zusammengebundenen Sammlungen zerschiedener Tonkünstler unter denen sich auch ein H. würtembergischer Kapellmeister befindet. Das andere ist eine Abschrift von etwa 44 Liedern mit Melodien, welche Prof. Maßmann von dem Kretschmarschen Codex des XV. Jarhunderts genommen und mir zur Abschrift mitgeteilt hat. Da die beigefügten Weisen nur einfach die Singstimme enthalten; so hat meine Schwägerin Nette Droste (der ich auch das erstgenannte Liederbuch verdanke) zu iedem Liede einen Baß gesezt; so daß sie sich nun ser gut mit Klavierbegleitung spielen lassen. Vielleicht haben Sie von dieser lezten Sammlung schon etwas in der Münchner musikalischen Zeitung gelesen, wohin Maßmann etwas davon einrüken ließ. Mone's Anzeiger, der beinahe aufgehört hat ein Anzeiger zu sein, hat seit einiger Zeit wirklich an literarischem Gehalte gewonnen, und man kann jezt auch, one sich zu schämen und mit Vergnügen Beiträge dazu liefern. Ich bearbeite auch wirklich hier eine Anzal Urkunden des XI. und XII. Jarhunderts, die Stiftung des Klosters Allerheiligen zu Schafhausen betreffend, welche ich an Mone senden will und welche, wie ich hoffe, den schwäbischen Geschichtforscheren willkommen sein werden. Auch will ein Freund und Nachbar von mir, Herr von Imhof mir ein höchst merkwürdiges Minnesängerkästchen, das im Besize der verwittweten Königin von Baiern war, und gewiß dem XIII. Jarhundert angehöret, abzeichnen, um es in Steindruk dem Moneschen Anzeiger beifügen zu können. Sie sehen, bei mir alten Manne trift nun das schwäbische Sprüchwort ein: regnets nicht, so tröpfelts doch, aber auch das Horazische: non sum qualis eram, bonae sub regno Cynarae! dem sei nun, wie im seie, testatus exibo, bonam conscientiam me amasse, bona studia: nullius libertatem per me imminutam esse, minime meam. |

Was sagen Sie zu J. Grimms deutscher Mythologie? Es ist wieder eine ganze Bibliotheke voll Gelersamkeit! Ich schrieb im: es sind eine Menge guter und schöner Steine, aus denen einmal ein herrliches Haus gebaut werden kann, und mündlich sagte ich im vorlezten Winter zu Göttingen: es seie noch allzufrühe zu einer teutschen Mythologie, man müsse noch warten bis ein größerer und reicherer Apparat zusammen gebracht seie. Dies füret mich nun auf Ire S a g e n f o r s c h u n g e n, für deren freundschaftliche Mitteilungen ich Inen herzlich danke: ich habe bereits ein halb hundert Seiten in Irem Thôr gelesen, und es kam mir oft vor als wenn ich es schon einmal gelesen hätte, als ich die Sache näher betrachtete, fand sich, daß es Ire Darstellung, Ire Ansicht, Ire Erklärung war, die mich so ansprach, ich möchte sagen: anheimelte; denn ich hatte von Anfang als ich mit diesen Mythen bekannt wurde bis nun, sie beinahe immer so angesehen und aufgenommen, wie ich sie in Irem Buche vorgetragen finde; auch habe ich wieder eine Klarheit und Gediegenheit in diesem opusculum gefunden, welche mich immer in Iren Schriften, selbst in den poëtischen, so ser erfreut haben. Aber welchen großen Plan mein Freund! haben Sie sich vorgezeichnet! Ich fürchte, daß die nordische Mythologie allein Ire Zeit auf viele Jare in Beschlag nemen werde; wo bleiben Zeit und Raum für unsere Lieder?

Wann wird sich denn einmal ein tüchtiger Mann an unsre oberteutsche Mythologie machen und sie nach der Geschichte der Völkerstämme vortragen? So wenig man sich bei der niederteutschen des Nordens und seiner Götterlehre gänzlich entschlagen kann, so wenig wird man sich beim südlichen und westlichen Teutschlande ganz von den römischen und damit verwandten Mythen losmachen können; aber wir haben doch mer Geschichtliches, und mer Denkmale in Bild und Sprache für uns. Es wäre wol des Schweißes eines Edlen wert einmal einen Versuch zu machen, nur müßte man die vielschreibende und wenig sagende Academie celtique nicht zum Muster nemen.

Sie haben wol vernommen, daß der Stuttgarter Hohenstaufen Verein mich zu seinem Vorstande gewält hat. Inen kann ich es wol gestehen, daß ich die Sache als einen Episcopat in partibus angesehen habe; aber nicht in partibus infidelium, denn, was könnte ich in dieser Entfernung wirken? Allein, die Sache ward wiederholt und auf eine so freundliche Weise an mich gebracht, daß ich, one als ein eigensinniger oder eingebildeter Mensch zu erscheinen, mich derselben nicht wol entziehen konnte. Es sind doch viele wakere Leute dabei, neben denen ich wol stehen mag; obschon ich den Namen, den ich am liebsten gelesen hätte, in dem Verzeichnisse nicht fand, was nun die guten Götter | zu Ere und Frommen der seligen Hohenstaufen (eigentlich Staufen; denn der Zusaz: Hohen, kömmt urkundlich nirgend vor) uns eingeben werden? will ich in Geduld und Demut gewärtigen.

Von Hause bekomme ich alle Wochen zweimal Briefe, und gottlob! ist noch immer alles gesund und munter, wie wir es nur wünschen können, die Kinder wachsen wie die Spargeln und Hildegard jauchzet schon so laut, daß man sie im obern Stok des Hauses hören kann. Meine Frau, die mir Iren Brief geschikt hat, grüßet mit mir Frau Emma auf das herzlichste, wollen Sie nicht mit einander kommen und unsre Trauben diesen Herbst bei uns versuchen, die Sie im vorlezten zu Tübingen so süß fanden? Sie versprechen auch diesmal gut zu werden, und der kleine Ludwig (?) möchte wol Freude haben sie am Geländer zu lesen. Gott befolen, mein Freund! und geliebt und vereret von

Irem

J. v. Laßberg.

Mein Son Fridericus Ahenobarbus, welcher auf der Heimreise von Interlachen, wo er die Molken trank, zu Bern den wiederaufgefundenen französchen Schwaben Spiegel verglich, welcher dem Bischofe Heinrich von Verdun gehörte, und ganz mit meinem Codex von 1287 stimmt, hat mich hier auf der Durchreise besucht und wird nun Anstalt machen seine Ausgabe des Schwabenspiegels, mit den Lesearten von 85 Handschriften, in Tübingen druken zu lassen. J. Grimm arbeitet am 4. Bande seiner Grammatik, welcher heuer noch unter die Presse soll. Wie haben es die Berliner angefangen auf einmal zwei Handschriften des Nibelungen Liedes zu bekommen? Von W. Wakernagels Lesebuch soll schon die zweite Auflage erscheinen. Lachmann arbeitet auch wieder in der Theotiska, er sagt aber nicht was es seie?

93.

Laßberg an Uhland.

Eppishausen am 17. September 1836.

Es tut mir leid, teurer Freund! daß ich nicht auf einmal allen Iren Wünschen entsprechen kann. Hier sende ich Inen zuerst den III. Teil der Myllerischen Sammlung, in welchem weniger der unvollständige Trojanische Krieg des Konrad von Würzburg, als die demselben angehängten einzelnen Gedichte, Sie anziehen werden. Den Herzog Ernst in Reimen, den ich vor mer als 30 Jaren in dem höwganischen Städtchen Engen auf dem Jarmarkte kauffte, konnte ich in dem zusammengeschnürten Convolute solcher Volksbücher, nicht wieder finden; indessen kann ich Inen sagen, daß ich solchen mit dem Abdruke in von der Hagens altteutschen Gedichten des Mittelalters. Band I. verglichen und beinahe wörtlich übereinstimmend, aber wol um $^3/_4$ kürzer gefunden habe, was bei älteren Recensionen gegen neuere beinahe immer der Fall zu sein pfleget. Das Münchner Bruchstük aus dem Ekenliet besize ich noch und werde es Inen nachsenden, sobald ich es wieder aufgefunden habe; es ist ser merkwürdig, denn es stimmt weder mit meiner Handschrift des XIII. Jarhunderts, noch viel weniger mit den späteren interpolirten Recensionen. Vor meiner Badereise wurde meine Stube, um sie in meiner Abwesenheit puzen zu können, von Schriften ausgeräumt; nun habe ich eine Weile zu tun bis der mächtige Papierhaufe wieder in eine etwaige Ordnung gebracht sein wird.

Am 5. verließ ich Baden, one von meiner Kur eine vorteilhafte Wirkung verspürt zu haben, ich gieng über Donauöschingen meine einzige und liebe Schwester, die wie eine Inclusa da lebet, und die Gräber meiner Väter noch einmal zu besuchen; am 7. Morgens um 8 Ur kamen wir von Constanz hier an, und fanden gottlob! unsere kleinen Füchslein unter der Hut von Jennys Mutter ganz wol. Die so ungewönlich frühe eingetrettene rauhe Witterung, verdirbt uns alle Herbstfreuden und vorzüglich die Trauben, welche nun warscheinlich nimmer zur Reiffe kommen. Mone schreibt mir, daß der Verleger des Anzeigers, rüksichtlich des guten Abganges, sich entschlossen habe die Bogenzal dieser Zeitschrift zu vermeren, etwa auf 40: ich wollte lieber daß man die Zal der Hefte vermerte und die Zeit irer Erscheinung abkürzte; es gehet ja gar zu lange her, ehe ich in meinem angulus terrae erfare, was in der Theotisca geschiehet und gefunden wird?

Jenny und ich grüßen die liebe Frau Emma und Sie und ich bitte auch Schwab und Tafel von mir zu grüßen. Ade für diesmal, und zeigen Sie mir den Empfang des Buches nur mit 2 Zeilen an; ich wüßte es nicht wieder zu bekommen, da die meisten Exemplare verbraunt sind.

Gott befolen! von Irem alten hinkenden

J. v. Laßberg.

94.

Laßberg an Uhland.

Eppishausen am 9. Novembers 1837.

Ich muß Inen geschwind etwas senden, lieber Freund! damit Sie es, noch weil es warm ist, erhalten, wie die Straßburger den Zürcher Reisbrei. Endlich ist nun auch eine Ausgabe des h. Gregors vf dem Steine von unserm Hartmann von Owe erschienen.*) Ich sage: von unserm; denn seine Schilderung des Knabenlebens im Kloster am See, in welcher ich mer als eine Oertlichkeit der Reichenau nachweisen wollte, bevestiget meine Vermutung, daß er uns Schwaben und nicht den Franken angehöre immer mer. Ich freue mich auch über die Herausgabe; weil ich, da Herr Greith noch in Rom war und deshalb bei

*) Spicilegium Vaticanum. Von Carl Greith. Frauenfeld, 1838.

mir anfragte, den ersten Anstoß dazu gab und auch im dann den Verleger dazu verschaffte. Zu lezt aber freut mich am meisten das Gedicht selbst, das, wenn gleich vielleicht sein frühestes, doch keinem andern des redlichen guten Hartmanns an innerm Gehalte nachzustehen scheint. Der Schluß erinnerte mich an jenen des Tannhauser Liedes. Daneben enthaltet das Büchlein noch manche merkwürdige und angeneme Notiz und wenn der | Herausgeber gleich nicht viel für die Illustration des Gedichtes geleistet hat; weil er die Sprache nicht hinlänglich verstehet; so hat er doch auch nicht, wie andere, die sich ser gelert dünken, vieles am Texte verdorben, und Kenner werden es wol so wie es ist, gebrauchen können.

Seit Irer Abreise, lieber Freund! haben wir beinahe täglich Besuch gehabt, zahlreichen, ununterbrochenen; sogar aus dem fernen Westphalen, eine ganze Stube voll. Auch W. Wakernagel hat uns mit seiner iungen Frau den nächsten Tag nach seiner Vermälung besucht. Jezt ist der Winter da, es hat schon geschneiet, da bin ich den fleißig hinter meinem Wilhelm von Orlenz her, und mit unter fange ich an meine Bücher einzupaken, bei deren Handhabung mir manche süße und saure Erinnerung aufstößt; beides giebt einigen Genuß, selbst das lezte, wenn es überstanden ist. In 10 Tagen wird es sich entscheiden, ob ich die alte Dagobertsburg zu Meersburg für mein Eigentum und leztes Nest erhalte; sollte nichts daraus werden; so ziehe ich war | scheinlich nach Herblingen nahe bei Schafhausen, in eine große aber ser schöne Einsamkeit, wo auch noch guter Wein wächst.

Wenn Sie mein altes Liederbuch nicht mer brauchen, so bitte ich es mir wieder zu senden; meine Frau möchte gerne einige Lieder für eine Freundin daraus abschreiben.

Wir sind Alle wol, die Kinder gedeihen zusehends; Rötel kann schon lesen und schreiben, wenigstens bildet sie sichs ein. Die gute sanfte Hildegard übt sich fleißig im Tanzen und hat eine ware Freude daran. Meine Frau grüßet Sie und Frau

Emma auf das herzlichste mit mir; wir sind beide begierig zu hören, wie es Inen gehet. Jacob Grimm hat mir den 4. Theil seiner Grammatik geschikt, und der närrische Benecke unser Landsmann hat mich am Jubiläum als Mitglied der Götting. Societät der Wissenschaften ausrufen lassen. Ohe! iam vesperascit! ich weiß nicht was mir lieber wäre! — Und nun, Gott befolen! von

Irem

J. v. Laßberg.

95.

Laßberg an Uhland.

Eppishausen am 21. Hornungs 1838.

Lieber Freund Uhlandus!

In der Freude meines alten, aber noch immer grünen Herzens, kann ich nicht umhin, Inen zu sagen, daß ich vorige Woche die Nachricht erhielt, wie daß mir die alte bischöfliche Burg zu Meersburg, für den von mir gebotenen Preis, von der Domainenkammer zu Carlsruhe zugeschlagen worden ist. Eine schöne, große Burg, wolerhalten (da vor einem Jare noch das Hofgericht sammt dem Hofrichter darinne saß), hell, warm und in einer Lage, die eine der schönsten Aussichten am Bodensee gewäret. Sagen Sie dies auch Schwab und Abel, und daß man in einem Sommertage, von Stuttgart oder Tübingen, wenn man ein wenig frühe aufstehet, mit der Post bequem nach Meersburg kommen kann. Wie viele geschichtliche Erinnerungen knüpfen sich an diese Besizung. König Dagobert von Austrasien baute sie, Carl Martell erneuerte die Burg, die Welfen, die Hohenstaufen | besaßen sie. Warscheinlich trat sie Conradin seinem Vormunde, dem biedern Bischofe Eberhard von Waldburg ab. Bischof Niclaus aus dem Minnesänger Geschlechte von Kiunzingen, hielt 1334 eine 14wöchentliche Belagerung gegen Kaiser

Ludwig den Baier, darinne aus, und nötigte diesen mit Schimpf abzuziehen. Die Gegend so wie die ganze Nachbarschaft, ist fruchtbar, freundlich und wolangebaut; der Wein, welcher seit einigen Jaren da aus Traminer Trauben gezogen wird, gehört gewiß unter die vorzüglichsten Weine Schwabens, und ich hoffe, wir sollen in einem der runden Gemächer der guten alten Burg, welche die Aussicht auf die blauen Fluten des Potamus geben, mer als einmal die Erfarung hievon machen. Jezt gehet es ans Einpaken, das ist mühesam und langweilig; aber das Auspaken und Aufstellen ist hinwieder lustig, und dann will ich auch wieder mit erneutem Mut und Lust arbeiten; denn dort wird mir ein Wunsch gewärt, den ich bisher stets | vergeblich närte, ich kann alle meine Bücher und Handschriften ꝛc. in einem schönen, hellen, gewölbten (ehemaligen Archiv-) Saale beisammen aufstellen und durch die Glastüre eines anstoßenden geräumigen Arbeitszimmers alles übersehen.

Hoc erat in votis: dii melius et auctius fecere! bene est! nil amplius oro! —

Ich habe 6 Querfolioblätter Manuscript aus dem XVI. Jarhundert erhalten. Sie enthalten: Der Benzenauer in Tantz weis. Der Schwartz Knab, Tantz weis geflorieret. Sankt Jacobis Danz. Der Moristgen Danntz. Der Hoppen Dantz. Die Weisen sind blos für die Laute gesezt; oder Zither. Aber der Text felet überall, es stehen immer nur ein paar Verse, der Anfang, unter den Noten. Die Noten selbst bestehen nur aus Buchstaben und Ziffern. Wer kann diese alte Musik lesen?

Dann habe ich bekommen: Lautenbuch vieler neuer, erlesener, fleißiger schöner Lautenstuk, von artlichen Fantaseien, künstlichen Musikartlichen lateinischen Muteten ꝛc. durch Sixtum Kargel fürstlich bischöflich Straßburgischen Lautenisten. Gedrukt zu Straßburg, durch Bernhard Jobin. 1586. in Folio.

Wer die jezt nicht mer gangbare Notenschrift entziffern könnte, würde vielleicht auf manche liebliche Entdekung geraten.

Sie wissen nun mein Freund! wo Sie uns wieder finden können; hiemit sage ich Ade! Herzliche Grüße von Jenny und mir an Frau Emma. Wälzen Sie indessen den Stein des Sysiphus und lassen Sie es sich nicht verdrießen, quand même —

Ir

treuer Freund

J. v. Laßberg.

96. *)

Laßberg an Uhland.

Auf der alten Meersburg am 20. August 1838.

Ein Gruß aus einem betrübten Herzen, **) ist darum doch ein Gruß, wenn er war und treu ist. Meinem lieben Freunde Uhland müsse es gut und wol gehen und in patriam redux, soll in die schwäbische Erde und die schwäbische Treue wieder mer als ie erfreuen.

Das unerwartete Zusammentreffen mit Schwab, war eine für mich woltätige Erscheinung und seine freundschaftliche Güte erhöhete dies dadurch, daß er mir sogar einige Stunden in der alten Meersburg schenkte. Er wird Inen sagen, lieber Freund! wie wir uns freuen Sie und Frau Emma einmal in diesen alten Mauren zu sehen und Sie in der schönen Umgebung herumzuführen. Jenny grüßet mit mir Sie und Ire liebe Hausfrau und ich hoffe nach einiger Zeit von Irem Wolsein zu hören; denn, daß es den Freunden wolgehet ist ia der höchste Genuß betrübter Leute. Gott befolen! von Irem

J. v. Laßberg.

*) Von außen überschrieben: An Freund Uhland, den weltgereiseten.

**) Laßbergs Sohn Friedrich v. L., geb. am 13. Mai 1798 zu Lindau, starb als Regierungsdirector zu Sigmaringen am 30. Juni 1838.

97.

Uhland an Laßberg.

[Im Herbst 1839.]

Hochverehrter Freund!

Beifolgende Frühlingsgabe hat mir der Herausgeber zur Bestellung an Sie zugehen lassen. Karajan ist ein eifriger und tüchtiger Arbeiter im Fache unsrer alten Literatur; während meines Aufenthalts in Wien ist er mir sehr freundlich an Hand gegangen und fördert auch jetzt noch meine Liederforschungen.

Unsre Schweizerreise, bei deren Antritt wir in der alten Meersburg so gastlich aufgenommen waren, ist recht angenehm abgelaufen; wir fanden überall förderliches Entgegenkommen. Die Wikſche Sammlung in Zürch, die Cysatsche in Luzern, die Bibliothek des Herrn von Mülinen in Bern, die mir sehr bereitwillig geöffnet war, gewährten Nachlese zu meinem Liedervorrathe; für das historische Volkslied bietet die Schweiz noch gute Ausbeute dar, weniger für Lieder andrer Art, wie sie mir hauptsächlich in Betracht kommen. Herr Dombechant Bock in Solothurn, an den Sie mich empfohlen, ist mir eine werthe Bekanntschaft und war wohlwollend be | müht, uns den Aufenthalt daselbst angenehm zu machen. In Aarau waren Tanner und Rochholz meine Geleiter und in Basel traf ich Wackernagel gerade noch vor seiner Abreise nach dem Rigi, wo er einige Zeit im Kaltenbad verweilen wollte.

Auch die schöne und große Natur des Gebirglandes ließen wir nicht ganz zur Seite, der Vierwaldstätter See bis Flüelen wurde auf dem Dampfschiff befahren und das Faulhorn erstiegen.

Sie, verehrter Freund, werden nun auch wieder von Ueberlingen in der neuen Heimath zurück seyn. Von Herzen wünschen wir, daß Ihnen die Badkur gute Dienste geleistet haben möge. Empfehlen Sie uns der Frau Gemahlin zu freundlichem Andenken und grüßen Sie uns die fröhlichen Zwillingsschwestern.

In Freundschaft und Verehrung

L. Uhland.

98.

Laßberg an Uhland.

Auf der alten Meersburg am 9. Octobers 1839.

So eben, mein teurer Freund! erhalte ich Ire Zeilen vom 6. dieses*) samt dem Mayer Helmprehte**) und danke Inen für Beides, mich der Worte des persischen Dichters erinnernd: Freundesworte sind wie Goldsand, auch das kleinste Körnchen hat seinen Wert:- um so teurer sind mir die Irigen von heute, da sie mir Gelegenheit geben etwas zu tun, was Inen angenem ist: ich sende daher den vierten Band der v. d. Hagenschen Minnesinger, in soweit ich in nämlich besize, durch den heutigen Postwagen. Ich stund im Zweifel, ob ich Inen nicht auch das Handschriftliche, was ich über diesen Gegenstand gesammelt habe, und was bereits zu einem diken Bande angewachsen ist, mitsenden solle? Allein ich dachte, daß Sie Irem Werke wol weder eine diplomatische noch eine genealogische Geschichte der Sänger einverleiben werden und so halte ich es einstweilen zurük, bis Sie es verlangen. Wie gerne, lieber Uhland! wollte und würde ich Inen auch dasienige senden, was Sie mir von der geflorirten Tanzweise des schwarzen Knaben erwänen, allein es muß noch mit andern Schriftfaszikeln irgendwo eingepakt liegen; denn, ungeachtet ich es diesen Morgen in dem alten Turme des Königs Dagobert, wo meine Schriften liegen, aufs emsigste suchte, konnte ich dies Fragment noch nicht auffinden; so bald ich es entdeke, sollen Sie es erhalten. |

Jn den Mayer Helmpreht habe ich nur ein paar schnelle Blike getan; aber mir fiel dabei sogleich ein: wenn doch Bergmann zu einer Ausgabe des Frauendienstes, die ia doch einmal erfolgen muß und wird, die Anmerkungen und Noten

---

*) Fehlen.

**) Von dem Mayr Helmprechte. Zum ersten Male herausgegeben von Jos. Bergmann. Wien 1839.

machen wollte, denn nur ein Einwohner Oesterreichs oder der Steiermark kann dies leisten, wenn dies schöne Gedicht nicht zum größten Teile dem Leser unverständlich und genußlos bleiben soll.

Mit großer Freude sehe ich aus Irem Briefe, daß Sie unverdrossen und frölich an Irem Volksfange arbeiten und der Sänger und Gelerte Schwabens nun bald wieder einmal auftretten und den Norddeutschen zeigen wird, daß sie kein privilegium exclusivum auf unsere altteutsche Literatur besizen, wie es seit einigen Jaren den Anschein nemen wollte. Wir sind alle wol und gesund, Frau Jenny schreitet in irem gesegneten Zustande glüklich voran, und verspricht uns auf Weihenachten ein Christkindchen zu bescheren. Wir haben seit ein paar Tagen das Vergnügen unsern ältesten Son Karl, zeitlichen Commandanten der Zittadelle zu Mainz*), zu besizen: wir grüßen Sie und Frau Emma auf das herzlichste und ich bin und bleibe

Ir

treuer

Joseph v. Laßberg.

99.

Laßberg an Uhland.

Auf der alten Meersburg am 5. Juli 1840.

Vererter Freund!

In der Ungewißheit ob Sie das unterm 2. Juny durch den hiesigen Postwagen an Sie abgesandte alte Liederbuch des Eberwin Droste**) erhalten haben, oder ob ich meinen hiefür erhaltenen Postschein soll geltend machen? um die gesezliche Zeit nicht zu versäumen, neme ich mir die Freiheit deshalb bei Inen anzufragen. Ich komme eben von Freiburg im Breisgau zurük,

*) † im April 1866 zu Prag.

**) Vergl. darüber Mone's Mittheilungen im Anzeiger für Kunde des deutschen Mittelalters 7. Jahrg. (Karlsruhe 1838) S. 72 ff.

wohin mich die Pflicht einer durch 53 Jare nie getrübten Freundschaft zu meinem noch immer kranken Freunde Professor Hug rief: ich mußte in leider mit ser schwankenden Hofnungen für seine Wiederherstellung verlassen, und, da er seinen täglichen Vorlesungen auf dem Katheder durchaus nicht entsagen wird, befürchten, daß er einmal, wie ein alter Feldherr, auf dem Feld der Ere bleiben wird. Seit ein paar Tagen habe ich den auch Inen bekannten Herrn Franz Pfeiffer aus Solothurn bei mir, der aus München gekommen ist, um meine 3 Handschriften des Wilhelm von Orlenz, zum Behufe einer vorhabenden Ausgabe dieses Gedichtes, zu benuzen.

Wir gottlob! sind alle, alt und jung, gesund und zufrieden und grüßen Sie und Frau Emma herzlich.

Ir

J. v. Laßberg.

100.

Uhland an Laßberg.

Tübingen, d. 1. Sept. 1840.

Hochverehrter Freund!

In der Anlage stelle ich das Drostesche Liederbuch nebst den Leben der Minnesinger zurück und danke für die lange getragene Geduld, der ich unter den manigfachen Abhaltungen der letzten Zeit so sehr bedurfte. Die von der Hagenschen Minnesinger, die nun endlich im Buchhandel erschienen, habe ich mir jetzt selbst angeschafft. Ob das Lied: Venus du und dein Kind ꝛc. von dem Sammler selbst herrühre, scheint mir doch zweifelhaft, denn auch die übrigen Lieder sind meist solche, die um jene Zeit viel verbreitet waren; eher möchte ich einzelne, den Liedern angehängte Sprüche für Zuthat des ehemaligen Besitzers der Handschrift ansehen.

Professor Reyscher hat uns erfreuliche | Nachricht von Ihrem und der Ihrigen Befinden gebracht, auch daß Sie vielleicht noch das Wildbad gebrauchen würden, und dieß gab uns Hoffnung, Sie wenigstens auf der Hin- oder Herreise bei uns zu sehen; bis jetzt aber fand ich Ihren Namen nicht auf der Liste der Wildbader Kurgäste.

Meine Arbeit über das Volkslied rückt allmählich vor. Die Sammlung ist der Hauptsache nach geordnet, auch ein Stück Einleitung geschrieben, doch bleibt auch noch Vieles zu thun. Ich denke diesen Herbst noch einen Ausflug nach Frankfurt und in die Rheingegend zu machen, um etwa noch einige alte Liederdrucke zu erhaschen.

Unter herzlichen Grüßen hochschätzend

der Ihrige
L. Uhland.

101.

Laßberg an Uhland.

Auf der alten Meersburg am 23. Octbrs. 1841.

Verertester Freund!

Nach in Constanz und St. Gallen angestellten Nachforschungen, kam endlich gestern Abends Ire Reisekarte in meine Hände und hier folgt dieselbe, weil ich doch warscheinlich so bald nicht etwas an Sie zu schiken habe, und den Brief, der Inen Kunde von dem Wiederfinden derselben gibt, doch nicht allein laufen lassen will. Nochmals, lieber Freund! meinen herzlichen Dank für Iren, obwol kurzen, Besuch. Ich habe nun auch des Klein-Heinzelin von Costenz kleines Gedicht vom Ritter und Pfaffen in die Drukerei gegeben, damit es den beiden andern schwäbischen Dichtern Silberdrat und Oettinger beigefügt werde, und die drei redliche Schwaben auf Neuiar in meinem Namen meine Freunde begrüßen. Mögen Sie gesund und vergnügt wieder bei Irer lieben Frau Emma angekommen sein, die wir alle, so wie auch Sie von ganzem Herzen grüßen.

Ir
J. v. Laßberg.

102.

Laßberg an Uhland.

Auf der alten Meersburg, am 27. July 1842.

Vererteſter Freund!

Endlich kommt der Oettinger*), zu dem ſich auf dem Wege vom Schreibtiſch zur Preſſe, noch andere Leute geſellet haben, die, ſo hoffe ich wenigſtens, Jnen nicht weniger gefallen ſollen, als ir Vorreiter. Sind doch wieder ein par bisher noch unbekannte ſchwäbiſche Dichter ans Licht gezogen, freilich nicht aus der goldenen Staufenzeit, aber darum doch zu beachten, weil ſie in die Lüke zwiſchen 1390 und 1430 fallen, von wo wir wenig specimina haben, und ſomit glaube ich das Papier nicht ganz umſonſt ſchwarz gemacht zu haben: das nächſtemal will ich ſuchen es beſſer zu machen, d. i. etwas Beſſeres zu liefern.

Jch denke Jr ehemaliger Schüler, Profeſſor A. Schott, hat Jnen und Frau Emma auf ſeiner Durchreiſe mehrere Grüße ausgerichtet. Wir ſind gottlob! alle wol und haben einen guten warmen Sommer gehabt, was alten Leuten wol tut. In theotiscis nihil novi! Die Entdekung, welche Jacob Grimm in dem Merſeburger Meßbuch | gemacht hat, will mir doch nicht ſo außerordentlich wichtig vorkommen. Eine Wolke mer oder weniger, macht den nordiſchen Götterhimmel noch nicht hell! Jndeſſen: adde parum parvo etc. Wie mir A. Schott ſagte, will Cotta eine Reihe mittelhochteutſcher Dichter herausgeben: ich hoffe doch, daß es lauter inedita ſein werden. Jch vermute, daß wir dieſen Herbſt recht ſüße Trauben eſſen werden; möchten Sie, lieber Freund! doch Luſt bekommen, ſie mit Frau Emma, die wir alle herzlich grüßen, bei uns zu verſuchen!

Und nun Gott befolen! von Jrem

J. v. Laßberg. |

---

*) Ein ſchön alt Lied von Grave Friz von Zolre, dem Oettinger, und der Belagerung von Hohen-Zollren, nebſt noch etlichen andern Liedern. Alſo zum erſten Mal, guten Freunden zu Luſt und Lieb, in Druck ausgegeben durch den alten Meiſter Sepp, auf der alten Meersburg. Ge-

Noch eines. Die Stiftdame Freiin von Wintgen, eine weitläufige Verwandte meiner Frau, welche sich mit irer Nichte seit einigen Wochen bei uns aufhält, machte in Wisbaden die Bekanntschaft von Miß Clara Graves, einer Irländerin, deren Vater am Hofe der Königin Viktoria zu London angestellt ist. Diese beschäftiget sich viel mit Uebersezzungen aus dem Teutschen, und schenkte der Stiftdame von Wintgen eine Uebersezzung von Uhlands kleinem Roland, welche leztere hinwieder an mich abtrat, um sie Inen zu senden, und da ist sie.

103.

Laßberg an Uhland.

Auf der alten Meersburg am 3. Brachmonats 1843.

Lieber Freund Uhland!

Was soll ich Inen sagen zu dem wunderschönen Geschenke, das Sie mir zu meinem 74. Geburtstage gemacht haben?*) So wie der Dank im Herzen stund, und noch stehet und auch stehen bleiben wird, kann ich in doch nicht wiedergeben! Nemen Sie also mit einem aus dem innersten Herzen gesprochenen: Gott vergelts! vorlieb. Ja, die Freude war groß, so groß wie die Ueberraschung, und diese hätte nicht wol größer sein können! Wen, er sei alt oder jung, muß es nicht innig erfreuen, sich also von den Besten seines Volkes geliebt und geeret zu sehen? Gottlob! daß mein altes Herz noch frisch genug ist, um es recht lebendig zu fülen. Aber auch als vaterländisches Kunstwerk ist der wunderschöne Stul merkwürdig und muß den alten Schwaben erfreuen, da er eben so fein und sinnig gedacht, als künstlich und zierlich ausgefüret ist: aus altem schwäbischem Eichenholze und durch schwäbische Hände. Ich habe meine Leute gebeten, wenn es einmal mit mir zum Abschiednemen kommen sollte, mich in diesen Stul zu sezzen, damit ich beim Anschauen der

---

druckt in diesem Jar. — Danach neuerdings wiederholt in: Die historischen Volkslieder der Deutschen im 13. bis 16. Jahrhundert gesammelt und erläutert von R. v. Liliencron. I. Bd. (Leipzig 1865). Nr. 59.

*) Vgl. unten S. 281 ff. den an mich gerichteten Brief.

Namen und Wappen so vieler biderber Männer, noch sagen kann: ich habe nicht umsonst gelebt! ich bin geliebt worden! testatus exibo, bonam conscientiam me amasse, bona studia; nullius libertatem per me imminutam fuisse, minime meam. Dies Zeugniß werden mir, ich glaube daran, meine Freunde nicht versagen, und mit diesem Passe hoffe ich, jenseits des tiefen Grabens, durch alle Zollvereine durchzukommen.'

Zer leide hat mir das Schiksal des sonst so gutmütigen Prof. Hoffmann von Fallersleben getan; bei seinem hiesigen Aufenthalte*) gab ich im mit meiner angeborenen schwäbischen Freimütigkeit zu verstehen, daß es wol an der Zeit sein möchte einmal den Studenten auszuziehen, bekam aber ein: ridendo dicere verum, quid vetat? zur Antwort. Zum Bedauren aller, die in kennen und im wolwollen, sind seine Gedichte nun im entgegengesezzten Sinne wirklich unpolitisch geworden.

Maßmanns Eraclius ist eine wichtige und schäzenswerte Gabe und ein ungeheures Stück Arbeit; aber in Beziehung auf den teutschen Verfasser hat er mich nicht überzeugt. Ich habe aus der Sprache des teutschen Eraclius manches gelernt, aber für so alt als Maßmann meinet, kann ich sie doch nicht halten; wol aber durchgehend für schwäbisch. Lezten Winter hindurch habe ich mich ausschließend mit der vaterländischen Geschichte beschäftiget, und an der dicken Handschrift des Domkapitular von Vanotti über die Häuser Montfort und Werdenberg herrlich unterhalten. Sie soll nun dem Drucke übergeben werden, und ich wünsche uns Schwaben Glück dazu; sie wird von allen vaterländischen Geschichtsfreunden gut aufgenommen werden. |

Die nordliche Luft und Berliner Sandwüste, neben dem unruhigen Stadtleben, haben, wie ich voraussahe und sagte, unserm guten lieben Jakob Grimm nicht zugesagt. Seine Gesundheit ist schon so zerfallen, daß er diesen Sommer nicht lesen kann und einen milderen Himmelsstrich aufsuchen muß. Ich habe

*) Im Juni 1839, s. Mein Leben, Aufzeichnungen und Erinnerungen von Hoffmann v. Fallersleben, Bd. III. (1868) S. 73. 74.

im Meersburg vorgeschlagen, wollte Gott! daß ers annemen würde! Aber er wird wol daneben ein warmes Bad bedürfen. Es wäre für uns Teutsche ein harter Verlust, wenn wir in verlieren sollten. Albert Schott aus Stuttgart schreibt mir, daß Sie eine Reise nach Franken und selbst nach Chursachsen vorhaben, um abermal auf die Liederiagd zu gehen. Möge die Reise glüklich und die Ausbeute reich sein!

Mein Büchlein, enthaltend einen Strauß meist schwäbischer Dichtergaben, werden Sie voriges Jar, bei Ihrer Zurükkunft aus dem Norden wol zu Hause gefunden haben; hoffentlich hat Inen mein Bestreben, unsere alten schwäbischen Liedermänner wieder an das Licht zu bringen, nicht mißfallen.

Wir haben einen milden Winter in bester Gesundheit durchgelebet: die Kinder sind gewaltig gewachsen, kräftig, frölich und lernbegierig, sie singen und springen den ganzen Tag. Gottlob! der Abend meines Lebens ist voll stiller Freuden! Wir grüßen Sie und die liebe Frau Emma auf das herzlichste und wünschen Inen tausend Glük und Vergnügen auf Ire Reise, Möchte doch ein freundlicher Herbst Sie nach dem blauen Bodensee loken.

Ir

alter Lazzbergáre. |

Wenn Sie in Dresden das historische Museum besuchen und da das Schwert des Schenken Conrads von Winterstetten sehen, des Bruders des Minnesängers Ulrich, von welchem Schwerte Moriz Haupt in der Zeitschrift für deutsches Alterthum Band I. Heft 1. Seite 194 und flgde. Abbildung und Bericht über dasselbe erteilet, so würden Sie, lieber Freund! mir einen großen Gefallen erweisen, wenn Sie sich bei dem Director dieses Museums, Herrn Dr. Kraukling, erkundigen wollten: ob dies schwäbische Schwert nicht gegen ein anderes Altertum einzutauschen wäre? denn ans kaufen ist wol nicht zu denken, es wäre dann, daß Herr Director ein anderes altes Kunststük im Auge hätte, gegen welches er das Schwert hinzugeben geneigt wäre, und dessen Preis ich gerne erlegen, oder etwas anderes dagegen anbieten würde. Dies Schwert des innigen Freundes unseres Rudolphs von Ems, liegt mir schon lange im Kopfe und noch mer am Herzen; es sollte notwendig wieder nach Schwaben zurük; denn Conrad der Schenke war nicht nur einer der tapfersten Männer seiner Zeit, sondern Kenner, Beförderer und Freund des Gesanges und der Sänger, ewig würde ich Inen verbunden sein, wenn Sie etwas zur Erwerbung dieses vaterländischen Altertums beitragen könnten und wollten. Ich würde z. B. gerne einen ser schönen italienischen eisernen Schild, | aus dem Anfange des XV. oder Ende des XIV. Jarhunderts, mit Figuren, der mich ser teuer zu stehen kommt, dafür geben. Lassen Sie sich, teuerster Freund! diese Sache doch bestens empfolen sein.

104.

Uhland an Laßberg.*)

Verehrtester Freund!

Die neueste erwünschte Nachricht von Ihrem und der Ihrigen Wohlbefinden kommt mir von Hrn. Kirchhofer, der auf dem Rückwege von Kanstadt bei Ihnen angesprochen hat. Daß Sie so freundlich das Andenken dankbarer Freunde aufgenommen, hat gewiß Allen große Freude gebracht. Könnte nur an der Lehne des Stuhls das alte Schwert des Schenken von Winterstetten befestigt werden! Leider traf ich das Schreiben, worin Sie mich mit einer Nachfrage nach demselben beauftragen wollten, erst bei meiner Zurückkunft hier an. Allein ich muß auch sehr bezweifeln, ob ein Tauschvorschlag in Dresden Eingang gefunden hätte, nachdem durch die Bekanntmachung in Haupt's Zeitschrift eben erst der Werth dieses Besitzes hervorgehoben war. Ich konnte dort nicht einmal das historische Museum besuchen, da ich bei kurzem Aufenthalt und herannahenden Pfingstfeiertagen mit meiner Arbeit auf der Bibliothek mich sehr gedrängt fand. Nach Berlin bin ich nicht gekommen, so sehr es mein Wunsch ist, die Brüder Grimm auch einmal persönlich kennen zu lernen. Nürnberg war dießmal

*) Nach einem Concept.

für meine Liedersammlung ergiebiger, als bei früheren Besuchen, dagegen hat ein wiederholter Ausflug nach Straßburg, von dem ich erst vorige Woche zurückkam, geringe Ausbeute gewährt. Der durch diese und andere Nachforschungen verzögerte Druck meiner Sammlung ist auch Ursache meines läßigen Briefschreibens. Immer wünschte ich, den Freunden auch von meiner Seite einmal wieder etwas bieten zu können, während ich langeher nur ihre Mittheilungen, wie neuerlich die werthe Johannisgabe, mit stillem Danke benütze. Doch soll nun im nächsten Monat der Druck der Liedertexte beginnen.

Da ich bei diesem Unternehmen häufig in den Fall komme, Fischarts Geschichtklitterung anzuziehen, so ist es ein Uebelstand, daß mein Exemplar und sämmtliche in hiesiger Gegend vorhandene nur Drucke des 17ten Jahrhunderts sind; wenn ich mich recht erinnere, besitzen Sie eine der älteren Ausgaben und Sie geben mir vielleicht einmal Gelegenheit, meine Citate an solcher nachzuprüfen.

Von Prof. Keller wird demnächst eine „Romfahrt" herauskommen, eine ansehnliche Reihe von Auszügen, die er in Rom und Venedig aus altfranzösischen Gedichthandschriften gefertigt hat.

Meine Frau wünscht mit mir herzlich, daß Sie Alle auf der weitausschauenden Meersburg einen heitern Winter verbringen mögen.

In Freundschaft und Verehrung

Ihr treuergebener

T. d. 8. October (1843). L. Uhland.

105.

Laßberg an Uhland.

Auf der alten Meersburg am 13. Weinmonats 1843.

Mein ser teurer Freund Uhlandus!

Unsere Gastfreundin, die Gemalin des k. preuß. Oberregierungsrates Rüdiger (nicht des Markgraven von Bechelaren), geborene von Hohenhausen, und Tochter der Inen gewiß besser als mir bekannten Elise von Hohenhausen, gibt mir, bei irer Heimreise nach Westphalen, über Tübingen, die erwünschte Gelegenheit Inen die verlangten Bücher sogleich zu übermachen.

Ich neme hievon Anlaß Inen, lieber Freund! und Irer lieben Emma, diese Frau, als eine gebildete, bescheidene und verständige Dame zu empfelen, welche ein senliches Verlangen hat, Ihre Bekanntschaft zu machen.

Ire Zeilen vom 8. dieses haben wie eine woltätige Arznei auf mich gewirkt! Ich hatte so lange diese mir so teuren Schriftzüge nicht gesehen, und seit 4 Wochen lag ich an einem tiefen Kummer krank. — — —

Ich rang einige Zeit mit dem Schmerz; aber zulezt wurde er meiner Meister und warf mich aufs Bette. Als Stälin zu mir kam, lag ich noch danieder. Den andern Morgen bekam ich Iren Brief: die Freude darüber gab mir Kraft, ich stand auf und seit deme gehet es besser, nur die Eßlust will sich noch nicht einstellen. Ich bin abgemagert wie ein Karthausser nach der 40 tägigen Fasten und lebe bloß von Wasser, Wein und Brod. Haben Sie tausend Dank, lieber Freund! für Iren freundlichen und woltätigen Brief! Die meinigen sind gottlob! alle wol. Die Kinder wachsen zum Erstaunen, singen und springen den ganzen Tag, lernen fleißig und gerne, und sind folgsam | den ganzen Tag frölich. Vorige Woche kam meine Schwiegermutter Droste mit irer Tochter Nette, der Inen bekannten Dichterin und Sängerin zu uns, und kommende Woche erwarten wir meinen noch einzigen biederen Son Karl aus Prag; es ist also warscheinlich, daß Ir und Irer lieben Frau Emma Wunsch: „daß wir auf der weitausschauenden Meersburg einen heiteren Winter zubringen möchten,“ in Erfüllung gehen werde, wenn der liebe Gott mich anders wieder gesunden läßt. Tausend herzliche Grüße von uns allen an Sie und Ire liebe eheliche Wirtinne! Auch Tafel und Reyscher bitte ich von mir zu grüßen und dem leztern zu sagen, daß ich heute seine mir zurükgeschikten Bücher erhalten habe. Und nun Gott befolen!

von Irem

treuen Freunde
Joseph v. Laßberg.

106.

Laßberg an Uhland.

Mein teuerer Freund Uhlandus!

Der Himmel schenke Inen und der lieben Frau Emma schöne Tage! Mir hat er eine lame Hand geschenkt und die Ars lineandi (wie die alten Mönche die Schreibekunst nannten) beinahe gänzlich entzogen. Dies ist die Ursache, warum Inen mein herzlicher Dank so spät zukömmt, für Iren lieben Brief*) und für Ir nicht weniger liebes Buch, welche beide mich innig erfreut haben. Das lange erwartete, noch länger ersenete Buch ist wol das geworden, was ich mir von Inen versprochen habe; aber nun bin ich ungeduldig-begierig auf den codex probationum zu demselben; oder besser zu sagen auf den Comentar zu den Liedern. Es gieng mir vor vielen Jaren, als De Bock zum erstenmale die griechische Anthologie mit der Ueberzeugung des unsterblichen Hugo Grotius | herausgab, gerade eben so, als der 4te Band, der die notas uberrimas enthalten sollte, so lange nicht erscheinen wollte.

Indessen haben Sie vielen und großen Dank für das, was Sie uns gegeben haben! Es ist lauter gute Waare, die one Sie wol meist für uns verloren gegangen wäre. Aber, was würde es Inen verschlagen haben? wenn Sie vom ersten Bande nur die Hälfte, und die Geschichte der Lieder dazu gegeben hätten. Vielen Dank hätten Sie wenigstens von denen eingeärndet, die ein Pferd nicht ohne Zaum zu reiten verstehen. Ich armer

*) Fehlt.

Naturalist muß bekennen, daß ich über das Ganze kein Urtheil erwerben kann, bis ich auch ein Ganzes vor mir habe. Es wird aber Alles kommen, mit der Zeit und zu seiner Zeit! Und so sollen wirs dann erwarten! Ich, mit meinen am 10. April eintretenden 76 Jaren, nicht ohne Besorgniß, daß ich früher die große Reise antreten | werde: und was ist's dann? Bin ich fort: so kommen wol bessere als ich, denen Ire Lieder und Ire Worte die Brust warm machen werden. Das Merkwürdigste war mir Seite 329 Der Eber, und ich bin äußerst begierig auf die Herkunft dieser Verse des IX. oder X. Jarhunderts, die mir einer Art von Beschwörung anzugehören scheinen, gleich ienen, die J. Grimm aus dem Merseburger Kirchenbuch herausgegeben hat.

Wir haben einen milden Winter gehabt, bis Anfangs dieses Monats; aber um so empfindlicher war uns der rauhe Frost, der so spät eintrat. Wir singen auch iezt schon:

„O Winter! wir haben dein genug,
„Nu heb' dich auß dem Land mit Fug."

Gottlob! wir sind alle gesund. Ich in tantum in quantum, meine Hand voll Gicht ist mir oft ser beschwerlich; aber das Herz ist noch immer grün. Wir grüßen Sie und Frau Emma auf das herzlichste. Ir

Auf der alten Meersburg am 25. Hornungs 1845.

alter Freund
J. v. Laßberg.

107.

Uhland an Laßberg.

Tübingen, den 12. Jul. 45.

Verehrtester Freund!

Ueberbringer dieser Zeilen ist mein lieber Freund Oberjustizrath Karl Mayer, der mit einer seiner Töchter eine Erholungsreise an den Bodensee macht. Seine Liedersammlung voll frischer Naturbilder, namentlich auch aus dem Bereiche des Bodensees, ist Ihnen vielleicht bekannt geworden. Er wünscht, durch ein Blatt von meiner Hand in die alte Meersburg eingeführt zu werden, von deren schöner Lage und freundlichen Bewohnern ich ihm öfters erzählt habe. Seit seiner Anstellung beim hiesigen Kreisgerichtshofe täglich mit uns verkehrend, kann Mayer Ihnen auch am besten berichten, wie es uns geht, und wir hoffen nun gegenseitig, durch ihn von Ihrem und der | Ihrigen Wohlbefinden nähere Kunde zu erhalten. Meine Frau grüßt mit mir herzlich.

Von der zweiten Abtheilung meiner Volksliedersammlung erwarte ich täglich fertige Exemplare. Sie hätte schon im vorigen Monat verschickt werden können, wenn nicht gerade noch an den zwei letzten Druckbogen die Papiersorte ausgegangen wäre. Am Schlusse dieser Abtheilung werden Sie nun auch eine umständliche Angabe der Quellen finden.

In alter Freundschaft und Hochschätzung

L. Uhland.

108.

Uhland an Laßberg.

Hochverehrter Freund!

Die gute Frau Sophie Schwab hat mich gestern beauftragt, Ihnen eine Trauerkunde zu geben, die Sie jedoch bereits durch öffentliche Blätter erhalten haben werden. Unser geliebter Freund Schwab war schon im vorigen Sommer von einem Erstickungsanfall auf dem Spaziergange betroffen, dessen schwerere Folge aber durch eine schleunige Aderlässe abgewendet worden. Davon hatte er sich in kurzem so gut erholt, bewegte sich so ganz wieder in gewohnter Thätigkeit, daß die Seinigen die beste Hoffnung hegten. Er selbst war auf eine Wiederkehr des Anfalls gefaßt und diese ist, nachdem er den Abend vergangenen

Sonntags vollkommen heiter zugebracht, in der Nacht gegen drei Uhr plötzlich eingetreten. Er konnte der Frau und der jüngeren Tochter nur noch ein frommes Lebewohl zurufen, Arzt und Wundarzt fanden ihn nicht mehr am Leben. Es hat sich gezeigt, daß ein Herzübel die Ursache seines allzu frühen Todes war. Er ist 58 Jahre 4 Monate alt geworden. Schön war es, daß er | kurze Zeit zuvor alle seine Kinder um sich versammelt hatte. Der jüngere Sohn, der in Newyork als Kaufmann ansäßig ist, brachte seine junge Gattin den Eltern, die er seit sieben Jahren nicht mehr gesehen, und aus diesem Anlaß kamen auch die andern Geschwister herbei. Die Eltern machten mit dem jungen Paare zu Ende Augusts eine Reise in die Schweiz und Schwab war so rüstig, daß er zu Fuß den Rigi besteigen konnte. Noch vierzehn Tage vor seinem Tode war er hier in Tübingen zu Besuch und wir freuten uns seines frischen, kräftigen Wesens. Es sollte das letzte irdische Zusammenleben sein; vorgestern fand die Beerdigung statt und der lange Zug der Begleitenden zeigte, wie viele Menschen er sich durch die Gaben seines Geistes wie durch sein überall thätiges Wohlwollen verbunden hatte. Für mich war es hart, auf den Sarg des jüngeren, so vieljährig und innig vertrauten Freundes die Scholle werfen zu müssen.

Die tiefbetrübte Sophie liegt an der Gesichtsrose nieder, von der sie schon vor dem Hingang des Gatten befallen war. Dies ist auch der | Grund, warum sie nicht selbst geschrieben hat. Sie gab mir noch besonders auf, Ihnen zu sagen, daß Schwab, der auf der kurzzugemessenen Schweizerreise nicht in Meersburg ankehren konnte, den Vorsatz hatte, Sie im nächsten Frühjahre eigens zu besuchen. Er war auch herzlich erfreut, daß wir bei unsrer Zurückkunft aus Ihrem gastfreundlichen Hause so erwünschte Nachricht von Ihrem Wohlbefinden mitbrachten. Die Freude des Wiedersehens war ihm nicht mehr vergönt.

Meine Frau sagt mit mir Ihnen und den Ihrigen die angelegensten Grüße. In alter Freundschaft und Verehrung

Tübingen, 8. November 1850. L. Uhland.

109.

Laßberg an Uhland.

Meersburg am heil. Ostertag 1853

Lieber Freund Uhland, liebe Frau Emma!

Der gute Justinus Kerner hat Euch seinen lezten Blütenstrauß geschickt, ich habe Euch nur eine einzelne Blume zu senden, gepflanzt von der Hand einer frommen Nonne, im Kloster Magdenau, in der ersten Hälfte des XIII. Jarhunderts; denn daß es Werk einer Nonne ist, zeigen zur genüge die Worte und die Singweise. Meine Hildegund hat daran den ersten Versuch gewagt, alte Schriftzüge und Tonzeichen nachzuamen. Wenn man wol daran denkt, daß man vor 600 Jaren die Kinder schon mit 4—6 Jahren in die Klöster tat um den Kreis ihrer Begriffe nach irem künftigen Bedürfnisse zu beschränken, so darf einen gar nicht Wunder nemen, daß dies Lied so sonderbare Begriffe von der Wirtschaft ausspricht, die der liebe Gott in seinem | Himmel angerichtet hat.

Ich konnte gestern nicht fortschreiben, die Zeit, die ich dazu benuzzen konnte, wurde mir durch Festbesuche verdorben. Nun, guten Tag, alle beide! Es ist mir noch immer, als ob ich zu Euerer Türe herein träte und sehe Euch so stille und freundlich bei Euerem altväterischen Rauchfleische und sauren Rüben sizzen. Nun es einmal bei mir so weit gekommen ist, daß es mit dem Dasein wol bald ein Ende nemen muß und noch bälder ein Ende nemen kann, so will ich meinen Hermes Psychopompus seine Fakel doch nicht anzünden lassen, one den wenigen übergebliebenen Freunden noch einen Gruß zuzurufen, ehe ich den Fuß auf die dunkle Ban sezze.

Es ist mir gut gegangen im Leben, Gott sei Dank und Lob dafür! ich habe Freunde gefunden, habe geliebt und bin geliebt worden; schön war das Leben bis in mein hohes Alter. Morgen über acht Tage begehe ich den 84 Geburtstag: kommt und helft mir meinen Elfer Wein vollends austrinken.

Est mihi cadus vini Manlio sub consule nati! aber ach! wie könnten wir frölich sein? Der liebe Gott hat meiner guten Frau ire 80iärige Mutter weggeholt: sie starb am 1. dieses in irem Bette und so schmerzlos, daß sie warscheinlich schon vor der Himmelstüre stand, ehe sie sich dessen bewußt wurde. Wenn ir nun, Ir lieben Freunde, über eine Weile höret: den alten Jäger haben sie auch begraben, so sagt: wol im! er war ein treues schwäbisches Herz! er liebte uns und das alte teutsche Vaterland. Vivite felices quibus est fortuna peracta iam sua! aber ich fürchte es kommen noch weit trübere Tage als wir schon erlebten. Ich werde sie nicht erleben; aber wenn auch Euch einmal der Tag der Auswanderung nach der lezten Heimat erscheinet, aliquando dextræ coniungere dextram fas erit et notas audire ac reddere voces, dann erzälet Ir mir Alles. Bis dahin lebet wol! |

Sollte es aber gegen Wunsch und Erwartung, doch so weit gehen, daß ich die Sichel diesen Sommer noch zu Feld gehen sehe: so tut mir die Liebe und suchet mich auch im Bette auf und iezt in allem Ernste: Ade und Gott befolen!

Von

Eurem

Explicit am 2. April 1853. Joseph von Laßberg.

110.

Uhland an Laßberg.

Hochverehrter Freund!

Mein wärmster Dank für Ihr erfreuendes Schreiben und dessen schöne Beilage würde sogleich erfolgt sein, wenn ich nicht damals in Aussicht genommen hätte, Ihnen denselben persönlich auszudrücken. Es war mein Plan, über Ravensburg, wo mein Neffe Ludwig Meyer als Hilfsarbeiter beim Oberamtsgerichte verwendet wird, einen Besuch in Meersburg zu machen, um Sie in vorschreitender Genesung, wovon Ihr Brief mir Zeugniß gab, zu begrüßen. Dem Blatte jedoch, worauf Sie am Osterfeste mir schrieben, war nicht umsonst eine Winterlandschaft übergesetzt und so ist die Frühlingsfahrt in Schnee und Eis verkommen. Aber auch zu Hause habe ich mit innigem Gedächtniß und Segenswunsch Ihren 84 jährigen Geburtstag gefeiert.

Morgen will ich eine Reise nach Berlin in Gesellschaft meiner Frau antreten, nicht um mich im Glanze der Hauptstadt zu sonnen, sondern um der schlichten, alten Volkslieder willen, deren eine große Zahl aus Meusebachs Nachlaß nun der Berliner Bibliothek einverleibt ist. | Diese Meusebachsche Sammlung lag immer nur im Dämmerlicht eines Märchens, jetzt aber ist es für meine Liederforschung eine Art Nothwendigkeit, einmal klar zu sehen, wieviel mir noch Unbekanntes und Unerreichtes dort zu finden sei. Unsre Reise ist übrigens nur auf etwa vier Wochen berechnet, ich hoffe daher und es verlangt mich sehr, im weiteren Laufe des Sommers dennoch zur gastlichen Meersburg kommen und Ihnen über den Nibelungenhort an der Spree und Ihre dortigen Freunde Bericht erstatten zu können.

Das gütig mitgetheilte Klosterlied ist mir gänzlich neu und merkwürdig. Noch besonders dankbar bin ich der kunstreichen Hand, die von Wort und Weise ein so treues Abbild gefertigt hat.

Meine Frau, die von Ihren theuern Zeilen gleichfalls innig bewegt und erfreut war, sagt mit mir Ihnen und den werthen Ihrigen die angelegensten Grüße. Mit aufrichtiger Theilnahme hat uns die Nachricht von dem unerwarteten Hingang Ihrer ehrwürdigen Frau Schwiegermutter erfüllt, deren wohlwollender Sinn und geistige Lebendigkeit uns in ungetrübter Erinnerung steht.

Mit alter Verehrung und Liebe der Ihrige

Tübingen 2. Jun. 1853. L. Uhland.

111.

Laßberg an Uhland.

Welche große Freude haben Sie mir gemacht, mein teurer und herzlicher Freund! Einmal durch die Zeilen, in welchen Sie mir den Namen geben, den mein Herz schon seit bald 40 Jaren um Sie zu verdienen sucht und dann durch das mir so werte und so wichtige Buch*), welches in der Geschichte unseres lieben alten Schwabenlandes, auf eine so verdienstliche Weise, eine so bedeutende Lüke ausfüllt. Nemen Sie meinen besten Dank für dies werte Geschenk an. Ich bin im Lesen desselben schon so weit gekommen, daß ich den unermüdlichen Fleiß, die seltene Gründlichkeit des Verfassers erkennen und mich dankbar darüber freuen muß. Vorzüglich befriedigend war mir auch zu sehen, daß er, wie ich seit mehr als 50 Jaren, die Tübinger Graven im Gegensaz zu neueren Schriftstellern von den mit Karl dem Großen verschwägerten Buchhornern ableitet. Was die vielen, vielleicht nicht ganz nötigen Wiederholungen in dem Buche betrift, so schreibe ich sie auf Rechnung der religiosen | Beeiferung des Verfassers vollständig zu sein: dies begegnet Leuten und begegnete auch mir in meinem langen Leben, welche sich bemühen verstanden zu werden, oft genug, one daß sie es inne werden. Sehen Sie, lieber Freund! diesen Herren Dr. Schmid, so bitte ich Sie, im meinen Dank auszurichten für sein Buch, das einem alten Schwaben schon viele vergnügte Stunden gemacht hat: ich lese täglich darinne.

Ich frage nicht: haben Sie eine gute Reise gemacht? Haben Sie an der Quelle des Isters, wo Zeus (nach der III. Pindarischen Ode) seinen Son Herakles hinsandte, um da den Oelbaum zu pflanzen, noch etwas gefunden: quod faciat ad rem? Ich sage auch nicht: schreiben Sie mir! denn ich weiß zu wol, daß Sie Anderes und Besseres zu tun haben.

---

*) Der Brief fehlt; das Buch ist: Schmid, Geschichte der Pfalzgrafen von Tübingen. Tüb. 1853.

Wir alle, alt und jung, grüßen Sie und Frau Emma von ganzem Herzen: wir haben das Haus voll Gäste und ich sizze heute mit 9 Laßbergen zu Tische; das ist in meinem langen Leben nicht oft geschehen.

An A. Keller und Holland und wer noch meiner gedenket, die besten Grüße.

Leben Sie wol und lieben Sie immer ein wenig

Iren

alten Freund

Dr. Joseph von Laßberg. |

Meersburg, 9. Herbstmonats 1854.

Von Freund Justinus, der uns wenige Tage nach Inen verließ, hörten wir nichts mehr. Schwabs Sophie, die uns schon im August besuchen wollte, läßt auch nichts verlauten, am wenigsten Stälin, dem Sie doch meine Handschrift der Regesta Constantiensia überbracht haben.

102.

Uhland an Frau v. Laßberg.

Hochverehrte Frau!

Die Nachricht vom Hinscheiden Ihres edeln Gemahls hat in weiten Kreisen Trauer verbreitet, unter seinen vielen Freunden und Verehrern in Schwaben mußte sie aber besonders schmerzlich mich betreffen, der ich so lange Jahre hindurch seiner unwandelbaren, wohlwollendsten Freundschaft mich zu erfreuen hatte. Meine Frau nimmt an diesem großen Verluste den aufrichtigsten Antheil und gibt mir auf, Ihnen und den trauernden Töchtern mit meinem innigen Beileide auch das Ihrige auszudrücken. Wir hatten freilich bei wiederholten Besuchen in den letztern Jahren uns sagen müssen, daß der Abschied wohl auch einer für dieses Leben sein könne, aber seine kräftige Natur raffte sich doch wieder auf und gerade noch im vorigen Sommer fand ich ihn geistig munterer, als zweimal zuvor. Wie ich auf jeder Reise an den | Bodensee, auf dem einen und dem andern Ufer gastfrei von ihm aufgenommen war, so wird auch sein Andenken bei jedem späteren Besuche der Gegend in mir lebendig sein. Während meiner letzten Anwesenheit in Meersburg saß Laßberg einmal an seinem sonnigen Fenster, eine alte Schrift in der Mappe für mich aufsuchend, sein ehrwürdiges Gesicht hob sich auf dem weiten Hintergrunde des Sees und Gebirges ab, so steht das Bild des schwäbischen Forschers und Freundes unvergänglich vor dem geistigen Auge.

Möge, verehrte Frau, der Trost von oben Ihnen und den Ihrigen diese schweren Tage tragen helfen. Bewahren Sie uns auch fernerhin Ihre wohlwollende Gesinnung.

Mit unveränderlicher Hochschätzung

L. Uhland.

Tübingen, 25. März 1855.

Anhang.

I.

Briefe Joseph's Freiherrn von Laßberg an Franz Pfeiffer.

1.

Auf der alten Meersburg am 7. August 1840.

Ich schreibe Inen in großer Eile, mein vererter Herr! denn ich habe Gäste im Hause und bin nicht frei. Mit Vergnügen habe ich aus Irem heute erhaltenen Briefe vom 2. dieses ersehen, daß es Inen wohl gehet und mit Danke, daß Sie Ires alten Gastfreundes nicht nur nicht vergessen haben, sondern sogar um Befriedigung seiner Wünsche besorgt gewesen sind. Die Addresse des Hrn. Rechnungs Comissärs Georg Krutter werde ich benuzen und bitte mir auch iene des Solothurnischen Antiquars, welcher das fragl. Gebetbüchlein mit Gemälden besizt, zu übersenden, da es mir nicht um dieses, sondern um Glasgemälde zu tun ist. Es ist mir auch nicht um ein ganzes vollständiges Exemplar des Solothurner Wochenblattes zu tun, da ich schon zwei unvollständige besizze. Ich werde Inen später meine Defecte angeben und Sie können ia wol von München aus vielleicht die Completirung besorgen. Wie soll ich Inen genug danken für die Verschaffung einer Handschrift von Taulers Predigten? — Hätten Sie die Güte gehabt, mir zugleich den Preis zu melden, so hätte ich Inen auch heute schon den Betrag über Constanz zusenden können: wollen Sie doch gütigst mir kund geben, wohin ich Inen das Geld senden solle? |

Sagen Sie doch nichts von Dank für Ire Aufname auf der alten Meersburg! Das Vergnügen die Bekanntschaft eines so wakeren Mannes gemacht zu haben, ist ia reichlicher Lon für die Zeit, welche ich Inen schenken konnte, und können Sie mich ferner zu etwas brauchen, so klopfen Sie dreiste bei dem alten Lazzbergäre an; es wird in stets freuen Inen zeigen zu kömen, wie herzlich seine Hochschätzung für Sie ist. Weib und Kind sind, Gott sei Dank, mit mir alle wol, und grüßen Sie freundlichst; aber unsere westphälische Reise haben wir wirklich für dies Jar aufgegeben; wir erwarten nun Jenny's Mutter und Schwester, welche den Herbst und Winter bei uns zubringen und im Frülinge uns mit sich nemen sollen. Leben Sie wol, reisen Sie glücklich und geben Sie hie und da Nachricht von sich Irem

aufrichtig ergebenen
Joseph von Laßberg.

2.*)

Wolgeborner Herr!

Sie können es nicht wissen, mein teurer Herr Pfeiffer! wie innig wol es alten Leuten tut, wenn sie von iungen sich geliebt sehen! Und ich muß ia glauben, daß Sie mich lieben, und noch dazu nicht wenig, da Sie mir so oft sichtbare und fülbare Zeichen davon geben und mich so oft mit so schätzbaren Geschenken erfreuen: messen Sie nun daraus meinen Dank ab, den ich mit Worten nur ser unvollkommen auszudrüken vermöchte. Als ich aus Solothurn den schönen Codex des Bruder Berthold**) erhielt, war meine Freude ser groß, nicht weniger die über Iren freundlichen Brief. Ich wollte sogleich

*) Der Umschlag zu diesem Briefe ist überschrieben: „Seiner Wohlgeboren Herren Pfeiffer aus Solothurn. Wien." Von Maßmanns Hand ist die weitere Adresse hinzugefügt: „Alser Vorstadt Nr. 125/1 bei Joseph Gärtner zum Goldenen Hirschen." W.

**) Es war eine Hs. von Taulers Predigten.

antworten; allein, wohin? Nach Straßburg, Carlsruhe, oder Heidelberg? Ueberall konnten meine Zeilen Sie verfelen; ich beschloß also zu warten, bis Sie wieder in München wären. Ich dachte Gevatter Maßmann werde wol auch einmal schreiben; aber ohe! da kam ein Brief von Inen, geschrieben, als Sie schon den einen Fuß im Wagen hatten, um nach der alten Vindobona zu fahren, und abermal Geschenke, die schönen Tinten, an die ich längst nimmer gedacht hatte und dann die beiden so seltenen Büchlein. Wie tief komme ich in Ire Schuld! und was kann ich tun, um wieder herauszukommen? wenn ich das wüßte; so könnte ich Sie noch viel lieber haben. Indessen will ichs doch nicht länger anstehen lassen zu schreiben und wenigstens so schön zu danken, als ich es nur | immer vermag, und da Sie mir auch nach Wien keine Addresse gegeben haben, so schließe ich meinen Brief gerade an Maßmann ein, der schon Wege finden wird in weiter zu bringen. Diesen Winter bleiben Sie wol in der Wien Stadt hängen und haben vollauf zu sehen, zu lesen und abzuschreiben. Nun will ich zuerst mit einem Auftrage, das heißt mit einer Bitte anfangen. Ich habe unterm 18. July v. J. drei Exemplare meines Liedersaales an den Graven (oder Nichtgraven) von Karajan nach Wien gesandt, eines für die k. k. große Bibliothek, eines für die Ambraser Sammelung an Bergmann und eines für Karajan. Beide leztgenannte Herren haben mir den Empfang angezeigt, was aber Karajan mit dem für die k. k. Bibliotheke gemacht hat, weiß ich nicht. Da es ein Geschenk war und zwar das Geschenk eines k. k. Ö. Kammerherren, so hätte die Höflichkeitspflicht gefordert, mir, wenn auch nicht dafür zu danken, doch wenigstens durch einen der Custoden den Empfang desselben anzeigen zu lassen. Wenn Sie mir hierüber verlässige Auskunft verschaffen könnten, so würden Sie mich verbinden. Das Kürzeste wäre wol, das Buch quaestionis auf der k. k. Bibliotheke zu verlangen, da wird man bald sehen, ob es dahin gekommen ist? —

Nun hätte ich aber noch ein Anliegen, das Inen aber größere Mühe verursachen dürfte als das vorige, das mir aber auch näher am Herzen liegt, da es eine Familienangelegenheit betrift. Ich hätte nämlich nötig zu | wissen: wie die Männer mit Vor- und Zu-Namen hießen, welche vom Jar 1700 bis 1750 die Bürgermeisterwürde in der Stadt Wien bekleideten? Es muß ein Herr von Perger darunter sein, und um diesen ist es mir eigentlich zu tun; denn er war der Vater meiner Großmutter. Wenn ich nun einmal seinen Taufnamen und die Jargänge weiß, wann er anfieng und aufhörte Bürgermeister zu Wien zu sein; so will ich dann schon weiter darauf fortbauen und das übrige was mir zu wissen nötig ist, herauskriegen; bei einem der Wiener Magistratsräte, welche sämmtlich Litterati sein müssen, werden Sie oder einer Irer Wiener Bekannten das Verlangte am sichersten erkundigen. Hormayrs Geschichte von Wien habe ich nicht, sonst ließe sich vielleicht darinne etwas auffinden.

Ich danke Inen auch viele male für den Auszug aus der Urkunde, welchen Sie mir noch von München aus zuzusenden die Güte hatten, noch mer wird es mich freuen, die Urkunde einmal durch Sie in extenso zu lesen zu bekommen. Vor einigen Tagen sandte mir mein Freund und Landsmann Jodocus Stülz, Archivar zu St. Florian in Oberösterreich, eine kleine Abhandlung, in einer Linzer Zeitschrift, worin er den Minnesänger Dietmar von Ast zu einem österreichischen Edlen von Aist machen will*); er hat mich aber nicht überzeugt: die von mir gesammelten diplomatischen Notizen und das Wappen im dem Pariser Codex sprechen offenbar für die Schweiz. Ein anderer Österreicher, Herr von Spaun, auch zu Linz, will gar nicht anderst, als den Heinrich von Ofterdingen zum Verfasser des Nibelungenliedes machen**), fechtet aber mit noch schwächeren Waffen, als mein guter Stülz.

---

*) Der Minnesänger Dietmar von Aist ein Oberösterreicher. Von Jodok Stülz. Im Linzer Musealblatte auf das Jahr 1840, S. 1—3. W.

**) Heinrich von Ofterdingen und das Nibelungenlied. Ein Versuch, den Dichter und das Epos für Oesterreich zu vindiciren. Von Anton R. v. Spaun. Linz 1840. W.

Indeß hat es mich doch gefreut, das Buch zu lesen; denn ich sahe daraus, daß die Liebe zu unsern alten teutschen Sängern in Oesterreich, immer lebendiger und allgemeiner wird.

Von Iren vaterländischen Neuigkeiten sage ich Inen nichts, lieber Herr! denn da siehet es allzutraurig aus, und kann leider noch viel trauriger werden. Wir alle, auf der alten Dagobertsburg, sind Gott sei Dank! wol auf und grüßen Sie auf das herzlichste, auch die beiden Hilden wollen genannt sein; sie sprechen noch lange von Herren Pfeiffer und sprechen noch manchmal davon, daß er sie so lustig und freundlich herum getragen hat. Diesen Winter striken sie und fangen an französisch zu parliren, diesem Uebel kann man leider nicht ausweichen. Es würde uns ser freuen, auch von Wien aus Nachrichten von Irem Befinden zu erhalten, und zu erfaren bis wann Sie wieder nach München zurükkeren? Wenn wir diesen Sommer nach Westphalen reisen; so könnte es leicht geschehen, daß wir den Heimweg über München nämen und wie ser würde es mich freuen Sie da zu treffen. Möge es Inen bei den guten redlichen Wienern wol gehen!

Leben Sie wol, Gott befolen! von

Irem

verbundensten

Joseph von Laßberg.

Explicit auf der alten Meersburg
am 29. Januar 1841.

3.

Ueberlingen, am 24. Juny 1841.

Aus meinem Briefe vom 11. dieses an Maßmann werden Sie, vererter Herr, ersehen haben, daß ich mich hier im Bade befinde. Nun erhalte ich hier Ir Schreiben vom 12. mit dem Poststempel vom 14. dieses, worin Sie von mir das Bruchstück von Barlaam und Josaphat aus dem XIII. Jarh. und Nachrichten über Rudolph v. E. verlangen. Wie herzlich leide tut es mir, nicht sogleich Irem Wunsche entsprechen zu können! aber ich darf meine Badekur, welche sich so ziemlich gut anläßt, nicht schon wieder unterbrechen. In wenigen Wochen kere ich wieder nach der Dagobertsburg, und will dann das fragliche Bruchstück aufsuchen, und meine Notizen über Rud. v. E., so weit sie niedergeschrieben sind, mitteilen; oder besser den beiden Exemplaren des Liedersaales beilegen. Leztere weiß ich Inen nicht anderst, als durch den Postwagen zu übermachen, da in Meersburg keine Spedition ist. Wenn Inen nämlich das Porto nicht zu theuer ist. Ich bitte Sie, lieber Pfeiffer! vest zu glauben, daß es mir stets Vergnügen macht, wenn Sie mir Anlaß geben etwas zu tun, was Inen angenem ist. Vielen Dank sage ich Inen für die Abschrift der beiden Lügenmärchen, welche Sie dem Beringer zuschreiben, was auch in allen darin vorkommenden örtlichen, persönlichen und selbst zeitgemäßen Beziehungen übereinzustimmen scheint und durch die von Inen beigefügte Jarzal (1347) noch bestärkt wird. Möchte angeführte Handschrift, nicht vielleicht der von Ingolstadt über Landshut, an die Universitätsbibliothek gelangte Würzburger Codex sein? von dem, nach einer mir von Herrn Prof. Richarz aus Würzburg gegebenen Nachricht, sich noch ein Band an leztgenanntem Orte befindet, in dem die bekannte Grabschrift Walters v. d. VW. stehet. Die Jesuiten zu Ingolstadt hatten diesen Band von Würzburg entlenet und nie zurückgestellt. Auch für die Abschrift der Recension der Gedichte meiner Schwägerin Nette, sage ich Inen Dank: uns war sie nicht bekannt, ich vermute, daß sie von einem | Herren Schücking herrüre, welcher ein Verehrer dieser Drostischen Muse ist, und in der benachbarten Stadt Münster wonet und warscheinlich schon dafür gesorgt hat, daß die Verfasserin seinen Panegyricus zu lesen bekam; nichts destoweniger hat meine Frau, die Sie freundlichst grüßen laßt, Ire Abschrift irer Schwester gesandt, weil, wie Sie selbst sagen: „etwas Angenemes sich wol zweimal lesen laßt.“

Maßmann hat uns die glükliche Entbindung seiner Frau von einem Mädchen, selbst angemeldet, und meine Frau, als erbettene Gevatterin, hat in ersucht der Kleinen den Namen Hildegund zu geben. Hier in Ueberlingen ist eine von dem hiesigen Pfarrer und Decan Wocheler gegründete öffentliche Bibliotheke, welche auch einige schäzbare alte Handschriften enthaltet, doch nichts aus oder für die Theotisca. Gestern machten wir zu Dampfboot eine Fart zu der alten Karolingischen Burg Bodmann, und zu dem vielleicht seit 1000 Jaren da wonenden gleichnamigem Geschlechte, von dem ich nun 4 Generationen kenne. Auf der Heimfart wurden wir von einem ser heftigen Sturme überfallen, der besonders hier das Ausschiffen etwas gefärlich machte: zu meiner großen Freude bemerkte ich, daß keines der Meinigen | dabei auch nur einen Augenblick Furcht zeigte, und das bekannte: heroum filiae noxae so wenig auf die Töchter anwendbar war, als es auf den Vater es ist.

Ich lasse eben ein kleines Gedichte auf die Belagerung und Zerstörung der Burg Hohenzollern (1422) druken, welches gleichzeitig ist und uns einen neuen Schwabendichter: Conrad Silberdrat von Rotweil bekannt macht. Da über diese Begebenheit noch kein Liet bekannt war, so denke ich, es werde nicht unwillkommen sein.

Grüßen Sie Maßmanns von uns, ich lasse in bitten, mir doch die Citation aus Hans Sachs zu schicken und auch den Empfang des Strikäre mit zwei Zeilen anzuzeigen.

Und nun, Gott befolen! von Irem

aufrichtig ergebenen

Joseph von Laßberg.

Die beiden Hilden wachsen wie die Spargeln, sind gottlob! gesund und fröhlich und lernen allerlei.

4.

Auf der alten Meersburg am 13. März 1842.

Vererter Herr und Freund!

Ire Zeilen ddto. Stuttgart vom 1. März habe ich diesen Morgen im Bette erhalten und eine große Freude darüber empfunden, daß Sie mir Anlaß geben, Inen einen Dienst zu erweisen: zwar nicht den, welchen Sie in Irem Briefe aussprechen; aber einen, wie ich glaube, noch viel wichtigern, wenn es mir gelingen sollte, Inen statt eines Fragmentes von 2 Quartblättern eine ganze Pergamenthandschrift des Barlaams aus dem XIII. Jarhundert zur Benuzung zu verschaffen. Zu dieser Notiz kam ich vor wenig Tagen, da ich von dem Herrn Prof. Grieshaber zu Rastadt, einem alten und lieben Bekannten von mir, mit seinem Buche: Vaterländisches aus dem Gebiet der Literatur, der Kunst und des Lebens. Rastadt, bei Joh. Peter Birks. 1842. 8. beschenkt wurde, wo ich Seite 51, Note 55 Folgendes las:

„Ich will den Schluß der Stelle ganz anführen nach dem „Texte meiner eigenen schönen Pergamenthandschrift aus dem „XIII. oder XIV. Jarhundert." Sollten Sie nun, wie ich vermute, diese Handschrift nicht kennen, so schreiben Sie mir umgehend, damit ich sogleich darum schreiben kann; denn ich glaube, daß der brave Mann mir es nicht abschlagen wird. |

Ich lag merere Wochen krank, an einem entzündlichen Katharrfieber, vor zwei Tagen erlaubte mir endlich der Arzt das Bette zu verlassen; aber Sie werden meinen Buchstaben wol ansehen, daß das Schreiben mich noch hart ankömmt. Auch meine beiden Hilden und meine Schwägerin wurden von dem hier allgemein herrschenden Katharrfieber befallen, kamen aber bälder wieder los; meine Frau blieb verschont.

Das Bruchstück des Barlaam's, 2 Pergamentblätter in 4° Sec. XIII, wovon ich Inen gesprochen, habe ich schon wiederholt unter meinen Schriften, aber leider vergeblich gesucht, sonst wollte ich es Inen ja gerne schiken.

Was ich über Rud. v. Ems habe aufsammeln können, wird wenig sein: aber ich will es aus den Collectaneen zu meinem Dichterbuche ausheben und Inen wo möglich noch heute übermachen. Ich habe sie jezt aus dem Büchersaale heraufgeholt;

aber ich fürchte Sie werden sagen: exspectata seges fatuis delusit avenis! Ein Schelm, der mer gibt als er hat. Sie werden bei Hagen, Minnesinger, mer finden; aber diese Angaben sind nur mit Vorsicht zu gebrauchen, wenn man nicht in Widersprüche verfallen will. Die Reise nach Westphalen hat im letzten Sommer wirklich stattgehabt. Meine liebe Jenny machte dieselbe mit den Kindern | ganz glücklich auf dem Rheine von Kehl bis Wesel; aber am zweiten Tage nach irer Ankunft bei der Großmutter bekamen die Kinder die Poken. Sie kamen gut davon, mußten aber 5 Wochen lang das Haus hüten, und auf alle weitere Reisen zu den übrigen Verwandten verzichten. Am lezten September holte ich sie in Stockach wieder ab und am 1. October erreichten wir auf dem Dampfboote wieder unsere alte Burg, wo wir den Winter ganz vergnügt, wie immer in stillem Frieden zugebracht haben, bis mit dem Frülinge der fatale Katharr kam, der nun aber gottlob auch wieder abgezogen ist. Die Kinder haben den 5. dieses ir 6. Jar zurükgelegt, sind gerade, gesund, kräftig, stets frölich, und oft mutwillig. Haben viele Lust zum lernen und sind gottlob nicht dumm. Was will man mer?! —

Mit herzlicher Freude habe ich aus Irem Briefe ersehen, daß der biedere A. Schott endlich das Ziel seiner Wünsche erreicht hat.*) Ich bitte Sie im meine aufrichtigsten Glükwünsche zu diesem Ereignisse auszusprechen. Auch möchte ich gerne von im vernehmen, ob denn der Stuttgarter Verein für den Dombau zu Cöln sich so gar versteinert hat, daß er iezt wo sich alles in Teutschland hiefür reget, sein altes Recht in allen guten Dingen den übrigen Teutschen vorzustreiten will einschlafen lassen. Ich möchte auch wissen, wohin ich mein Scherflein abgeben solle, und am liebsten täte | ich es wieder dahin, wo man es früher so freundlich angenommen hat. Ich muß schließen, meine Hand ist müde und der Abend bricht herein, ein andermal mer. Wir

*) Albert Schott wurde damals zum Lehrer der deutschen Sprache und Litteratur am Stuttgarter oberen Gymnasium ernannt. W.

Alle, alt und iung, groß und klein grüßen Sie von ganzem Herzen, am herzlichsten

Ir

Freund
Joseph von Laßberg.

5.

Auf der alten Meersburg am 27. März 1842.

Wertester Herr Pfeiffer!

Durch gestern erhaltenen Brief meldet mir Herr Professor Grieshaber aus Rastadt, daß er an dem Tage des Empfanges meines Briefes, seine Pergamenthandschrift des Barlaam an Euer Wohlgeboren abgesendet habe. Ich irrte mich also nicht in dem Vertrauen auf die Gefälligkeit dieses biedern Schwaben, und wünsche nun nur noch, daß sie recht viele gute Lesearten in diesem Codex finden möchten.

Von Maßmann bekam ich in diesen Tagen auch einen Brief. Er teilet mir die so hochausgeposaunte J. Grimmische Entdekung aus einem Merseburger Missale des X. Jarhunderts, mit, welche ein so helles Licht über unsere urteutsche Mythologie verbreiten sollte. Grimm will darinne 4 alte Göttinen gefunden haben; ich aber kann, wie Maßmann, | auch nicht mer als zwei entdeken. Er soll darüber eine akademische Abhandlung herausgegeben haben, die noch nicht bis zu mir gelangt ist. Vederemo!

Warscheinlich haben Sie schon die Bekanntschaft des Mannes gemacht, durch den Sie diese Zeilen erhalten; er ist mein großer Gönner. Wir grüßen Sie alle viele male; aber der Himmel hängt uns nicht voller Geigen, sondern voller Schnee, und wir werden morgen wol weiße Ostern haben. Leben Sie wol, Gott befolen! von

Irem

Joseph von Laßberg.

6.

Auf der alten Meersburg am 23. April 1842.

Vererter Herr!

Angenem wurde ich diesen Morgen durch Ire Zeilen aus Stuttgart und deren Beilage überrascht. Die Recension von M. Haupts Gutem Gerhard*) habe ich sogleich und mit vielem Vergnügen gelesen. Ich bin vollkommen Irer Meinung, daß eine Recension nicht blos eine descriptive sein müsse, der man am Ende noch ein par Trümpfe anhängt; sondern eine ganze, vollständige und one Micrologie ins Detail gehende.

Da ich heute noch meine Antwort abgeben will, so kann ich hierüber nicht weitläufiger sein; aber ich hoffe auch noch die Zeit zu erleben, wo

Aliquando dextræ coniungere dextram
Fas erit et notas audire ac reddere voces!

dann wollen wir in longum et latum von der Sache sprechen; iezt aber zu Irem Wunsche: mich bei Irem Erstgeborenen zum Paten zu nemen. Ich bin von Hause aus ein homo inglorius, und das digito monstrari et dicier heic est hat meine Pulse nie schneller schlagen gemacht, sonst hätte ich in meinem langen Leben nach sogenannten Erenstellen geworben und sie wären mir zu teile geworden; aber gottlob! von dieser Krankheit bin ich verschont geblieben. Nun wollen Sie mir | das erstgeborene Irer literar. Werke weihen: andere haben es getan, one mich darum zu fragen; aber ich wußte inen keinen Dank dafür, nun haben Sie mich darum gefragt und es als einen Irer Wünsche ausgesprochen, daß ich es bewilligen möge. Eine solche pietas gegen einen alten Mann, kann nur erfreulich sein, wenn man siehet,

*) S. Gelehrte Anzeigen herausgegeben von Mitgliedern der k. bayer. Akademie der Wissenschaften 1842, Nr. 70—72. W.

daß es aus bloser Liebe und Freundlichkeit geschiehet, und das glaube ich in Irem Ansinnen zu sehen. So mögen Sie denn tun, was Inen gut dünkt; denn nichts tut alten Leuten so wol, als die Zuneigung wakerer iunger Männer; aber eines muß ich dabei bitten: loben Sie mich nicht in Irem Buche, und geben Sie mir auf dem Dedicationsblatte keinen andern Titel, als meinen angeborenen.

Wir sind alle recht wol und genieſsen mit Wonne die nun endlich eingetrettenen schönen Frülingstage, die schon dem Sommer gleichen. Alles grüßet Sie auf das freundschaftlichste, mit

Irem

ganz ergebenen

Joseph von Laßberg.

Sehen Sie H. Albert Schott, so bitte ich in zu grüßen, ich werde auch nächstens seinen Brief beantworten. |

Herr Schüking war ein halb Jar bei mir, um einen Catalog über meine Büchersammelung zu machen, den er nicht vollenden konnte, weil er von dem Fürsten Wrede einen Ruf nach Ellingen bekam, um da als Erzieher seiner Söne anzustehen. Er schrieb uns, daß er Sie, lieber Pfeiffer, in Stuttgart aufgesucht, aber zu seinem Bedauren nicht zu Hause getroffen habe. Auch ich bedaure es; denn Sie hätten an im nicht nur einen ser gebildeten, sondern auch einen ganz biedern teutschen Mann kennen gelernt.

Jacob Grimm hat mir auch seine Abhandlung über den in dem alten Merseburger Missale gemachten teutsch mytholog. Fund zugesandt. Es ist wol merkwüdig; aber doch nicht so, daß man darum die Hände überm Kopf zusamenschlagen sollte, und zudem uns Oberteutschen nicht so wichtig, da der Fund der von der unsern alten so abweichenden nordischen Mythologie angehört. Mein guter Freund Jacob scheint mir schon ein wenig von dem preuß. Berliner Winde angewehet worden zu sein!

7.

Auf der alten Meersburg am 15. Brachmonats 1842.

Gestern, mein teurer αὐλητής! habe ich Ire Zeilen vom 11. dieses erhalten. Möchten doch die Schriftzüge der Inlage den Irigen geglichen haben! aber sagen Sie selbst: was möchte dies für ein Büchercatalog werden, bei dem so Vieles, ia das Meiste, auf Deutlichkeit und besonders Reinheit der Schrift ankommt? Herr W. Müller mag, wie mir auch H. Professor Albert Schott, dessen Brief ich mit dem Irigen erhielt, schreibet, ein iunger Mann von ganz ausgezeichneten Eigenschaften sein; nur schade, daß bei dem Geschäfte, um welches es sich bei mir handelt, gerade eine Nebensache eine Hauptsache sein muß! Ich weiß nicht, habe ich mich in meinem Schreiben vom 8. May*) nicht deutlich genug ausgesprochen; oder haben Sie mich nicht ganz verstanden? Mein Wunsch war und ist: einen iungen oder alten Mann zu finden, der nur so lange bei mir bleibe, bis er den Bücherkatalog, an dem schon ein großer Teil Arbeit fertig ist, vollendet hätte: aus dem Briefe des Hrn. W. Müller scheint mir aber hervorzugehen, daß man im von einer förmlichen Anstellung muß gesprochen haben, wozu ich gewiß keinen Anlaß gab. Dann möchte ich wissen, obschon dies eine von dem Geschäfte ganz unabhängige Sache ist, was für eine Art von Schrift meine Kinder von diesem Schreibmeister lernen könnten? ich hoffe doch daß sie eine weit bessere bekommen sollen. Alles dies sezzet mich in | Verlegenheit selbst an Herren W. Müller zu schreiben; denn es würde mich ser betrüben demselben das zu sagen, was hier rukwärts stehet; weil es im unmöglich gefallen kann. Da er nun in seinem Briefe verlangt, daß ich im durch Sie „das Nähere über die Bedingungen, unter welchen er in mein Hauß käme, sagen lassen möchte," so hoffe ich, daß

*) Fehlt.

er es mir wolvollend erlassen wird, im das selbst zu schreiben, was uns beiden gleich unangenem sein muß.

Nun stehe ich aber wieder auf dem alten Plaze und habe Niemanden, dem ich die von Herrn Schüking verlassene Arbeit übertragen könnte, und doch wünschte ich ser, daß sie diesen Sommer hindurch beendigt würde. Den Geldpunkt, außer freier Station, würde ich lieber dem eigenen Ermessen des Antrettenden anheimstellen, da ich bei einer Vorausbestimmung immer befürchte zu wenig zu tun, oder den Erwartungen eines andern nicht zu entsprechen. Mir wäre es dabei ganz gleichgiltig, ob man den Empfang des Honorars, wochen, monat oder vierteliarweise wünschte. Es ist doch das Ganze keine Hexerei, die Bücherzettel, welche schon beinahe alle geschrieben sind, in ein Buch mit sauberer und reinlicher Schrift einzutragen; noch weniger aber die Bücher selbst nach dem Cataloge in ire Kasten und Fächer zu ordnen. Sehen Sie zu, mein vererter Herr und Freund! | ob Sie in dieser Sache noch etwas für mich tun können und wollen? im entgegengesezzten Falle, würde ich mich ie eher, ie lieber wo andershin wenden.

Herr Gevatter Maßmann hat die Pfingstferien vorübergehen lassen, one sein Versprechen eines Besuches bei uns zu erfüllen; vielleicht sind uns die Herbstferien günstiger.

Herr Albert Schott schreibt mir, daß ime Cotta eine Geschichte der teutschen Poesie verdungen hat; sie muß aber auf den September fertig sein!!! quae, qualis, quanta!? Auch soll Cotta im Sinne haben eine Reihe alter teutscher Dichter zu verlegen. Ich denke, da wird es wol Arbeit für H. Franz Pfeiffer die Hülle und Fülle geben, und etwa mein lieber Rudolf v. Ems den Tanz eröffnen? —

Wir sind alle wol und grüßen Sie alle; leben auch Sie recht wol! Gott befolen! von Irem

ergebensten
Joseph von Laßberg.

8.

Auf der alten Meersburg am 19. Hornungs 1843.

Vererter Herr und Freund!

Mit Vergnügen habe ich in Irem Schreiben vom 14. dieses die wolbekannten zierlichen Schriftzüge wieder erkannt; aber, was mich am meisten erfreut hätte, Nachrichten über Sie selbst und Ir Wolbefinden, vermisste ich darinne und hoffe nun aus diesem Stillschweigen wenigstens den günstigen Schluß ziehen zu dürfen: daß Sie nicht krank waren und nicht krank sind, was mich doch die lange verzögerte Herausgabe des Barlaam befürchten ließ. Unter den vielen alten Monographien die ich besizze, ist auch eine: de fatis librorum; aber ich finde darinne nicht, daß ein Editor ein beinahe beendigtes Buch liegen läßt, um ein neues anzufangen; werde also Barlaams Schicksal, als einen neuen Beitrag, cum notis, beischreiben.

Das Habsburgische Urbar, durch den Schreiber Kais. Albrechts I. Meister Burkhard von Frik. 1292—1303. ist gegenwärtig außer meinem Hause und ich kann daher nicht ganz bestimmt sagen: wann ich wieder in den Besiz desselben kommen werde. Will der literarische Verein, dessen Mitglied zu sein ich die Ere nicht habe, diese Handschrift druken lassen, so wird es notwendig sein sich vor allem die zerstreuten großen und | kleinen Bruchstüke desselben zu verschaffen, da das Mspt. 1415 bei der Eroberung des Steins zu Baden zerrissen und unter die unblutigen helvetischen Sieger verteilt wurde, quo ad concernentes, der größere Teil derselben befindet sich im Staatsarchive zu Zürich, etwas zu Arau, zu Solothurn, zu Luzern, und wie ich vermute auch zu Bern. Rector Aebi ließ ein specimen der zu Arau befindlichen Fragmente in einem Programme abdruken und sprach dabei das Vorhaben aus, wenn es im gelingen sollte den Text wieder zu vervollständigen, das Ganze herauszugeben. Daß, wie Sie schreiben, auch in Augsburg sich ein Bruchstük von dieser Urkunde befindet, war mir unbewußt. Wenn man so glüklich ist, alle Bruchstüke mit der Haupthandschrift wieder zu vereinigen, dann erst läßt sich an eine Herausgabe denken; jedoch, nach meiner Ansicht, nur dann, wenn man sich entschlöße, den Text mit geographischen Noten und Beifügung der heutigen Ortsnamen zu begleiten, one welche in meinen Augen die Ausgabe wenig Wert haben würde. Vitae summa brevis spem vetat inchoare longam! Sonst würde ich selbst meine Hand gerne zu diesem Werke bieten; aber, iam vesperascit! meiner Tage sind wol nimmer viele, und manche angefangene Arbeit liegt noch unvollendet da; es ist also wol kein Grund vorhanden, noch Mereres anzufangen. |

Eraclius, den ich durch den Buchhandel erhalten habe, ist ein ser wakeres Werk und ein schönes Stück Arbeit und hat mich ser erfreut. Maßmann hat es mir nicht geschikt, aber wol 2 seiner Buben, was mich denn auch gefreut hat. Wir haben sie einige Tage behalten und die Jungens scheinen sich auch bei uns gefallen zu haben.

Wir haben einen guten Winter gehabt, sind gesund geblieben und befinden uns ganz wol; aber ich habe immer so viele fremde Arbeit vor mir liegen, daß ich für mich selbst wenig tun kann. Gegenwärtig ist mir eine große und weitläufige Handschrift zum Gutachten mitgeteilt, welche die Geschichte der ältesten Dynastie Schwabens enthält, multorum camelorum onus! aber mit einem unsäglichen Fleiße und großer Treue zusammengetragen. Hr. Professor Stälin kennt den Verfasser, und, wenn es nach meinem Wunsche gehet, muß das Buch gedrukt werden und es wird auch bleibenden Werth behalten, wenn auch keinen so vorzüglichen, wie Stälins Wirtembergische Geschichte, der so bald keine andere gleich kommen wird. | Herren Professor A. Schott bitte ich, nebst einem freundlichen Gruße, von mir zu sagen, daß ich zu meinem Leide noch nicht dazu kommen konnte auf seinen werten Brief zu antworten, aber es soll doch bald geschehen und mein Dank für seine schonende Recension meines

Oettingers (über den Sie mir kein Wort gesagt haben), nicht ausbleiben. An Stälin, Oberst von Hövel, Schott, Archivar Kausler und Obertribunal Advocaten von Abel, bitte ich meine besten Grüße auszurichten, Sie selbst sind von uns allen auf das herzlichste gegrüßet. Möge es Inen in unserem lieben guten, alten Schwabenlande recht wol gehen! Mit diesem aufrichtigen Wunsche leben Sie wol! Gott befolen! von

Irem

ganz ergebenen Freunde.
Joseph von Laßberg.

9.

Auf der alten Meersburg am 22. April 1843.

Mein lieber Herr und Freund!

Auf Iren heute erhaltenen Brief vom 19. huius habe ich Nachstehendes zu antworten. Erstens meinen besten Dank für Ire guten Wünsche zu meinem Geburtstage. Ich habe sie schon am 10. April selbst Nachmittags um 4 Uhr an einem wunderschönen Stule aus gutem schwäbischen Eichenholz, künstlich und zierlich gemalt und geschnizzet gelesen, und mich gefreuet, das silberne Kleeblat im roten Felde (ein wares Sängerwappen) unter den Zeichen der übrigen guten schwäbischen Männer zu finden. Es war eine fein ausgesonnene und rürend ausgefürte Ueberraschung für den alten Mann, der bis auf wenige Schritte von dem Erenstule, keine Andung von der Freude hatte, die im bereitet war. Gott vergelts! denn ich kann es nicht vergelten und der Ere und Liebe ist daran viel mer gewendet, als ich verdiene. Da auch meine eheliche Wirtinne M. Anna Droste mit in die freundschaftliche Verschwörung getreten war, mußte die Ueberraschung allerdings gelingen. Der Stul ist in jeder Beziehung ein Opus absolutum! und der Meister, der in erfunden und iener welcher ihn ausgefürt hat, sind beide gleiches Lobes würdig; aber die Pietät der Freunde gegen den alten Mann, das ist und bleibt doch das erfreulichste!*) |

---

*) Ueber diese dem Freiherrn von Laßberg von einem Kreise Stuttgarter Freunde bereitete sinnige Ueberraschung spricht sich ein von dem Gefeierten an den Obersten v. Hövel gerichtetes Schreiben noch ausführlicher aus:

Auf der alten Meersburg am 11. April 1843.

Oh mein teurer Hovelius! Welche Freude haben Sie mir alten Manne bereitet! denn Sie, alter Freund! halte ich für den Urheber und Rädelsfürer dieser freundschaftlichen Verschwörung. Dieser schöne und mer als schöne Stul freut mich und eret mich mer, als wenn einer der Könige der Erde, wie sie nun sind, mir alle seine Orden umgehängt hätte. Daß Sie mir aber meine liebe Hauswirtinne auch zu diesem Verrate verfürt haben, will ich gutmütig verzeihen; aber weiter solls nicht gehen! Wir feierten meinen Geburtstag, der mir viel lieber und wichtiger ist, als der Namenstag, ganz stille und vergnügt zu vieren, wie wir täglich zu Tische sizzen. Auch der abwesenden Freunde Gesundheit ward getrunken, wobei ich freilich das Beste tun mußte. Nach Tische sezzte ich mich an den Schreibtisch, und fur mitunter auch in meinen schon frühmorgens begonnenen Betrachtungen über meinen bisherigen Lebenslauf fort. Gottlob! Ich stieß auf nichts, was mein Herz schneller an die Rippen der alten schwäbischen Brust schlagen machte. Es war etwas nach vier Ur, da kamen die beiden Hilden herangelaufen und sagten: Die Mutter läßt dich bitten, du möchtest doch sogleich zu ir ins Blumenzimmer herabkommen. Was soll ich denn da machen? Ey das wissen wir nicht! war die Antwort. Nun, dachte ich, vermutlich ist eine der Lieblingspflanzen im Aufblühen und das soll ich sehen und loben.

Als ich in das Blumenzimmer kam, war Niemand da, aber die eiserne Türe des Büchersaales war offen. Die Schlüssel waren mir alſo entwendet. Ich rief Jenny, Jenny; allein keine Antwort. Auf einmal erblicke ich in dem Rondel, wo ich sonst im Sommer zu schreiben pflege, etwas von ganz fremdartiger Gestalt stehen. Die Kinder lachten überlaut und klatschten vor Freuden in die Hände. Hey! rief ich, hat unsere närrische Mutter ein altes Altärchen gekauft, um mich damit anzubinden!

Als ich aber näher trat, sahe ich wol, was es war, konnte mir aber gar nicht ausdenken, woher es kommen möchte. Auf einmal erblickte ich auf beiden Seiten des Stules die Wappen mit den Inschriften. Nun hatte ich deren nicht ein halb Duzend gelesen; so wußte ich schon alles. Da trat meine Frau hinter der Türe, wo sie sich verborgen hatte, hervor und gab mir die Briefe. Lieber Freund! Da erfur ich, daß einem alten Manne auch nach drei und siebenzig Jahren, die Augen noch naß werden können. Gott vergelts euch, ihr lieben biedern schwäbischen Män-

Was nun die Herausgabe des Habsburgischen Urbars betrift, so stehet meine Handschrift dem literarischen Vereine zu Stuttgart zwar zu Dienste, doch nur unter der ausdrüklichen Bedingung, daß der Ausgabe ein vollständiges topographisches Register beigefügt werde, one welches der Gebrauch des Buches zu beschwerlich sein würde. Auch geographische Noten über die iezigen politischen und statistischen Verhältnisse der darinne aufgeführten Orte wären ser wünschenswert. Es ist nicht genug, daß man Bücher macht, man muß sie auch für den Gebrauch bequem machen, besonders solche, welche meist nur von Gelerten benuzt werden. Uebrigens muß ich gestehen, daß ich gewünscht hätte, nicht zuerst in der Zeitung zu lesen, daß der literarische Verein beschlossen hat dieses Urbar herauszugeben. Ich möchte wol sehen, wie sie das wol one meine Handschrift angehen wollten; es wäre demnach wol nicht zu viel gewesen, mich zuerst darum zu begrüßen; denn der Brief, in dem Sie zuerst von dieser Sache Erwänung taten, kam beinahe zugleich mit dem

---

ner. Seit vielen, ja vielen Jaren, hat der alte Meister Sepp solche süße Rürung nicht empfunden. „So viel Ere und Liebe bin ich warlich nicht wert", war meine erste Rede und das muß ich auch noch sagen; aber es freute mich die schöne Gabe. „Old Oak" sagte ich dann, Holz von unsern alten schwäbischen Eichen! das ist schöner und besser, als Gold, Silber und Elfenbein.

Nachdem ich den Stul von vorne und hinden, von den Seiten und oben und unten, bis auf den Namen des Meisters Wirth, des kunsterfarenen Stuttgarters, besichtiget und alles schön, rein und untadelhaft gefunden hatte, sezzte ich mich hinein, und ich saß ser gut. Dann sagte ich: da werde ich oft sizzen und wenn mir eines der Wappen in die Augen fällt, an den wakern Mann mit Dank gedenken, dem es angehört. Nun, wie soll ich meinen Dank ausdrüken? Das wird schwer sein, wenn die Worte meinem Gefüle gleich stehen sollen. Eine allgemeine Danksagung d. i. an alle und iede, will ich gedrukt nachsenden; denn an jeden besonders zu schreiben, wäre jezt nicht möglich, da ich die Gicht am rechten Arme habe; indessen sagen Sie, liebster Hovelius! den Freunden in Stuttgart, welche Freude ich ihnen verdanke. Mer mag ich wahrhaftig diesmal nicht zu schreiben. Nur noch einen Gruß von uns an Weib und Kind und dann Gott befolen von Irem

Joseph von Laßberg.

Auffsazze in der allgemeinen Zeitung in meine Hände. Noch ist die fragliche Handschrift nicht zu mir zurükgekeret; sobald ich sie wieder habe, werde ich es Inen melden und dann können Sie solche auf eine bestimmte Zeit bekommen. Daß Professor (nicht Archivar) Eutychius Kopp aus Luzern deshalben an den L. Verein schreiben werde, wußte ich durch in selbst. |

Ich komme nun zu Irem Wunsche: die Handschrift von den Predigten des Nicolaus von Straßburg, welche in dem Chorherrenstifte zu St. Florian in Oesterreich ob der Ens liegen soll, zur Collation zu erhalten. Ich werde demnächst an meinen Freund den Archivar Jodoc Stülz daselbst schreiben; ob ich aber in meiner Bewerbung glüklich sein werde? scheint mir noch ser ungewiß zu sein. Es giebt nämlich Klöster, aus welchen statutengemäß keine Codices dürfen ausgeliehen werden; ist nun die fragliche Handschrift Eigentum des Klosters, so kann Stülz nichts dazu tun; sollte sie aber sein Privateigentum sein, so zweifle ich nicht einen Augenblik, daß er sie mir zu lieb hersenden wird. Um Zeit zu sparen werde ich im sagen, daß er sie unmittelbar nach Stuttgart senden soll; aber: unter welcher Adresse?? —

Nun zum Postscriptum Ires heutigen Briefes. Ich äußerte freilich in meinem letzten: Sie hätten mir noch kein Wörtchen über mein leztes Büchlein gesagt. Das nennen Sie irrig für einen Vorwurf, als ob Sie mir nicht dafür gedankt hätten? Wie konnte ich das meinen, da Sie mir ia wirklich gedankt hatten. Ich meinte aber, Sie würden und könnten mir über den zwar bunten aber doch großenteils interessanten Inhalt desselben etwas im allge-|meinen oder im einzelnen sagen. Nicht mich oder das Büchlein loben, quae omnia ego procul habeo; aber was Sie von dem Ganzen halten. Daß man dergleichen von seinen Freunden erwartet, finde ich ganz natürlich.

Mit den beiden Hohenstaufischen Liedern ist durch Faulheit des Buchdrukers eine Ungeschiklichkeit vorgegangen, die im Literaturblatte wie billig gerügt wurde, aber nicht auf meine Rechnung fällt, obschon ich sie büßen muß. Nach 2maliger

Correctur der verdruckten Strophen fand ich beim Empfang des Reindrukes bei genauerem Durchgehen, daß die alten Feler doch stehen geblieben sind. Ich ließ sogleich einen Carton druken, allein leider waren schon 30 Exemplare versandt und unglücklicher Weise darunter auch die 10 Stuttgarter.

Wir alle befinden uns wol, haben einen guten Winter gehabt und freuen uns jezt des schönen Frülings, seit acht Tagen ist unser Schloßhügel mit Blüten bedekt und die 2 Hilden springen darunter herum, wie zwei junge Rehelein. Viele Grüße an die Stuttgarter Freunde, ich werde mich bei allen schriftlich bedanken; aber ich bin so mit fremder Arbeit überladen, daß ich beinahe nicht umkommen kann.

Wir alle grüßen Sie auf das freundlichste und ich bin und bleibe, wie immer

Ir

ergebenster

J. v. Laßberg.

Ist Maßmann schon nach Berlin gegangen?

10.

Auf der alten Meersburg am 16. Juny 1843.

Bester Herr Pfeiffer!

Der Codex des Habsburg. Urbars ist nun wieder hier und ich würde Jnen denselben schon heute geschikt haben, wenn ich nicht vor wenigen Tagen aus Luzern eine Nachricht erhalten hätte, welche mich veranlasset, zuvor bei Jnen eine Anfrage zu machen.

Herr Prof. Eutychius Kopp daselbst las in der allgemeinen Zeitung, daß unter anderem der Literar. Verein zu Stuttgart im Sinne habe, das fragliche Habsburg. Urbar herauszugeben. Da er nun natürlicher Weise voraussezzen mußte, daß gedachter Verein hiezu vorläufig meine Beistimmung eingeholt habe — denn was wollte man one meine Handschrift herausgeben?! — so schrieb er dahin und erbot sich, nicht nur die Herausgabe zu besorgen; sondern auch die noch hier und da in der Schweiz zerstreuten Fragmente der in meinem Codex beträchtliche Hiatus verursachenden Urschrift, zu sammeln und dem Werke einzuverleiben. Gewiß konnte diese Arbeit in keine bessere Hände fallen, als in die des Hrn. Prof. Kopp! und wie ich verneme, hat der Literar. Verein dies Anerbieten angenommen, auch seitdeme Prof. Kopp mich um Abgabe meiner Handschrift angegangen. Nun können Sie leicht denken, daß ich hiedurch in Verlegenheit gesezt bin; denn da Sie schon früher mir schreiben, daß Sie die Redaction der fraglichen Ausgabe übernommen haben, und der literarische Verein sich deshalb mit mir | niemal in unmittelbares Einvernemen gesezt hat; so kann ich auch nicht wissen, an welchen der beiden Herausgeber ich nun den Codex abgeben soll? — können Sie, mein hochgeachteter Freund! mich hierüber endlich ins klare bringen, so werden Sie mich verbinden.

Am 7. Juny*) 1843.

Ich wurde durch einen Besuch von Verwandten meiner Frau aus Westphalen unterbrochen und vom Schreibtische abgehalten, die erst gestern weiter in die Schweiz abgereiset sind. Herr Gevatter Maßmann ist one Sang und Klang und one von seinen südteutschen Freunden Abschied zu nemen, nach den nordischen Turnpläzen abgereiset. Möge es im wol gehen! und er in seinem alten Vaterlande die gewünschte Zufriedenheit finden! —

Ich habe nun auch den Eraclius ganz und mit großer Aufmerksamkeit, gelesen. Es ist ein gutes und großes Stück Arbeit; aber ich habe auch gar keinen Glauben an die Maßmannsche Behauptung, daß | Bischof Otto von Freysingen der Verfasser des teutschen Gedichtes seye. Unmöglich hätte ein Bischof die Bulschaft zwischen Athenais und Parides also beschrieben,

---

*) Es muß Juli heißen, das Postzeichen ist vom 9. dieses Monates. W.

am allerwenigsten ein Teutscher des XII. Jarhunderts; aber auch das glaube ich nicht, daß das Gedicht aus dem XII. Jarhundert seie. Die Sprache ist ja offenbar eine des XIII. Das Reimbuch halte ich für eine ganz überflüßige Arbeit; es kann Niemanden nuzzen, als einem Schüler: besser wäre ein Glossar der Wörter und Ausdrücke gewesen, die dem Verfasser des Eraclius vor andern Dichtern seiner Zeit eigen sind. Auch einige allotria finde ich darinne, wie ich glaube, zu Vergrößerung des Werkes und auch des Honorares. Allein, dies alles sind keine wesentliche Feler. Es bleibt dennoch eine gute und große Arbeit, und selten ist noch ein altteutsches Gedicht mit so reichem Apparate ausgestattet erschienen. Die vielen Drukfehler sind freilich der Entfernung vom Drukorte zuzuschreiben, allein es sind auch Schreibfeler darunter, die nicht zu entschuldigen sind. Von Barlaam und Josaphat sage ich nichts und denke dabei, was mir einmal Schmeller auf Anfrage nach dem II. Teile seines bairischen Wörterbuches geantwortet hat: „er wird wol erscheinen, wenn er fertig ist". Und damit, von uns allen gegrüßet und Gott befolen! von

Irem

ergebensten

J. v. Laßberg.

Grüße an alle Stuttgarter Freunde.

11.

Auf der alten Meersburg am 21. December 1844.

Lieber Herr und Freund!

Das Jar will enden, und man muß seine Schuldigkeit bezalen. Schon längst hätte ich Inen gerne geschrieben; allein, meine Hand versagte mir den Dienst. Wie erbärmlich derjenige ist, den sie mir jezo leistet, sehen Sie aus den gegenwärtigen häßlichen Schriftzügen. Es wäre lächerlich, zu verlangen, daß wegen mir die Gesäzze der Natur sich verkeren sollten. Alte Leute von rüstigem Körperbau müssen langsam enden, und die schwere Bagage reiset voraus.

Als ich Greith's Antwort auf meinen Inen mitgegebenen Brief erhielt, konnte ich Inen denselben nicht zusenden; denn ich wußte nicht, ob Sie Ire Reise vollendet hatten oder nicht? Ich wollte es auch darum nicht tun; weil ich noch auf weitere Antwort und Auskunft von Greith wartete. Da bis nun zu noch nichts gekommen, so sende ich Inen den Brief. Daß die Sache wegen des St. Galler Bischoftums noch gar nicht im Reinen ist, wissen Sie aus öffentlichen | Blättern, wie aber die Stelle eines Bibliothecars mit jener des Bischofs zusammenhängt? verstehe ich nicht! — Was nun Sie, lieber Freund! weiter in der Sache thun werden oder wollen, muß ich Irem Ermessen anheim stellen: wünschen Sie, daß ich dieselbe bei Greith wieder in Erinnerung bringe, so stehe ich zu Diensten.

Was nun den literarischen Verein zu Stuttgart und meinen Beitritt zu demselben betrifft, so liegen fürs erste 22 fl. hiebei für den I. und II. Jargang, worüber Sie mich gefälligst quittiren wollen. Unter den bereits übergebenen und gesandten Stücken vermisse ich noch: Closners Chronik und den Georg von Ehingen. Wollen Sie wol den Secretär der Gesellschaft veranlassen, mir diese zu senden, so verbinden Sie mich. Was soll im Laufe des nächsten Jares erscheinen? |

Wenn Sie die Güte hätten, Autographa für unsere Schwester Nette zu sammeln, so dürfen Sie solche nur mit dem Postwagen an mich senden: es gehen wol manchmal im Jare Sendungen von hier an sie ab, denen wir sie beischließen können. Nette's Gedichte gefallen Inen also ser wol! — mir gefallen sie nicht! Originalität, Erfindung und dichterischen Schwung kann man inen zwar nicht absprechen; aber sie ermangeln der classischen Reinheit der Sprache gar zu ser! und welches Heer dem nicht Westphalen ganz unverständlicher Provinzialismen! — one ganz reine, höchst gebildete Sprache kann ich keinen Dichter anerkennen.

Sie bedauren, daß Ire Weiterreise Sie so bald von uns abrief; glauben Sie mir, daß ich es nicht weniger bedauerte, und die Hofnung, die Sie uns geben, noch öfter in der alten Dagobertsburg einzukeren, uns allen Freude macht. Warum bin ich nicht reich genug, um Inen bei meiner Bücherei eine erkleckliche Pfründe anbieten zu können, | die Inen Zeit genug zu literarischen Arbeiten übrig ließe! Aber es ist nun einmal so, daß die, welche wollten, nicht können, und die, welche könnten, nicht wollen.

Grüßen Sie mir bestens die Stuttgarter Freunde! und bitten Sie dieselben in meinem Namen, mir nicht zu zürnen, wenn ich nicht schreibe. Stälin lasse ich bitten: mir doch das Wappen der Familie v. Pfuhl von Rippur, nur in Bleistift schrafirt zu schiken. Wann wird denn der II. Band seiner Geschichte Wirtembergs einmal erscheinen?

Wir alle grüßen Sie auf das herzlichste.

Leben Sie wol, Gott befolen! von

Irem

ergebensten

Joseph von Laßberg.

Explicit am 22. Decbrs. und prost Neujar.

12.

Mein vererter Herr und Freund!

Hier folgt des Tiufels Segi, Sageîna im mittelalterl. Latein, la Seine oder la Saine im heutigen Französisch. In Neumanns Conspectus literar. und bei Scherz Oberlin finden Sie dies Gedicht erwänet, welches mir eine reiche Schilderung des Lebens und der Sitten des beginnenden XV. Jarhunderts zu sein scheinet. Zwar one allen dichterischen Wert, aber in ebenerwänter Hinsicht nicht unwürdig, bekannt zu werden*). Die am Fuße des ersten Blattes recto befindliche Zeichnung stellet das Tor der oberen Stadt zu Bregenz vor, wo das Buch, wo nicht gemacht, doch gewiß geschrieben worden. Der dortige Beichtiger der Klosterfrauen, Herr von Weizzenegg besaß es und von im ist es an mich gekommen. Der Minnesänger Grave Hug von Montfort, Herr zu Bregenz, besaß einen Knappen, Burk (i. e. Burkhard) Mangolt, der im seine Lieder, die er meist zu Pferde dichtete, auf und abschrieb. Von des Tiufels Segi befindet sich auch eine alte Abschrift mit Gemälden in dem Luzernerinischen Cisterzienserkloster St. Urban; | aber sie hat Lüken. Nun aber, um wieder auf den Burk Mangold zu kommen, so vermute ich, daß er wol der Verfasser des um 1440 geschriebenen Gedichtes von des T. Segi sein möchte. Ob aber das in demselben angerufene Concilium, das Constanzer 1414—1418, oder das spätere Basler seie? will ich nicht entscheiden, doch ist mir Ersteres um so warscheinlicher, als Grave Hug als ein schon alter Mann die Constanzer Kirchenversammelung 1415 besuchte.

Seit einigen Wochen bin ich mit Herrn Dr. Matile, Prof. Juris zu Neuchatêl in Briefwechsel geraten, welcher gerne die Lieder des Graven von Fenis aus dem Weingartner Codex, von einer französischen Uebersezung begleitet, herausgeben möchte, und zwar den ganzen Text jener Handschrift. Nun ist die Frage: was würde ein gutes Facsimile der sämmtlichen Strophen dieses Minnesängers auf Strohpapier kosten? Im Vertrauen auf Ire bisherige freundschaftliche Gefälligkeit für mich sehe ich der möglichst schnellen Erledigung dieser Frage mit Sensucht entgegen. Ich möchte so gerne Hrn. Prof. Matile gefällig sein; denn es freuet mich immer ser, wenn ich auch im Auslande Freunde un- | sers alten Sanges entdeke. Dieser, der seine Studien in Berlin und Heidelberg gemacht hat, hat schon

*) Nun herausgegeben von Dr. K. A. Barack: Des Teufels Netz. Satirisch-didaktisches Gedicht aus der ersten Hälfte des fünfzehnten Jahrhunderts. Stuttgart (70. Publication des litter. Vereins) 1863. W.

das Chronicon ex Cartulario Lausannensi herausgegeben, dann die Berner Handschrift des französischen Schwabenspiegels, und eben ist von im der erste Band der Monumenta Novi Castri, eines Werkes von mer als 2000 Urkunden erschienen. Solche Männer muß man warm halten! Sie verbinden mich also, wenn Sie mir bald über fraglichen Gegenstand antworten.

In St. Gallen ist noch immer kein Bibliothecar! Ich hatte vorige Woche Anlaß, an Greith, wegen Mitteilung handschriftlicher Badischer Geschichtsquellen, deren Herausgabe die Regierung an Mone übertragen hat, zu schreiben und daneben die Bibliotheke wieder in Anregung gebracht. Es wäre doch eine ware Schande für St. Gallen, wenn im nächsten Sommer, wie alle Jare geschiehet, fremde Gelerte dahin kämen und die Bibliothek geschlossen fänden.

Auch ich habe, ungeachtet aller Nachfragen, noch Niemand gefunden, dem ich die Ordnung und Catalogisirung meiner Bücherei übertragen könnte! und doch wünschte ich so senlich, diese Sache vor meinem Ableben noch vollendet zu sehen, um meinen Erben, die so gar nichts davon verstehen, die Verwertung meiner Bücher zu erleichtern. Wäre ich reich, so würde ich sie einer öffentlichen Anstalt vermachen; aber das bin ich nun einmal nicht! auch habe ich [nie] gestrebt es zu werden. |

Grüßen Sie herzlich von mir die lieben guten Stuttgarter Schwab, Schott, Stälin, Kausler, Moser, Abel und wer sich des alten Meisters Sepp erinnern mag. Ach! daß ich Inen nicht auch noch einen Gruß an meinen lieben alten Hövelins aufgeben kann! Have! candidissima anima!

Wir sind gottlob! Alle wol, und seufzen dem so lange zögernden Früling entgegen. Wie gerne möchten wir singen:

redeunt iam gramina campis,
arboribusque comae! —

Voriges Jar, um diese Zeit, konnte man säen, jezt liegt noch hie und da ein Fezzen Schnee und der Boden ist gefroren! —

Alle Bewoner der alten Dagobertsburg sind wol und grüßen Sie bestens. Leben Sie wol! Gott befolen! von

Irem

M. am 12. März. 1845. J. v. Laßberg.

Ich konnte nicht früher schreiben; denn meine Hand war völlig unbrauchbar.

13.

M. am 12. April 1845.

Lieber Herr und Freund!

Ich habe an demselben Tage, als ich Iren Brief vom 3. huius erhielt, die mir zugeschlossenen Facsimile's und auch den Abdruck des Heidelberger Codex Nr. 357. an den H. Prof. Dr. Matile nach Neuschatel versendet. Empfangen meinen besten und verbindlichsten Dank für die so schnelle als glüklich ausgefallene Besorgung der Facsimile's des Codex Weingartensis, wodurch Sie mich in den angenemen Fall sezzen, daß H. Prof. Matile das alte: bis dat, qui cito dat! auf mich anwenden kann. Ich wollte im einen Gefallen erweisen und dies ist durch Ire freundschaftliche Hilfe vollkommen gelungen.

Für Ire so freundschaftliche Absicht, mir einen tüchtigen und wissenschaftlich gebildeten Mann für Ordnung und Catalogisirung meiner Büchersammelung zu verschaffen, sage ich Inen den herzlichsten Dank. Ich habe vorgestern mein sechsundsiebenzigstes Lebensiar auf meine Achseln genommen und muß daher wünschen, daß dies Geschäft noch vor meiner Reise in das Land, aus dem noch keiner zurückgekommen, beendiget werde. Weder meine Frau noch meine Mädchen würden | an den griechischen, lateinischen, oder altteutschen Büchern und Handschriften viel Unterhaltung finden; eben so wenig mein einziger Son Karl, der iezt schon ein alter Kriegsknecht geworden ist und es auch bleiben will, so lange er activ bleiben kann. Nun habe ich die Aussicht, daß meine wissenschaftlichen Sammelungen, mit Vorbehalt meines lebenslänglichen Genusses, an jemanden übergehen und doch in Schwaben bleiben werden, der nach meinem Tode meinen Erben einen erkleklichen Ersatz leisten würde. Dazu ist eine systematische Ordnung und Catalogisirung vorläufig unentberlich. Hiezu ist der Sommer die beste Zeit; denn bei den kurzen Wintertagen und in den unheizbaren Gewölben meines Büchersaales wäre die Sache unausfürbar. Es ist mir zwar, wegen seiner schönen Schrift ein Lycäist aus Constanz empfolen worden, allein, mit diesem wäre ich täglich angebunden, um in zu leiten, zu beraten und anzufüren, wozu ich mich nur schwer entschließen könnte; denn iede andere Arbeit müßte ich dann aufgeben.

Am liebsten würde ich meine Handschriften (iezt schon weit über 200) in Stuttgart, auch mir die Hauptstadt meines geliebten Schwabenlandes, sehen; aber ich kann sie von den gedrukten Büchern, one diesen zu schaden, nicht trennen. Vor meiner zweiten Ehe, | hatte ich keinen andern Gedanken, als sie einst der öffentlichen Bibliothek zu Stuttgart zu schenken; allein, nun sind zwei Kinder mer da, und ich habe seit einigen Jaren auch beträchtliche Verluste erlitten, da muß ich nun auf das verfluchte Geld sehen, das ich mein ganzes Leben hindurch mer gehaßt als geliebt habe.

Ich las heute in der Kölnischen Zeitung vom 8ten April: „Literarischer Verein in Stuttgart. Heute wurde an die ver„ehrl. Mitglieder versandt: Die neunte Publication enthal„tend: 1. Bruchstük über den Kreuzzug Friedrich I. 2. Ein „Buch von guter Speise. 3. Die alte Heidelberger Liederhand„schrift. Stuttgart am 23. Februar. 1845." Nach sechs Wochen nach dieser Publication befinde ich mich one ein Stück derselben! Ich meine, der Literar. Verein sollte solche Mitglieder, welche im Beiträge liefern, nicht schlechter behandeln als andere. Mögen Sie, lieber Freund! dies da anbringen, wohin es gehört. Und nun leben Sie recht wol! Gott befolen! von

Irem J. v. Laßberg.

Grüße an alle, die meiner gedenken.

14.

Auf der alten Meersburg am 23. May 1845

Lieber Herr und Freund!

Ire Sendung und Geschenk hat H. Professor Matile viele und große Freude gemacht und er würde Inen dies selbst geschriben und gedankt haben, wenn er nicht eben im Begriffe wäre eine Ferienreise nach Schwaben vorzunemen, auf welcher er Sie in Stuttgart auffsuchen und mündlich danken will.

Nun aber empfangen Sie auch meinen besten Dank, für die so freundschaftliche Zuweisung des Herren Doctor H. Sein Brief gefällt mir ser gut, er stellt mir einen biedern und herzlichen Schwaben von altem Schrot und Korn dar und ich glaube auch G. A. Bürgers Blümchen Wunderhold in seinem Karakter nicht zu vermißen. Seine Schrift hätte ich freilich zierlicher und körniger gewünscht; aber sie ist doch ser deutlich und ziemlich gleichförmig. Es bleibt mir ia immer freigestellt, wenn er den Catalog fertig geschrieben hat, denselben noch einmal, durch eine zierlichere Hand ab- schreiben zu lassen. Ich halte für das beste, jetzt an Herrn Doctor H. zu schreiben und im freizustellen, ob er nicht vorläufig zu mir kommen will? um in loco Einsicht von dem qualitativen und quantitativen Bestande der Arbeit zu nemen, welcher er sich unterziehen soll; auch Ort und Leute kennen zu lernen, bei denen er sich eine geraume Zeit aufhalten soll, möchte im wol nicht überflüssig scheinen.

Hier noch eine Notiz zu des Tiufels Segi. Habe ich Inen auch gesagt, daß im Kloster St. Urban im Canton Luzern auch eine Handschrift des XV. Jahrh. von disem Gedichte liegt?

Mit großer Sensucht forsche ich in iedem Literaturblatte nach der endlichen Erscheinung des II. Teiles von Stälins Geschichtwerke, in vielen Jaren hat mich kein Buch so lebhaft angeregt. Grüßen Sie in und alle Stuttgarter Freunde von mir.

Wir sind Gottlob! alle zusammen wol und haben alle Tage Gäste aus allen 4 Ecken der Welt. Vorgestern kam uns ein schwäbischer Edelmann, als frommer Pilger aus Jerusalem, Aegypten und Italien zu Hause; ich aber tue seit 2 Monaten nichts als Urkunden schreiben, die mir ein glüklicher Zufall in die Hände gefürt hat. Es sind nun nahe an 500. Ist die Zal einmal voll, so hätte ich wol Lust sie mit Noten herauszugeben; einen Verleger werde ich wol nicht finden, und so werde ich alter E s e l, wol die Last wieder auf mich nemen müssen, wie beim Liedersaale. Nun, in Gottes Namen! Leben Sie wol, herzlich gegrüßt, von

Irem

Joseph von Laßberg.

15.

Auf der alten Meersburg am 5. August 1845.

Josephus Laszbergius, Fransisco αὐλήτου salutem et omne bonum!

Gestern Abend kam Decan Greith aus S. Gallen, mit einem monachus Einsidlensis zu mir und Sie können denken, mein werter Freund! daß ich, als wir nach dem Nachtessen allein beisamen waren, sogleich das Gespräch auf Sie gelenkt habe. Die Sache stehet noch, wie ich Sie Inen früher überschrieben habe: so lange kein Bischof gemacht ist, wird auch die Bibliothecarstelle nicht definitive besezzt; – — aber G. hat mir nun in Beziehung auf Sie einen andern Vorschlag gemacht, der mir nicht übel gefällt und den Sie nun in Ueberlegung nemen mögen. Es ist folgender: Sie wollen sich um die Professur d e r t e u t s c h e n S p r a c h e u n d L i t e r a t u r, am S. Gallischen Lycäum melden, welche er Inen verschaffen zu können glaubt. Diese Stelle tragt zwar iährlich nur a c h t h u n d e r t G u l d e n; aber sie gewärt demienigen, der sie bekleidet, noch viele Zeit zu eigenen Arbeiten, die Bibliotheke stünde ganz zu Irem Gebrauche und Sie würden, wenn Sie es wünschten, auch den Titel als Unterbibliothecar erhalten, was Inen schon eine Ansprache auf das

Bibliothecariat gäbe, zu welchem, wie mir Greith sagt, sich bereits nicht weniger als 28 Competenten gemeldet haben. Ich fragte: ob es in St. Gallen teuer zu leben sei? Die Antwort war, daß ein unverheurateter Mann | mit 800 fl. in S. Gallen recht wol leben könne, bescheidne Wonungen würden Sie in der Nähe des Stifts, und ser billige Kost in der in dem Stifte selbst befindlichen Restauration finden, welche von merern Angestellten besucht wird.

Nun, mein lieber Auletes! wie gefällt Inen dieser Vorschlag? Da Sie sich schon früher gegen mich geäußert haben: Sie wünschten vor allem wieder in der vaterländischen Schweiz vesten Fuß zu fassen, so schiene mir dies Anerbieten die beste Gelegenheit dazu und ich meine, Sie würden nicht übel tun die Fronte Capillata beim Schopf zu nemen. Entschließen Sie sich dazu, so rate ich one langen Verzug An Herren Decan und Pfarr-Rector Greith Hochwürden nach St. Gallen zu schreiben, denn mir scheint, er wünscht in dieser Sache begrüßt zu werden; also carpe diem, dum fervet olla.

Ich habe diesen Morgen Moriz Engelhard aus Straßburg, mit seiner Frau, Greith und den Bibliothecar Gallus Morell von Einsiedlen, nach Heiligenberg und Salmannsweiler füren lassen, und mich sogleich hingesezzt, um an Freund Pfeiffer zu schreiben; diesen Abend kommen sie zurück, um mit dem Dampfschiffe nach Constanz zu gehen.

Sie werden verwundert sein zu hören, daß ich noch immer nicht an Herren Dr. H. geschrieben habe! allein, es war bisher rein unmöglich die Bibliothekararbeit anzufangen. Seit einem Vierteliar war mein Haus keinen Tag von Gästen und Besuchern leer: diese guten und | lieben Leute nemen und namen alle meine Zeit in Beschlag und doch bestehet das Leben aus lauter Zeit!!! — Wie hätte ich da, wenn Herr Dr. H. auch hier gewesen wäre, bei im sein und in anweisen und helfen können? was doch wenigstens in der ersten Zeit unerläßlich gewesen wäre. Nun ist der Sommer beinahe vorüber und die Arbeit würde doch vor Winter unmöglich zu Stande gebracht werden können. Das vor allem zu Bewirkende ist die Umstellung und Ordnung der Bücher, für deren Zal der vorhandene Raum kaum mer ausreichen will. In den onehin so kurzen Wintertagen könnte in den unheizbaren Gewölben des Büchersaales doch nicht gearbeitet werden; es wird also wol nichts anders übrig bleiben, als das ganze Geschäft auf den kommenden May zu vertagen. Fragen Sie doch Hrn. Dr. H.: ob er Lust hätte um diese Zeit zu kommen, und welche seine Bedingungen sind?

Ich muß schon wieder abbrechen, da ein Besuch kömmt; will Inen aber meine Nachricht, S. Gallen betreffend, nicht länger vorenthalten. Leben Sie wol! von uns allen bestens gegrüßt.

Ir

Explicit am 6. August 1845. J. v. Laßberg.

Wann kommt denn Stälins IIter Band einmal heraus?

16.

Auf der alten Meersburg am 2. Hornungs 1846.

Vererter Herr und Freund!

Ich kann Inen heute nur wenig Worte schreiben. Ich möchte wissen, ob es war ist, daß der Aventiure Krone, von Heinrich von dem Türlin, im Druke erschienen seie? Ich habe es gehört; aber noch ist mir kein Exemplar davon ansichtbar geworden.

Sie können mir hievon die verlässigste Kunde geben und ich bitte Sie darum. Wenn es aber nicht der Fall sein sollte; dann bitte ich ferner mir zu sagen: ob Sie nicht eine Abschrift dises Gedichtes besizzen und mir dieselbe auf kurze Zeit leihen wollen? oder, ob Sie mir nicht wenigstens von anderwärtsher eine Abschrift zu disem Gebrauche verschaffen können?

Sollte nicht in der Palatinischen Sammelung zu Heidelberg sich eine Handschrift dises Gedichtes befinden? und was würde wol eine getreue Abschrift kosten? Ire gegen mich stets bewiesene freundschaftliche Gefälligkeit laßt mich über eine oder die andere dieser Fragen baldige Antwort von Inen hoffen.

Es ist nun dahingekommen, daß auch ein fünfter und, wenn mir der liebe Gott das Leben lasset, sogar ein VI. Band| des Liedersaales unter die Presse gehen werden, darunter wird auch Wilhelm von Orleuz von Rud. v. Ems erscheinen. Näheres hierüber ein ander mal. Vielleicht entschließe ich mich auch noch zu des Tüfels Segi, welche Sie nun wol längst abgeschrieben haben, und die ich nun auch wieder zurükzuhaben wünsche. Von dem literarischen Vereine höre ich schon lange gar nichts mer: sein Secretaire Herr Franz Pfeiffer, könnte mir wol sagen, was er macht oder zu machen im Sinne hat? Leben Sie wol, von Weib und Kindern mit mir gegrüßet und Gott befolen! von

Irem

Joseph von Laßberg.

Noch immer seufze ich nach Stälins zweitem Bande, und mit mir wol noch mancher Schwabe.

Viele Grüße an alle Stuttgarter Freunde.

II.

Briefe Ludwig Uhland's an Franz Pfeiffer.

1.

Geehrtester Herr und Freund!

Sie hatten mir in Ihrem freundlichen Schreiben vom 6. d. zur Benützung der mitgetheilten Abschriften noch weiteren Raum gegeben, was mir um so willkommener war, als mich eben der ablaufende Termin für die Zurückgabe einer von Wolfenbüttel entliehenen niederländischen Liedersammlung drängte. Sie wollten mir auch noch die Mühe des Abschreibens dadurch ersparen, daß Sie nur die Stricker'schen Stücke zurückverlangten, und ich habe deshalb, außer der früheren Mittheilung zu Hesseloher, das Gespräch der Vögel in Händen behalten; sollten Sie aber dasselbe irgend vermissen, so werde ich auch davon Abschrift nehmen und die Ihrige wieder einsenden. Die Lügen-|mähren und Thierfabeln haben mir besonders erwünschte Züge für meine Arbeit über das Volkslied dargeliehen.

Nehmen Sie für alles gefällig Mitgetheilte meinen herzlichen Dank, den ich Ihnen noch lieber persönlich gesagt hätte, wenn Sie uns nicht zu lange auf einen Besuch in Tübingen warten ließen.

In freundschaftlicher Hochachtung

L. Uhland.

Tübingen, den 26. Juni 1842.

2.

Tübingen, den 29. Juni 44.

Sie erhalten hiebei, geehrtester Freund, unverweilt die gewünschte Urkunde. Der Zweifel, ob es mir überhaupt anstehe, ein Zeugniß über Sie auszustellen, hob sich mir nur durch die Erwägung, daß in der Literatur des deutschen Alterthums überall noch so Wenige Bescheid wissen. So leid es mir auch thun wird, wenn Sie unsere Gegend verlassen, so müssen wir doch Ihre Meldung mit den besten Wünschen begleiten.

Kurz nach Ihrer Abreise an Pfingsten kamen Ihre erfreulichen Geschenke bei mir an, für die ich Ihnen herzlichen Dank sage. Das Lied de vagorum ordine und der nachgefolgte Henneke sind für mein jetziges Geschäft von besonderem Interesse. Ich lege das letztere Stück noch nicht wieder bei, da ich mir eine Abschrift nehmen und, wenn sich noch sonstige Nachträge zu meiner Liedersammlung ergeben, es darunter einreihen möchte; obgleich unstrophisch, steht es doch auf der Grenze zwischen Lied und Spruchgedicht und hat ächt volksmäßigen Ton.

Auch den Aufsatz von Coremans behalte ich noch in Händen, um mir Einiges zu excerpiren.

Wollen Sie mir jetzt Ihr Minnelieder-Verzeichniß zusenden, so kann es mir nur anziehend sein, auf solche Weise einen raschen Durchgang durch das Gewählteste des alten Liedervorraths zu nehmen.

Keller befindet sich seit 14 Tagen auf einer Reise in die Rheingegenden.

Das wohlgetroffene Bild, das ich durch ihn erhalten, ist ein um so wertheres Andenken, wenn Sie selbst wegziehen wollen.

Freundlich grüßend

der Ihrige

L. Uhland.

3.

Lieber Herr Doctor!

Müllenhoff hat wegen des Wolfdietrichs an mich geschrieben und ich möchte ihm nun, da ich inzwischen wieder an die Volkslieder gegangen bin, zukommen lassen, was mir für sein Unternehmen zu Gebote steht. Nur weiß ich nicht, auf welchem Wege das am besten geschieht, und da Sie ihm unlängst die Schönhut'sche Abschrift, die ich mir, wenn sie zurückkommt, auf kurze Zeit ausbitten möchte, zugefertigt haben, so erlaube ich mir die Anfrage, ob Sie ihm nicht auf gleiche Weise meine hier beifolgende Mittheilungen gefälligst zugehen lassen und die damit verbundenen Auslagen mir gelegentlich berechnen wollten. Zugleich lege ich die Zacher'schen Fischartslieder mit verbindlichstem Danke hier wieder an.

Noch mit einer weitern Frage werden Sie von mir belästigt: ob nemlich | von den hierneben bemerkten Büchern eines oder das andere sich auf der Stuttgarter Bibliothek befinde. Ist dieß der Fall, so bitte ich das Vorhandene nur auf dem Zettel anzustreichen und diesen ihren Schwägern für mich mitgeben zu wollen.

Maßmann's 2ten Theil der Kaiser-Chronik habe ich als erfreuliches Weihnachtsgeschenk erhalten.

Ihnen und Ihrer l. Frau meine herzlichsten Grüße.

Tübingen, 30. Dec. 1849.

L. Uhland.

4.

Tübingen, 29. Jan. 1850.

Hiebei, geehrtester Herr Doctor, sende ich den Schönhut'schen Wolfdietrich dankbar zurück. Auch für die gefällige Besorgung der Mspte. an Müllenhoff bin ich Ihnen verbindlichen Dank schuldig. Er hat mich bereits vom Empfang derselben benachrichtigt. Noch benütze ich diesen Anlaß, Sie mit einer Frage zu behelligen. In Eiselein's Sprüchwörtern und Sinnreden, Freib. 1840, S. 558, findet sich die Stelle: „Warum säest du grobe Schwaben und nicht subtile? — das Erdreich tragt's nicht. Geiler*).“ Es wäre mir von einigem Belang, diese Stelle in ihrem Zusammenhange kennen zu lernen, da aber Eiselein, wie immer, nur allgemein citirt, so müßte ich um dieselbe vielleicht Bände durchsuchen, ohne des Auffindens gewiß zu sein. Bei Ihrer genaueren Bekanntschaft mit den Predigern des 15. Jhd. ist Ihnen möglicher Weise diese Scherzrede aufgestoßen und für diesen Fall möchte ich um nähere Anzeichnung derselben bitten. Nun ich schon im Fragen bin, noch Eines, worüber vielleicht Stälins Gefälligkeit Bescheid | weiß: wo gab oder gibt es ein Kloster Bertingen? In einer alten poetischen Erzählung zu Nürnberg gedruckt: „Von ritter Gotfried, wye er sein weyp erlöst auß der hell“, wird eines Klosters gedacht: „Das kloster heißt zu pertingen“. Ich wünschte sehr die Heimath der Sage festzustellen, vermag aber nirgends einen so benannten Ort zu entdecken. „Zen bertingen“ wäre an sich schon: zu den Klosterbrüdern; die Stelle meint aber kein blosses Appelativ. Herbrechtingen mit einem Vogte Gotfried (bei Stälin II, 735) liegt doch zu weit ab.

Freundschaftlich grüßend

L. Uhland.

---

*) Aus Joh. Pauli's Brösamlin. Pf.

5.

Entschuldigen Sie, verehrter Herr Professor, daß sich, unter mancherlei Unruhe der letzten Zeit, die Beantwortung Ihres freundlichen Schreibens etwas verzögert hat.

Ein Theil der im Lorck'schen Verzeichniß von Ihnen angestrichenen Saga'n betrifft isländische Geschichten: Bandamanna Saga, S. af Thórđi Hredu Vápnfirdinga S., dann beachtenswerth noch Tvær Sögur af Gisla Súrssyni (dagegen scheint Hörd Grimkjeldssöns S. blos dänische Uebersetzung zu sein); diese Stücke sind sämmtlich von Interesse, nur weiß ich nicht wie weit sie etwa schon in den auf der Stuttg. Bibliothek befindlichen Íslendinga Sögur gedruckt sind oder in diese, wie es scheint, langsam fortschreitende Sammlung noch aufgenommen werden sollen, der ältere Abdruck einiger derselben durch Biörn Marcusson um die Mitte des vorigen Jhd. wird die neuen Ausgaben nicht überflüssig machen. Ein andrer Theil begreift norwegische Königssagen: Fagzrkinna und Olafs Saga, zwei saubre Ausgaben, die ich selbst besitze, und auch neben Snorris großem Geschichtwerke von Werth. | Den dritten Theil bilden die Bearbeitungen aus fremden Sprachen: Alexanders Saga, Barlaams ok Josaphats S., die ich gleichfalls besitze (Lucidarius scheint dänisch), sie haben wohl mehr nur literar-historische Bedeutung, am meisten möchten in dieser Klasse die Strengleikar eđa Liođabók zu beachten sein, Nachbildungen altfranzösischer Lais, die ich übrigens noch nicht gesehen habe. Die durch Unger, Keyser, Munch besorgten Ausgaben sind zum Theil durch die Universität Christiomia veranstaltet und Einiges davon ist auch der hiesigen Universitätsbibliothek zugeschickt worden.

Für die Mittheilung des reichhaltigen Katalogs von Hanke in Zürich bin ich Ihnen dankbar und habe daraus sogleich Mehreres bestellt.

Neuerlich habe ich vom hiesigen Antiquar Heckenhauer eine Handschrift der Lacorn'schen Chronik von Schwäbisch Hall mit der Jahrzahl 1700 in Händen gehabt. Herr OStR. Stälin sagte mir unlängst, | daß eben diese Chronik sich bei den Sammlungen des topographischen Bureau's befinde. Das Mspt. in Heckenhauers Besitz, ein Folioband von 1138 Seiten, ist in tergo als Tomus 1mus bezeichnet und aus mehreren Stellen ergibt sich, daß das Ganze aus 4 Bänden bestand. Ich wollte hierauf nur für den Fall aufmerksam machen, daß etwa das Stuttg. Exemplar durch Ankauf des hiesigen Einzelbandes ergänzt werden könnte. Der Arbeit selbst mögen die älteren von Herold und Widmann zu Grunde liegen, aber Lacorn scheint dazu Eigenes ersammelt und nachgetragen zu haben, nähere Vergleichung konnte ich nicht anstellen.

Wir freuen uns, Ihren Schwager Karl demnächst als Hausgenossen zu begrüßen.

Mit freundschaftlicher Hochachtung

Ihr ergebenster

L. Uhland.

Tübingen, 18. November 52.

6.

Verehrter Herr Professor!

In Folge Ihrer freundlichen Aufforderung zu einem Beitrage für die Germania übersende ich, vorerst nur zur Einsicht, ein Stück meiner schwäbischen Sagenforschungen. Ein zweites von minderem Umfange könnte sich zu gleichzeitigem Abdruck anreihen, Sie werden aber für das erste Heft eine mehrseitige Theilnehmerschaft längeren Mittheilungen des Einzelnen vorziehen. Die hier folgende bedarf jedenfalls einer nochmaligen Durchprüfung, namentlich sind die Texte noch besser zu bereinigen. In dem vorne leergelassenen Raume wären wenige Worte über den größeren

Zusammenhang zu sagen, dem ich, wie überhaupt jeder künftigen freien Verwendung, diese und etwaige weitere Beiträge vorbehalten muß.

Für gewöhnlich werden wohl Schrift und Schreibweise wie in der Ankündigung beschaffen sein, römische Schrift mit großen Buchstaben im Anlaut des Substantivs. | Bleibt daneben für Grimm und die ihm Folgenden die philologische Weise vorbehalten, so wird doch durch den gemeinsamen Gebrauch der Antiqua die Verschiedenheit weniger in die Augen stechen. Wenn ich mich im Mspt. deutscher Schrift bedient habe, so geschah es nur, um dreierlei zur Unterscheidung zu bezeichnen: neben herkömmlicher Schreibung habe ich nemlich roth unterstrichene oder am Rand angestrichene Schrift für Wörter und Stellen gebraucht, die unserer älteren Sprache und Orthographie angehören, sodann römische Schrift für Latein, Romanisches, Nordisches.

Finden Sie meinen Aufsatz dem Plan Ihrer Zeitschrift entsprechend, so bitte ich mir ihn gleichwohl nach Durchlesung zurück, um das noch Erforderliche besorgen zu können.

Den Gunzenlê betreffend, gebe ich hiebei die Bände 8 und 9 des oberbair. Archivs an die Bibliothek zurück, die ich im vorigen Monat von Stuttgart mitgenommen. Haben Sie dieselben nicht schon vorher benützt, so fällt vielleicht doch für Ihre Untersuchung noch Einiges daraus ab (8, 338 ff. 9, 258 f.). | Zugleich schließe ich meine dahin einschlägigen, wenn auch noch nicht geläuterten Aufzeichnungen bei, in denen Sie das Citat zu dem fraglichen Cunzo ex provinc. Augustæ finden werden. Bei mir handelt es sich zunächst um den Birhtinlê, der mich dann auf den Gunzenlê führte. Da Sie letztern eigens beleuchten,*) so kann ich mich um so eher auf erstern beschränken und mich im Uebrigen auf Ihre Arbeit beziehen, ich wünschte nur, daß meine Notizen, soweit sie jenen betreffen, noch irgend etwas Ihnen

*) „Der Gunzenle. Von Franz Pfeiffer". In der Germania I, 21—100. W.

Dienliches enthalten möchten. Lassen Sie mir solche mit dem Andern gef. wieder zugehn.

Es ist für Forschungen im Gebiete des schwäbischen Alterthums ein fühlbarer Uebelstand, daß der 2. Theil des würtemberg. Urkundenbuchs noch immer nicht zu Tage tritt.

Jakob Grimm's thätige Betheiligung an der Zeitschrift ist sehr erfreulich, man fühlt schon, daß er vom Wörterbuch freier aufathmen kann.

Tübingen, 29. Aug. 1855.

Freundschaftlich grüßend
L. Uhland.

7.

Tübingen, 12. October 55.

Nehmen Sie meinen besten Dank für die gegebene Nachricht von den Nachforschungen in Worms, welche freilich kaum noch einen Erfolg hoffen lassen.

Hiebei folgt, nebst dem gef. mitgetheilten Teichner*), die nochmals durchgesehene erste Nummer meines Beitrags zum ersten Heft Ihrer Zeitschrift. Das Mspt. ist durch Zusätze und Abänderungen weniger reinlich geworden und doch wäre eine nochmalige Reinschrift zu umständlich gewesen. Sie haben wohl die Güte, wenn Ihnen Uebersehenes auffällt, es zur Nachbesserung im Druck zu beachten. Meine Unterscheidungen in der Schrift, sollen, wie schon bemerkt, der Regel, die Sie sonst für zweckmäßig annehmen, keineswegs vorgreifen. Mit der zweiten Nr., Dietrichssage, bin ich beschäftigt.

Dieselbe führt mich u. A. zu den alten Herzogen von Urslingen und es fehlen mir hiebei zwei von Stälin 2, 586 angemerkte Schriften:

---

*) Wahrscheinlich Th. G. v. Karajans akademische Abhandlung: Ueber Heinrich den Teichner. Wien 1855. Fol. W.

Bronner, Abenteurl. Gesch. Herzog Werners von Urslingen ꝛc. Aarau 1828.

Fickler, Die Herzoge v. Ursl. in: Archiv für Geschichte, Genealogie ꝛc. 1846. 1, 17 ff. |

Dieses Archiv, das zu Stuttgart herauskam, ist, wie ich höre, bald wieder erloschen, aber doch wohl in seinen Anfängen dort vorhanden. Es wäre mir förderlich, wenn Sie mir beide Schriften unmittelbar oder durch hiesige Biblioth. zugehen lassen könnten.

Eilig, mit freundschaftl. Gruße

L. Uhland.

8.

Tübingen, 22. October 55.

Den Empfang der mir gefälligst überschickten Bücher: Bronners Werner von Urslingen und Archiv f. Gesch. und Geneal. 1, bescheine ich dankend.

Die zurückfolgende Druckprobe stimmt im Ganzen mit der gewiß auch wohl überlegten Weise Wackernagels in der Literaturgeschichte und der Einleitung zum Dienstmannenrecht: große Anfangsbuchstaben der Substantive und schräge Schrift für Alles, was nicht Wort des Verfaßers ist, also gleichmäßig für älteres Deutsch und für Latein, sowie für Stellen aus andern germanischen oder romanischen Sprachen. Durch diese vereinfachte Auszeichnung werden dann auch die Häkchen ‚' entbehrlich und sie würde selbst auf Stellen aus neueren deutschen Werken, z. B. Anm. 3) der Schriftprobe auf einen Satz aus Grimms Grammatik, Anwendung finden. Zugleich aber dürfte die Consequenz erfordern, daß auch was aus der Zimmr. Chronik oder andern ältern Urkunden in den Text aufgenommen ist, durch schräge Schrift, etwa die S. 6 für Schainbuoch gebrauchte, wenn diese nicht ein wenig zu groß ist, unterschieden würde, vielleicht könnten sie nebendem etwas eingerückt werden. Anders wird es sich allerdings verhalten, wenn größere altdeutsche | Stücke für sich abgedruckt werden und eben der Quellenabdruck die Hauptsache ist, wo dann zweckmäßig die gleiche Schrift, wie für Originalaufsätze eintritt (so z. B. in Haupts Zeitschrift), dieß berührt jedoch meinen Beitrag nicht. Wackernagel gebraucht für das Unterstrichene dickere Lettern oder Initialschrift, diesem Bedürfniß wird aber auch gesperrte Schrift beider Art (der geraden und der schrägen) genügen können. W. bedient sich des schließenden ß in Maß, Straßburg, Anlaß, Mißverhältniß, also ohne etymologische Unterscheidung zwischen z und s, die ja auch in der heutigen Sprache nicht mehr gefühlt würde, nur für das Auge scheint mir der Wechsel des fließenden ss mit dem schließenden ß angenehmer zu sein, als überall ss, welches sich in Zusammensetzungen manchmal sogar zum sss verdreifachen müßte.

Doch es ist dieser ganz unmaßgeblichen Bemerkungen genug. Ich bitte nur noch, daß Sie der Mittheilung der ersten Correctur zur Revision auch die betreffenden Blätter des Mspts. beilegen möchten, da mir selbst manches Einzelne nicht mehr gegenwärtig sein möchte.

Herzlich grüßend
L. Uhland.

9. *)

Tübingen, 11. November 1855.

Sie werden wenig mit mir zufrieden sein, daß der Revisionsbogen nicht schleuniger zurückkam, es traf in diesen Tagen Verschiedenes zusammen und doch wollte ich es nicht an sorg-

---

*) Die Urschrift dieses Briefes nebst dem Mscr. zu den „Pfalzgrafen von Tübingen“ (gedruckt in der Germania Jahrg. I, 1—18) schenkte Pfeiffer am 20. Mai 1865 in die fürstl. Fürstenbergische Bibliothek zu Donaueschingen. W.

fältiger Durchsicht fehlen lassen. Sie haben zum voraus durch die nunmehrige Druckeinrichtung das Beste gethan und mit der Zurückführung des Mspts. auf dieselbe sich viel bemühen müssen. Meine Nachlese ist meist unbedeutender Art, z. B. Wegräumung einiger etc., die, sich in den deutschen Texten nicht gut ausnehmend, vielleicht künftig durch ein ꝛc. oder dgl. ersetzt werden könnten, hauptsächlich um zu bezeichnen, daß nach der ausgehobenen Stelle noch einiges Beachtenswerthe weiter folgt. Auch einige Alinea habe ich beseitigen wollen, wenn nach eingerückten Quellenstellen der Zusammenhang fortläuft.

Nur einmal, S. 8, Anm. 11, erlaubte ich mir, zwei Zeilen ganz zu verändern; der schwäbische Beleg, auf den ich eben erst zufällig traf, schien mir passender, als der aus dem fernen Norden.

Der Aufsatz nimmt so vielen Raum ein, daß es zweckmäßig ist, nicht noch einen zweiten beizufügen. Der Gegenstand, den ich dazu bestimmen wollte, ist auch wirklich von größerer Ausdehnung, als ich mir gedacht hatte, und ich hätte jetzt erst wieder abkürzen und in's Reine arbeiten müssen. Vielleicht wird er auch für das zweite Heft besser mit einem andern vertauscht.

Es wäre mir wünschenswerth, von den Pfalzgrafen einen besonderen Aushängebogen zu meinen schwäb. Untersuchungen zu erhalten. Sie legen mir dann vielleicht eine kleine Mittheilung freundlich bei, wenn Sie etwa aus Rudolfs v. Ems Alexander reichlichere Auszüge haben; in W. Grimms Heldens. S. 159 ist nämlich von einer Stelle, Dietrich von Bern betreffend, der Vordersatz gegeben, es fehlen aber die nothwendig folgenden Nach- und Nebensätze, welche kennen zu lernen ich begierig bin.

Freundschaftlich grüßend

L. Uhland.

10.

Tübingen, 17. Dec. 55.

Nehmen Sie meinen besten Dank für Ihre freundlichen Zusendungen. Aus dem anliegenden Mspt. ersehen Sie, daß ich an einer zweiten Nr. zur schwäb. Sagenkunde gearbeitet habe, zugleich aber auch, daß die Arbeit etwas weitschichtig ausgefallen ist. Sie hat auf manche noch wenig oder gar nicht erörterte Fragen geführt und läßt gleichwohl vermissen, daß sie auf den innern Bestand der Dietrichssage gar nicht eingehen konnte. Für den Druck in der Zeitschrift wäre Mehreres, besonders in den Anmerkungen, wegzulassen, z. B. die Einzelheiten über Beinamen Tübing. Dienstleute, Anderes gedrängter und bestimmter zu fassen, aber auch Verschiedenes noch zu ergänzen und weiter zu verfolgen, hiezu aber würde ein nochmaliger, in nächster Zeit für mich kaum ausführbarer Besuch in Stuttgart erforderlich werden. Auf dem Archiv hätte ich die Urkunden über die von Bern noch vollständiger durchzugehn, als mir das letztemal der Aufenthalt reichte, und auf der Bibliothek wäre den allgäuischen Leinauern und Kemnatern, über die ich in den Monum. boic. wenig gefunden, wo möglich in urkundl. Geschichten von Kaufbeuern und der benachbarten Abtei Irrsen (etwa in der Zeitschrift von Steichele) nachzugehen, ebenso das Cartulaire de S. Amand-Elno (vermuthlich in der Collect. des cartul. de France) aufzusuchen, auch der 3. Thl. v. Maßmanns Kaiserchronik, den wir hier gar nicht haben, nachzuschlagen. Die Reinschrift würde sich der Druckeinrichtung von Nr. 1 anzugleichen haben.

Bevor ich nun zur Ueberarbeitung schreite, mögen Sie aus dem Mspt. näher entnehmen, ob Ihnen die Sache überhaupt nach Art und Umfang für die Zeitschrift anstehe, jedoch bitte ich mir dasselbe demnächst zurückfolgen zu lassen, damit ich bejahenden Falls das Nöthige vornehmen, andern Falls als Nr. 2 etwa mein Ersammeltes über das Wuetesherr in Schwaben herrichten kann.

Herzlich grüßend
L. Uhland.

11.

Verehrter Herr und Freund!

Mein längeres Stillschweigen war dadurch verursacht, daß ich immer noch meinte, den Dietrich von Bern rechtzeitig für das 2te Heft fertig bringen zu können, aber zu den äußern Abhaltungen kam auch noch Verschiedenes, was in der Sache selbst neu zu thun war. Während ich auf der einen Seite abzukürzen suchte, erschloßen sich auf der andern Ausblicke, die eine Erweiterung herbeiführten. Der Aufsatz wird nun voll das Zweifache der Pfalzgrafensage ausmachen, also etwa $2^1/_4$ Bogen. Da ist es nun jedenfalls besser, wenn er erst im 3ten Heft erscheint und ich nicht gleich wieder so beträchtlichen Raum einnehme. Ueber die von Kemenaten und Linouwe habe ich mich bei Herberger befragt und bin von ihm auf Raisers Oberdonaukreis, den auch Stälin anführt, und auch die Jahresberichte des histor. Vereins für diesen Kreis aufmerksam gemacht worden. Diese Schriften sind hier, eine weitere darin genannte: Raisers Wappen der Städte &c. im Oberdonaukr. 1834, 4°, werde ich vielleicht in Stuttgart finden, wo auch ein anderwärts noch unbekannter Druck von Ecken Ausfahrt, Augsb. bei Hans Zimmermann, vorhanden ist. Die Leinauer kommen freilich überall kurz weg und ihnen besser auf die Spur zu kommen, wäre mir allerdings erwünscht: Ich überzeuge mich immer mehr, daß sie mit den Kemnathern in derselben Gegend bei Kaufbeuern und Kloster Irrsen (alt Ursin) zusammentreffen.

Ihr erstes Heft hat auf mich den günstigsten Eindruck gemacht, ich freue mich aufrichtig dieses Vereins neuauftauchender Kräfte mit schon bewährten und sehe darum den auf dem Umschlag in Aussicht gestellten Arbeiten begierig entgegen.

Noch bin ich für die freundliche Aushilfe mit Maßmanns 3ten Bande dankbar verbunden. Die aus der öffentl. Bibliothek mitgetheilten Bücher werde ich vor dem Sturz sämmtlich zurückgeben. In sichtlicher Eile Ihr ergebenster

Tüb., 25. Febr. 56. L. Uhland.

12.

Tübingen, 15. Apr. 56.

Ihre eben angelangten Mittheilungen sind sehr erfreulicher Art. Erst gestern hatte sich mir eine vermuthete Beziehung des Augsburger Dieterich von Berne 1162 zu dem Pollinger Dietricus Veronensis 1175 näher bestimmt, das hing aber noch ganz von der urkundl. Richtigkeit des erstern ab, die nun durch Rockingers dankbar erhaltene Auskunft außer Zweifel gestellt ist. Hiezu den Memminger Dietrich von Bern aus dem 14. Jhd. genommen, der mir kürzlich unerwartet zugefallen ist, ergibt sich auf der schwäb.-bair. Grenzmark ein ähnliches Dietrichsnest, wie die schwarzwäldischen, nur nicht in so fortlaufenden genealogischer Anknüpfung. Der hachbergische Queerbalken im Wappen der Rotweiler Dietriche, den ich bei meiner letzten Nachforschung im Stuttg. Archiv noch in 5 Urkundensiegeln gefunden habe, mit Allem, was damit zusammenhängt, erhält nun erst den rechten Sagenhelm durch die ausgiebige Stelle der handschriftl. Chronik, durch die Sie mich so angenehm überraschen. Von Baders Burg Hachberg, die ich mir bestellt habe, erwarte ich eher noch einen oder den andern urkundl. Nachweis, als Sagenzeugnisse.

Noch einmal nehme ich freilich für eben diese Rotweiler Ihre Gefälligkeit in Anspruch. Nachdem ich die neuere archiv.

Ausbeute mit der frühern verglichen habe, klafft noch ein Widerspruch. Im Lagerbuch der Kl. Alpirspach. Pflege zu Rotweil (Staatsarch.) Bl. xj steht, daß dieses Kloster den einen Halbtheil des Burgstals Bern 1351 von Haug von Tannegge &c., den andern 1357 von Hainrichen von Bern &c. erkauft habe, und es wird sich dafür auf die 2 Kaufbriefe berufen, welche dann abschriftlich folgen. Diese habe ich abzuschreiben unterlassen, weil über dieselben Verkäufe das Archiv Originalurkunden bot. Letztere ergeben aber für den Verkauf Hugs von Tannegge nicht die Jahrzahl 1351, sondern 1357, und für den andern, auch von 1357, keinen Heinrich, sondern einen Dietrich von Bern. Die Originale haben im Zweifelsfall das Richtige, nur das möchte ich constatiren, ob im Lagerbuch auch die dort abschriftl. gegebenen Urkunden 1351 und Hainrich v. B. besagen und, wenn so, ob, was kaum zu glauben, die von 1351 gar eine andre sei, als die von mir excerpirte von 1357. Auf angeschlossenen Blättern sind die betreffenden Stellen doppelt angestrichen. Die Originalurkunden beizuschaffen, wäre überflüßig, da meine Excerpte genügen. Aber wenn sie in einer verfügbaren Viertelstunde sich das bezeichnete Lagerbuch durch Kausler oder meinen Schwager Pistorius vorweisen lassen, über jene beiden Punkte, mit meinen Urkundenauszügen vergleichen und das Ergebniß nur kurz am Rande beisetzen möchten, so würde ich wohl in den Stand gesetzt werden, mit Sicherheit den Angaben des Lagerbuchs hierüber entgegen zu treten. Geht man einmal auf Urkundliches ein, so wird mit Recht, wenn auch der Gegenstand nicht erheblich ist, Genauigkeit erwartet.

Liebrechts neues Buch bei meiner Zurückkunft anzutreffen, war ich sehr erfreut, es wird für mich um so mehr von Interesse sein, als ich, wie sie wissen, mich ebenfalls mit dem Wuotesheer beschäftige. Da Sie ihm in diesen Tagen schreiben, lassen Sie wohl auch ein Wort meines Dankes einfließen. Den ältesten Urkundendietrich von Bern aus St. Amand habe ich auf dem besondern Blättchen bemerkt.*) Ich habe gerade bei dieser Untersuchung mich überzeugt, wie gut es ist, außer dem bloßen Namen, auch etwas über Siegel, weitere Theilnehmer und Oertlichkeiten der Urkunde zu erfahren.

Bei meinem letzten Besuch versäumte ich, Ihnen noch besonders für die gütige Uebersendung des 3ten Theils der Kaiserchronik zu danken. Ich habe ihn für den angenblickl. Gebrauch heften lassen, möchte Sie aber doch nicht auf die Dauer des Exemplars berauben.

Dem 2ten Hefte sehe ich mit reger Theilnahme entgegen. Kann der Druck des 3ten, wie Sie mir sagten, schon Anfang Mais beginnen, so wäre mir das auch erwünscht, da ich vielleicht späterhin einen Ausflug mache.

Herzlich grüßend
L. Uhland.

13.

Verehrter Herr und Freund!

Liebrechts Brief und Zingerles Albrecht von Kemenaten folgen hiebei zurück, mit bestem Danke für den mir durch Ihre freundliche Vermittlung aus allen Himmelsgegenden gewordenen Zuzug. Zingerles verdienstlicher Aufsatz würde wohl am angemessensten, als ein weiterer Theil seiner tirolischen Forschungen, im gleichen Hefte mit meinem Dietrich selbstständig abgedruckt werden, so daß ich mich nur darauf zu beziehen brauchte.**) Für eine Rücksprache reicht ohnedieß die Zeit nicht mehr und seine Gewährschaft, Stafflers Topographie von Tirol, ist hier nicht

---

*) Mones Anzeiger 1835, Sp. 414.

**) Im 3. Hefte des 1. Jahrganges der G. erschien dann auch: S. 295 f. Albrecht von Kemenaten. Von J. V. Zingerle; S. 304—341 Zur schwäbischen Sagenkunde. Von Ludwig Uhland. 2. Dietrich von Bern. W.

vorhanden. Die sehr erfreulichen neuen Beiträge haben freilich auch zur Folge, daß in meiner Ausführung noch manches ergänzt, abgeändert und ausgeglichen werden muß, z. B. die allgäuischen Kennater, und so werde ich leider erst bis Mitte nächster Woche druckfertig sein können, denn auch das ist sehr nöthig, eine so musivisch zusammengesetzte Arbeit noch einmal als Ganzes durchzuprüfen. Damit jedoch der Beginn des Drucks nicht aufgehalten werde, könnte ein andrer Beitrag eben so gut das 3te Heft eröffnen; der meinige ist ja nur eine Fortsetzung.

Ich breche ab, um das Geschäft selbst alsbald weiter zu führen.

Mit herzlichem Gruße

Tübingen, 30. Apr. 1856. L. Uhland.

14.

Verehrter Freund!

Sie erhalten hiebei den Revisionsbogen nebst Mspt. zurück. Die gef. Correctur hat Ihnen viele Mühe verursacht, was ich nachzutragen fand, sind hauptsächlich nur einige Ausgleichungen in meiner eigenen Fassung, die wie ich hoffe, doch nicht zu sehr stören werden. So viel Noten, als Text, die den Druck besonders schwierig machten, sagen freilich mir selbst nicht zu, aber es mußte so Manches erst im Einzelnen begründet werden und, in den Text aufgenommen, hätte diese Begründung den Zusammenhang verdunkelt.

Die Schmeller. Druckblätter einer alten Psalmenübersetzung*) schwebten mir wohl vor, als sollte ich sie haben, aber ich bedaure, daß ich sie nirgends finden konnte, wo sie hingehört hätten. Den Spruch, bei dem es sich um Teichners Verfasserschaft fragt und den ich auch in den Pfalzgrafen S. 12 be-

*) Vgl. Germania, 2. Jahrg., S. 98 ff. W.

rührt habe, steht im Liedersaal 2, 419 ff., ein Seitenstück dazu ebd. 1, 409 ff. |

Ein Schwank von Hans Sachs: die Lappenhewser Bawren, ist mir erst wieder vors Gesicht getreten. Schildbürgerstreiche von einem Dorfe Lappenhausen „bei Rappersweil im Schweytzerlandt", es ist aber doch sicher ein utopischer Name, die genauen Lexica von Leu und Lutz wissen nichts von einem solchen Orte. Doch werde ich auf dem folgenden Revisionsbogen in die betreffende Note von Lappenhausen, Torenhofen rc. ein Citat von 2 Linien einrücken müssen.

Die schwunghafte Betheiligung an der Zeitschrift freut mich sehr.

Mit herzlichem Gruße

L. Uhland.

Tübingen, 1. Jun. 56.

15.

Verehrter Freund!

Mancherlei Unruhe hat die Zurücksendung der Revision über Gebühr verzögert. Die Beziehungen auf Seitenzahlen und Anmerkungen im ersten Bogen, sind vielleicht ein paarmal, da ich jenen nicht zur Hand hatte, unrichtig geblieben. So wollte ich in Anm. 128 mich, außer auf Anm. 21[2] auf diejenige Textstelle berufen, in welcher bei den Wurmling. Lindwürmen diese als unbewältigte Gewässer, wie Winkelrieds Drache, aufgefaßt sind.

Die Verse in Anm. 109 habe ich nach Schreibers Abdruck wieder gegeben und verstehe halber adverbial. Leider vermisse ich die Auszüge, die ich aus einem alten Druck des Gedichts gemacht hatte. Schreiber gab die seinigen aus einer Pap. Hdschr. in Fol. (Peter von Hagenbach) im Stuttg. Archiv durch Kauslers Vermittlung, wo die befragte Stelle Fol. 149 b. steht.

Es wäre mir angenehm wieder einige Aushängebogen zu erhalten, da ich durch solche mit Unterstützern meiner Forschungen mich verständigen oder ihnen aufmerksam erweisen kann. |

Wenn Sie in den Umschlag des 3ten Heftes aufnehmen wollen: Zur schwäb. Sagenkunde III., so wird das auch hinreichen.*) Ich habe Sagenbilder vom Bodensee zu Faden geschlagen, könnte sie aber noch nicht ankündigen, zumal die Ausführung noch von einem Besuch der Seegegend im Laufe dieses Sommers abhängt. Ich habe nehmlich im Sinne, mir die in Schwabs Bodensee beschriebene Bibliothek zu Ueberlingen etwas näher anzusehen. Kennen Sie Niemand, an dem man dort einigen Anhalt finden könnte?

Mit herzlichem Gruß

L. Uhland.

Tübingen, 15. Jun. 56.

16.

Verehrter Freund!

Bei Ankunft Ihrer Sendung vom 8. d. war ich eben im Begriffe, an Sie zu schreiben, setzte dies nun aber auf vorherige Durchlesung des Schulz'schen Mspts. aus, welches hiebei zurückfolgt. Eine Entscheidung über dasselbe dürfen Sie freilich von mir nicht erwarten, da mir eine solche überhaupt nicht zukommt, auch gerade dieser Fabelkreis mir ziemlich ferne getreten ist und wälische Sprachkunde mir gänzlich abgeht. Werthlos kann ich den Aufsatz keineswegs finden. Er regt eine für größeren Zusammenhang neue und meines Erachtens nicht unerhebliche Untersuchung an. Daß die Gralsage durchaus eine mittelalterlich christliche sei, war stets meine Ansicht, es freut mich hier aussprechen zu hören, daß sie nicht im Kessel der Ceridwen gekocht worden. Stellen sich ihre Orts- und Personennamen als

---

*) Vgl. unten S. 329. W.

begriffliche heraus, so hebt sie sich nur um so vollständiger in das Reich der Gedanken. Näherer Erklärung wird es noch bedürfen, wie für die wälschen Abenteuer und die christliche Symbolik gleichartige Namengebung üblich werden könnte. Was nun aber die Ausführung betrifft, so scheint sie mir einerseits an Uebermaß, anderseits am Mangel einer festen etymologischen Grundlage zu leiden. An Uebermaß, sofern sie nicht etwa von den unzweifelhaften Namendeutungen ausgeht, sodann diesen noch eine Anzahl wahrscheinlicher anreiht und durch solche Prämissen den Schluß auf gleiche Beschaffenheit der nur anklingenden und noch gar nicht klar zu stellenden im Allgemeinen zu begründen sucht, sondern, um eine vollere Reihe zu erhalten, auch selbstgeständig unhaltbare aufnimmt und mitten unter die sicheren stellt, wodurch auch diese verdächtig oder doch für die Ueberzeugung weniger wirksam gemacht werden. Ein Mangel ist es, daß der Verf. den Normen dieser Namenbildung, besonders auch denen der Zusammensetzung, nicht auf den Grund gegangen ist, wie er denn Bl. 19b. sich damit abfindet: „Doch mögen die Sprachgelehrten es rechtfertigen, ob die Komposition in dieser Form zulässig sein möchte.“ Solche Rechtfertigung gehört aber wesentlich zu seiner Aufgabe, die nur damit zu einiger Befriedigung gelöst werden kann. Vielleicht wäre hiernach eine geeignete Auskunft den Verf. zu veranlassen, daß er die große Zahl der versuchten Namenerklärungen auf die schlagendern beschränke, wodurch er zugleich für Darlegung und Begründung der allgemeinen Gesichtspunkte (die mir schon jetzt von Interesse waren) weiteren Raum gewinnen würde. Die notulae adjectae gehören doch nicht eigentlich zum Gegenstand und kommen mir theilweise bedenklich vor. Wenn überall Chresticus und die Berner Hdschr. als zwei verschiedene Quellen bezeichnet sind, so weiß ich nicht, ob das richtig ist, die Schrift von Rochat ist mir nicht zur Hand.*)

*) Es ist hier von dem, später in der Germania II, 385 ff. gedruckten Aufsatze die Rede: Ueber die Eigennamen im Parzival des Wolfram von Eschenbach. Von A. Schulz (San-Marte). W.

Für die Stellen aus dem alten Drucke der Marburger Bibliothek verbindlichen Dank. Grieshaber war so freundlich, mir einen pergam. Zinsrodel von Breisach vom J. 1319 mitzutheilen. Von Maßmann erhielt ich kürzlich seinen fertigen Ulfilas, der sich recht tüchtig anläßt. Gödeke hat weitere Bogen des mir werthen Grundrisses geschickt. |

Er wünschte schon früher, Nachweisungen über Schauspiele des 16. Jhd., die bei Keller oder Gottsched nicht gedrukt oder verzeichnet sind, zu erhalten, womit ich leider nicht aushelfen konnte. Jetzt ersucht er um Mittheilung des in meinem Dietr. v. Bern angeführten Hexenspiegels. Ich hatte dieses Stück (aus dem ich nur einige Stellen auszog) vor mehr als 20 Jahren von der Stuttg. Bibl. in Händen. Es führt den Titel:

Hexenspiegel. Ein vberaus schöne vnd wohlgegründte Tragedi, darinnen augenscheinlich zusehen, was von Vnholden vnd Zauberern zuhalten seine. (Folgt ausführl. Angabe). Zu Tübingen, Getruckt bey Georgen Gruppenbach, Anno M.DC. 4°.

Das Ex. war hinten defekt, gieng aber bis S. 72, und hatte nicht einmal eine Decke, so daß zu befürchten ist, es könnte ganz verkommen sein. Ist es noch vorhanden so stellen Sie es vielleicht zu Gödekes Gebrauch, auf hiesiger Bibl. sieht Holland nach.

Mit dem beabsichtigten Beitrag zum nächsten Hefte der Germania bin ich zwischen zwei Stühle gekommen. Die Sagen vom Bodensee konnten nicht abgeschlossen werden, weil weitere Ermittlungen in Aussicht stehen. Statt dessen gieng ich an den treuen Eckart, den ich mir rasch ausführbar dachte, allein ich gerieth damit für den ältern Theil tief in die Ermenrichssage und für den spätern, die örtliche Volkssage, sollte ich noch besser ausgerüstet sein. (Gedenken wohl auch Seb. Franks Sprichwörter, Frankf. 1541 und Zürich 1545, die wir hier gar nicht haben, des tr. Eckarts? es wäre erwünscht, die Aufzeichnung des Schwaben mit der bekannten des Thüringers Agricola vergleichen zu können.)

Gut ist, daß Sie nicht Mangel an Mspt. haben und für das Märzheft werde ich Eines oder das Andre fertig bringen.

Herzlich grüßend
L. Uhland.

Tübingen, 19. Nov. 56.

17.

Verehrter Freund!

Nachdem ich die Pfalz Bodmann, in Hoffnung auf weiteres Material, ausgesetzt hatte, war ich eifrig am treuen Eckart, gerieth aber damit so in die Ermenrichssage, daß dieser Theil der Untersuchung zu weitschichtig ausfiel im Verhältniß zu dem noch anzufügenden über das schwäbisch Örtliche. Deßhalb griff ich statt der beseitigten Arbeiten erst am Schluße des Jahres noch zu einer dritten, einem Beitrag zur Siegfriedssage. Der Aufsatz ist jetzt zwar niedergeschrieben, bedarf aber noch einer Reinschrift, die mehr als solche ist, indem sie zugleich ergänzen, abkürzen und berichtigen muß. Gerne würde ich Ihnen das Mspt. vorher zur Einsichtnahme mitgetheilt haben, allein es ist zu verwickelt geworden und das Geschäft würde dadurch unterbrochen. Das Ganze wird, soweit ich bemessen kann, ungefähr den Umfang der Pfalzgrafen von Tübingen erhalten. Mein Wunsch ist daher, daß Sie diesem noch etwas ungebärdigen Siegfried einen der letzten Bogen des im Drucke begonnenen Heftes möchten vorbehalten können. |

Die Arbeit selbst hat mich mit dem Schreiben in Verzug gebracht und so zeige ich nachträglich und entschuldigend den Empfang der Seb. Frank'schen Sprichwörter an und gebe mit bestem Danke den von Holtzmann mitgetheilten Brief des Herrn von Bodmann zurück. Für das freundlich überschickte neueste Heft der Germania, das interessante Erörterungen bringt, bin ich gleichfalls dankbar verbunden.

Herzlich grüßend
L. Uhland.

Tübingen, 1. Febr. 1857.

Befindet sich wohl im Vaderlandsch Museum von Serrure, wovon Sie vorläuf. Nachricht gegeben, auch das Bruchstück, das Mone, Niederländ. Volkslit. S. 35, unter dem Titel: Wisselau der Bär, verzeichnet hat?

18.

Verehrter Freund!

Mit dem Aufsatz zur Siegfriedssage bin ich eben erst zum Schluße gekommen. Die letzte Durchsicht und Nachbesserung fehlt noch. Sie werden aber jetzt Ihre Anordnung für das 3. Heft treffen wollen und so können Sie wenigstens aus dem beifolgenden Mspt. ersehen, ob Ihnen der Aufsatz für das 3te oder ein späteres Heft geschickt ist. Erstern Falls erbitte ich mir das Mspt. nach Durchlesung gleich zurück, um zeitig noch das Erforderliche besorgen zu können. Fällt Ihnen Dieß oder Jenes auf, so werden Sie mich durch gefl. Bemerkung verbinden. Ich wünsche meine Ansichten jedenfalls deutlich zu machen, ob sie Beistimmung finden, ist dann eine andre Frage. Vielleicht könnte am Mythischen der Beowulfsage noch etwas gekürzt werden. Wenn Sie je auf dem Umschlag von dieser Arbeit vorläufige Anzeige machen, so wird sie besser nur als „Beitrag zur Siegfriedssage", noch nicht mit „Sigemund und Sigeferd" bezeichnet werden.

Angeschloßene 3 Märchen, hat ein junger Mann, A. Birlinger, der nächsten Herbst seine Studien im hiesigen Wilhelmsstifte beendigt, aus dem Volksmund aufgeschrieben. Er ist eifrig mit Sammlung schwäbischer Sagen, Gebräuche u. dgl. beschäftigt und hat dafür feinen poetischen Sinn. Als Sohn eines Wirths von Wurmlingen bei Rotenburg und mittelst seiner Studiengenossen, die großentheils auch Söhne von Landleuten sind, hat er gute Quellen im Volke. Einige kleine Beiträge hat er schon in

Wolfs Zeitschr. gegeben, es wäre ihm aber lieb, auch zur Germania beisteuern zu können. Die 3 Märchen sollen zur vorläufigen Anfrage dienen, ob Ihnen Derartiges anstehe. Sie scheinen mir beachtenswerth; hie und da werden sich einzelne Ausdrücke mildern lassen, das dritte, vom Nebelmännlein, hat er mir zur Verfügung gestellt, nachdem ich ihm das Nebelmärchen von Bodman vorgelesen. Am Besten würden seiner Zeit diese beiden im gleichen Heft abgedruckt werden, da sie sich gegenseitig ergänzen und es Schade wäre, wenn sie getrennt würden. Die ersammelten Volkssagen will Birlinger je nach den Gegenständen gruppenweise zusammenordnen, was mir für Mittheilungen in einer Zeitschrift angemeßen erscheint.

Sie haben mir schon vor längerer Zeit mit dem beiliegenden Hefte der Kopp'schen Geschichtblätter ausgeholfen. Ich habe mir jetzt sämmtliche Hefte, die sich mit der Tellsage befassen, verschafft und sende daher das Ihrige dankend zurück. Im 6ten Hefte des 2ten Bds., womit die Zeitschrift geschlossen wird, bezieht sich Kopp S. 334 auf „die neueste Schrift eines andern Forschers" Der die Geschichte von W. Tell hinter 1231 zurückversetzen wolle; wissen Sie oder Stälin, wer dieser nicht genannte Forscher und wo seine Forschung mitgetheilt ist?

Tübingen, 18. März 1857.

Mit freundschaftl. Gruße
L. Uhland.

19.

Verehrter Freund!

Mit bestem Danke für die freundliche Zusendung des 2ten Heftes und der Einzelbogen,*) lasse ich hiebei den Aufsatz über

*) Das 2. Heft des II. Jahrganges der Germania (1857) enthält S. 218—228: Zwei Gespielen. Aus einer Abhandlung über die deutschen Volkslieder von Ludwig Uhland. W.

Sigemund und Sigeferd für das 3te folgen.*) Ich habe ihm noch eine allgemeinere Ueberschrift vorgesetzt, nicht als Ankündigung bereiter weiterer Beiträge zur deutschen Heldensage, sondern nur als eine Handhabe, an die etwa Nachfolgendes aus diesem Gebiete sich anknüpfen könnte. Indem ich überhaupt nicht dazu gelangen konnte, umfassendere Darstellungen auszuarbeiten, wünsche ich doch derlei monographische Bruchstücke als zusammen gehörig zu bezeichnen und muß mir auch für solche zur Heldensage künftigen, anderwärtigen Zusammendruck vorbehalten.

Das Mspt. ist theilweise etwas bunt geworden und es ist mir um so angelegener den Correcturbogen, so bald es geschehen kann, mit dem Mspt. zur Revision zu erhalten.

Birlinger hat mir mitangeschlossenen Aufsatz zur Anfrage übergeben, ob Sie denselben für die Germania geeignet finden.

Unter Anwünschung recht angenehmer Frühlingsreise

Tübingen, 18. Mai 1857.

der Ihrige
L. Uhland.

20.

Verehrter Freund!

Da Sie mir gestattet haben, Ihnen die für mich etwa noch wünschenswerthen Ergänzungen der Schwabenstreiche zu bezeichnen, so folgen hier einige dahin einschlagende Angaben.

Gödekes Grundr. S. 228, Lit. S, unter den Sammlungen von Meistergesängen: „Eine Hs. in Folio, aus der nur die Überschriften der ersten 50 Stücke (1528—1588) bekannt geworden, enthält meist Schwänke.“ Darunter: „die neun Schwaben mit dem Hasen; der Schwab mit dem Glück;

*) Er erschien im 3. Hefte des II. Jahrganges der Germania S. 344—363: Zur deutschen Heldensage. Von Ludwig Uhland. 1. Sigemund und Sigeferd. W.

der Schwab mit dem Schufleck." Es scheint jedoch leider, daß die Hdschr. verschollen ist, denn G. bezieht sich nur auf: „Sinceri neue Nachrichten," Frkf. u. Leipz. 1748. 1, 103 ff.

Die Pap. Hdschr. der Dresdner Bibliothek, Fol., M. 8 (Titel: „Buech der fabel und stampeney", eine Meisterliedersammlung Valtin Wildenawers von 1551), enthält 3 Schwabenschwänke: Blatt 101, 132 und 668 („der Schwebisch Hader"). Bei meinem Aufenthalt in Dresden 1843 konnte ich mir diese Stücke nur kurz bemerken.

Im Nachtbüchlein mag wohl auch hieher Gehöriges vorkommen. |

Mit dem Bedauern, daß Ihr Besuch bei uns nicht mehr ausgeführt werden konnte, wünsche ich nochmals Ihnen und den Ihrigen auf die Reise und für den neuen Aufenthalt alles Glück, mir aber die Fortdauer Ihrer freundschaftlichen Gesinnung und Mittheilung.

Tübingen, 24. Sept. 57.

Herzlich der Ihrige
L. Uhland.

21.

Verehrter Freund!

Zwar muß ich befürchten, daß der beifolgende Aufsatz*) für das erste Heft der dießjährigen Germania schon zu spät komme, doch wollte ich es nicht an einem Zeichen meines guten Willens fehlen lassen. Ich habe nur zu sehr die Erfahrung gemacht, daß es mir nicht gut möglich ist, Beiträge auf bestimmte Zeit in Aussicht zu stellen. Während der Ausführung wächst mir der Gegenstand, es tauchen neue, weiter greifende Fragen auf, es zeigt sich, daß nicht alle nöthigen Quellen und Hülfsmittel bei-

---

*) Rath der Nachtigall, gedruckt im 2. Hefte des III. Jahrg. der Germania, S. 129—146. W.

geschafft sind. So mußte ich zwei begonnene Ausarbeitungen zurücklegen, die eine über den im vorigen Sommer bestiegenen Wasgenstein, eine andre über die Schwabenstreiche, die mir jetzt am meisten in den Hintergrund getreten ist. *) Die dritte, die ich hier übersende, war wohl schon früher vorbereitet, hat sich aber bei der Wiederaufnahme beträchtlich umgestaltet und erweitert. Zwei sehr schmerzliche Todesfälle in unserer nächsten | Verwandtschaft trübten die Stimmung und veranlaßten wiederholte Abwesenheit von Hause. Ich kam mir unter der letzten Arbeit zuweilen vor, wie jene Gesellen, die in schwerer Bedrängniß von der Nachtigall singen.

Sehr dankbar bin ich für die näheren Nachrichten, die Sie mir von Ihrem Leben und Wirken in Wien ertheilten, und es erfreut mich herzlichst, daß dieselben über Ihr und der Ihrigen Befinden fortwährend günstig lauten. Bei meinen neuesten Besuchen in Stuttgart war es mir freilich überaus fühlbar, mich nicht mehr über die gemeinsamen Studien mit Ihnen besprechen zu können.

Von vielem Belang war mir, was Sie bezüglich der Piaristenhandschrift schrieben, denn die heimische Heldensage ist mir stets das Wichtigste im Bereich unsrer alten Poesie. Keller, dem ich davon Mittheilung machte, hat sich ganz entgegenkommend geäußert, freilich wird er über Inhalt und Umfang erst näher unterrichtet sein müssen, um dem lit. Verein Anträge machen zu können. Wenn Sie mir die beendigte Abschrift hieher senden, kann er ja Einsicht nehmen und Sie lassen ihm dann wohl auch Ihren näher bestimmten Vorschlag zugehen. Wie es mit Feifaliks Nibelungen steht, wird sich inzwischen auch aufgeklärt haben. **)

---

*) Beide Arbeiten werden erst jetzt aus Uhlands Nachlaß an's Licht treten. W.

**) Vergl. A. Holtzmanns Mittheilung darüber in der Germania IV (1859), S. 315 ff. Eine vollständige Veröffentlichung nach der in Pfeiffers Nachlasse vorgefundenen Abschrift steht bevor. W.

Zum Rathe der Nachtigall konnte ich in unseren Bibliotheken ein Buch nicht auftreiben, das vielleicht noch einen lebendigen Zug beigesteuert hätte, nemlich: Reutter, Andr. v. Speir, Kriegsordnung, Cöln 1595. 4°. S. 34. J. Grimm beruft sich hierauf in der Gramm. 3, 308, für den Satz: „die lerche ruft tireti! der sperling schjirb!“ Diese Vögelstimmen aus einer Kriegsordnung klingen mir ins Ohr und wenn Sie etwa das Buch zu Wien vorfänden und mir die betreffende Stelle gef. ausziehen würden, könnte nach Umständen noch bei der Revision ein kleiner Beisatz gemacht werden.

Um die Einsendung des Mspts. nicht länger aufzuhalten, die eben darum dießmal auch unmittelbar an Sie gerichtet ist, schließe ich mit den aufrichtigsten Wünschen und Grüßen.

Tübingen, 29. März 58.

Ihr treuergebener
L. Uhland.

22.

Verehrter Freund!

Mit meinem besten Danke für die willkommene Mittheilung der beiden Abschriftbände war es mein Wunsch, Ihnen noch für das 4te Heft der dießjährigen Germania den Aufsatz über Bodman, erweitert und bereinigt, übersenden zu können. Nun ist aber das 3te Heft erschienen und soll, wie Sie mir schreiben, das 4te alsbald in Angriff genommen werden, während ich mit meiner Reinschrift, die zugleich Durcharbeitung ist, noch nicht zum Abschluß gekommen bin und das mühsame Stück erst für das Eröffnungsheft des neuen Jahrgangs werde fertig bringen können. Vielerlei Unruhe hat mich gehemmt, auch war der Umstand unförderlich, daß eine nochmalige Ausfahrt nach Donaueschingen, wo ich besonders aus Laßbergs Nachlaß noch Einiges benützen wollte, ihren Zweck verfehlte, indem ich, wegen Abwesenheit des Bibliothekars, die Büchersammlung geschlossen fand.

Eine der ungerne vermißten Quellen, die ich dort zu erreichen hoffte, ist der seltene, auf unsern Bibliotheken nicht vorhandene Druck: Codex Traditionum S. Galli. Sollte derselbe zu Wien vorfindlich sein, so könnte ich vielleicht doch noch über einen der fraglichen Punkte Aufschluß erhalten. Bei Arx, Gesch. des Kantons St. Gallen 1, 58 Anm. b) ist zu lesen: „Bodamum Curtis regia. Curtem cum casa, caeterisque aedificiis muro, sepeque circumdata. loc. cit." d. h. nach der vorhergehenden Anm. a: „Urk. 792. Cod. Trad." bedeutet 792 das Jahr, nicht etwa die Nummer der bei Neugart fehlenden Urkunde und steht in solcher wirklich „Bodamum" mit der nachfolgenden Beschreibung einer curtis beisammen, so wäre das die älteste in einer Handfeste vorkommende Nennung des Hofes Bodman. Im Falle dieß sich wirklich so befände, darf ich Sie wohl bitten, mir von der vermuthlich kurzen Urkunde eine vollständige Abschrift machen zu lassen.

Die Beschäftigung mit gedachtem Aufsatz (der nebst seinen Beilagen im Druck etwas über 1½ Bogen geben dürfte,) ist auch Ursache, warum ich die überaus einladenden Abschriften der beiden Heldengedichte*) noch nicht mit den bekannten Texten vergleichen konnte. Ist aber ein längerer Verzug für Holtzmann unangenehm, so kann ich die Mspte. auf erhaltene Nachricht sofort an ihn abschicken und mir für etwas späteren Gebrauch von ihm zurückerbitten.

Nehmen Sie für heute mit diesen Zeilen vorlieb und gedenken Sie fortwährend freundlich Ihres ergebenen

Tübingen, 1. Nov. 1858. L. Uhland.

---

*) Des Dietrich von Bern und des Wolfdietrich aus der Hs. der Wiener Piaristenbibliothek, s. u. S. 330. W.

23.

Verehrter Freund!

Die Antwort auf Ihr gefälliges Schreiben vom 8. d. möchte ich nicht bis zur Einsendung der Hdschr. über Bodman verschieben, hauptsächlich in Bezug auf den Zappert'schen Fund. Darf der Entdecker sich der Echtheit dieses ahd. Schlummerliedes nicht vollkommen versichert halten, so würde ihm aus einer raschen Veröffentlichung leicht mancherlei Unlust erwachsen.*) Es erregt mir nehmlich Bedenken, daß dieses poetisch anziehende Stück, mit geringen Ausnahmen so genau mit Graffs Sprachsatz, Grimms Grammatik und Mythologie, übereinstimmt, während die Merseburger Segen so manches Räthsel zu lösen gaben. Unter den aufgezählten Gottheiten ist keine, die nicht in der Mythologie stände, selbst Triwa findet sich bei den Personificationen S. 846: ver Triuwe. Besonders fraglich ist mir auch sonst Ostara. Doch sind Sie ja in der Handschriftenkunde wohlerfahren und werden selbst auch vom Original Einsicht nehmen, so daß Zappert, wenn er sich bisher nicht mit dem Althochdeutschen beschäftigt hat, bei Ihnen Rath einholen könnte.

Leid thut mir, daß die neuaufgetauchten Nibelungen so wenig Ausbeute versprechen. Es scheint auch nicht, daß diese Hdschr., etwa wie diejenige, deren allein noch vorhandenen Abenteurentitel Weigand bekannt gemacht (Haupts Zeitschr. 10, 144), den Drachenstein oder sonst neue Oertlichkeiten der Rheingegend (zum Wasgenstein?) hereinziehe.

---

*) Sie erfolgte aber dennoch und schon Anfangs 1859 in den Sitzungsberichten der kais. Akademie der Wissenschaften zu Wien. Ueber die literarische Fehde, die sich später an dies Denkmal knüpfte, orientiert am besten F. Pfeiffers Abhandlung: „Ueber das Wiener Schlummerlied. Eine Rettung" in s. Forschung und Kritik auf dem Gebiete des deutschen Alterthums. II. S. 43—86. W.

Mit aufrichtiger Theilnahme lasen wir, meine Frau und ich, in der schwäb. Chronik, die Nachricht, daß Sie durch die Geburt eines gesunden Sohnes erfreut worden sind, nehmen Sie Beide dazu unsern herzlichen Glückwunsch.

Holland grüßt bestens. In treuer Ergebenheit

L. Uhland.

Tübingen, 20. Nov. 1858.

24.

Verehrter Freund!

Beifolgendes Mspt. kommt vielleicht zu spät für das erste dießjährige Heft der Germania. Mögen Sie jedenfalls meinen guten Willen daraus entnehmen. Es waren der Hemmnisse mancherlei. Zu Ende des Sommers fuhr ich noch einmal, eigens für diese Bodmansagen, nach Donaueschingen, da war der Bibliothekar verreist und der Büchersaal geschlossen. Aus dortigem Archiv gewann ich dann noch die kleinen Rechtsalterthümer u. dgl. Sie werden ersehen, wie manches geschichtlich Aufhellende noch aus bodmanschen, salemschen und sanktgallischen Quellen zu erwarten wäre. Dennoch schloß ich ab und will zusehen, ob nicht die Anregung des Gegenstands Weiteres erschließt.

Daß ich den Druck zur Revision erhalte, wird kaum zu vermeiden sein, da leider das Mspt nicht sehr reinlich ist und die verschiedenen Schreibweisen leicht beirren können. Wenn mir etwa 25 besondre Abdrücke für meine Rechnung abgezogen werden könnten, so wäre mir das erwünscht, keineswegs als ob ich diese Arbeit für besonders gelungen hielte, aber wenn sie einmal gedruckt wird und Einzeldrucke sonst bei der Zeitschrift üblich sind, so scheint es angemessen, daß ich an Solche, die mir an Hand gegangen sind, Mittheilung mache. *)

*) Im 1. Hefte des IV. Jahrg. der Germania (1859) erschien: Zur schwäbischen Sagenkunde. Von Ludwig Uhland. 3. Bodman. W.

Die freundlich mitgetheilten Abschriften des Wolfdietr. und Dietr. von Bern habe ich vollständig durchlesen. Sie scheinen mir für eine künftige Ausgabe dieser Gedichte von Belang zu sein. Aus beiden möchte ich mir nun noch Einiges ausziehen und bemerken, wozu ich in letzter Zeit nicht kommen konnte.

Nehmen Sie für die „Gäuhühner"*) meinen besten Dank. Solche Stücke mitten aus dem Volksleben sind, je seltener, um so werthvoller.

Mit herzlichem Gruß der Ihrige

Tübingen, 5. Febr. 1859. L. Uhland.

25.

Verehrter Freund!

Diesmal muß ich um sänmiger erscheinen, als ich Ihnen für mehrere, sehr erfreuliche Zusendungen längst hätte danken sollen, wovon namentlich eine meinen alten Freund von der Vogelweide, dem ich noch keine Geburtsstätte anzuweisen wußte, in besseres Licht stellt. Erst noch am Anfang Septembers war ich zu einer kurzen Schweizerreise gekommen, an den Gießbach und dann an den Vierwaldstättersee, wo ich bei Hauptmann Müller in Altdorf abermals um den Stand seiner Nachforschungen über Wilhelm Tell mich erkundigte und leider vernehmen mußte, daß die ihm vorgeeilten Kritiken Kopps seiner Druckbereitschaft weiteren Verzug gebracht haben. Auch meine Beschäftigung mit der Tellsage hat hiedurch fortgesetztes Hemmniß erfahren. Das Arauer Festalbum gibt zwar anschauliche Nachricht über die Schillersfeier auf dem Rütli, das ich kurz vorher auch wieder betreten hatte, aber nichts zur Aufhellung der Geschichts-

*) Das Märe von den Gauhühnern. Ein Beispiel des Strickers. Wien. Druck von Carl Gerold's Sohn. 1859. 8°, 15 SS. — Pfeiffers Beisteuer zu den Sylvester-Spenden eines Kreises von Freunden vaterländischer Geschichtsforschung 1858. W.

sage. Von Ihrer Wiener Festrede hat eines unsrer Blätter Rühmliches gemeldet. In Stuttgart war ich über die Tage der Feier, zu der auch W. Wackernagel, wie schon früher hier zu freundlichem Besuche, sich eingefunden hatte. Damit schloß ich meine vorjährige Reisezeit.

Dann aber traten unfestliche Tage bei uns ein. Eine liebe Verwandte, die Frau meines Neffen Rechtsconsul Meyer in Reutlingen, kam, noch im November, hieher, um von einem hiesigen Arzte berathen zu werden, und ist seitdem in unsrem Hause krank gelegen. Erst seit letzter Woche leuchtet uns wieder bessere Hoffnung auf.

Während dieser trüben Wintermonde gab ich zwar die Arbeit im Gebiete des deutschen Alterthums nicht eben auf, aber etwas rein und fertig zu schaffen, dazu fehlte mir, zumal ich hierin auf ziemlich vereinsamten Pfaden gehe, die förderliche Stimmung. Indem ich nun für die Zeitschrift nichts Entsprechendes einzuschicken hatte, gerieth auch das Briefschreiben in Verzug.

Wenn Sie, wie ich vermuthe, mit Herrn Prof. Vernaleken, der mich durch Zusendung seiner östreich. Mythen und Bräuche, wie zuvor schon seiner Alpensagen, zu lebhaftem Danke verpflichtet hat, persönlich bekannt sind, so bitte ich, auch gegen ihn mich wegen bisherigen Schweigens zu entschuldigen. Durch S. 25 Nr. 5 der neuern Schrift erwächst dem Nebelroß im Jura (Bodman, Germ. 4, 53. Anm. 87[a]) ein bestätigendes Seitenstück.

Da Sie mir die Hefte 2—4 der Germania von 1859 freundlich übermacht haben, so darf ich wohl annehmen, daß Solches auch mit Heft 1 Ihre Absicht war, das mit Bartschs Rosengarten anhebt, einer mir in ihren verschiedenen Versionen besonders angelegenen Sagendichtung. Vermuthlich ist dieß bei der Verlagshandlung über den Sonderdrucken meines Bodman unterblieben. Letztere sind schön und sehr billig ausgefallen. Sie waren hauptsächlich bestimmt, den Herrn von Bodmann und andern Angehörigen des Bodensees, die mich bei dieser Arbeit gefördert haben oder mir fernerhin fördersam sein könnten, mit meinen Absehen genauer bekannt zu machen und dafür weiter anzuregen. Es ist mir auch bereits einiges Willkommene zugegangen und noch mehreres in Aussicht gestellt.

Holtzmanns dankenswerther Bericht über die Piaristenhandschrift der Nibelunge bringt (S. 329) die Vorlage dieser Fassung auch bezüglich auf Walther von Spanien in Frage. Das aber wird nicht ausgehoben, wie die vom Wasgenstein handelnde Strophe (bei Holtzm. 2403, bei Lachm. 2281) in obiger Handschrift laute. Vermuthlich ist darüber nichts angemerkt, weil sich dort keine besondre Lesart vorfand.

W. Grimms betrübender Hingang läßt auch darin ein herbes Vermissen zurück, daß die beabsichtigte | neue Ausgabe seines vortrefflichen Buches über die deutsche Heldensage, wozu sich ihm gewiß die reichhaltigsten Nachträge angesammelt hatten, nicht mehr zu Stande kam. Mögen jüngere Kräfte rüstig anstreben, wenn die altbewährten zur Rast gehen. Es ist tröstlich, daß mehrfach, auch in Ihrer Zeitschrift, neue germanistische Namen mit Proben tüchtiger Leistung auftauchen.

Nehmen Sie diese in mancherlei Unruhe geschriebenen Zeilen freundschaftlich auf und seien Sie mit den Ihrigen von mir und meiner Frau herzlich gegrüßt.

Tübingen, 28. Febr. 1860.

L. Uhland.

26.

Verehrter Freund!

Für die gefällige Zusendung des mir noch abgegangenen Heftes der Germania, sowie der auf Walther von Spanien bezüglichen Stelle aus den Nibelungen der Piaristenhandschrift bin ich mit meinem angelegenen Danke bisher im Rückstand geblieben. Es war mein Wunsch, Ihnen zugleich für den fünften Jahrgang der Zeitschrift einen Beitrag übermachen zu können, und ich muß nun anheimgeben, ob Sie beifolgenden „Sommer und Winter“ dazu geeignet finden.*) Der Aufsatz gehört, gleich zwei früheren, zu den künftigen Beigaben und Nachträgen meiner Volksliedersammlung, doch ist er so eingerichtet, daß er einstweilen auch für sich verstanden werden kann. Um die Sendung nicht länger aufzuhalten, füge ich nur noch meine und meiner Frau aufrichtige Grüße an Sie und die Ihrige bei. Auf Ihren bevorstehenden Besuch im Schwabenlande freut sich herzlich

Tübingen, 27. Apr. 1860.

Ihr treu ergebener
L. Uhland.

Holland läßt bestens grüßen. Zur Revision möchte ich die Correctur erhalten.

27.

Verehrter Freund!

Leider bin ich mit Zurücksendung des Correkturbogens in Verzug gerathen. Nachdem zu Anfang vorigen Monats unsre Anverwandte in gebessertem Zustand an den eigenen Herd zurückgekehrt war, erschien mir eine baldige Erholungsreise meiner Frau zu ihren Geschwistern in Stuttgart geboten und ich selbst verband damit einen Besuch bei Kerner in Weinsberg und dann auch bei dem noch nicht genesenen Freunde Simrock in Winnenthal. Kurz vor Pfingsten hieher zurückgekehrt, traf ich den ersten Druckbogen von Sommer und Winter, und da es sich anließ, als werde der Schluß demnächst nachfolgen, hoffte ich, das Ganze auf einmal zurückgehen lassen zu können. Nun ist dies, nach Ihrem neuesten Schreiben, durch den starken Verbrauch der Cursivschrift unausführbar geworden.

*) Gedruckt in der Germania V. (1860), S. 257—286. W.

Da ich wünschte, Ihre schätzbaren Mittheilungen noch zur volleren Ausstattung des Ganzen verwenden zu können, und Sie eine Einschiebung für unthunlich erachten, so schließe ich eine solche bezüglich auf den Inhalt des Meistersangs hier an. Es wäre jedoch Schade, wenn bei diesem Anlaß nicht auch das vollständige Lied an das Licht träte, und, wenn Sie einverstanden sind, könnten Lied und Chronikstelle zugleich als Beilagen kleineren Drucks, wie diejenigen zu Bodman, dem Aufsatze angefügt werden, zu welchem Zwecke sie in Abschrift hier mitkommen.

Einige besondre Abzüge möchte ich mir ausbitten.

Im Juli denken wir abermals an den Bodensee zu reisen. Dort ist mir neben Weiterem über Bodman, die von Henne in St. Gallen wieder aufgefundene Klingenberger Chronik, namentlich für die Studien zur Tellsage, von Interesse.

Herzlich grüßend

der Ihrige

Tübingen, 4. Jun. 1860. L. Uhland.

28.

Verehrter Freund!

Tübingen, d. 22. Aug. 1860.

Die Nachricht von Ihrer Ankunft im Schwabenlande war mir sehr erfreulich. Sie werden nun auch von Krispenhofen in Stuttgart zurück sein. Lassen Sie uns jetzt bald wissen, wann wir Sie zu erwarten haben, ich hoffe, daß Sie dann Ihren Abstand bei mir nehmen werden, wo wir doch am wenigsten gestört sind. Keller wird zu Ende nächster Woche nach Baden reisen, wo er einige Tage verweilen will, bevor er, als Abgeordneter der hiesigen Universität, sich zum Basler Jubiläum begibt. Wir stehen, doch etwas später, noch zwei kleine Reisen in Aussicht, die eine, doch überhaupt noch sehr ungewiß, nach Donaueschingen, die andre, wohl erst nach Mitte Septembers, würde mich auch nach Stuttgart führen.

Das neueste Heft der Germania, besonders durch Wackernagels größeren Aufsatz schätzbar, habe ich mit Dank erhalten.

Auf baldiges Wiedersehen, mit herzlichen Grüßen an Sie und die Ihrigen

L. Uhland.

29.

Verehrter Freund!

Für mehrfache Zusendungen, durch die Sie mich erfreut haben, bin ich mit meinem herzlichen Danke bisher im Rückstand geblieben. Das Bruchstück eines angelsächsischen Valdere, wovon Sie mir Abschrift zugehen ließen, war mir für den Wasgenstein, obgleich dieser nicht darin genannt ist, von vielem Belang; jetzt ist auch in Haupts Zeitschrift ein Abdruck mit Commentar gegeben. W. Grimms Bruchstücke vom Rosengarten hab' ich gleichfalls noch zur Hand gebracht. Im „Donauthal"*) hat mich Suntheims Nachricht über des Landfahrers Hans von Bodman Begräbnißstätte im Chor der Karmeliterkirche zu Wien besonders angezogen. Bucelin spricht von einer Beschreibung der Wanderschaften dieses Landstörzers fast wie von einem gedruckten Buche (Germ. 4, 81: totum volumen prodiit), sollte nicht, wenn es dort keine Kirche und kein Kloster der Karmeliten mehr gibt, doch etwa auf einer anderen Bibliothek noch jenes totum volumen zu finden sein? | Im neuesten Hefte der Germania (5, 445 f.) bot mir der Lorleberg mit seinem edlen Zwerge die angenehmste Ueberraschung.

Damit komm' ich zum Anlaß meines längeren Stillschweigens. Es war meine Absicht, den Aufsatz über den Rosengarten

---

*) Das Donauthal von Ladislaus Suntheim, Wien 1861. (Aus dem Jahrbuch für vaterl. Geschichte, I. Jahrg. 1861, S. 273—297 besonders abgedruckt.) W.

von Worms, dessen Entwurf ich Ihnen hier vorgelesen und dem schon der früher gedruckte „Sommer und Winter" den Weg bahnen sollte, für die Germania herzurichten. Manches hat sich mir aber seitdem ergeben, was eine etwas mühsame Umgestaltung nöthig machen würde. Dazu war mir die letzte Zeit nicht günstig. Vielfach war ich anderwärts in Anspruch genommen und auch Betrübendes trat hinzu, erst in voriger Woche hat mein Pflegsohn Steudel in Böblingen, den Sie auch kennen, ein liebenswürdiges Kind verloren. Ich habe nun zwar auch diesen Winter die Beschäftigung mit dem deutschen Alterthum keineswegs aufgegeben, aber zum | Ausrüsten eines an sich schwierigeren Gegenstandes für den Druck gehört eine Stimmung und Anregung, die mir neuerlich allzusehr abgieng.

Mein aufrichtiger Wunsch ist, das angetretene Jahr möge Ihnen und den Ihrigen ein heiteres, auch Ihrem verdienstlichen Wirken im Gebiete der germanistischen Literatur erfolgreiches sein.

Ihr freundschaftlich ergebener

L. Uhland.

Tübingen, 24. Jan. 1861.

30.

Verehrter Freund!

Bis heute bin ich Ihnen für die freundliche Sendung zwei diesjähriger Hefte der Germania meinen Dank schuldig geblieben. Es war mein Wunsch, Ihnen zugleich den Aufsatz vom Rosengarten, dessen Entwurf ich Ihnen im vorigen Sommer bereits mitgetheilt hatte, fertig überschicken zu können. Allein es kamen mir in die Arbeiten dieser Art mancherlei und langwierige Unterbrechungen. Jetzt bin ich im Begriffe, noch einen Ausflug an den Bodensee zu machen und schließe den Aufsatz ab, weil es unter solchen Umständen rathsam geworden ist. Finden Sie denselben überhaupt für die Zeitschrift geeignet, so werden Sie mich sehr verbinden, wenn Sie mich noch auf etwa Nachzubessernndes aufmerksam machen wollen.

Vorgestern hat Holtzmann seine hiesigen Freunde mit einem Besuch erfreut, ist aber schon am folgenden Tage wieder abgereist. Von ihm hörten wir, daß Sie mit Ihrer Reise nach Berlin wohl zufrieden seien. In Nürnberg waren Sie von Frommann | erwartet, aber das Schwabenland ist leider diesmal auf der Seite geblieben.

Die nahe Abreise gestattet mir nicht Weiteres.

Mit herzlichem Gruß Ihr treuergebener
L. Uhland.

Tübingen, 29. Aug. 1861.

31.

Tübingen, 25. Sept. 61.

Verehrter Freund!

Erst am 19. d. Abends kam ich nach fast dreiwöchiger Abwesenheit hieher zurück. Unter den Eingängen der Zwischenzeit befand sich Ihr Aufsatz über die höfische Sprache,*) der mich lebhaft angeregt hat und für dessen Mittheilung ich herzlich danke. Am folgenden Abend erhielt ich Ihr Schreiben vom 18. d. und zugleich den Correcturbogen. Wenn es mit der Rücksendung des letztern, der hier beifolgt, einige Tage angestanden hat, so muß ich dieß mit verschiedenen Besorgungen nach der Heimkehr entschuldigen.

Sonntag und Montag waren wir durch Besuch von Simrock erfreut, der von einer Schweizerreise, die er mit Sohn und zwei Töchtern ausgeführt, den Rückweg über Tübingen nahm.

*) Ueber Wesen und Bildung der höfischen Sprache in mittelhochdeutscher Zeit. Wien 1861. (Aus dem 32. Bande der Sitzungsberichte der kais. Akademie d. W. zu Wien.) W.

Auf die Reise nach Frankfurt habe ich, kaum erst hier wieder eingetroffen, verzichtet.

In Eile grüßend Ihr ergebenster

L. Uhland.

NS. Sollten die altnordischen þ im Anlaut, die ich vielleicht nicht deutlich genug vom lat. p unterschieden habe, Schwierigkeit verursachen, so könnten sie auch durch Th, th ersetzt werden.

32.

Verehrter Freund!

Der Revisionsbogen, bis S. 336 ist hoffentlich gleich nach Abgang Ihres Schreibens vom 23. d. M. bei Ihnen angekommen. Hier folgt nun der Schluß der Correctur mit dem des Mspts. Es war mir leid, zu p. 339 einen kleinen Zusatz nöthig zu finden und zu p. 345, Anm. 87, einen Durchstrich, letztern dadurch veranlaßt, daß ich inzwischen Dübners Plutarchausgabe zur Hand bekam, wo Cloris in Chione, die griechische Idun in eine Schneegöttin, kritisch berichtigt wird. In den Seitenüberschriften früherer Bogen strich ich die Ziffer II., weil sie vornherein nicht beigesetzt war. Diesmal ließ ich sie stehen, für den Fall, daß sie jetzt auch dort nachgetragen wäre.*)

Nehmen Sie meinen herzlichen Dank für die freundliche Aufnahme meines Neffen Karl Neeff, der mir in seiner Studienzeit ein lieber Hausgenosse war. Mit bestem Gruße

Tübingen, 29. Okt. 61. L. Uhland.

*) Das 3. Heft des VI. Jahrganges der Germania brachte S. 307—350: Zur deutschen Heldensage. Von Ludwig Uhland. II. Der Rosengarten von Worms. — Ueber L. Uhlands Theilnahme an der Germania überhaupt sprach sich Pfeiffer aus in: Ludwig Uhland. Ein Nachruf. (Wien 1862) S. 15 ff. W.

Inhalt.